▲布依盘歌国家级传承人　吴廷贵

▲大筒箫的制作与演奏省级传承人　陶春学

▼羊皮鼓舞省级传承人　夏成权

▲古法造纸省级传承人　陈　江

▲彝族古歌省级传承人　车秀花

▼古法造纸省级传承人　何联庆

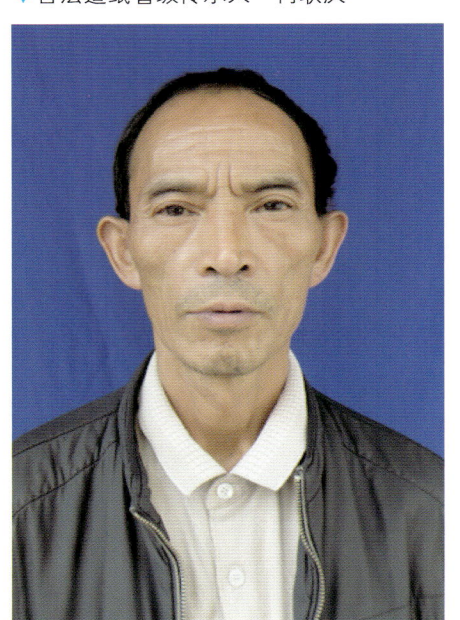

▼彝族古歌省级传承人　杜元元

▲剪纸工艺市级传承人　金元汉

▼羊皮鼓舞市级传承人　钱成林

▲羊皮鼓舞市级传承人　钱吉华

▲背篼挑花市级传承人　柳　胜

▲布依盘歌市级传承人　柳远胜

▲背篼挑花市级传承人　许文龙

▲布依盘歌市级传承人　罗　鑫

▲布依盘歌市级传承人　吴安林

▲苗族采花节市级传承人　李兴仁

▲彝族婚嫁习俗市级传承人　吴大荣

▲古法造纸工艺市级传承人　董华祥

▲苗族采花节市级传承人　熊大方

▲彝族山歌市级传承人　甘明盛

▲彝族山歌市级传承人　段胜高

▲格螺制作工艺县级传承人 李宗洋

▲彝族山歌传承人 兰爱菊

▲彝族水拌酒制作工艺市级传承人 杜克美

▲毕摩祭祀文化县级传承人 杜进福

▼直箫乐演奏市级传承人 王有光

▲火腿制作工艺县级传承人 王福生

◀ 火腿制作工艺县级传承人 周玉刚

◀ 跳脚舞县级传承人 高松明

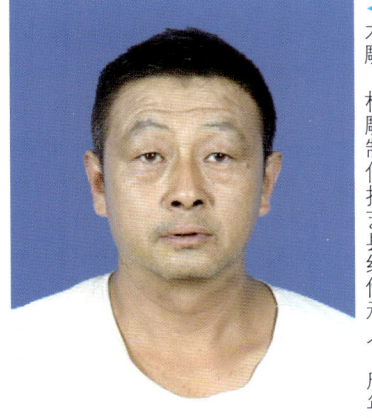

◀ 木雕、根雕制作技艺县级传承人 唐年春

▲ 钱棒舞县级传承人 骆粉琼

▼ 蜡染工艺县级传承人 杨其美

▲跳脚舞县级传承人 高招琼　▲羊皮鼓舞县级传承人　钱剑榜 　▲绣花包制作技艺县级传承人　岑天英

▶彝族海马舞县级传承人　李顺民

▶彝族斗牛舞县级传承人　张廷文

▲ 彝族海马舞县级传承人　谢三国

▼ 布依盘歌、织布谣县级传承人　罗跃新

▶ 转场舞县级传承人　金光有

▶ 背篼挑花技艺县级传承人　彭美琴

▶ 布依歌节县级传承人　岑加标

◀ 布依盘歌县级传承人　吴安情

▶ 布依盘歌县级传承人　元光

▶ 大筒箫演奏与制作县级传承人　杨兴娅

▼ 布依织布谣县级传承人　罗奇伟

▼ 古尔邦节县级传承人　丁修和

▲古法造纸技艺县级传承人　阳廷友

▲火把节、搓蛆舞县级传承人　杜少权

▼火把节县级传承人　甘小巧

▼口弦、蜡染工艺县级传承人　熊昌珍

▶ 蜡染工艺县级传承人　王朝秀

◀ 刺绣工艺、绣花包县级传承人　岑敏

▶ 面制品工艺县级传承人　封琴仙

▶ 苗族采花节县级传承人　李炳荣

◀ 纳鞋底制作技艺县级传承人　唐本淑

▲铜鼓舞县级传承人　何文彦

▲铜鼓舞县级传承人　陆兴华

▼铜鼓舞县级传承人　陆兴良

▼铜鼓舞县级传承人　陆兴伍

▲铜鼓舞县级传承人　陆兴祥

▲彝族酒令县级传承人　杜小兰

◀彝族毕摩祭祀文化县级传承人　孔小富

▶彝族毕摩祭祀文化县级传承人　李德胜

▲彝族酒令县级传承人　甘进琴 　　　　▲彝族酒令县级传承人　毛小数

▼彝族酒令县级传承人　谢小所　　　　▼织布技艺县级传承人　岑天松

▲织布技艺县级传承人　甘细梅

▲直箫的制作县级传承人　杨其祥

▼纸扎、竹编工艺、锣县级传承人　李正凯

▼土法造纸技艺县级传承人　阳建忠

《盘州文韵》系列丛书

盘州市非物质文化遗产传承人口述史

唐震　张金成　主编

知识产权出版社
全国百佳图书出版单位

图书在版编目（CIP）数据

盘州市非物质文化遗产传承人口述史/唐震，张金成主编. —北京：知识产权出版社，2018.12

ISBN 978-7-5130-6021-9

Ⅰ.①盘… Ⅱ.①唐… ②张… Ⅲ.①非物质文化遗产—介绍—盘州 Ⅳ.①G127.734

中国版本图书馆 CIP 数据核字（2019）第 001634 号

内容提要

本书以贵州省盘州市非物质文化遗产传承人作为"记忆"群体，记的是个人传承某项非物质文化遗产的生涯和经历，记的是个人所见所闻所亲历及个人的感思，记的是对某项非物质文化遗产传承的复杂的思考和未来发展的新建议，本书分为"民间文学""传统舞蹈""传统音乐""民俗"等篇章。汇集了盘州市非物质文化遗产方方面面传承人口述的珍贵史料。其目的就是保存记忆，研究记忆，以口述史方式展现非物质文化遗产传承的"全方位具象文化生活"。

责任编辑：王　辉　　　　　　　　　　　责任印制：刘译文

盘州市非物质文化遗产传承人口述史
PANZHOU SHI FEIWUZHIWENHUAYICHAN CHUANCHENGREN KOUSHUSHI

唐　震　张金成　主编

出版发行：	知识产权出版社有限责任公司	网　址：	http://www.ipph.cn
电　话：	010-82004826		http://laichushu.com
社　址：	北京市海淀区气象路50号院	邮　编：	100081
责编电话：	010-82000860 转 8381	责编邮箱：	wanghui@cnipr.com
发行电话：	010-82000860 转 8101	发行传真：	010-82000893
印　刷：	北京嘉恒彩色印刷有限责任公司	经　销：	各大网上书店、新华书店及相关专业书店
开　本：	720mm×1000mm　1/16	印　张：	26.25
版　次：	2018年12月第1版	印　次：	2018年12月第1次印刷
字　数：	450千字	定　价：	130.00元
ISBN 978-7-5130-6021-9			

出版权专有　侵权必究

如有印装质量问题，本社负责调换。

《盘州文韵》系列丛书编委会

顾　　　　问：付国祥　李令波　支成平　欧阳廷宏
编委会主任：吴胜卫
编委会副主任：杜　琼　金良武　魏庆湘　王文峰　张　毅
编 委 委 员：肖枝稳　唐　振　赵六云　徐　政　唐　震
　　　　　　　曹端波　骆武松　邹兴林　甘　琦　张付才
　　　　　　　张金成　傅慧平　王　琳　林昌媛　刘　照
　　　　　　　李贵良　杨　果　唐林清　马　戎

主 编 单 位：盘州市文体广电新闻出版局
　　　　　　　贵州万里南风文化传播有限公司

主　　　　编：唐　震　张金成
副　主　　编：张付才　傅慧平　谢丽红
执 行 主 编：曹端波
执行副主编：谢丽红　傅慧平　徐玉挺　唐应龙
编　　　　辑：靳　芳　王铁飞　陆永朝　严进军　杨　青
　　　　　　　曾雪飞　潘发义　马　静　宋雪梅　龙秋香
　　　　　　　韦　鑫　杨艳飞　卢晓梅　杨　童　萧　尧
　　　　　　　于郸睿　冯　燕　廉吉庆　黄小进　王文琴
　　　　　　　翁玲玲　熊德敏　陈海花　穆艳花　陈宣伊

序一

让历史文化重放异彩

——《盘州文韵》系列丛书序言

盘古渊源,时空流转。从盘州大洞的第一缕篝火,到近代文明的漫长岁月之间,盘州人用勤劳的双手,凭着朴实的创造精神,书写了厚重的历史文化。从秦汉时期设郡县有建制的两千多年来,尤其是明清时期中原文明的输入,盘州的历史文化一度盛极一时,冠杰西南,文化名人辈出,文化成果斐然。明代伟大的地理学家徐霞客曾由衷地赞叹"是城文运,为贵筑之首"。然而,在时光的风化剥蚀下,伴随着一幕幕天灾人祸和升平盛世的人间悲喜剧交替上演,盘州人抒写在历史上的光彩也只剩下星星点点遗迹。

近年来,由于历届县委县政府的高度重视及不遗余力发掘、抢救、保护、整理历史文化,一大批盘州历史文化遗产得到了有效的保护和利用,不但使历史文化绽放出熠熠光芒,同时也有力地促进了全市经济社会的协调发展。

为了更好地发掘、保护和利用优秀的历史文化,我们编辑出版《盘州文韵》系列丛书,力图从当地历史文化、古风民情、民族传统、人文风貌等方面反映盘州历史文化的发展,在严格尊重历史事实的基础上,展现盘州的人文精神。

这套丛书仅从盘州历史进程中采撷有代表性的部分文化遗存进行叙述和展示,在盘州丰富的历史文化遗产中,还有很多精彩的篇章有待我们进一步去发掘、研究、论证和抒写,使其发扬光大,焕发异彩。是为序。

(作者系盘州人大常委会主任)

序 二

非物质文化遗产是人类历史发展过程中保留下来的生存智慧和经验，而人类不同于自然物种的伟大之处在于"文化"及其对文化的思考。然而，工业化、城市化对传统文化和社会造成巨大的冲击，使人类传统的"古典知识系统"面临单一化、标准化工业文明的挑战。由此，古典文化更多地呈现为一种"遗产"。非物质文化遗产并非仅仅是博物馆里"死"的"文物"，而是仍然保存在人类生活中的"活态"传统。作为非物质文化遗产的"传承人"则是文化遗产承载和传承的主体，正是他们默默无闻地承担着将"文化遗产"接力棒式地一代又一代传承，人类古老的"知识"和"智慧"才得以保存。

口述史是一种"方法"，也是一种"理念"，同时也是挖掘民族文化最为重要的路径。口述史需要我们的"真情"，倾听来自底层"草根"的述说，另外，更为关键的是"信任"，信任是联结盘州市非物质文化遗产传承人和我们之间的纽带，是传承人讲述的前提和基础。为什么要对非物质文化遗产传承人进行"真情"访谈，也就是我们为什么要去抢救传承人的乡土记忆？这源于我们对古典传统的尊重，重拾乡土记忆，并不只是为了猎奇，而是为了重新思考人类自身。

盘州市位于"滇黔古道"中段，如一颗闪亮的"珍珠"将云贵高原丰富的文化连接起来。盘州市历史文化悠久，早期人类遗址表明盘州属于人类早期文明起源地之一。彝族很早就生活在盘州市一带，布依族、苗族等也分布在盘州市广阔的土地上。据历史文献记载，元代为打通云南至湖广的"通道"，在该地进行了驻军和有效管辖，"普安东路"成为云南连接中国内地的最重要道路。明代洪武时期为加强国家西部边疆防御系统，减轻草原游牧民族"蒙古人"从西北和西南两条战线施加的压力，需要控制云南，而对"云南"的控制需要打通湖广经贵州至云南的"通道"。由此，贵州省在全国军事防务中的重要性日益彰显。永乐时期贵州正式建省，开启了西南民族地区的"国家化"

和"内地化"。明代贵州建省和军事屯堡的建立，使盘州市进入一个新的时期：不仅增添了不同的民族，如内地汉族屯军、少数民族屯军、自发移民等，更多地产生了新的"族群"，如"喇叭苗"。作为"湖广人"，因长期屯驻贵州少数民族地区，吸收少数民族地区文化，并与当地"土著族群"通婚，形成了具有独特文化的"喇叭人"。

作为整体的盘州人，生于斯，长于斯，靠勤劳的汗水和智慧创造了丰富灿烂的文化。盘州市非物质文化遗产具有的独特性在于"多样化"的"山地性"，山地性是其生存的环境，而多样化正是山地文明形态的特点。如彝族和布依族尽管共同居住在同一区域，但两者因生存的生态环境不同，布依族生活在水边，彝族生活在山坡，两者对于自然生态的利用和认知完全不同。有的彝族群体尽管居住在水边，但一直不吃鱼，对河里的鱼"熟视无睹"，而作为水边群体的布依族，有的尽管没有居住在水边，但"水"的文化与习俗一直代代相传。尤其难能可贵的是，盘州市不同的民族居住在同一区域，因长期的共同交往，形成了文化"共生"系统：山脚的布依族收割水稻后，彝族则利用这一空隙放牧牛羊，并为布依族稻田留下牛羊粪肥。

当人类迁徙乃至定居到相应的地理区域时，首先需要构建与当地生态系统相适应的生计方式和社会系统。当然，人类从所在的生态系统获取生存和发展资源时，因不同的理念和文化，必然有意无意地对生态系统形成破坏；人类在生产过程中也会不断地调整自身的行为，以与之相适应。传统小规模社会很少对环境造成毁灭性的破坏，生态危机往往是工业革命后大规模过度开采导致的。

非物质文化遗产不仅属于过去的"传统"，更是我们人类"未来"的希望所在。文化遗产蕴含丰富的"文化密码"，是揭示古老民族及人类文明起源的重要"元典"，如彝族古歌、苗族古歌等对"创世"的重视，在于以"神圣的自然秩序"构建一个现实的"人"的有序社会。

改革开放以来，中国农村社区受现代化冲击，社会共同体逐渐瓦解，货币主义盛行，社区合作能力衰退，传统文化和价值伦理丧失。中国乡村的衰败自晚清以来就已经开始，民国时期一批知识精英发起了乡村建设运动。20世纪50年代以来，政府不断加强对乡村的重建，21世纪以来更加大了力度，党的十九大报告提出了"乡村振兴战略"。其实，中国乡村发展最为严重的问题不是经济的落后，而是村落社会的坍塌和文化价值的沦陷。过去，中国乡村建设思路是基于发展主义的范畴，这必然忽视乡村公共性的重建和共同体的维护；

另外，作为封闭式的发展思路和制度设计，乡村的精英、资本不断流向城市。乡村社会重建的路径必须重新思考，即重新开启以传统文化为核心，以村落共同体为主体，开放社会各种资源，提升社会治理能力，发展他们自身家园之路。换言之，中国乡村建设需要保护和传承"文化传统"，保卫村落共同体，构筑坚实的社会基础，那样的乡村才是多彩的和有生命力的，才具有价值。由此，盘州市以文化资源为助力，各民族团结合作，乡村社会走向了可持续发展之路。

文化资源，特别是非物质文化遗产的利用在脱贫攻坚可持续发展中具有重要作用。现代生态环境的恶化，主要原因就是传统文化维护生态的功能被忽视。传统的农耕文化是系统性的，自然跟社会是融为一体的，也就是说生物性的生存和社会性的生存是融为一体的。当前生态环境恶化是工业化的一种后果，人类需要重新反思当前重发展轻生态的工业化思路，走绿色发展之路。时至今日，非物质文化遗产，特别是西南山地文明中的思想、理念及其对自然的认知，在现代生活中仍然具有重大价值和生命力。

盘州市文化资源极为丰富，文化具有三个维度：其一是作为村民自己的文化精神生活，或者说文化生活；其二是作为公共服务的文化，即文化作为公共性的制度层面；其三是作为发展资源的文化传统或文化产业，这是有三个不同的维度。民族文化是人们在长期生产实践中适应环境而产生的，在新时代"乡村振兴战略"视野下，文化的作用极为重要。盘州市作为西部经济较落后的省区，贫困面广，贫困程度深，脱贫攻坚任务重。盘州市因山地阻隔，经济长期处于滞后状态，如果简单地模仿东部沿海模式，难以走出"经济洼地"。由此，盘州市需要探索适应自身山地特色的经济模式。

盘州市非物质文化遗产传承人口述史分为"民间技艺""民间文学""传统舞蹈""民族音乐""民俗"等篇章。盘州市"民间技艺"有"古法造纸""火腿""织布""刺绣""水拌酒"等，这些民间技艺均具有民族文化特色，如盘州市竹海镇的"古法造纸"属于清代康熙年间随内地汉人迁入而形成，而"织布"传统技艺在布依族妇女中有较好的传承，"水拌酒"则属于彝族传统酒的酿造工艺。民间文学以彝族和布依族为主，传统舞蹈以善歌善舞的彝族为主，民族音乐在各民族中均具有自身的特色，如彝族酒令歌、苗族的大筒箫、直箫等。民俗篇如彝族毕摩文化、苗族踩花节、彝族苗族布依族婚嫁习俗、回族古尔邦节等。

盘州市文体广电新闻出版局（以下简称"盘州市文广局"）相当重视"盘

州市非物质文化遗产传承人口述史"的整理和研究，专门进行招标，项目中标单位贵州万里南风文化传播有限公司则组织了一个具有深厚研究实力的民族学、人类学团队。项目团队成员由贵州大学、贵州师范大学、贵州财经大学等一批教授、博士、硕士研究生构成。该项目成果的意义重大：其一，通过与"传承人"的沟通，更好地理解了非物质文化及其背后的人；其二，挖掘了盘州市非物质文化遗产，为保护和传承非物质文化遗产奠定了基础；其三，深度"口述史"，为盘州市非物质文化遗产留下了"人类的记忆"和生态智慧，有助于推进乡村发展和乡村振兴。

在对盘州市非物质文化遗产传承人进行口述史访谈中，我们收获满满：首先，是我们真正走入了传承人的生活，既是乡土人生，也是历史人生，我们共同感受时代历史的感伤和记忆；其次，我们更深刻地理解了文化传承与民族振兴之间的密切关系，盘州市非物质文化遗产传承人口述史不是个体的表述，而是社会群体的表述，更是民族共同体"集体记忆"；最后，是我们对人生和生命的深度认识，通过和传承人的沟通，我们对生命有了新的认识，我们的田野不仅是为了乡村的文化建设，更是我们心灵世界的一次洗礼。

人类不仅不能忘记过去，忽视传统，更应该重视和珍惜祖先的智慧。文明需要传承，但我们不能忘记文化的传承需要"人"，正是依靠一代又一代的"传承人"，我们的文化才没有"彻底失忆"，才仍然保留在"民间"。我们不能忘记他们，相反，我们应时刻铭记他们。作为非物质文化遗产传承人，他们是"小人物"，是日常生活中默默无闻的"平民百姓"，但他们承载了民族的记忆，承载了民族的希望。

让我们一起和他们"心灵"沟通吧！谨以此表达对传承人的谢意！

曹端波

目 录

传统手工技艺篇

一、造纸工艺 ······ 3
  地主家庭出身的造纸人——何联庆 ······ 9
  用心经营也是传承——土法造纸传承人陈江 ······ 13
  一生造纸、只为热爱——董华祥 ······ 17
  一生只做土法造纸一件事——阳廷友 ······ 21
  勇于担当、传承土法——造纸人阳建忠 ······ 24

二、盘县火腿 ······ 29
  做盘县火腿，谱人生篇章——王福生 ······ 33
  舌尖上的火腿，追求"老味道"——周玉刚 ······ 40

三、蜡染工艺 ······ 43
  创新也是一种传承——蜡染传承人杨其美 ······ 45
  一辈子的蜡染人——王朝秀 ······ 49
  热爱传统、享受其中——口弦、蜡染传承人熊昌珍 ······ 51

四、女 红 ······ 55
  织锦绣人生、扬布依文化——岑天松 ······ 56
  淤泥乡的织女——彝族织布传承人甘细梅 ······ 60
  手绣真情，针针可见——刺绣传承人岑敏 ······ 65
  "妙手生花"——绣娘岑天英 ······ 70
  穿针引线中的侠骨柔情——彝族"绣花郎"柳胜 ······ 78
  挑出花色人生——彝族背篼挑花传承人彭美琴 ······ 83
  寻迹"布鞋"时代——纳鞋底技艺传承人唐本淑 ······ 89

五、其　他 ··· 93
　　剪出世间万物　浓缩人生百态——金元汉 ·· 94
　　低调与个性并存——砂陶工艺传承人许文龙 ·· 99
　　物留余温　酒润万家——彝族水拌酒传承人杜克美 ······························· 104
　　指尖上的传统技艺——木雕、根雕制作者唐年春 ································· 108
　　"玩"心不退、至死方休——格螺传承人李宗洋 ··································· 112
　　巧手匠心——面制品工艺传承人封琴先 ·· 117
　　身怀绝技的纸扎、竹编工艺传承人李正凯 ·· 121
小　结 ··· 123

民间文学篇

一、布依族盘歌 ··· 129
　　歌以养心　诗意生活——歌者吴廷贵 ··· 130
　　怀赤子心，承民族情——布依盘歌传承人罗鑫 ··································· 136
　　布依盘歌　毕生追求——吴安林 ··· 140
　　声动梁尘——布依族盘歌传承人岑元光 ·· 145
　　布依歌师吴安情 ·· 150
二、彝族山歌 ·· 152
　　生长于斯、传唱于斯——彝族山歌传承者柳远胜 ································ 153
　　多才多艺　激情人生——彝族山歌传承人段胜高 ································ 157
　　不驰于空想，不骛于虚声——彝族山歌传承人甘明盛 ·························· 165
　　"来自一个英雄的梦想"——彝族山歌传承人兰爱菊 ······························ 170
三、彝族古歌 ·· 174
　　喜笑颜开"酒令婆"——彝族古歌传承人车秀花 ································ 175
　　普古"汉子"杜元元 ··· 181
小　结 ··· 185

传统舞蹈篇

一、羊皮鼓舞 ·· 189
　　为民传承——羊皮鼓舞传承人夏成权 ··· 190

以情传艺——羊皮鼓舞传承人钱吉华 ·················· 194
用心传承——彝族羊皮鼓舞传承人钱成林 ·················· 199
低调做人 认真做事——钱剑榜 ·················· 202

二、铜鼓舞 ·················· 208
为祖先而跳——铜鼓舞传承人陆兴伍 ·················· 209
家族传承、铜鼓之情——陆兴良 ·················· 213
千年铜鼓调——水族铜鼓舞传承人陆兴华 ·················· 216
传世铜鼓、倾情奉献——陆兴祥 ·················· 223
世代传承民族信仰——铜鼓舞传承人何文彦 ·················· 236

三、彝族海马舞 ·················· 240
德高望重的传统守护者——谢三国 ·················· 241
彝族的追思——海马舞传承人李顺民 ·················· 245

四、跳脚舞 ·················· 250
丧葬祭祀的超度人——跳脚舞传承人高松明 ·················· 251
积极参与 用心传承——跳脚舞传承人高招琼 ·················· 255

五、织布谣 ·················· 260
双重身份的织布谣传承人——罗奇伟 ·················· 261
卓尔不群的"老顽童"——织布谣传承人罗跃新 ·················· 265

六、其 他 ·················· 269
率性而舞、缤纷人生——钱棒舞传承人骆粉琼 ·················· 270
彝族丧葬仪式——转场舞传承人金光有 ·················· 275
一生耕耘 一世传承——火把节和搓蛆舞传承人杜少权 ·················· 281
记录历史 传承文化——斗牛舞传承人张平文 ·················· 289

小 结 ·················· 294

传统音乐篇

一、彝族酒令 ·················· 297
天生歌唱家——普古乡酒令歌传承人甘进琴 ·················· 298
娘娘山的酒令歌者——谢小所 ·················· 305
诲人不倦——酒令歌传承人毛小数 ·················· 309
虎斑霞绮,林籁泉韵——酒令歌传承人杜小兰 ·················· 313

二、其　他 ··· 316
　　余音袅袅，箫声传九州——大筒箫传承人陶春学 ·············· 318
　　纤手弄"苗"音——大筒箫制作传承人杨兴娅 ················· 321
　　孤独的守望者——苗家直箫传承人杨其祥 ······················ 325
　　归去来兮，箫声依旧——王有光 ································· 329
小　结 ··· 333

民俗篇

一、彝族毕摩文化 ··· 337
　　毕摩文化传承人孔小富 ·· 338
　　守护最温存的彝家记忆——李德胜 ······························· 342
　　世代承接　尊崇传统——彝族毕摩杜进福 ······················ 346
二、苗族采花节 ·· 352
　　待到归来时，把酒祝东风——采花节传承人熊大方 ············ 353
　　日月生辉唯仁者寿——采花节传承人李兴仁 ··················· 358
　　与芦笙相伴一生的热心人——李丙荣 ···························· 363
三、其　他 ··· 366
　　彝家"月老"——彝族婚嫁民俗传承者吴大荣 ·················· 367
　　行走在古尔邦节的穆斯林——丁修和 ···························· 373
　　彝家巾帼　多彩人生——火把节传承人甘小巧 ················· 378
　　布依歌节　责任传承——岑加标 ································· 384
小　结 ··· 388

后　记 ··· 389

传统手工技艺篇

一、造纸工艺

盘州市老厂造纸工艺简介[1]

盘州市造纸工艺于老厂、羊场、英武等地均有，但尤以老厂最为典型。2007年5月29日，盘州市老厂造纸工艺由贵州省人民政府公布列入第二批省级非物质文化遗产名录（黔府发〔2007〕16号）。老厂镇土法造纸工艺作为传统手工技艺于2007年5月被列为贵州省第二批省级非物质文化遗产代表作名录。位于盘州市东南部的老厂镇，盛产造纸主要原料——灰竹。康熙年间，造纸工艺传入老厂，乾隆时期得以完善。初时造"裹脚纸"，民国初年为"写字纸"，民国中期造"糊裱纸"，民国末期造"官推""二帘""新闻""对角"等纸。中华人民共和国成立后统造"规格纸"，即地方人称"毛边纸"，或"出口纸"，这种纸主要用于制纸火、宣纸、日常生活用纸等。20世纪四五十年代，老厂镇是当地有名的造纸工业胜地，以此为生的人家占老厂人口的90%以上。老厂生产的"规格纸"，除供应本省和云南外，多远销菲律宾、印度尼西亚、新加坡、新西兰、老挝、澳大利亚等国。老厂土法造纸，号称有72道工序，十分繁杂、细致。如今，整个镇上只有窑孔20多口，从业者60余人。由于整个造纸工艺流程多，季节性强，时间跨度大，个人难以单独完成，加上现今经济效益不高，缺乏劳动力，濒临危境。

老厂土法造纸工艺过程：

1. 砍竹麻　夏至时节，用特殊的砍麻刀（大棵也用斧头）

---

[1]《盘县文物与风情丛书》编委会. 盘县非物质文化遗产描述与研究［M］. 贵阳：贵州大学出版社，2009：454-470.

砍那些长到竹丫三枝到尖的中等竹麻，讲究砍细留粗、间密留稀；

2. 剔丫枝　用砍麻刀剔去竹子枝叶；

3. 腰段　用砍麻刀将竹麻分段砍成 7 尺左右的竹节，便于背运和上窖；

4. 划篾　用砍麻刀将竹子破成篾片，以便捆绑竹麻；

5. 捆竹麻　用竹篾片捆绑竹麻，每捆百余斤；

6. 系竹麻　用竹篾片将已成捆的竹麻做个背系带，方便背运；

7. 背竹麻　人工背运至煮麻窖；

8. 散捆　用砍麻刀解开竹麻捆；

9. 敲竹麻　用斧头、碓等敲破大小不一的竹麻，尤其是竹节，以便于浸泡时石灰水渗透；

10. 划竹篾　第二次划竹篾片，以将竹麻捆绑成小捆；

11. 扎浆把　用竹篾片将敲破了的竹麻捆成 30 斤左右的小捆，只捆一头，便于扬标上窖；

12. 发石灰❶　扎浆把之前一个月，将预备好的生石灰放进纸窖附近的浆塘❷发好；

13. 拱浆　用拱耙搅动石灰至均匀；

14. 打浆耙　用扬镖❸将捆扎好的竹麻浆把浸泡约半分钟至湿透；

15. 下把子　用扬镖将浸透的竹麻竖立在浆塘边，沥水且方便石灰水的进一步渗透；

16. 捂浆把　用扬镖将尽头的竹麻呈梯形或三角形状放置于纸窖附近，捂一周左右，促使竹麻不断节，提高纸纤维的质量和纸张产量；

17. 购窖锅　购置窖锅，放于窖底，用来盛水煮竹麻；

---

❶　一般 3 万斤竹麻需要 3000～4000 斤的石灰。

❷　浆塘设置视窖孔的大小和周围地势而定，一般长 2.5 米左右，宽 1.5 米左右；最长的可达 4 米左右，宽 3 米左右。

❸　即一根长约 2 米的竹竿，一端套上一铁制的梭镖。

18. 把锅弦　装好窑锅，用水泥或石灰封一个高约 20 厘米的锅边；

19. 做黄眼　用木棍或竹棍在锅底处弄一个锥形的通水口，里大外小，同时用黄泥、布条堵住通水口，方便捅开又要保证不漏水；

20. 安四方把　视窑的大小，用扬标安装一个高于锅把一个把子的四方把或三方把；

21. 放楞锅木　将一般树木干 3～4 棵搭载在四方把上，用于支撑竹麻的重量，以防竹麻煮时坍塌；

22. 放锅草　在锅底放置青草❶，以防石灰水粘锅形成锅垢，影响水温；

23. 放锅水　用水桶挑水将锅里放满清水；

24. 上窑　按照原料数量，用扬标、胶手套等将竹麻横竖架起，长短搭配、铺至窑顶；

25. 放窑水　按经验在窑中放入使竹麻能够煮透的水量❷；

26. 封窑　用浆塘里沉淀下来的石灰渣封住窑口；

27. 煮竹麻　准备相应量的煤，将煤运至纸窑，并杵煤做成圆形、重约 5 千克且中间留有一孔的煤粑，之后便发窑火，煮竹麻❸；

28. 钩竹麻　用钉耙将煮好的竹麻钩出；

29. 踩竹麻　以特制的钉子鞋、胶鞋，组成专门队伍❹，将煮好的竹麻踩成丝状物；

30. 敲竹麻　用锄头敲碎已经踩好的竹麻；

31. 捡筋骨❺　捡去那些较为粗糙的竹麻，以防纸里面出现明显的粗纤维；

---

❶ 青草种类不限，但现场调研时，调研人员记录多为青蒿草。
❷ 一般来说，水放多了，不易升温，浪费原材料；水放少了竹麻不易煮透。
❸ 以能装 5000 千克左右竹麻的纸窑为例，煮竹麻时要 25 天左右的时间。
❹ 调研人员介绍，一般为 4 人一组，以一根长横木为扶持，进行踩踏。老厂"黑土坡"踩竹麻的有 20 多人，两人抓竹麻，10 人踩竹麻，4 人打竹麻，4 人洗竹麻。25000 千克以上的竹麻需要 12 人踩，多一天内踩完。
❺ 这些筋骨，俗称"麻筋"，因为所造纸张多不用于书写，质量要求一般，这道工序现在已经省略。

32. 洗竹麻　将竹麻在水池中用清水冲洗,视纸张质量要求决定冲洗次数,3~8次不等;

33. 洗纸窑　洗净纸窑,以浸泡洗好的竹麻;

34. 踩泡窑　将洗好的竹麻按之前的方法重新放回纸窑;

35. 放楞锅木　方法与之前类似,但要在锅木处放置一根空心竹子,让其通到窑面,高出竹麻1米左右,以喷出锅里的碱水;

36. 烧灰　将购置或收集的荞秆或辣椒秆烧成灰❶;

37. 铺荞秆　在洗净的竹麻上面铺一层荞秆,以免起灰时弄脏竹麻,同时因加热过程荞秆灰渗出碱水,利于提高纸的质量;

38. 铺灰　将草木灰铺在荞秆上,要30厘米左右,一般越多越厚越好,可以加大碱水浓度,提高纸质;

39. 淋水　用水将荞灰浸透。因竹筒会随着锅加热而喷出碱水,可反复浸湿荞灰,浸泡竹麻;

40. 化碱泼料❷　反复放烧碱,加快竹麻的腐蚀;

41. 泡料　用碱水浸泡竹麻至其腐蚀,以轻捏易断为标志,竹麻变成纸张原料;

42. 备煤、买滑　准备煤,买料做滑水❸;

43. 洗滑　打破买来的罗汉松树根,浸出汁水;

44. 泡滑　将打破的罗汉松树根放在大缸浸泡,以捞起滑根水呈线状为好;

45. 抓料　用钉耙将纸窑中泡好的料抓上来,放在窑边的木料上;

46. 捏料　用手捏干料中的水分;

47. 打碓　将料子背运至碓房,用碓打料❹;

---

❶ 由于传统造纸工艺中的碱多由草木灰中得来,故有此工序。

❷ 由于现在多用"化学碱",前面四道工序便可省略,直接化碱,一般15000千克的竹麻需要300千克左右的纯碱和100千克左右的烧碱。用碱水煮1.5万千克竹麻需要半个月。

❸ 滑水原料可以用罗汉松树根,本地有售,可到水塘、民主、马场等地买,也可以用仙人掌的汁水做就。

❹ 一般放满了碓窝和碓盘为一孔料子,要打3个回合6翻,一孔料可抄500张纸,根据抄的纸张数打料。

48. 踩料　用脚踩舂打好的料，至其变色成浆；

49. 下槽　用撮箕将踩好的料子放进专门用来抄纸的水槽❶；

50. 放水搅料　引来山泉，放入水槽，用拱耙和响棍搅动料子，使其充分分解成絮状；

51. 撤槽水　用树枝、草等将水槽的泄水口堵住，放水、过滤料子，使料子在槽内沉淀结成块状物，一般需要一夜；

52. 架槽水　第二天清早，抄纸师傅将水槽重新放满水，并在水槽里面放置一个十字状的木架，以便放置抄纸架；

53. 起料　用拱耙轻轻将水槽底部的料子搅起，至其匀称；

54. 上托板　在水槽边放置一个比纸张大的托板，以放置抄好的纸❷；

55. 下滑搅匀　将泡好的滑水放入水槽，用响棍搅匀，以分开抄纸；

56. 抄纸❸　将抄纸架放入水槽，适度捞起料子，抬出水面，在水中把竹帘上的料子漂漾匀称，再起水，把帘架放在水槽架上，取下竹帘，翻转放置托板上，揭起竹帘，薄纸便放在托板上了；

57. 搣纸坨　搣掉超出固定尺寸的纸坨；

58. 榨纸坨　架好榨方❹，将纸坨中的水分榨干；

59. 烤纸坨　将纸坨抬在纸板上，用苞谷糊搓毛，再在灶口烤纸头；

60. 搓纸坨　在纸坨的一边搓出毛纸角，便于取纸；

61. 搣纸角　将成型的纸角搣一遍，便于松散纸张；

62. 抬纸　以 10 张为一个单位抬起；

---

❶ 水槽内空 2.5 米长、1.2 米宽，下窄上宽，成梯形。以前多为木制，现在为水泥加木板制成。
❷ 一般先放好一细竹丝编制的竹帘，在其上面先抄上几张厚纸为垫子。
❸ 抄纸最为关键，也最检验师傅的手艺。如此抄纸一般一天至少可抄五滑，一滑可抄 3~5 刀纸，一刀纸为 100 张。
❹ 一个木制的架子，即用一根重木料，系好鞍绳。

63. 上墙晒纸❶　将10张一抬的纸贴近火墙，用刷子将纸贴在火墙上；

64. 揭纸　揭下火墙晒干的纸；

65. 合纸　把十抬纸100张合为一叠即一刀；

66. 分件、捆纸　按照出售需求，碓成品纸进行捆扎成件。

由上可见，所谓老厂土法造纸工艺有72道工序，应为概数，意在表明造纸工艺之繁杂。同样，这72道工序的表述也在于说明学艺之艰难。因此，老厂土法造纸工艺虽为省级非物质文化遗产，但传承人却屈指可数。

---

❶　这道工序一般由妇女完成，一个坯房的火墙长度即10张一抬纸的长度，有上下两排。

地主家庭出身的造纸人——何联庆

传承人简介：何联庆，汉族，1958年8月生，老厂人。2010年8月被贵州省文化厅公布为第二批省级传承人。

初见何联庆，朴素、讷直，典型的手艺人形象。瘦削的脸上刻画着岁月的痕迹，一如老厂纸那般，历经千辛万苦，才有世代芳名。他一出生就背负着地主的名义，却从未享受过地主的生活，他的一生奉献给了古法造纸，就这样默默耕耘，不问收获。如今的他已熟练掌握72道工序，可谓老厂古法造纸工艺的"活化石"，他展现出的是那种精益求精、脚踏实地的传承人精神。当被问及个人造纸历程时，何联庆娓娓道来。

地主家庭身份的造纸历程

说起何家造纸的故事，那就要从老祖公那一辈算起。以前在老厂这边，只有地主家才有造纸，因为造纸需要很多钱。我们家世世代代都住在老厂镇，家里有一些土地，老辈人没有说土地多的原因，我家就被划成地主，我记得那时候这里都是竹子，自家的竹子就够造纸了。自从我出生以后，地主就被打倒了，之后我的生活越来越艰难，越难做的事情我越要去做。因为我家以前是地主，我就没得书读，在集体化时期，背负着地主的成分，每次开大会小会，地主家的人要砍柴、点火、背煤炭，很多活都是让地主家的人去做，虽然工资一样，名声却很不好。

20世纪50年代后期，老厂是集体化造纸。我参加纸社造纸后，18岁的我就可以独立造纸，到现在已有30多年。在以前都是用手用脚去打料，我的手就被石灰咬[1]得到处是印记，手指甲都被咬扁了。中华人民共和国成立前，所有的工序都是一样的，先砍竹麻来用碓舂，最后放窑子里，加上碱性的材料，

---

[1] 方言，意即被石灰侵蚀。

用火煮一个多月。煮竹麻都需要用含碱性的炭灰，来挥发做原料，用纱布把上面盖着，把原料堆得很高，等下面那个碱性挥发了，就可以打料子，现在和以前的造纸程序相比就只有一个用碱不一样，现在的碱性都是石灰或者化学物质，还有就是现在很多家打料都用机器了，但是我家现在还用碓舂，出于心理作用就是自己觉得用碓舂的纸做出来要好一些，要白一些。这么多年，无论生活多么艰苦，命运多么无奈，我依然坚持传承"千年不朽"的古法造纸技艺。

那些年老厂的造纸故事

老厂的造纸很出名，为此很多人都想加入这个行业。有一个例子：以前，有一个在盘县煤矿上挖煤的工人，看到老厂的纸卖到30多元一刀❶，心动了，也想造纸挣钱，便投资20多万元。他的毛病就是懒，什么都请人去做，造纸的请小工，开5元的工资，晒纸的小工也是开5元，煤炭钱之类的加起来就用了很多钱。主要原因是他来这边什么都没有，所以要做一整套造纸的工具。在他们老家做，要打几万的窑孔，造纸还请了十几个人，从他家造纸以来，纸的价格就降价了，从23元卖到18元，所以他的成本加起来就很贵，本钱都收不回，亏本了，把料子做完了，东西也不要了，后面他又回煤矿上去上班了。

还有一个例子：我们寨子还有一家，现在儿子还在造纸，他老妈因为负担太重，跑到山上去喝敌敌畏❷死了，半年多才找见尸体。他家以前就是造纸的，因为平时大吃大喝，不懂得节约。他们生活花费从不兴计划，后面生活窘迫，就去按3%的利息借钱来用。他家虽然造纸，但是做的比较少，收不回成本，导致一直借钱，借钱继续造纸，连续借了四年，最后负债累累，还不上钱，母亲因负债太多去世。考虑他还不起，债权人便把当年他家煮好的料子全部拿去了，还挣了几万元。在20世纪80年代的时候，这些例子很多。造纸这个行业，主要是自己付出、勤奋，还需要会过日子、会打算。

老厂造纸业的千古兴亡

中华人民共和国成立以前老厂的竹子没有现在多，有些土地上还是种有苞谷的。中华人民共和国成立以后，搞集体化大生产，这个地方就成立了一个集体单位，以前老厂这个地方叫黑土坡纸社，就是纸厂，是按地契划分的。一个

---

❶ 古时纸张的计量单位。
❷ 一种农药。

纸社，那个时候有主任、支书、队长、管理员、核算员。集体造纸是按好多钱做一刀，按计件算，造纸的是1.4元一刀，晒纸的1.5元、打碓的0.7元。那个时候每个月领一次工资，每个月也可以由一个人去领所有人的工资。厂里做的有工资册，工资是会计核算的。劳动局规定的18岁以上的是满劳力，但根据家庭情况，若劳动局有批准，16~18岁入厂的，可以算一半的劳动力，给一半的工资。以前男工是0.8元，女工是0.7元。

"以前国家规定统一到老厂买粮食，排号数，有购粮本，统计好家里人数，小孩25斤，大人30斤，读小学的时候就吃25斤，读初中就给30斤。打碓的45斤，抄纸的33斤。集体化时期，造纸是比较艰苦的，我和爱人都要做，所以就没时间带孩子了。那时候的工资是多做多得，少做少得。比如，做得比较少的，小孩子生病需要钱打针，发工资扣除了这些，领到手上几乎很少了，但是我们家一直都还是可以维持生活的。集体化时期在厂子里年轻人技术不好的，就让技术好的帮一下，没有指定专门人员。这个抄纸很讲究，一不小心，就会导致纸坏了。抄纸会受原料、心思、精神等因素影响，时间长了就会导致失误。以前我们厂有一个老师傅，抄纸技术很好，有一次找不到任何原因，纸就是晒不起来。"

"造纸私有化以后，我们家也是一直坚持造纸，没有改行做其他的。2008年，纸的价格是最低的，几乎很难有收入，但是我家还是坚持造纸，因为自己没有读过书，去外面打工的话，没有文化。在家造纸，将就维持生活，只是挣不了太多钱。在最困难的那一两年里，我家也没停过造纸，因为那时候自己的孩子上学负担重，只能靠造纸保障生活。我造纸造了几十年，一直都是比较勤奋的。比如说，别人家有红白事，我去帮忙，回来我都还要抄上两三刀纸，不可能一天不做，错过一天抄纸，就感觉很不自在。在寨子里我被别人叫作'老公鸡'，就是五点钟以前就开始起来抄纸，整个寨子都听到抄纸的声音。我想着早上起早状态比较好，抄的纸也看着比较整齐，但是晚上休息要早些，因为晚上要做饭给孩子吃。那时候自己和老婆为了造纸，没有时间带孩子。孩子小的时候吵着要背，我要抄纸，没办法，随他哭，我就把他捆在拉杆上面。现在儿子长大了都还抱怨我，说他是杆背长大的，不是我背长大的。那时候真的很辛苦，老婆就负责晒纸和煮饭吃，我负责的是打碓和抄纸，差不多就是这种分工。自己每天抄纸要站十几个小时，很辛苦，但为了家庭，为了生活，再苦再累都要坚持。我有三个孩子，现在最小的都30岁了，小儿子在看守所当协警；大儿子以前造纸，现在挖煤；老二是个女儿，读幼师，在红果教书。"

"现在我们造的比较少，就是自己和媳妇做，都是为了传承，挣不了钱。现在我是抄纸的老师傅，在哪儿做都是一天 100 多元。自己平时有时间的时候，会砍竹子编些东西拿出去卖，卖到洗煤厂那边去，都是用手亲自编的，编的时候没有戴手套，有时候也会划伤手，但是熟练之后就觉得简单了。"

以前老厂造纸是非常繁荣的，但在经济发展和社会进步的时代背景下，集体化的造纸厂，已经成了私有化，造纸人数大不如从前，很多人都改行了。目前，老厂主要往第三产业发展，古法造纸，需要很多资金，造纸的人也需要有吃苦耐劳的精神。因为造纸，不仅仅是讲究 72 道工序中的每一步，还讲究效益，要不然很容易垮台。在新时代背景下，希望能更好地传承和保护古法造纸技艺，因为它也是中华文化中不可或缺的一笔色彩。

何联庆一直执着于造纸工艺的传承。从 2011 年开始，盘县（现为盘州市）文体广播电视旅游局及老厂镇党委、镇政府等部门为加大老厂土法造纸工艺的保护力度，开展了非物质文化遗产进校园的活动，就专门聘请何联庆到学校给学生们传授造纸工艺流程。同时，他还利用业余时间在造纸作坊手把手教学生们进行实践操作，为此项技艺的传承、保护做了大量工作。

用心经营也是传承——土法造纸传承人陈江

传承人简介：陈江，汉族，1972年12月生，老厂人。2012年12月被贵州省文化厅公布为第四批省级非物质文化遗产传承人。

抵达老厂镇后，我们联系传承人陈江，相互寒暄后便一起前往黑土坡。途中我们看到许多残存的窑洞，听陈江说，黑土坡在以前从事造纸的人户是最多的，只是随着社会的变迁，很多人选择了其他行业。

古法造纸技艺

有关造纸术的著作以明代宋应星的《天工开物》记载最详尽，可以说是我国传统造纸术发展到最高峰的总结性著述。关于竹纸，《天工开物·杀青》卷中有详细记载："凡造竹纸……浸至百日之外，加工槌洗，洗去粗壳和青皮，是名杀青。其中竹穰形同苎麻样，用上好石灰化汁涂浆，入桶下煮，火以八日八夜为率……凡煮竹，下锅……盖定受煮，八日已足，歇火一日，揭楻，取出竹麻，入清水漂塘内洗净……洗净用柴灰浆过，再入釜中，其上按平，平铺稻草灰寸许，桶内水滚沸，即取出别桶之中，仍以灰汁淋下。倘水冷，烧滚再淋。如是十余日，自然臭烂。取出，入臼受舂，舂至同泥面，倾入槽内。""凡抄纸槽，上合方斗，尺寸阔狭，槽视帘，帘视纸。竹麻已成，槽内清水浸浮其面三寸许，入纸药水汁于其中（形同桃竹叶、方语无定名），则水干自成洁白。凡抄纸帘，用刮磨绝细竹丝编成，展卷张开时，下有纵横架框。两手持帘，入水荡起竹麻入于帘内。厚薄由人手法，轻荡则薄，重荡则厚。竹料浮帘之顷，水从四际之淋下槽内，然后复帘，落纸于板上，叠积千万张。数满则上以板压，俏绳入棍，如榨酒法，使水气净流干。然后以轻细铜镊逐张揭去焙干。凡焙纸，先以上砖砌成夹巷……火气从砖隙透巷外，砖尽热，湿纸逐张贴上焙干，揭起成帙。……若火纸、糙纸，斩竹煮麻、灰浆水淋，皆同前法，惟脱帘之后不用烘焙，压水去湿，日晒成干而已。"

把《天工开物》造纸的记载予以分解，可分为六个步骤，即是：第一步斩竹漂塘。斩嫩竹，放入池塘，裁泡100日以上，利用天然微生物分解并洗去竹子之青皮。第二步煮楻足火。将以上所得之竹子，放入"楻桶"内与石灰一道蒸煮八日八夜。第三步舂臼。取出上述处理之竹子，放入石臼，以石碓叩打直至竹子被打烂，形同泥面。第四步荡料入帘。将被打烂之竹料倒入水槽内，并以竹帘在水中荡料，竹料成为薄层附于竹帘上面，其余之水则由竹帘之四边流下槽内。第五步覆帘压纸。然后将帘反复过去，使湿纸落于板上，即成张纸。如此，重复荡料与覆帘步骤，使一张张的湿纸叠积上千张，然后上头加木板重压挤去大部分的水。第六步透火焙干。将湿纸逐张扬起，并加以焙干。焙纸的设备是以土砖砌成夹巷，巷中生火，土砖温度上升之后，湿纸逐张贴上焙干。干燥后，揭起即得成纸。

按照陈江的说法及我们事先对老厂土法造纸工艺的了解，老厂造纸与蔡伦所创竹纸类似，只是在发展过程中程序更为复杂。陈江带我们去参观了他家的造纸作坊并介绍说，老厂的造纸术是按照72道工序进行生产的，其中制浆、调制、抄造、加工等为主要步骤，整个造纸工艺流程是多、细、繁、杂、季节性强、时间长、生产时空跨度大，一人是无法完成的，所以现在他家的造纸技术也在不断改进，以前制浆都是铁鞋去踩，现在采用机械制浆法，节约了很多人力，可以造出更多纸。

家族历史

陈江说："听老一辈人说我们家以前不是老厂这边的，也不会造纸，因为逃难就一直搬迁，最后来到这里。以前我老祖把我爷爷带到青山镇，爷爷十几岁的时候老祖公被土匪打死，我爷爷逃到老厂，我外祖只有我奶奶一个女儿，于是就收留他。那时候孙家就在造纸，爷爷负责抄纸。我爷爷是一个比较讲究的人，做什么事都严格要求自己。比如，以前去造纸要走一段烂泥巴路，我爷爷就捡石头修路，他每天规定自己要抄多少纸才能休息。我外祖看中我爷爷的起早贪黑和脚踏实地，就让我爷爷入赘孙家当女婿，教他古法造纸的技艺，我爷爷那时候就改姓孙。为什么我和我父亲这一辈不姓孙呢？因为我父亲是八姊妹，除了我父亲和我四叔不姓孙，我三爷、三叔、二叔、小叔都还姓孙。我父亲和我四叔为什么不姓孙，据说是因为我母亲和四娘也姓孙，如果孙门孙氏，那就不怎么好，所以我父亲和我四叔就改姓陈。"

学习古法造纸的过程

　　谈及古法造纸，在这边这种纸叫毛边纸，主要用于制纸火、书法用纸（宣纸）、日常生活用纸（在没有卫生纸之前也用这种纸），还有清明节时候用的钱纸等。陈江中学毕业后，觉得读书乏味，他便跟随父亲学习造纸技术，学习三年有余，自己便可独立完成造纸工序。他告诉我们："我自小就生活在老厂，每到造纸的季节，我放学时就会看到大人们砍竹麻、抄纸等，看着大人们辛辛苦苦地谋家计，我心里想应该帮着大人们做点什么。于是，只要一到寒暑假回来，家里人在造纸时，我都会在旁边细看，看他们是怎样将竹子变成了草纸的，闲暇时也会帮着家里晒纸。就这样一代影响一代，现在我兄弟家的女儿和我儿子放寒暑假也会帮忙我们一起造纸，所以古法造纸这种技艺最先考虑的就是家族传承，我家第一代是孙和清（已故）传其婿陈德元；第二代是陈德元（已故）传其子陈少吉；第三代是陈少吉（男，汉，1950年6月生）传其子陈江；第四代是陈江（男，汉，1972年12月生）传其弟陈波；第五代是陈波（1975年3月11日生）。可以从我们家传承谱系中看出，古法造纸的传习形式为家族式传承，如果自己家没有人愿意传承，这才考虑找外面的徒弟。我家儿子他们在外面上大学，上完大学他不想传承造纸，所以我现在的徒弟就是弟弟还有其他外面的人，传授徒弟的过程也是非常讲究的，要传授给他们每一道工序的步骤、细节、经验。学习古法造纸，不像武学传承那样有所保留，要毫无保留地教授给他们，这样才能造出来纸，卖得出去。我传授古法造纸的方式是从竹林之中寻找合适的竹麻开始，到竹麻到窑孔上的各种工艺，使他们在2~3年学会全部工艺。不过这一门手艺始终是传承千年的技艺，并不能在极短的时间完成，还需要认真学习，多积累经验。"

岁月蹉跎下老厂的造纸故事

　　中华人民共和国成立前这里不是集体的，是私人的。中华人民共和国成立前就只有地主家才可以造纸，因为工序复杂，投资大，一般人家没有技术，也没有钱。老厂造纸的历史是很久的，但在20世纪80年代那会儿老厂是最富有的。20世纪50年代后期，造纸属于集体，有专门的纸社，以前是一个集体，五个企业单位，每个单位相当于200家人参与，那时候需要评等级。以前十几个人在一起做工，抄出来的纸要卖到国外，有专门的外贸机构。所以，以前的纸是做得比较好的，以前抄纸有严格的要求，有等级，按评的等级来发工资，有点瑕疵都不行，有瑕疵就会扣工资。1988年后就不是集体的了，那时候老厂就开始衰退了，把剩余的料子按照劳动力分了，有些没有劳动力的人家就把料子转卖。那时候我们家，我公公没有做，我爸爸带着我们一起做，所以一直做到现在。但是在2007年和2008年，纸的价格比较低，我那时候就没有做，因为觉得造纸挣不了钱，只好出去打工供孩子读书。那时候造纸一天两个人的收入才挣30多元，草纸卖几块钱一刀，纸的价格太便宜了，而且造纸要造12个小时以上很辛苦。后来我母亲去世，我才回来造纸。那时候纸就开始涨价，我就去买别人家的料子来造，从此我每年都在做。家里出口的纸都非常多，政府还是很鼓励我的。我2010年回来的时候最多只有10户人家造纸。当时买的料子才花了1万多元，我有自己的作坊，那一年我就挣了一点钱，从那一年起我就决定好好做，现在我家晒纸是请人帮忙，请的都是周边的人。

陈江说："造纸的原料是竹子，竹子长出来之后，先砍自己家的，自己家不够的话还要去买周边那些不造纸人家的竹子。打料一年就打一次，需要的竹子很多，所以还要去找人砍，30多元50千克。买原材料花钱太多，请人家砍，人家又不愿意去砍，所以一般都是自己砍得多。砍竹子也很讲究，要砍矮一点，两米左右砍断，要反着看，注意刀口。砍了之后还要背回来，去年自己找小工去砍，背的时候摔了，还赔了几千元，所以做什么都不容易。把竹子砍回来之后，用石灰把它腐烂还要煮。煮这个过程特别复杂，也很危险，一般都是男人做，特别在窑子边上的时候还要注意，不然掉到正在煮竹子的窑子里会没命的，曾经也有掉下去就死了的情况。所以我们一般都是自己亲自去煮，现在还没有更好的安全措施。煮竹麻除了危险之外，还有就是形成竹麻的过程很长，竹子要煮30多天，还需要很多工序，大概要几个月才能完成。现在最大的困难就是没有煤炭，由于近年来竹海镇实行旅游发展，煤炭供应不上。去买煤炭都要证明，居委会有时候出不了这个证明。我都是去别人家买，每年需要20吨煤，所以煤炭确实不够用。为了造纸，我还专门去红果那边拉煤炭，煤炭除了煮料用以外，还有上墙晒纸的时候也必须用。踩竹麻的工序也是很不容易的，需要穿着铁鞋去踩，但现在改进了，都用机子去打竹麻，也有继续用铁鞋去踩竹麻的，像我的师傅何联庆就坚持老的一套工序。"

岁月见证了老厂造纸的历程，在社会变迁的今天，有很多人都选择出去打工了，留在老厂造纸的人很少，而且造出来的纸还需要找销路，回资的过程也比较漫长，但我认为古法造纸作为国家保护的非物质文化遗产，需要保护和传承，不管怎样，我这辈子都会待在老厂造纸。

一生造纸、只为热爱——董华祥

传承人简介：董华祥，男，汉族，1943年生，据说，董家造纸已有两三百年。董姓家族，为老厂公认最早从事造纸业的家族。2009年7月被六盘水市人民政府公布为首批市级传承人。

家族及个人史

董华祥20世纪60年代成婚，对象是造纸厂里晒纸的女工。他抄纸，媳妇晒纸，夫唱妇随也算琴瑟和谐。两人育有三儿一女，现今都在外打工。董华祥说，最早是进造纸车间跟人学习，后来自己慢慢摸索成才的。

董华祥家谱上记载董家起初跟随朱元璋攻打云南，清朝时候由文龙老祖公始迁此处，最初住在董家坪，后迁到老厂。老厂原因造纸工艺称为老纸厂，后改为现在的老厂镇。董家坪下来2千米处就有造纸的，以前除了董家外还有严家、钟家，三家迁居此处时间均为明清前后。钟家之后不知何故搬迁出去，严家是做百货生意的。据说，严家因经商，以前比董家有钱，董家掌握粮食，严家掌握银子。100多年前，严家没饭吃，有钱也买不到粮食，就饿死了人，又因请不到人帮忙埋，就只能把死人放家里，之后就随便用烂泥巴掩埋。现在严家还有不到百人，董家却有上千人。严董两家历代通婚，但多为严家女儿嫁到董家。传说中，董家祖先骑白马过来的，去世之后，后人还为他修建了白马坟，所以现在董家坪还有白马坟。董家后代枝叶繁茂，由两房转三房，因后来有些支系只认识董家坪，不知道老厂镇，找不到家族就迁去了现在的兴义。[1]

---

[1] 《盘县文物与风情丛书》编委会. 盘县非物质文化遗产的描述与研究[M]. 贵阳：贵州大学出版社，2009：456.

学艺、工作经历

据董华祥描述，造纸厂在最开始建设的时候属于国营资产，国家在盘县共建设有五个车间。老厂是一车间，黑土坡二车间，席草坪三车间，滑石板四车间，五车间是石门居委会。20世纪70年代以后，一车间就改为了老厂合作工厂，二、三、四、五车间都改为了造纸社。老厂合作工厂比造纸社级别要高一点，相当于总厂。20世纪90年代以后开始改为组，后划为个人。从90年代开始解体到现在，中途还被机器造纸代替了几年，这就导致有很多人，很多工序都废掉了。

董华祥16岁进厂（1958年下半年），开始学造纸。当时造纸销路好，那时候董华祥刚进厂什么都不会，他便仔细观察前辈们的造纸程序，每一个细节都不放过，然后自己动手慢慢摸索，慢慢也就学会了。这一过程中，董华祥表示十分感谢两位同姓师傅，师傅们均比自己年长20岁左右，他们在董华祥的学习实践过程中不断加以指点，直至他技术纯熟。造纸厂里，每个人都是造自己的纸，分开造，所以即使材料、工具什么的都一样，但由于技术等方面参差不齐，100个人就会造出100种纸。造出来之后工厂还要评纸张的等级，等级不好的就要扣工资。董华祥说："自己造的纸从来都是厂里最好的，不起泡，质量很好。以前造纸厂有个人造的纸总出问题，很多人都找不出原因，后来自己过去，发现他抄纸程序有问题，便指点说抄纸起来后水要往后滴，不能往前滴，一句话就解决了他们几年没解决的问题。虽然在场有些师傅年纪比自己还大，但依然找不出问题所在。"董华祥表示，"自己也没读多少书，初中读了不到一年就辍学了。其实不管学什么，重点就在于要多看多问，善于思考，还要讲卫生。这么多年来自己练就的本事就是看一眼就知道造纸的问题出在哪儿。那个时候，因为阶级成分不好，即使有什么外出学习的机会都轮不到自己。即便如此，那些学习归来的人按照外面的造纸配方造纸，有些还晒不起，还没有自己造得好。"

在厂里学习造纸四五年后，国家的轻工业产品就开始远销海外。当时董华祥造的纸多为厂里的样纸。20世纪六七十年代，董华祥他们造的钱纸还出口到新加坡、马来西亚等地。后来这些地方不需要了，才销售到中国云南等地。

20世纪90年代，董华祥开始自学造宣纸，这也使他成了老厂里唯一造宣纸的人。宣纸的纸张质量好，工序更复杂，成本会更高，但是卖出的价格也会高很多。按现在的市价，普通造纸是25～40元/刀，宣纸是100～150元/刀。

但那个时候纸吃紧,宣纸由于价格太贵又推销不出去,很多都滞留在了厂里,后来一车子全被拖走了。到 1992 年,董华祥又向厂里领导申请要造宣纸,认为造宣纸能带来更多的收益,但被拒绝了。一气之下,董华祥就离开厂里去外地打了 5 年工。直到后来造纸厂解体划分到个人,董华祥才又回来继续造纸。

关于造纸

董华祥说,"造纸工艺一共有 72 道工序,主要有发石灰、砍竹麻、收竹麻、磕竹麻、打浆把、上窑、煮窑、踩竹麻、洗竹麻、踩泡窑、泼碱水、透碱水、打碓、下槽、抄纸、榨纸、晒纸、合纸等,现在年纪大了,眼睛看不清,耳朵听不清,记忆力也不好,造纸工艺的工序要全部复述出来已经不行了。"但别人在旁边说的时候,董华祥可以指出别人说错或者说漏的地方。所以,一般有人来采访录像都会请董华祥过去,指点错误的地方或补充细节。

董华祥还详细讲述了本地竹子的来历。据说,董家刚迁来的时候,周围都没有什么人家。董家祖先就往董家坪下面走,走到下面发现有一栋房子,问是哪个朝代的,大家都不知道,只知道是以前一个造纸的人在那住过。董家祖先在房子周围发现了很多刺竹,他们就把刺竹砍了造纸(刺竹造的纸不好),然后拿到云南去卖。到云南后发现人家卖的纸比自己的好,别人的料水(原料)就是要比老厂(董家坪)的好,祖先就跟着这个人去了四川夹江。他们发现夹江的竹子拿来造纸要比刺竹好太多了,于是在夹江买了很多竹子。他们用马驮着竹子,再用油纸盖上,竹子泡在水里,才运到老厂这边来种植,就这样老厂有了这么多竹麻(当地人对竹子的称呼)。老人说:"栽竹子也要看季节,一般是六七月竹麻砍完之后移栽,移栽竹子最下面的根部,农历七八月间移栽最好。"

关于造纸的实践安排,据董华祥说:"基本一年都在忙活。一般 5 月中旬以前,一定要把纸抄完,抄完纸拿来晾晒,然后做成纸张的成品销售。6 月又要开始砍竹麻、煮麻、加工,要在 8 月之前备料完毕。9 月之后又开始抄,抄纸至少需要 3 个月,具体时间就随煮的竹麻的多少而定。所以造纸人一年四季就在这循环往复中忙碌着。"

工艺传承情况

自从造纸厂解体后,现在造纸基本是自家开的小作坊。董华祥说,一般几万元就可以建自己的小作坊。但是造纸必须自己动手来做,请人就挣不到钱了。造纸厂解体自己也单干过,一般都是人家上门购买,也有的会提前预订。

每年大概能挣四五万元。但现在年纪大了，体力跟不上，做不动了，就开始腌制火腿来卖。每年也能挣上几万元，可以维持家庭的日常开销。

董华祥说："以前我在厂里算是小辈，现在自己的徒弟也有几十个了，有的已经成了师傅又开始教别人学造纸去了。教徒弟都是无偿的，只要徒弟愿意学，自己也愿意教。主要还是要能虚心学习，能坚持，有耐心，多看、多问、多思考。但是因为学造纸很辛苦，学会容易学好难，体力消耗很大，所以虽然造纸没有男女界限，女生学造纸的还是要少很多。现在因为收益不高，所以男生也很少有人来学了。有的自家开小作坊的，造纸时遇到什么问题了也会来请教，我也很乐意帮他们解答疑惑。"

谈到现在造纸工艺的传承困境，董华祥说："我觉得最主要就是排污问题。因为现在造纸的人少，市场对人工纸也还有一定需求，所以销售不用担心，但现在问题是造纸污染严重，缺少资金与技术来解决污染问题。"

尽管如此，从他的话语中，我们依然能感受到这位70多岁的老人浑身的干劲儿，以及对未来的信心。这是对自己这门造纸工艺一种发自内心的热爱，从事了50余年的行业已融进老人的心里，它不再仅仅是一门养家糊口的手艺，而是他一生追求和热爱的东西。不管未来前景如何，老人都希望能把这门手艺好好传承下去。我们一直都说："干一行，爱一行，精通一行。"老人做到了，而且还把它融进了骨子里，一提到造纸，仿佛就能带给老人无限的动力和希望。董华祥的这种精神值得我们每个人去学习，也祝愿老人能在造纸工艺的保护和传承上走得更远，做得更好！

一生只做土法造纸一件事——阳廷友

传承人简介：阳廷友，男，汉族，1965年12月生，盘州市竹海镇（原老厂镇）黑土坡人。2014年7月被盘县人民政府公布为第三批县级传承人。

老厂原叫老纸厂，因前人在这里造纸为生而得名。老厂镇被"翡翠"如云的茫茫竹海所覆盖，故老厂又有别名"竹海"。在去往黑土坡的途中，云雾迷蒙。小道弯弯曲曲，薄雾不问由来静静地萦绕在上空，鸡鸣犬吠的声音也在竹林里若有若无。穿过一片竹林，眼前的景象一下热闹起来，小孩嬉戏打闹，老人在房前屋后摆着"龙门阵"，不时有哗啦啦的水流声，远处烤纸的坯房还冒着热气。

下午三时，我们来到黑土坡阳廷友家。据他说，从8岁起，自己造纸"一直没停过"。先祖六兄弟由湖南搬迁过来。在盘县定居时因与丁家闹矛盾而迁至老厂。当时丁家放牛吃了阳家的稻子还不道歉，阳家便放羊去吃丁家的麦子予以反击，两家为此闹得很凶。之后阳家六弟兄三人搬到滑石板镇，三人迁至老厂镇。阳廷友的父亲曾是村支书，现已去世；母亲张大贤，70多岁，狗跳崖人，也操着一手造纸的好手艺，现跟着最小的兄弟一起生活。阳廷友有八姊弟，大姐阳廷芬，嫁在本地，传承了造纸手艺，但现在在建筑工地上班；大哥阳廷坤，造纸技术比老阳更好，已去世；阳廷友排行老三，妻子是狗跳崖人，二人是娃娃亲；二弟阳勇、三弟阳鑫都有着造纸的好技艺，但三弟现在在建筑工地上班；三个妹妹远嫁河北和四川。

中华人民共和国成立初期，老厂有几百家窑孔，发展到现在，几乎家家都会造纸。随着市场经济的发展，纯粹的手工抄纸作坊所剩不多。老厂作坊有大有小，在作坊里面，正中间有一块晒纸的板（可以用泥或者用水泥等做成），板大概有两米高，二三十厘米厚，整个墙呈梯形状，上窄下宽。在墙板的下面有一个槽，槽里面烧火，使整个墙板变热。晒纸的时候把纸贴在墙的两边，两分钟左右晾干了便可以撕下，最后把纸一张一张地叠好，100张捆成一捆就是成品了。

老厂造纸术并非家族传承，不分男女老少，只要愿意来学的都可以学。如果家族从事造纸技艺，家庭之间必定会形成小作坊，整个家庭成员几乎都会造纸。因为土法造纸工作的特殊性，工序繁杂，需要多人分工合作，当人数不够时就请当地的人家来帮忙。除了请专业师傅，其他人也可以学徒的身份参与，如阳廷友就收了三个徒弟。访谈当天，阳廷友的两个徒弟正在抄纸，只见他们拿着竹帘在纸浆中上下摇动，水落浆留，一张浆纸便制作成功。浆纸晒干后通常造100张（一刀），标准是一斤三两，如果太薄就会拉不起来，太厚就会浪费材料，极其考验造纸人的手艺。好奇心促使我前去触碰了刚做好的纸浆，阳廷友一下把我拉了回来，他说一般造纸人家不会轻易让人动手操作造纸，一是怕把那个工具帘子给弄坏了；二是工具弄坏之后难以修复和购买。因为老厂保留着传统的造纸技术，每年都有很多人前来参观，当有人来参观时都只能远观。

造纸过程中，男女没有具体分工，因为造纸是一项体力活，大多数都是男人造纸，女人则是做些较为轻松的活，比如晒纸、揭纸、合纸、捆纸。在72道工序中，踩竹麻是一道极具危险性的工序。因为窨子又大又深，窨子里面都是煮沸的石灰水，温度极高，造纸人就站在窨子的边缘用钉耙打捞里面煮着的竹麻，这时候必须很认真、很细心、很小心。阳廷友说："以前在我们老辈造纸时就有两个人因此去世，一个是因为用力过大没注意就被钉耙顺势带进了窨子；另一个没站稳，脚一滑就掉了下去，当时两个佣工都是家庭很困难的人，家里面没有其他人在世，老辈就直接把他们抬到山上埋了。"由于安全意识的提高，当地再也没有出现过这种情况。像晒纸后面的几道工序，都是妇女做得多，这也与妇女性格温柔细心是分不开的。老厂有一句话：72道工序，还差一口气。很好地诠释了土法造纸的复杂性和系统性。晒纸的时候，"一口气"指的是在将纸晒在墙壁上时，要吹一口气，让纸分开，吹的气小了沾不上，吹大了又会一下子吹好几张，所以这口气的力度把握非常重要。通常，一位妇女要经过很长时间的训练才能将这口气吹好。

造纸讲究的是熟能生巧，长年累月地不断重复，十分考验一个人的耐心。现在造纸艺人平均年龄都在40岁以上，年老的多心有余而力不足，造纸也因此成为那些因要照顾老人而不能外出务工者的权宜之计。就效益而言，各家多劳多得、少劳少得，每年造纸数量视自家情况而定。在当地，成品纸多为钱纸，所以颜色多样，主要有白、红、黄几类，艺人们根据市场需求，加入不同配料。当地也有做宣纸的人家，但较少，因为做宣纸的工序很烦琐，对成品的讲究颇多，尽管卖的价格较一般的纸昂贵，但也少有人做。至于销量，艺人们是不用愁急的，大多是买家上门拿货，很少积压，还不时有供不应求的现象。

　　访谈结束，我们看到阳廷友的手因为多年造纸已被刻上一条一条的沟壑，对于他来说，他造的已不是纸，而是生命的另一种芬芳。目前，老一辈深知没有文化带来的辛苦，便不遗余力地去栽培、支持、鼓励下一辈通过读书改变命运，这间接导致了造纸技艺传承的困境。

勇于担当、传承土法——造纸人阳建忠

传承人简介：阳建忠，男，汉族，1979年出生于老厂镇黑土坡。2014年7月被盘县人民政府公布为第三批县级非物质文化遗产代表性传承人。

阳建忠说他原姓欧阳，祖籍湖南。因是复姓，他们都不供天地，神坛上供的都是"本宗渤海郡老幼列位"。从湖南迁到贵州之后，很多没什么文化的祖先觉得姓氏太复杂太长，后来就直接改姓阳了。现在黑土坡有李、何、阳三家大姓，三姓有各自的寨子，也都相互通婚。三姓各有几百人，总共千余人。各寨也有些杂姓，多为中华人民共和国成立后从四川等地过来的帮工。阳家以前很有钱，阳建忠的太爷是地主，也是阳氏造纸的祖师爷，中华人民共和国成立后家里好多房子都分给人家了，自己留了一栋250平方米左右的老房子，前几年还进行过翻修，换成了红瓦。

学艺经历与家庭状况

阳建忠16岁的时候就开始跟着父亲学造纸。他说，当时造纸厂已经解体，改为个人造纸坊。他18岁（1998年前后）出师之后就自己干，一直干到现在。自己开的私人造纸作坊也已经有15年以上的历史。家里老人说，祖先从湖南来到贵州黑土坡，发现这个地方煤多，又有竹子，就选择在这里定居，造纸工艺就这么从湖南带过来了。世代造纸，到自己已有四代。

阳建忠介绍，家里弟兄三个，自己是老二，其余两个兄弟都在外面打工。小时候困难，父亲借钱买竹麻来造纸，但因手艺不太好，造的纸卖不了很高价格。7岁那年，母亲生了一场大病，到盘县中医院治疗，需要几千元的治疗费，家里都拿不出。自那以后，自己决定帮助家里面分担，从12岁开始就学习备料、打碓等造纸的工序。看着父亲一个人造纸很辛苦，兄弟三人都会去帮忙。阳建忠说，那时候个头不高，抄纸还要垫一块木板在脚下才能够得着。虽然兄弟三人都有学，但只有他对抄纸真正感兴趣，而且也学得最认真，抄纸抄得最好。19岁时，母亲病逝。兄弟两个出去打工，父亲的手艺也没人传承，自己留在家照顾老人，传承手艺。

  阳建忠有两个孩子，分别上初中和小学，父亲年迈体弱，他们夫妻俩开着小作坊造纸，两个人干三个人的活，靠苦力赚钱。2014年以后开始和亲戚合伙，干到现在。现作坊里有四个人，亲戚主要负责抄纸，阳建忠负责备料。因加入村委会，每月也有2800元左右工资，造纸每月收入约3000元，夫妻俩每月就靠这些钱维持家庭运转。再者，由于竹麻每年要购进三四万斤，花费万元左右，按照4万斤竹麻可生产5000刀纸来计算，当年可卖15万元左右，除去成本，两家均得6万元左右。方便的是，造纸不用外出兜售，一般都是老板上门收购，普安那边的居多，他们则多到兴义或盘州境内销售，别的地方销售不出去。

造纸工序

  尽管之前已将老厂造纸工艺进行了详细介绍，但一般程序下，师傅各自的操作上也会有自己的心得。阳建忠说，竹麻要种在土质好、厚，水分充足的地方，这样长出来的竹麻才粗，纤维才会更细。现在整个竹海镇竹子的覆盖率达80%以上，大概有3万亩。竹麻用来造纸，老了嫩了都不好，煮的时候不容易化开，会起白丝丝，要掌握好这个度，必须刚刚好。一般等到竹麻的枝丫长到尖（和顶端齐平）就可以砍了。竹麻一般是3丈左右，大小粗细不定，多为直径10厘米左右。一棵竹子可以拨出竹麻20斤左右，除了枝丫以外，竹干什么的都要拿去造纸。以前连枝丫都要用，后来因为枝丫造出来的纸质量不好，就不用了。每亩地大概可以产2000斤竹麻，100斤竹麻可做大纸13刀，小纸16刀左右。每刀100张，现在差不多40元一刀。也就是说每亩地的竹麻能卖1万元左右。但是因为造纸太累、工作太繁杂，一个人不可能完成，至少需要三个人做。三个人每月大概可以生产300刀。均价35元左右，零卖40元，上年只卖20多元，价格起伏不定。黑土坡现在造纸的私人作坊约10家，席草坪两家，老厂没有了，整个竹海镇一共有30家左右的私人造纸作坊。

  竹子一般在4月中旬开始出竹笋。竹笋是用笋壳包着的，长出来之后笋壳开始掉，后来开始长枝丫，枝丫长上去笋壳就完全掉了。枝丫长到和最顶端齐平的时候就可以砍了，如果等它长出新竹叶这个竹麻就不能用了。6月的天气太热，有时候推迟一两天去砍竹麻做出来的纸的效果都不一样。竹笋也可以食用，有时候会影响造纸，但由于现在造纸的比较少，所以没什么影响。而且有的竹笋刚长出来10~20厘米就不长了,这种竹笋就可以砍下来食用。竹麻一般分两波砍。先出来的一部分就可以先砍,时间一般是端午节前后。第二波是在6月中旬左右砍,中间大概有半个月的时间差。

竹麻砍了以后就要用专门的工具将一棵一棵的竹麻磕成又细又碎的长条状,然后将细碎长条捆为若干,这个过程被称为磕竹麻。在以前,磕了竹麻以后扎成一捆一捆的,每捆100多斤,然后从山上背下来,以前是靠人力挑下来的。现在除了自己砍竹子,买竹子的时候可以去交通方便的地方买,然后直接用车子拖到作坊里面,再把竹麻磕碎后扎成一把一把的。之后再把无数捆的长条放入准备好的石灰浆里均匀搅拌,然后取出上窑。上窑时把打好浆耙的竹麻整整齐齐地码在窑里,然后加入一定量的水,再将窑孔的表口用石灰密封,在窑的铁锅底点火煮窑15~20天。煮好后,再用专门的钉耙把煮好的竹麻从窑内抓在一旁的踩板上,人再穿着踩竹麻的钉子鞋上去把竹麻踩细、踩烂。这个过程就是踩竹麻,也是整个造纸过程中相当危险的部分。踩好后用清水反复清洗七八次,以洗去竹麻上面的石灰浆。再将洗好的竹麻一层一层地装进窑内,用纯碱、烧碱按比例加水泼在竹麻上,称之为踩泡窑。之后将底火点燃,使沸腾的水由预留的小孔喷出,喷出的碱水用器皿装好后洒在没有碱水的竹麻上。再经过15~20天的蒸煮和发酵,竹麻就彻底变成了料子。这时候,就可以将料子送到碓房、槽房,用碓将料子打成浆子。浆子再下到槽里,加水搅拌,等浆子密度均匀后再将槽子里的水放干。之后再加一定量的水,并兑好桦水(用桦树根、皮制成的水),用帘子从槽里一浪一张地把纸抄到压板上,这个过程就叫抄纸。经过一夜的过滤,用榨纸的专用设备(当地人称之为高人、矮人),再度将纸砣中所含的水分全部榨出。之后将榨去水分的纸砣送到焙房烤干,一张一张地揭取,再用晒纸刷一张一张地把纸刷到焙墙上,这就是晒纸。晒好后,将纸从墙上取下,按每刀100张的规格整整齐齐合在一起,准备销售。到此,整个造纸过程就算全部完成了。

造纸中的仪式及相关习俗

在造纸过程中,有些工序在进行之前,还要举行一些仪式,以保证之后工序的顺利进行和纸张质量。阳建忠告诉我们,在踩竹麻的时候,他们还有一个仪式要进行。时间一般是在农历七月左右,他们要杀公鸡敬祖师爷。仪式中需要两斤左右的酒,用木板做成斗,斗里面装4斤米。还需要9炷香,神龛里面插6炷(土地3炷,家神3炷),然后斗里面插3炷。再在米斗面前放一个酒碗，倒上酒，还要在桌上放上几十张纸，外加一块刀头肉（1两左右），蒸饭。仪式一般是师傅自己主持。准备好后，自己要对着神龛磕三个头，家里的女人孩子都可以参加，磕不磕头无所谓。在磕头跪拜之前还要杀好鸡，鸡最好是选择公鸡，而且鸡冠上要有七个齿的，毛色要红色，大红色最好，重量不定。并且鸡要开叫的才可以，俗话说的"叫旺"。然后杀了之后放桌子上供奉。跪拜磕头时嘴里一般都念念有词，说："让我的纸白如雪，让我的纸好……"之类的话。祭祀一般都在自己家里进行。阳建忠强调，其他造纸人可能不会这样，但自己家里有，而且在自己阳家的家谱里还有蔡伦先师的名字，所以造纸时一定会祭拜他。

还有，在造纸过程中，尤其是在踩竹麻的时候，一般他们会选择农历双头日（偶数日）进行。因为踩竹麻是一件很危险的事情，人在窑子里踩，窑子一般2.6米左右，水也大概2.5米以上的深度，而且水是石灰水，90℃以上的高温，稍有不慎，掉下去就会没命。所以在踩竹麻之前都会选好日子，这也算是给自己心里求一个安心。

除此之外，还有一些关于造纸人的故事和俗语。传说在七月半送祖先的时候，如果那天下雨了，那么就预示着那年纸张的价格会上涨。至于其中的缘由，阳建忠说是因为下雨会把后辈们给祖先烧的纸全部冲走，什么都没有了，那么后辈又得重新买纸来烧，所以价格会上涨。当地还有这么一句顺口溜："跟哥要跟造纸人，热头（太阳）不晒雨不淋。"这是形容造纸人的职业很好，找媳妇也要好找一点，有手艺，能挣钱，也凸显了当地造纸职业受重视程度。

传承情况及困境

现在阳建忠带了两个徒弟，都是自己的堂兄弟。他每个月至少叫他们来作坊两次学习造纸工艺，在实践操作中及时指出问题并予以纠正。一般情况下，都是1~3月教他们一些理论知识，4~9月教他们如何砍竹麻、磕竹麻、打浆把、上窑等，9~12月教他们如何打碓、配兑桦水、下槽、抄纸、榨纸等工序。他们平时都是在外面打零工、运输货物等。阳建忠说，让他们一直学肯定是不愿意的，因为太辛苦了，而且不完全学出师是挣不了什么钱的，所以也就只有平时抽时间跟着学。关于自己的小作坊，阳建忠说也没想过要扩大规模，扩大规模就要招人，请人来做就没意思了，一个是没人愿意做，另外就是请人做就挣不了钱了。自己一定会坚持做下去，在自己家做主要是自由。

造纸没有什么民间组织，也没什么比赛和活动。但有时候学校会组织活动让小学生们去参观作坊。每到这个时候，阳建忠会亲自为小学生们讲解，让他们感受中国传统文化，学生们如果想要亲身体验造纸也可以。一般学校一年会组织 2 次参观作坊的活动，每次 20 人左右。阳建忠认为，这种让学生们接触中国传统文化的方式很好，从小就让他们对传统文化有所了解，所以自己准备让村里面的小孩定期去作坊里面参观学习。

他还表示，自己现在其实并不是想要挣很多钱，赚钱的路子有很多，现在只想传承父亲的手艺，这门手艺不能丢。再加上现在出去打工的话，自己没有什么特长，在家里造纸只是苦一点，但也能挣钱。父亲一直都在看着自己干，造纸的时候偶尔也会指点一下。

关于现在造纸这方面的困境，阳建忠说，现在造的纸张是供不应求的，家里基本没有存货，因为造纸的人很少，所以销售不成问题。问题主要在于没人愿意学，因为学这个太辛苦，还要有耐心。俗话说："学得会，就遭得虐。"加上造纸需要消耗大量的人力、物力、财力，一个人难以完成，现在的传承过程中就是缺乏劳动力。而且，学徒们有时候虽然理论很熟悉，但由于实践操作不够，很多凭经验掌握的东西是拿捏不准的，比如对竹麻的老嫩、煮窑的火候、时间等，这些都要经常去操作才能有所提升。

关于未来，阳建忠说："不管怎样，还是要将造纸工艺传承下去，这是中国的传统文化，不能丢。现在造纸暂且还能维持生活，也想过在现有造纸工艺的基础上进行一些改变，但是没有资金。如果有资金的话，他想尝试造宣纸。他想要尽自己最大的努力，去把这件事情做好。当初是为了承担起家庭的重担而从事这个职业，现在更多是为了一份信念，想要把手里的非物质文化遗产好好传承下去。"

二、盘县火腿

盘县火腿简介

作为贵州的品牌传统加工食品，盘县火腿依托盘县周围独特的高原生态气候、高原山地地貌及土壤环境，以盘县本地猪腿为原料，通过修割、上盐、翻压、洗晒、整形等工艺，制成皮色亮黄、肉色红润鲜艳、香味纯正浓郁、味道咸香可口、油而不腻的琵琶形盘县火腿。其产地为盘县红果镇、火铺镇、平关镇、乐民镇等盘州市 37 个乡镇所辖行政区域。

2014 年 5 月 25 日，经六盘水市人民政府公布，盘县火腿列入第四批市级非物质文化遗产名录。2012 年，盘县火腿成功申报国家地理标志产品，成为继浙江"金华"、云南"宣威"之后的中国第三个取得"国家地理标志产品"的火腿品牌。

盘县火腿历史由来

盘县火腿历史悠久，其最早可见于清代朝时候的《普安直隶厅志》。另据《盘县县志》记载，清初，黔境平乱，普安厅火腿走销云南（当时盘县称为普安厅）。道光年间《贵阳府志·风物》载："贵阳以西数百里，普安州盛产火腿。"省城贵阳普遍销售盘县产的火腿。盘县火腿的正式名称历史大概在晚清民国时期。当时普安州改为盘州，后定名为盘县，在民国年间，国民政府中的贵州籍人士何应钦、张道潘等人有常年食用火腿的习惯，故盘县火腿在民国政府高层人士中被视为珍品。到今天，中国台湾还有贵州火腿销售，产地仍为盘县。盘县火腿质好上乘，不仅省内市场逐年扩大，而且销售至云南，特别是与盘县相邻的宣威，就有宣威火腿产盘县的说法。

此外，据说盘县火腿的形成也与明洪武时期调北填南有关，当时迁居盘州境内的多为江浙一带人士，其素有"冬藏火腿夏食用"的生活习惯。其实，除了得天独厚的自然地理条件，火腿在盘州市当地，已然是礼尚往来的必备物品。如果男女要结婚，男方必须背着一只外形完好的左前腿到女方家，如果女方接受了火腿，则表示同意婚事。到了娶亲的前一天，男方又得背一只右后腿到女方家，并且还得带有尾巴❶。或许正是因为这些民风民俗，也让盘县火腿在当地经久不衰。

盘县火腿制作要求及工艺流程

（1）原辅料要求。选用坪地猪及含有坪地猪血统的杂交商品猪，为公猪后腿，重量为 6~12 千克；养殖方式为放养与舍饲结合，养殖时间为 12~18 个月。盘县民间普遍采用"放牧+补饲+圈养育肥"的生产方式进行猪的养殖，即将小猪同牛羊马混群出牧，在野外放牧几个月吊架子，早晚收牧加以补饲，待长至一定体重后再用煮熟饲料圈养催肥至出栏。因为特殊的饲养方式，乌蒙猪养成了早出晚归的觅食习性，野外活动能力较强，且肌肉发达，抗病力均较普通生猪强。此外，盘县地处云贵高原中段地带，是南盘江、北盘江支流的分水岭，属珠江水系。由于地势的间隙抬升和南北盘江上游支流的强烈切割，形成重峦叠嶂、谷岭相间、坡陡谷深、地面破碎的高原山地地貌，是典型的山地区域，生物多样性条件良好，故而本地猪有着"吃的中草药、喝的矿泉水、跳的迪斯科、长的健美肉"之美誉。所用的食盐要符合国家一级食用盐的规定。

（2）质量特色。整腿外形形似琵琶或柳叶，脚直伸，腿心肌肉丰满，胯边、肥膘适中，腿脚粗细平整，无损伤。分割腿外形呈条形、方形或梯形，肉质丰满，无损伤。色泽上要求

---

❶ 盘县火腿一夜之间火了，既是机遇又是挑战［N］. 贵州日报，2018-01-30.

皮面蜡黄或淡黄，肉面棕黄色，肌肉暗红色，脂肪切面白色或淡黄色，骨髓桃红色或蜡黄色。组织状态质地柔软，肉面无裂缝，皮肉不离，脂肪细嫩。滋味鲜咸适口，香而回甜。水分（以瘦肉计）≤50%，食盐（以瘦肉中的氯化钠计）≤10.5，瘦肉比率≥55%。产品安全及其他质量技术要求必须符合国家相关规定。

（3）生产工艺流程：选料→修割整形→腌制→堆码翻压→洗晒整形→上挂风干→发酵→精整→成品。加工要点如下。

①修割整形：有的火腿修成柳叶形，有的火腿修成琵琶形。

②腌制：从每年霜降到次年立春期间进行火腿腌制，腌制时间不少于一个月。用盐量为鲜腿重量的6.5%~7.5%，上盐3~4次，间隔2~3天。

③堆码翻压：室内自然堆码，大只堆6层，小只堆8~12层，每层10只。四五天翻压一次，共三次。

④洗晒整形：常温下入水浸泡，时间1~2个小时。常温晾晒至皮层微干，肉面尚软。整形，小腿校直，皮面压平，挤压肌肉至腿心丰满。

⑤上挂发酵：在产地范围室内自然发酵。在室内用结实干净草绳，结成猪蹄扣捆住庶骨部位，分类上挂，腿间距≥30厘米，发酵时间≥7个月。

现今，"盘县火腿"正按照一期年产30万只的规模打造系列产品，同时在筹建扩繁养殖场、生态饲料加工厂和大型屠宰厂、标准化火腿加工厂等项目，总投资预计达4.8亿元人民币。贵州省人大代表、盘州市市长李令波介绍，贵州省政府已以专题会议纪要明确，将在产品开发、基地建设、技术人才、基金支持、专项扶持、商标注册、基础设施建设、宣传包装等方面给予政策上的大力支持。据介绍，为让系列支持政策落地落实，盘州市已成立由党委、政府主要领导分别任组长的"盘县火腿"产业项目工作专班。下一步，盘州市将按照"搭建一个大平台、打造一个大产业，助推脱贫攻坚，实现全域产业、全域扶贫"发展理念,坚持"全产业链"发展思路,推动"盘县火腿"产业实现跨越发展。李令波表示,将加快推进生猪养殖基地、屠宰加工厂建设,确保提供统一、规范、优质、健康、稳定的"盘县火腿"原料,积极开展技术型、营销型高端人才引进工作,同时要抢抓机遇,加快产业化品牌化建设步伐❶。

搭着多彩贵州发展的列车,我们有理由相信,盘县火腿的明天会更好!

---

❶ 全方位推进全产业链打造 盘州做大做强"人民小酒""盘县火腿"[N]. 贵州日报,2018－01－30.

做盘县火腿，谱人生篇章——王福生

传承人简介：王福生，男，白族，1963年4月生，盘州市坪地乡莫西里村人。2014年7月被盘县人民政府公布为第三批县级非物质文化遗产代表性传承人。

王福生，有兄弟姊妹10人，自己排行老四，现育两儿一女。由于父母重视学习，兄弟姊妹中除了大哥不识字外，其余多为高中以上学历，所以后代中均为大学以上学历，甚至还有博士。据其所说，本村多为王姓和黄姓，汉族与白族杂居村，汉族占多数。虽外公为汉族，因外婆是白族，两人的后辈都填了白族❶。除经营自己的火腿生意外，王福生还是坪地乡一所小学的优秀教师，语文、数学、音乐等课程都曾教授❷，现阶段还要时刻准备去到各个村寨进行脱贫攻坚的工作。

据其所述，王家祖先为躲避战乱、逃避饥荒，明末清初由王家三世祖带领从山东济南迁到云南宣威等地。晚清时期，王家八世祖又带领大家迁到了贵州盘县坪地乡雨格发冲。民国时期，家族人员陆续扩散到了水城、四格乡等地。本家称"佑泽王氏"（"佑泽"是个地方，即今发冲赵家湾）。他们在发冲老家还有供祖碑，是祖先最开始来到此处定居时立下的。王家世代沿袭传统，整个家族有360多人，以一族长为首，分八个支系，各有一支系长，王福生为现任族长。族长统领全族，对族中大事，如清明祭祖、撰修族谱等具有较大发言权。族长历来为家族中威望高、责任感强、善于表达、为人处世老道者，像王福生这般既为地方教师，又有自己的生意，同时还在村里帮助处理事务者自然对族中事务较为关心且具有一定威望。王福生说，他们每隔三年举行一次家族聚会，每年举行一次清明祭祖活动，而且活动内容一年比一年丰富，效果一年

---

❶ 原因不言自明，少数民族优惠政策实施后，全国少数民族人口急剧上升。

❷ 过去我国村小教师资源匮乏，1人兼任数科的现象十分普遍，但随着城镇化率的提高，乡村学生的流失严重，师生比向相反方向发展。如王福生一般年龄的教师成为乡村教师的主力。

比一年好。作为族长，王福生需要在聚会上就近三年来发生的族中大事，以及哪些人做了什么贡献等向大家说明。除此之外，他还倡导制定了一些族规，时刻叮嘱族人要孝敬长辈，懂得感恩，热爱祖国和家乡，教导后辈多读书学文化，不做违法乱纪的事情等。

学艺经历

火腿制作为王家家传工艺，自王福生祖父开始，从父亲传到自己已有三代。王福生说过去盐很贵，他们就用米花盐来做火腿。在以前，杀得起猪和买得起火腿的人家都是家庭条件好的，他们家虽然卖火腿，但是一年也就能吃上一两次。兄弟8人中，除5人有正式工作，其他都做火腿生意。现在，自己一方面在传承的基础上对工序进行改进和完善，另一方面也教爱人制作火腿，这样自己忙的时候，就由爱人制作火腿。

王福生带我们去参观他家的火腿"基地"。所谓"基地"，即一个临街五金店铺的后院，有堆码的房间，也有晾晒风干的仓库等。参观过程中，王福生详细介绍了制作火腿的完整工序。他说，制作火腿共有6个步骤，每个步骤都很重要，不容有失，这样制作出来的火腿才会更好吃。

王福生在工作间查看火腿腌制情况

选料修割： 第一步就是要选择上好的农家新鲜猪后腿，在通风较好的条件下，经过10~12小时冷凉之后，根据猪腿的大小形状进行修割。8~11千克修成琵琶形，12~15千克修成柳叶形。修割时，还要用刀刮去皮面的残毛和不干净的地方，使皮面光滑。洗净血渍，再从左到右去除多余脂肪和附着在肌肉上的碎肉，切割时刀口要整齐，刀面平滑。

上盐腌制： 选好后腿修割好后，就要将处理好的火腿加盐腌制。用盐量为新鲜火腿重量的6.5%～7.5%，一般上盐三四次，第一次上盐2.5%，3天后再加3%，7天后第三次加1.5%（以总盐量的7%计算），11千克以上的后腿在腌制7天后还要第四次上盐0.5%。上盐时要将后腿的皮面朝上，均匀撒一层盐，从蹄壳开始，逆毛孔向上撒。并用力揉搓皮面，使皮面湿润，或使盐与水呈糊状。之后转过来腿肉朝上，重复上述动作，使腿肉也变得湿润。上盐时还需注意各肉层间的缝隙，锁骨旁的血管口等地方可多加点盐。

王福生家后面的院子里，上盐腌制的火腿

堆码翻压： 上盐后再将火腿放置在干燥的室内，温度控制在7℃～10℃，相对湿度控制在62%～80%，之后堆码。堆码就是按火腿大小一层一层往上堆。大堆堆6层，小堆堆10～12层，每层10只。少量加工的话可采用铁锅堆码，锅边、锅底可放一层稻草、木棍做隔层。堆码翻压要反复进行三次，每次间隔四五天，总共堆码翻压15～20天。翻压时，要将底部的火腿翻到上部，上部的火腿翻到下部，上层的脚杆可以压住下层腿部的血筋处，这样可以排尽瘀血。

清洗晾晒整形： 腌制好火腿，等肌肉面、骨缝由鲜红色变为板栗色后，就可以进行清洗晾晒整形了。过程为：将腌好的火腿放入清水中，清洗时肉面朝下，不得露出水面。浸泡时间根据火腿的大小和气温高低决定，如果气温

· 35 ·

王福生家工作间堆码翻压的火腿

10℃左右，浸泡时间约 1 小时。浸泡时如果火腿肌肉发暗，浸泡时间要酌情延长，用流动水则缩短浸泡时间。浸泡后要进行洗刷。洗刷时应顺着火腿的肌肉纤维方向，先洗脚，再洗皮面，再到肉面、腿下部。必要时，浸泡洗刷可进行两次，第二次浸泡时间视气温而定，10℃浸泡半小时，春季时约浸泡两小时。

浸泡洗刷完毕就开始进行晾晒，晾晒到皮面微干肉面尚软时，就开始整形。整形时要将小腿绞直，皮面压平，用手从腿面两侧挤压肌肉，使腿心丰满。整形后挂在有阳光的地方继续晾晒。晾晒时间根据季节、气温、风速、火腿大小等决定，一般两三天为宜。

上挂风干：上挂一般是用 70 厘米左右的结实干净绳子，结成猪蹄捆住庶骨部位，挂在仓库里，成串上挂。大只挂上，小只挂下，或者按大中小分类上挂，每挂一般是 4~6 只。上挂时，每只火腿的肉面皮面要一致，每只之间要适当保持距离，便于风干，挂与挂之间还要留有人行道，便于之后去观察和控制发酵条件。

王福生家工作间正在挂风干的火腿

发酵管理：从上挂开始到清明节，要防止春风，以免造成火腿暴干开裂。

还要注意每天适时开窗一两个小时，保持室内通风、干燥，使火腿逐渐风干。立夏后，要及时开关门窗，调节仓库温度、湿度，让火腿充分发酵。如果是楼层库房，要经常来回调换，以保证楼上楼下发酵一致。端午节后要适时开窗，保持火腿干燥结实。发酵阶段，室内温度控制在13℃~16℃，相对湿度72%~80%。日常管理时，还要注意火腿的失水、风干和霉菌生长情况，根据气候变化，通过开关门窗，生火升湿等方式来控制，以创造出火腿的最佳发酵环境。火腿发酵基本成熟后（大腿一般要到中秋节），仍应注意发酵管理工作，直到火腿被调出。

风俗禁忌

火腿除了平时自己买来吃以外，它还有特别的意义。王福生也给我们讲述了一下当地从提亲到结婚关于送火腿的一些细节。最开始，男女方相互看对眼之后，就会发八字，男方会去女方家和女方的亲属见面。去的时候男方就要带一块正菜（排骨），正菜用红纸（红布拴住），代表男方和女方已经订婚了，意味着以后的日子过得红火。发八字送排骨，算正式订婚，男女双方都要给祖先灵位磕头，表示得到了祖先的认可。之后就会请先生来看结婚的日子，选好日子后男方就要把日子送去女方家。去的时候带上几个至亲，并送一只带尾巴的火腿（火腿尾巴在左边）、衣服、礼品等给女方父母，以表达感谢岳父岳母对妻子的养育之恩。女方父母请至亲陪客，不用带礼品。婚礼正式举行，男方接亲时人数为双数，8人或12人，女方嫁到男方家时也跟着去8人或12人，都是对应的双数。接亲时男方还要送一只火腿去女方家，表示我要把你们家的女儿娶走了，从此她就是我家的人了。

王福生家的火腿，除了自己家养的猪宰杀外，多数向周边农户购买。除了烦琐细致的工序外，王福生说，制作过程还有一些讲究，如自家在杀猪时要选好日子、好天气，比如属猪的人那一天（猪场日）就不能宰猪。杀猪时还要在供堂点香，宰杀时猪头要对着门，还要供饭（由主人主持，一般女的不做，男的做）。做的这些火腿里还有留尾巴的火腿，尾巴要留在左脚上，这样带尾巴的火腿一年能卖出几十个。

传承与改进

他家的火腿制作工艺已经传承两百余年之久。现在自家火腿已经走出深山，走向各大中小城市，远销云南、广西等地。以前传统市场的零星收购已经变成了大规模的市场需求，因此现在除了自家生产外，每年春节杀猪季开始，他们便赶紧从各县各村村民手中收购大量新鲜的猪后腿，然后自己加工腌制，直到第二年夏秋之际腌制完成。

正因如此，传统的生产方式因自然条件、生产环境等的限制，不适合大规模生产、储藏等。譬如，以前每逢炎热的夏季，便不能再生产火腿。现如今随着科学技术的发展，可以借助冷冻室保存火腿。从最开始的冷凉，到上盐腌制，再到堆码，风干发酵，都可以借助冷冻室来完成。通过冷冻室来严格控制室内的温度、湿度，以保证火腿制作的每一个环节都能顺利进行，把自然条件的影响降到最低，这样一年四季都可以制作火腿。

王福生家正在转运的火腿

制作好的火腿切小密封后在市面上销售

此外，对诸事都十分认真负责的王福生始终强调制作火腿过程中细节的重要性，正如他所说，"细节决定成败"，制作火腿的并不止他一家，所以必须要在细节上取胜。与此同时，王福生认为，传承也是一种发展，随着科技的进步，各种制作工具的改善，在传承这门手艺的同时，还需要不断地思考和改进完善。

他所做的这一切不仅仅是为了养家糊口，更多的是把这门技艺内化进自己的生活。他爱这些火腿，更爱制作火腿的过程，这是他生命中不可缺失的一部分。在他心里，制作火腿是一门工艺，也是一种"艺术"，所以他在努力去拓宽市场的同时，也在不断改进技术，不断延伸其生命力。与此同时，作为非遗传承人，他很乐意将这门传统工艺推广出去，只要谁愿意学，他就会无条件地传授，他不怕别人和他竞争，只怕没有人去懂它、传承它。

或许这便是作为小学教师和火腿制作传承人的王福生最大的希望：让火腿工艺如自己的学识般，为更多人所了解、接受乃至喜爱！祝福王福生的未来，愿他在火腿制作工艺传承的这方讲台也能越来越"红火"！

舌尖上的火腿，追求"老味道"——周玉刚

传承人简介：周玉刚，男，汉族，1973年6月生，盘州市坪地乡人。2014年7月被盘县人民政府公布为第三批县级非物质文化遗产代表性传承人。

对周玉刚而言，盘县火腿不仅仅是一门传统技艺，更是一种味道、一抹乡愁。据他说，自己祖祖辈辈生活在此，从祖父开始便以腌制火腿为生。小时候，亲朋好友间互相帮忙腌制火腿是一种普遍现象。当时，每天收完火腿后，亲朋好友晚上便聚在一起腌制，同时收集火腿上的油渣，炸出来供大家做点心喝酒，那种场面十分温馨、惬意。

制作火腿

由于自幼耳濡目染，加上长期的经验积累，现在周玉刚腌制火腿的技艺可谓炉火纯青，他向我们娓娓道来火腿制作的整个工序。

鲜腿选购：选购饲养时间较长，猪肥大、肉质发亮有光泽的鲜腿，13~16千克为最佳，部分鲜腿需带尾巴❶。

修割：将选好的鲜腿修割成琵琶型或柳叶型。

冷却腌制：首先，将修割好的鲜腿散开并撒上适当的食盐（每只鲜腿食盐不超过50克），冷却至第二天，再用食用盐经纯手工正反面来回搓15~20分钟至皮上出油发亮即可（每100千克火腿用盐不得超过3%），再进行堆码，堆码的层数以5层为宜。其次，堆码时间4~6天，再用食用盐每只正反面来回搓10分钟（每100千克火腿用盐不得超过2%）重新堆码，堆码的顺序与之前相反，依次往复。再次，堆码至十五六天时，再用食用盐每只正反面来回搓十分钟（每100千克火腿用盐不得超过1.5%），再进行堆码。最后，将堆码至第25天的火腿，不上盐，每只火腿正反面来回搓三五分钟，再进行堆码

---

❶ 当地农村订婚时男方需要将带尾巴的火腿给女方作为定亲礼物。

至第 38 天即可。

洗晒、整形、晾挂： 腌制发酵至 38 天的鲜腿，将食盐洗净，表面整理平滑，拉直腿脚，再用绳子进行晾挂。每只火腿上下 10 厘米为宜、左右的宽距为 50 厘米为佳。

风干、发酵： 晾挂完成后，定时检查发酵车间的温度，控制在 25℃～28℃，湿度为 75%。火腿自然风干至端午时节，彼时清香四溢，发酵菌群活跃，10 个月后成为老火腿，腿型饱满美观，味道浓郁香醇。

精深加工： 将自然风干发酵至 10 个月以上的老火腿烧皮洗净、削去表皮霉菌、去骨、真空包装成产品便可上市销售。

苦尽甘来的创业之路

周玉刚师傅给我们讲述自己制作火腿并以此创业的故事。

"1990 年，周玉刚第一次腌制火腿，做了两三个月后因为家里经济困难，不得已去了广州打工，这一去就是三年。其间每次回家，都会帮助乡里邻居腌制火腿，这样不但可以多学经验，还保持了手艺的纯熟。"

三年后，仍旧对盘县火腿念念不忘的周玉刚选择回乡创业。在亲朋好友的支持下，周玉刚开始了售卖火腿的生意，也就是将盘县火腿贩卖到外地，以赚取差价。当时，由于交通不便，每回收购火腿乃至售卖火腿都需要耗费很大精力，整个过程十分艰辛。"记得那时收购火腿，路太狭窄，只得用马去驮运，而且人要拉着马的尾巴才不至于掉下山崖。最怕的是蹚水过河，农历一二月间河水如冰刀一般地刺骨，每回过河都好似历经生死考验。即便如此，我也没有轻言放弃。起初自己到处筹集，凑了 1 万多元的本钱，那时候 1 万多元是一笔大钱，可以腌制一吨的火腿。信心满满的开始专心投入，或许是我的技术不到位，也或许是其他方面的因素，耗费巨资的火腿没能卖出去，亏空巨大。这对于刚刚结婚的我，是一次不小的打击。好在妻子表示理解和支持，还鼓励自己重新站起来。后来，我再次鼓起勇气，和老婆孩子一起，带着从亲戚处收购来的约 13 只火腿去云南玉溪创业了。那时候，我在玉溪的市场里跟人家分了一个摊子，我负责出去跑销路，妻子就带着孩子卖火腿。由于人生地不熟，吃住行都是很大的问题，夫妻两个历经艰难才算慢慢扎稳脚跟。"

2000 年，周玉刚发现自己的火腿总比别人少了点什么，销路也上不去，便到处查找，发现了一个新的问题——自己分解火腿的技术不行，有经验的贩卖火腿者都能把火腿的骨头露出一点点，这样看上去整洁美观，而缺乏经验的周玉刚总是难以掌握要领。为此，周玉刚潜心学习和琢磨火腿分解的技术，历经半年才掌握了其中的手法技艺。说也奇怪，之后半年内他就差不多挣了一万元。自那以后路就比较顺了，生意几乎没有出现过大的差错。那时周玉刚已熟练掌握了制作火腿的技术，这帮助他更好地把握住了火腿的质量和来源，加上销售市场日渐稳定，火腿生意也愈来愈红火，从亲戚朋友处借来的资金终于还清了。2001年，资金进一步累积起来了，周玉刚决定做10吨的火腿，这次他请父亲帮自己严把质量关，在父亲的支持下又挣了八九万元。现在，生意越来越好，效益不错，越是如此，周玉刚越是有着危机意识。他说："一定要以品质为主，树立品牌效应，让盘县火腿成为地方真正的特色产业和支柱产业。"

追求"老味道"——盘县火腿之梦想

如果说对于幼年的他，盘县火腿是好奇，这种好奇也是温馨的家族情怀；那么对于青年的他，制作与贩卖火腿便是谋生与责任。现在来说，火腿便是一种文化，一片赤诚，在每一次收购、制作、销售的过程中，那些酷似琵琶的火腿，那些闪着油光的画面，尤其是顾客啧啧地称赞，莫不给他增添了极大动力，成了周玉刚人生的一种享受和对家乡这片土地的热爱。

是的，盘县火腿之所以能与云南宣威火腿、浙江金华火腿齐名，最重要的便在于凉都六盘水独特的地理气候。这片土地，以优渥的自然条件支持着勤劳的人民进行美食的探索。周玉刚说："舌尖上的中国拍出了我们老百姓对于美食的热情，也拍出了劳动的美好，那么，我们就要让盘县火腿做舌尖上的盘州最具盛名的食品，让更多人知道它、喜爱它。"

制作、经营火腿过程中的两次失败，让周玉刚深刻认识到，制作食物也是需要投入感情的，这种感情，有家人的支持、亲情的温和，还有人与自然的和谐统一。盘县火腿不仅仅是一种食品，更是一种地理标志、一种盘州独有的特色食品文化。

周玉刚认为："火腿要想做得长远，最重要的是保存传统工艺，只有这样才能老少皆宜、畅销南北。所以，周玉刚现在想建设一个活动产地，主要用于非物质文化遗产的传承。他打算将盘县火腿做成配套的休闲产品，让盘县火腿的生产线越来越丰富。他说，要从源头上以市场准入的规格去提升盘县火腿的品质，不到一年的火腿不让流入市场。只有这样，保证了'老味道'，才能真正让盘县火腿经得起市场的考验，走得更长、更远！"

三、蜡染工艺

蜡染工艺简介

2006年，以羊场乡、马场乡、保基乡等地为主的蜡染工艺由盘县人民政府公布列入第一批县级非物质文化遗产名录。贵州省本为我国著名的"蜡染之乡"，声名远播海内外。其中，苗族、布依族蜡染最为有名，多用于衣帽、带帕、围腰、枕被、背扇等处装饰。据《六盘水市志·文化志》介绍❶，从制蜡技艺上可分为画蜡染、夹染、扎染等工艺方法，以画蜡染为例，其应用最为普遍，需先用特制铜质蜡刀蘸熔化的蜂蜡（现多用石蜡），在白布上绘制所需图案，然后放入蓝靛中浸染。染成后用沸水浸烫除去蜡质，最后用清水漂洗晾干即可。画蜡染又有单复之分，单染为一次上蜡染成，成品为纯蓝白两色，清丽明朗、朴素大方；复染为多次画蜡多次染成，画蜡时需先流出图案中所需中间色调部分，入缸浸染所需色调后晾干补蜡，再入缸浸染。如此反复，以获得深浅不一的间色效果，层次丰富、精致耐看，具有较高的艺术性。夹染则是用纸或薄板等剪刻成所需花样，然后贴放于需染的白布上刷蜡后浸染而成❷。扎染无须绘制图案，只要用先根据需要拴扎缝制布头浸染，蓝靛浸渍处呈现渐深或渐浅的晕图，多为圆形伞状自然色晕图案。

蜡染颜料多为民间自制，以自己种植的蓝靛草加草木灰、碱水和星星花、耗子头、羊舌头、酸汤杆等植物配合泡制，可

---

❶ 六盘水地方志编纂委员会. 六盘水市志·文化志 [M]. 贵阳：贵州人民出版社，2007：276.
❷ 有些也将花样贴叠，夹在布匹之间以线捆扎缝制后浸染。

分为水状和加过滤石灰浆状两种，如需染成黑色，还要加入核桃皮。染法主要有提、摆、浸、泡、扎、叠、留、露等。除扎染外，蜡染图案类似于各地各民族的挑花、刺绣、剪纸所用图案，多为传统纹样及其变异，较少即兴随意。传统上，人们忌讳蜡染过程中因断裂出现的自然"冰纹"，现代人们则认为其自然难测，将其视为神秘效果的"灵魂"而刻意追求。

蜡染传说

苗族民间流传许多关于蜡染起源的传说，如黔东南苗族有一首《蜡染歌》，歌中描述了苗族姑娘娃爽缝造撑天伞的故事。话说古时有 10 个老人将天撑上去，但天常常塌下来，他们便请娃爽用云雾制成白布撑天。娃爽将白布晒于梨树下，蜜蜂在飘落于布上的花间采蜜，蜜蜡汁在白布上印出花纹，蓝草的汁液又将白布染蓝。娃爽将布拿到水里漂洗，太阳帮助晒溶了蜡，于是布上出现了蓝地白花。娃爽将花布缝制成撑天伞，将天稳稳撑住，蓝地变为青天，白花变为日月星辰。后来，娃爽将这一技艺传授给阿仰和阿卜两位姑娘，蜡染便在人间流传开了。又一传说是古代有位美丽的苗族姑娘，因家境贫寒，无钱缝制花衣、花裙，每逢节日，别的姑娘都穿上漂亮的衣裙，到芦笙场上同小伙子们唱歌跳舞，而她只能闭门在家织布，暗自伤心。一日楼板上的蜂窝突然摔下来，掉落在她织好的白布上，蜡液从蜂房中渗出，很快凝固。姑娘同往常一样，将布放在蓝靛缸中浸染，由于沾蜡处不能染色，便将蜂蜡刮掉，谁知布上竟出现了白花纹。姑娘喜出望外，就用蜂蜡在白布上描绘花纹，经过染煮成为漂亮的花布。姑娘将它缝成衣裙，穿上去参加节日活动，吸引了小伙子们赞赏的目光，纷纷邀请她唱歌跳舞；也引起了其他姑娘的羡慕，纷纷向她请教学习。于是，蜡染就盛行起来。此外，还有关于苗族的先祖蚩尤战败后锁他的木枷化为枫树，后代用枫树液描绘花纹表示纪念，枫树液又演变为蜡的传说[1]。

---

[1] 胡维汉，马正荣. 贵州苗族民间蜡染 [J]. 装饰，2003（9）：39.

创新也是一种传承——蜡染传承人杨其美

传承人简介：杨其美，女，苗族，1975年5月生，盘州市英武镇马场居委会人。2009年被盘县人民政府公布为首批县级非物质文化遗产代表性传承人。

学艺经历

被评为县级蜡染工艺传承人的杨其美，同时精通刺绣、挑花等传统女工，自小聪慧的她还拥有一家专门经营蜡染刺绣制品的小店。

杨其美说："蜡染绣花是苗家姑娘基本的女红，每个女孩自十五六岁后便开始跟随母亲或姑妈等女性长辈学习，起初是无意识地观看，后来就是有计划、有准备地系统学习了。即使现在，因为外出读书、打工，很多女孩没办法像以前那样系统学习，但受苗家传统影响，节日着盛装、婚礼有嫁衣，乃至百岁之后还要身着苗服去与祖先见面[1]等风俗，每家每户也必须有几套苗服备用。20世纪八九十年代前，苗家日常服饰均以苗衣为主，秉承男主外女主内的农耕模式，刺绣、纺织、蜡染等都是女孩的基本生存技能。小时候，在青山（杨其美的家乡），母亲会给自己的女儿一块布，在上面绣个样子，女孩们便围坐在一起，仿照各自母亲给的样品开始学绣花。有些脑子不够灵活的，总也学不会，回家后还要被打。"

杨其美的蜡染技术是十一二岁时去关岭的小姑妈家学的，杨其美回忆说："我的小姑妈比较厉害，当时我堂妹学得慢，好几次都被骂被打，很多次都哭了。倒是经常夸我，说我太灵巧了，一看就会。"由于小时候家里条件差，经常要外出干农活，像割草、放牛、做饭，只要能做什么事都要做，这也使自己

---

[1] 据说，苗家人去世的时候，必须穿着苗服入殓，否则到了阴间，祖先不认。

杨其美和姐妹们正在制作刺绣

的学艺难以系统完成，都是断断续续进行的。一般而言，每年的 7 月，算是本地的农闲时节，稻子差不多收割完了，学生们也放了暑假，老人们忙着卖草药，女娃娃就在家里学绣花。每年这段时间也是杨其美很珍惜的学艺时间。

由于读书晚，加上那时候女孩读书的很少，杨其美 16 岁才读到五年级。但那时候，杨其美已经开始跟着母亲学卖药，学习药理和看病抓药。生意不好时，她就绣花，因为蜡染、挑花涉及工具太多，程序太复杂，只能等回家后才做。

传统手工艺品经营现状

2003 年，为了陪孩子，杨其美就在马场乡开了个服装店，卖些背带、围腰、苗族衣服和一些汉族衣服。生意还可以，顾客都是当地人，汉族、彝族买背带的比较多，苗族多买蜡染衣服。之前卖的背带，机绣的是 280 元，手工绣的是 600 元以上，最贵的达 1200 元左右，每天都能卖至少两条背带，还有些小东西，如飘带、裙子、小围裙、围裙、小马甲类，小店至今已经营 12 年。

2009 年，盘县的非遗传承人认定人员看见她做的衣服比较好，加上本身是苗族，又在马场乡开店，知名度容易提升，便将她推荐为传承人。最让她自豪的是 2006 年自己作为县政协代表参加县里的会议，而且，那一届苗家政协代表穿的都是她制作的苗衣。为了证实自己所言不假，杨其美兴奋地翻出了许多照片给我们看。

传承与创新

不像其他手工艺，蜡染刺绣本来就是苗家女孩的必备技能，所以也没什么学艺要求，如家族传承、手艺不外传等，只要愿意学，都是可以的。虽然被认定为蜡染传承人，但杨其美认为自己所做的东西并没有脱离传统框架，也没形成规模，所以不会刻意去招徒弟。当然，出于孩子们的喜好或者传承苗家文化等原因，杨其美也会有目的、有计划地教授些孩子，如杨其美的大女儿王尚英，十四五岁时杨其美就开始有意教她一些简单的绣花技术，但因还在学校读书所以只会一些简单的刺绣，还不会蜡染。二徒弟是杨其美侄女李红福，三徒弟是杨其美的侄女李发秀，两人也都是在校学生，抽不出完整的时间来学习。尽管如此，杨其美认为，偶尔的学习至少可以让孩子们更了解本民族的传统，也有益于增进她们的民族感情。

传承人杨其美 　　　　　　杨其美在制作

杨其美说："县级传承人每年可以在盘州市文广局非遗中心领取 3000 元传承经费，传承人则需要上交半年总结和全年总结，随时汇报自己的一些传承经历，上交一些资料，比如教徒弟蜡染或者刺绣的照片、录音等。与此同时，县里也经常组织各类传承人进行培训，但培训多是画花、画鸟这些绘画内容。但这些培训内容与自己本民族支系的服饰花样差距过大，实用价值不大。"

即便如此，培训从另一层面启发了杨其美的创新意识。她开始在传统技法上进行各种创新，例如，因老式的小花苗衣服花样少，杨其美便根据现代人的审美需求进行改变，有时是把羊角花由小变大，有时是改变花样的形状，让花样从中间到周围变成三角形、长方形乃至圆形等。又如，绣花的布料选择上，杨其美放弃了原来本地的麻布,从外引进了沙子布来绣花。与原来的麻布相比,沙子布在孔洞的数量和排列上更规律,有利于小花苗的女性"数眼绣花"。再比如,围腰以前是一块黑布,只在边边滚一圈淡淡的花。杨其美感觉太素,就开始尝试绣更多的花边,在收到好的反响后,又尝试在上面绣花,最后就变成了今天的模样。此外,杨其美还根据自己的审美对传统着装方式进行了些改变,如她觉得将飘带放在前面的传统围腰因飘带颜色过于深沉显得不好看,便将飘带放在后面。近几年,她又尝试在围腰蜡染的花样上绣花,以使飘带的颜色亮起来。

杨其美看似简单的尝试不经意间却成为传统苗家蜡染、刺绣工艺走向市场、走进新时代的标志。如其所说,传承传统的目的不仅仅在于继承祖先的智慧,还在于思考和尝试如何延续这些智慧的生命力。只有适合市场、适应新时代发展的传统才能传承得更为久远、影响得更为广泛。

一辈子的蜡染人——王朝秀

传承人简介：王朝秀，女，苗族，1954年6月生，盘州市英武镇马场乡滑石板村人。2009年被盘县人民政府公布为首批县级非物质文化遗产代表性传承人。

王朝秀出生在一个不知温饱为何物的时代，她好几次抚着我的手臂说："你们现在日子好过啊，有这么好的衣服穿，还吃得那么好。以前我们可怜啊，衣服穿的是妈妈做的麻衣，鞋子呢是用稻草编成的草鞋。"童年的苦难让王朝秀很早便开始参与大人的工作，除了割草、放牛这些力所能及的外，刺绣、织布、蜡染等苗家技能她更是自小便开始学习。这么多年的经验，加上本身认真做事的态度，使她成为附近村寨知名的苗家技能专家。

由于麻布为苗家蜡染的必备原料，王朝秀先跟我们叙述了麻布的制作过程。首先要熬煮麻，直至它变得轻薄；然后揉搓，用木棍一类的东西将其压平碾软；其次铺展开来，一点一点地抽线，最后将麻线缠在织布机上，开始编织直至布匹形成。

麻布织成后，就可以着手进行蜡染了。先水煮蜂窝，煮开后，用纱布包裹好，紧接着就一直揉，蜂窝所出的颜色呈黑色，将所揉出的汁液聚在盆里，等它凝结好后，便在盆里加入少许水，然后将凝成的黑块取出，便成了蜡。蜡做好以后，接下来便是染。先取一小铁腕装蜡，将铁腕放在水上，逐渐烧开的同时，蜡块也在慢慢融化。等融完蜡以后，便将衣服铺展开来，然后用笔在衣服上绘画，画完第一次后，便将其进行染制，之后再在原处绘画，且再次染制，待其晾干即可。

下一步便是用蜡染做花。首先要取一定量的蜡放进小铁杯（或是小铁锅）中，铁杯下放置火炭用小火烧热，等它慢慢融化。温度要掌握在六七十度，温度过高，蜡会将布烫坏，过低，蜡就融不好，在布上画花的时候，容易凝成

"一坨一坨"的。在此之前，还要设计好花样的大小，并用筛子刀❶筛出与花样大小相同的"眼子"（排列整齐的小点）区域。眼子之间，距离相同，排列整齐，做出来的花才能工整。筛完眼子之后，找好花的中心点，便可按照"花样"的形状数点作画。点好后，还要大盖刀或小盖刀（大盖刀用作范围大的区域，小盖刀要做细处）蘸蜡连接点，画出"花样"，再以同样的方法将另一半画出来。一般来说，要保证做出来的花样无论从哪个方向对折，都能形成对称。

  融完蜡后，就开始用蜡在布上面做"花"（布上面的花纹样式）。将布铺平，用蜡刀拉四条直线，目的是分开布上的花，留出距离。拉刀顶尖较细，画的时候要着少量的蜡，一点一点地在布上画成直线，四条直线之间的分布很有讲究，两条直线之间距离稍近一些，然后组成两组，在这两组直线之间，会留出一些空间做"花样"。如此，蜡染程序才算真正完成，而这一般所需的时间约半个月，若是七八天染制而成，则需连夜赶工。

  关于自己的学艺经历，王朝秀说："我的蜡染技术是由母亲教的。一般情况下，蜡染这种传统技艺都是母亲或者是有亲戚关系的才会教，外人是不轻易教的。除了怕自己的技术泄露外，对待外人严格容易招来非议也是一个原因。所以，我现在的徒弟也只有女儿和儿媳妇两人。"正如王朝秀自己所说："自己家人，做得不好就凶，也不用担心得罪人，更不用在乎旁人的眼光了。"

  王朝秀惋惜地说："现在的女孩，要么出去打工，要么在外面读书，很多都不习惯我们这些老传统了，认为老人家传下来的衣服不如汉族衣服好看，没什么人穿，自然也就没什么人愿意学了。"说到这，她苦笑了声："想当年，蜡染、刺绣、做衣服都是我们苗家女人必须学会的生活本事，谁不会了，长大以后都嫁不出去。我们那时候，女孩子长到十四五岁，就开始跟着妈妈学这些女红，要不然，周围人都要笑话的。"

  现在，穿传统苗服的人少了，姑娘们学蜡染、刺绣的少了，这直接影响着苗家传统女红的衰退。加上蜡染等传统工艺品制作起来费时费力，见不到什么效益，愿意传承且将之发扬光大的自然便少了。正如王朝秀所说，"蜡染不仅时间长，设备也需要大投资，现在若是要进行蜡染，至少得投资 15000～16000 元才行。"也是因为如此，一套蜡染衣服价格多在 3000 元以上，故只能定做。这对于拥有传统技艺，以个人为单位进行蜡染生产的传承人来说，无非是影响她们继续创作的直接因素。

---

❶ 当地人称"港提"，意思是一条条的直线。

热爱传统、享受其中
——口弦、蜡染传承人熊昌珍

传承人简介：熊昌珍，女，苗族，1979年12月生，盘州市英武镇马场居委会人。2009年被盘县人民政府公布为首批县级非物质文化遗产代表性传承人。

"不须挑逗劳苦心，竹片沿丝巧作琴。这韵低微传齿颊，依稀私语夜来深。"诗中形容了口弦的话语功能。口弦能传递语言信息，不懂其中音律者难免会感觉玄妙莫测。2017年年底，我们到盘州市滑石板村进行传承人口述史调查，拜访的第一位便是口弦传承人熊昌珍女士。熊昌珍除了口弦使得好，刺绣、蜡染和唱歌亦有名气。熊昌珍的丈夫罗哥给我们播放了一段苗族歌曲："花椒成熟，要开口成长。秤砣和地，你要你心和我一起，我放下家里的事情给老人，我一心和你约。"这格外甜美的歌正是熊昌珍所唱。多年前，熊昌珍在红果参加表演，她拿了第二名。熊昌珍说她从小就喜欢唱歌，喜欢音乐，这就是后来吹口弦，并被评为口弦传承人的原因。

因家庭负担重，熊昌珍没上过学，家中有四姊妹，其为老大。熊昌珍育有三子，长子19岁，在贵阳读大学。次子罗坤腾，17岁，在盘县（现盘州）读高中。三子罗坤腾，16岁，读初中。当下夫妻俩主要职业为卖苗药，已有十余年。熊昌珍娘家岩脚寨有30余户，寨内熊、王、李姓，都是苗族。据她介绍，岩脚寨的女性老人大多爱好音乐，会唱歌、绣花，现在年轻的学生已经不会了。

从小学习音乐、刺绣

谈到小时候学习音乐和绣花的情况，熊昌珍给我们讲了她小时候的经历。"我小时候就喜欢音乐，晚上妈妈喊我去守着猪吃，我就坐在那里守着，在那里唱歌。我也没有什么文化，虽然是唱，但是也唱不出什么落头。我们家这种苗族歌曲、放牛的歌曲，还有十五的月亮什么的，都很早在学了。我妈妈就说的是：'你这个走去哪里都是唱歌，喂猪、喂牛也唱歌，你这个是哪子落头？'我姑妈和我爸爸算是堂姊妹，但是她年龄是最小的，还比我小1岁，我俩经常在一起唱歌。寨上的有好多，比如陶支书家堂兄弟以前读书，大我们俩几岁，书也不去读，背着书包看到我们邀牛出来就跟在我们后头，跟着我们放牛到山上唱山歌。"

熊昌珍学刺绣比较早，可能只有七八岁，其母亲开始教最简单的花样，长大一些，开始学稍微复杂的。"我十三四岁的时候，母亲就教我画，就是蜡画的这种。我母亲又很严格，那时晚上没有电，晚上她要砍猪草、推磨，她就逼着我去做那些花，用蜡来画花。以前我们小娃娃也是不太懂事，好像就说说，老人一天逼着我们做这个，有什么用？别家的娃娃在晚上有月亮的时候，出去玩，笑的笑，打的打，母亲就逼着我在做这个，母亲有点严格，我也是怕她的，我就做。"真可谓严师出高徒！当然，这位严师是自己的母亲。环境的影响、母亲的精心培养，加上自身好学，使熊昌珍在苗族音乐和刺绣方面很优秀。熊昌珍时常作为苗族代表与丈夫一起在外表演苗族音乐节目，多次参加刺绣比赛并获奖。在采花节上，她衣服上的图案是自己在传统图案的基础上进行创新而来，苗族女性朋友看到她这些花样之后也纷纷学习。她平时还对苗装进行改动，尽量在保持传统的基础上使之适应现代快捷生活的要求。

最初的音乐牵线，成就美满姻缘

"我喜欢绣花和苗族音乐，丈夫当年正是通过音乐，赢得了我的芳心。有一晚上我和我小姑妈（与熊昌珍年龄相当）都要睡觉了，我听到箫声响，我对小香娘（熊昌珍对其小姑妈的称呼）说，好像外面有小伙子吧，我听到箫声响，毛雨飞飞的，来整哪样？"我小姑妈讲："我们去看一下，是哪个。""后头我和小姑妈起来看，我还记得当时他穿的是一件白衬衣。后来，我们又见了几次面，有一天他叫我跟他回家，他和他老表拉的拉，抽[1]的抽，抽到他大门这里，他舅舅抱了一只大公鸡，在大门口这里，拿大公鸡在我头上转三转，我就做了他家媳妇。"

说到这里，陶支书（滑石板村支书）进来了，我们打了招呼，陶支书说："怎么不开灯？"熊昌珍笑着说："我们摆神了（入神了）。"我才发现，已经天

---

[1] 在盘州市，这样的方言语境里"抽"就是普通话里"推"。

黑了，一下午都在听熊昌珍讲故事，我被这位美丽的女性带到了她曾经的生活中，经历了她儿时学艺的艰苦，也与她同去谈了一场害羞的恋爱。回忆当初看上去"草率"的婚姻，大公鸡在头上转了三转就成了罗哥的媳妇，这位 40 岁的女子满是笑容。说到恋爱这段回忆时，向来庄重的她在椅子上摇来晃去，仿佛十六七岁羞答答的小姑娘。

婚后生计

成家之后的熊昌珍在家务过农、外出打过工，最后卖苗药，一直卖到现今。"以前我们在家种地，农忙季节老人（丈夫的父母）回来帮忙种，种完又出去卖药。我的那些堂叔叔，他们在浙江打工，所以我们才过去。那时我小的孩子才四岁多点，就丢给他老奶（丈夫的母亲）带，我们就去打工。才去了两个月，我爸爸就打电话讲：'你们娃娃也调皮得很，我们管不了，还有你妈妈的身体不好，天天吃药，还要去打针，你要想办法回来了，我们在家里身体不行，帮你们这带不了娃娃呀。'我们才去了三个月就回来了。"

"没得办法了，那时候还没有卖草药，虽然我爸爸妈妈他们卖药，我们请他们老人家帮我们照顾娃娃。当时草药难卖，我们就帮寨上搞房子，帮人家砌砖，我老公砌砖，我就是副工，就调水泥浆，我们做了两三年后我说这样整不行了，我也累老火，我要去卖药了。"我老公讲："给他们搞这个有把握，你去卖药那个不把握。"我讲："我倒是不搞了，你要搞，你搞你的。搞这个，我一天帮他们丢砖、背沙、调浆，去干一天回来完全是水泥灰灰，我是真的受不住了，钱也没有挣得，人是苦得不行了，你想整你整，我不想整。"我气着，收了一包药，然后打电话给我幺叔，我讲："幺叔，你们赶场没有。""我们赶场的，红妹，哪子嘛，你讲嘛。""我要赶你们后头来卖药了。"他讲："你要来你就来嘛，妹！"去了之后他问："你自己敢不敢摆，敢摆的话你自己摆，摆不得的话我们拿一点帮你开摊位，开车费钱。"我讲："我咋不敢摆，我敢摆的，又不是做贼。我自己摆，有时候挣几十元，要是挣不到钱那天，他们就帮我开摊位钱，吃的话我就跟他们吃，他们老人心好。"

传承情况

说到传承的问题，熊昌珍的口弦目前没有人学，刺绣有两位徒弟。"我带有两个徒弟。一个是我堂妹，但是我堂妹她原来也是在外面打工，现在嫁给我老公这头的大姐家儿子，叫熊小梦，今年 21 岁。还有就是我大姐家姑娘，侄

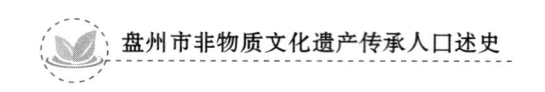

女，小名叫小星星，这个是属牛的，19岁，读大学，学美术的。大的是小青青，学名是喊作杨鹏翔。她们讲现在忙，也没得时间来学。"

手艺与经济

谈到自己所掌握的手艺和是否考虑转化为经济收益的问题时，熊昌珍说："我只是绣来自己穿，没得时间去整。用电脑整，你自己裁衣服，要是做得快，也只有100多元。要是你绣的那个，你绣得快点，一天也就是50多元，所以我一算，我觉得还是不行。我们绣那个花，就是背带，你绣得这么大，一朵有这么大，可能就是100多元，如果是这么大，也就是几十元，一个背篓也只能卖到三四百元，那么一天算下来，也只有几十元，而且一天要投入十几个小时，你还要速度快，你才得到，要不你都得不到。"

熊昌珍勤劳能干，家庭也幸福。她的婆婆王朝秀为蜡染传承人，婆媳俩经常一起画花、刺绣。丈夫也很支持她在音乐和刺绣上的爱好。一家人都非常热情，白天忙于生计，晚上抽出时间给我们介绍口弦、蜡染和刺绣的故事，经常讲到深夜。

四、女　红

（一）织布

> **织布简介**

盘州市的布依族土布织造分单色平织和双色起花两类，前者布纹（俗称"暗花"）有斗底花、胡椒眼、梅花点等纹样；后者主要有格子花、柳条叶、鱼骨刺等花式。土布花纹正反相同、织造紧密、实用耐看，具较高声誉[1]。

境内彝族有着传承悠久、十分独特的一整套纺线、织布、印染技艺。彝族妇女所使用的织布机样式独特，与黔省其他族群的民间传统织布机大不一样，形态上更为古老，架构庞大，大体由两根木杠和四根木柱作为框架，上面装有诸多木板、木棒和绳索。织布机多放于堂屋等宽敞场所，两端固定两根高约两米的支柱，柱子间各有一根横杠，以固定纬线，柱架上搭着两根长约四米的椽子，椽子间有一根可来回滑动的横杠，横杠上悬挂四根固定两块经线梳理板的绳子，经线梳理板下端再用绳子连着脚踏板。彝家织布方法大致如下：先将麻线固定在两端的横杠上，使纬线分上下两排绷紧。调整固定好各部件后，织布者站在织机一侧，脚踩踏板，一手持木梭。手脚并用、循环编织，经纬线扣紧，布便织就了[2]。2006年，织布工艺（羊场乡、鸡场坪乡、淤泥乡、羊场乡等地）被列入第一批县级非物质文化遗产名录。

---

[1] 六盘水市地方志编纂委员会. 六盘水市志·地方志[M]. 贵阳：贵州人民出版社，2007：278.

[2] 《盘县文物与风情丛书》编委会. 盘县非物质文化遗产描述与研究[M]. 贵阳：贵州大学出版社，2009：323.

织锦绣人生、扬布依文化——岑天松

传承人简介：岑天松，女，布依族，1969年7月生，羊场乡人。2009年被盘县人民政府公布为首批县级非物质文化遗产代表性传承人。2015年正式成为市政协委员会委员。

初见岑天松，朴实、憨厚，典型的农村妇女形象，似乎与她作品中透露的灵巧相去甚远。因早知来意，岑天松热情地招待我们，向我们介绍布依族传统的织布技艺。待她开口，我们才意识到，朴实无华不正是这位久居乡间的布依族女性借助刺绣、编织等传统技艺所展现的最宝贵品质吗？实用基础上的美观、传统根基上的现代创新，不正是需要如她一般具有工匠精神的绣娘吗？

岑天松说："由于家境困难，自己十二三岁便辍学帮助母亲干家务，学习刺绣和织布等布依族传统技能。当时，村里每家都自己种麻和棉花，农闲时节邻居们便互相帮着将麻制成麻布、棉花制成棉布，工艺复杂、过程烦琐，却因邻里和睦、彼此互助展现出别样的乐趣。布依族过去在男婚女嫁中，有'选婿看是否会犁田、犁好田，择妻看是否会纺织、织好布'的俗语，因为我从小就开始学，技能做得好，婆家人也很喜欢。现在爱人在昆明铁路局当厨师，每月有固定工资，两人育有一双儿女，大的女儿正读高一，也很喜欢刺绣。儿子初中毕业到昆明打工了。"

谈起自己的学艺历程，岑天松一番感慨。"学刺绣时，先将布剪成白布条，在白布条上学以免浪费布料，有时候连白布条都怕浪费，便把线拆了再重新绣。20岁的时候自己就精通织布、刺绣、做衣服了，本寨的姊妹们很多都过来请教。记得当时一直想为自己做一套漂亮的嫁妆，却因为不会剪纸而发愁。为了能在嫁妆上画图案，自己就经常去看同寨子的人剪纸，还不停地向人家请教。结婚那天，穿上自己一针一线做的嫁妆，心里美滋滋的。当时参加婚礼的人还夸'你绣的嫁妆好漂亮，这上面的花都栩栩如生'。"

说到剪纸，一次在餐馆吃饭时，当我们问及剪纸方法时，岑天松当场问老板找来剪刀和纸。从她将纸对折到剪好,我们都猜不出她剪的是什么,直到她展开才知道是"一朵对称的花"。之后她还为我们剪了一朵单边的花。同去的老师连连夸赞她剪纸技艺高。我们好奇,她是怎么想剪这些图案的。她说:"自己心里头是怎么想的就怎么剪。"她还说自己喜欢晚上剪纸,因为"晚上安静,没有人打扰到我的想法,可以剪出自己心目中的图案。"

剪纸可以随意,但刺绣的纸要求却很高。据岑天松说,刺绣要的纸不能太硬,也不能太薄,否则绣的时候容易出现断线,那么整个作品也就失败了。关于机械绣和手工绣的区别,她解释:"手工绣该凸的地方要凸,该平的地方平。而机械绣的松弛。"她自己喜欢将线拉得又紧又平且又凸,线不易断。也因为这样,她从不给自己的孩子做衣服——孩子们正是长个子的时候,衣服穿不了多久就小了。

现在,岑天松都是在赶场,到羊场街上卖些粑粑、水等。每场收入也有四五百元。平常,她也会绣些小东西卖,比如小孩一岁穿的鞋、包包、背篓等,绣的比较多的是童鞋,因为做工易、费时少、成本较低、价格相对便宜,多在60~70元,每天从下午六点到晚上九点,她在街上能卖出四五双。有次她花费一个月绣了一个背篓,有人出价1000元,她嫌太便宜没有卖。她说:"这些刺绣都是她用休息的时间一针一线做出来的,卖出的价格太低了不仅不够自己生活,而且感觉对不住自己的努力,但是卖出的价格太高了也没多少人愿意买。虽然自己也想开一家刺绣店,却因为成本太高一直没能实现。加上自己读书少,希望有时间让女儿读更多书,所以开店的计划一再拖延。"

岑天松织锦作品

讲到织布,岑天松介绍说,织布有四个步骤。

第一步是弹棉花和滚棉条,纺线妇女把棉花去籽,右手转动纺轮,带动线锭子转动，左手随纺车左边的轴轮向后拉棉花形成一股细棉线。随后由后往前伸，拉长的细线在轴轮的转动下会缠绕在一根铁丝上。当铁丝被棉线绕满后，取出它，并将一个新铁丝插进轴轮中缝，反复操作即可。

第二步是纺线、挽线、煮线和染色。将一根竹签依铁丝取出的缝插进线团，纺线人左手拿一个"丁"字形小木架，右手把棉线挽在架子上，5个棉线团为一组，绾满后取下继续挽。完成上述工序后，纺线人将火灰和水在大锅里搅拌均匀，把绾好的棉线圈放进锅里煮15~30分钟，然后捞出并用清水洗净、晒干，把需要染色的棉线放进有蓝靛染料的大缸里，染色深浅由浸泡时间的长短决定。

第三步是绕线、梳理和布经。把染好的棉线洗净晒干，用纺车把棉线缠绕在竹筒上，放进可以让线筒转动的"木架"上，织布人选择一个宽敞的地方，分3处打上12根小木棒，每人各拿一个有线的"木架"，依次行走8回，把100多米长的棉线拉长绷直，将480根线头的棉线分颜色梳理出来，布经穿筘。

第四步是织布。使用木质结构织布机，在编织的过程中，除平板同种颜色使用单梭、双帘、双踏板外，其余各种花布要用4把梭子、8匹经线、8个踏板。编织时根据颜色喜好，4把梭子各安装上所需颜色的纬线摆在前面。编织者再根据花纹图案的需要，更换梭子，两脚按一定的顺序蹬踩踏板，使经线张开所需要的纬口。梭子从中来回有节奏地钻行。织布人手脚要协调，动作要敏捷熟练自如，编成的布才紧密平整，花纹有条不紊，工艺才算过关。

现在人们一般直接上街买线织布，省略了前两个步骤。

讲到收徒，岑天松很开心地对我们说："女儿虽然在读书，但对刺绣很感兴趣，也喜欢剪纸，所以空闲时候就跟自己学；另一个是亲戚家的姑娘，跟着学了两三年了，长大嫁人后就很少回来；还有就是弟媳，因为想给自家姑娘做嫁衣，现在跟着学。"一般来说，岑天松会先教她们剪花，再教配色，虽然配色主要看各人爱好，并无规定。教针线的绣法时，她会先剪一朵简单的花叫她们绣，有问题再单独指点。相较而言，织布教起来比较麻烦，所以她都是再织布叫她们过来看，边做边讲边学，一两次就会个大概了，细节则需要慢慢锻炼、慢慢讲解。

谈及自己参加比赛的经历，岑天松说："我参加了六次刺绣比赛，其中三次是去了红果，另外三次则是去水城柏果。比赛流程一般是接到通知后提前准备好参赛作品，也就是先绣一部分，留一部分到现场绣，时限是一个小时，绣完之后就拿作品给评委看。评委简单问几个问题后就可以等着最后结果。有次自己得了二等奖，奖金有2000元。"对她而言，奖项并不重要，更重要的是证明了自己的能力。而且在参赛时她还可以借鉴其他人的刺绣技术，以此提高自己的刺绣技能。当然，多次参加比赛，在给岑天松带来荣誉的同时，也让她有了很多想法。比如前年，她去昆明，看见街上人家提的包包很好看，便买回来一块布自己设计。她设想，用本民族传统绣法将现代潮流元素表示出来，应该会有创意。于是，她把提包设计成口唇模样，绣好后拿去水城参赛，没想到得了二等奖，这给了她很多鼓励。

淤泥乡的织女——彝族织布传承人甘细梅

传承人简介：甘细梅，女，彝族，1952年3月生，盘州市淤泥乡麻郎垤村人。2009年被盘县人民政府公布为首批县级非物质文化遗产代表性传承人。

淤泥乡麻郎垤村甘细梅老人一直保持着自己种麻、织布、做衣服的彝族传统，使彝族传统服饰文化得以完整地保留下来。

盘州市淤泥乡麻郎垤村是六盘水市著名的民族特色村寨，是一个彝族聚居村。据调查，淤泥乡境内，彝族织布流行于彝族聚居集中的村寨，技术精湛、手法精细，现在还织布的村有麻郎垤、俄夺等。彝族妇女织布的原料为火麻的皮，因为它集柔韧性与保暖性于一身。

据甘细梅介绍："织布是彝族妇女祖传手艺，做一手漂亮的麻线活，是彝族妇女的骄傲与自豪，每年为家人做一套麻布衣服，也是作为家庭妇女义不容辞的职责。外祖母在世时就纺线、织布、做民族服装，母亲也算本地做女红的一把好手。童年好奇，看到母亲织布纺线，就特别想学。母亲不让学，说很累，也很苦。自己便偷着学，那时才发现难度很大，用坏了原料，踩坏了踏板，拉坏了筐子，而且自己织出的布松紧度、平整度、光洁度不行，很不受欢迎。学织布确实像母亲说的，很苦。小时候常被骂浪费。那时候家家有麻，每家都有六七个娃娃。我五六岁就开始学，那时觉得好玩，母亲去上厕所，她就偷偷纺一下。12岁左右，就会做饭给家人吃。母亲去吃饭我就偷偷纺线。母亲见我真心喜爱，就耐心教她。在母亲手把手地教育下，14岁时，我已能完全织出传统的麻布和棉布，16岁就能将布料做成衣物，深受欢迎。家里姐妹都会织布，大姐80多岁还自己坚持织。以前条件艰苦，全家的衣服都是母亲和姊妹们自己织就的。出嫁后，尽管现代纺织品流行，彝家传统纺织效益不好，但我仍然坚持用传统方法织布。由于长期站着织布，我经常全身痛，还患有胃病，5年前误输青霉素还进了抢救室。现在，全身病痛的她还是会继续织布，而且还必须站着织，因为站着织布布会更紧，坐着织很软，不能坏了彝族织布的名声。"

据甘细梅介绍，彝族人喜欢穿麻布是因为贵州天气潮湿，穿麻布不容易得风湿，用麻布做出来的衣服有很好的透气性，冬暖夏凉。以前穷人穿麻布，富人嫌弃，觉得不好看，但现在人们知道了麻布的好处，反过来了，有钱人才能穿麻布衣裳。彝家有种麻的传统，每年农历三月，人们就会在土里撒上火麻，盖上细土，7月间就能收成。种麻还有很多规矩，如底肥不能太厚，容易促生麻秆枝节，影响麻皮质量；撒麻种讲究密度，保证其成长后

甘细梅做的衣服，在文化馆作展览

四面株距在4厘米左右；麻地里不能套种其他作物，即使种下也不用护理等[1]。村里人在纺织的时候还会采用棉花，棉花是白色的，所以捻为线后与麻相混合，可织成布，这样的麻布会比较软，颜色也比较白，穿在身上会更加舒适。以前麻布是日常服饰，现在却成了彝家人的盛装，也正因此，棉麻纺织虽衰落但仍被地方百姓坚持着。

甘细梅在织布　　甘细梅在绕线

正如新闻中所报道，甘细梅坚持用传统工艺纺织，她从种麻到织布全程都是自己亲手弄。7月收麻后，将麻晒干，刨下麻皮，切麻来纺，纺后水煮，煮后清洗，煮两次洗两次，之后过清水，再来漂白（麻是黄色的需要漂白）。简

---

[1] 《盘县文物与风情丛书》编委会. 盘县非物质文化遗产描述与研究［M］. 贵阳：贵州大学出版社，2009：321.

· 61 ·

言之，制麻流程为切麻—纺线—煮线—绕线。本地种的麻有两种，一种是苎麻，另一种是火麻。苎麻种好了弄下来的时候要剥下来，晒到发黄然后泡，泡出来要晒，不要"杆杆（枝干）"，然后切麻，用纺线机纺，纺好了之后要煮，煮好了要用水洗，洗好了又要用材灰煮，之后用清水再洗（洗两次，煮两次，麻是黄色的，要用材灰吸色），然后放在绕线机上绕，将麻线弄成一团一团的，绕线虽然看着简单，但是麻线在这个时候还有一些脆，所以会绕的简单，不会绕的就容易断掉。火麻程序类似，只是织出的麻线条上纺车纺成线轴后，就用草木灰水加猪油反复煮洗，直至变成白色，捞出晒干，用绕线机绕成线团，便可上织布机织布了。值得注意的是，切线要切得均匀，否则麻容易断。煮麻时要煮到线软，放凉，然后用水洗，洗好了还要用草木灰❶煮一次，否则洗不白。线绕好后就可以放在梭子里做纬线了，细的可以做经线。绕线时如果乱了，就要做一个标记方便找线头。要是想织棉麻衣服，还要抽棉花，将棉花抽成线后和麻线两股绕在一起变成一股，然后用清水洗，洗了晾干，晾干后用绕线机绕团。棉麻衣服多用棉线做经线（因为细），麻线做纬线。其实，棉衣比较暖和，家里多给老人家做，抽棉花容易抽断，要细心。自己做得比较好，平时家里儿媳都帮忙抽棉花。粗的做纬线，细的做经线。将两股线绕成一股，然后洗，洗的时候用皂角，洗了漂白（漂粉），如果经线粗纬线也粗就不好看。一般挂线的时候不是马场天不挂，遇着甲子也不挂。鸡场天、兔场天不能挂，日子好了才剪布。

甘细梅正在煮麻

织布时的丈量方式是10扎为一尺。没尺子量，就根据经验用手比画。在夏天能织两三尺，冬天从早到晚最多能织两尺，平时甘细梅会为自己和家人做衣服，有时候别人也会来定做，但是很少，还有的买布来包头。一代传一代。村里其实有很多会织布的，但现在能坚持织布的却不是很多。她会用麻布做帽子、鞋子、裤子，一年能做十来件。一件衣服夏天至少要缝8天，订衣服的不多。一件衣服有时候卖800多元，有时候400多元。卖衣服一年最多能挣五六千元，没衣服卖只能挣两三千元。衣服款式自己设计，对襟是老式的，老人的

---

❶ 草木灰可以让麻线变软，更容易揉，但后面得用簸箕筛。

衣服不改花样，年轻人的就加点花。

讲到兴起，甘细梅说彝族还有一首关于麻的歌："头麻好切疙瘩多，二麻好切细难搓，远处留郎来路远，近处留郎闲话多。头麻没得二麻长，正正好玩不得玩，正正好犁耕绳断，正正玩耍郎当家。3月撒麻7月黄，砍麻遇到撒马郎，骑马遇到背鞍子，唱歌遇着情与郎。头麻不得二麻高，郎心不得妹心焦，郎心焦焦有落处，妹心焦焦无处落。"由歌词可见，将制麻过程比拟谈情说爱，确乎体现了织布在当地的普遍性。

甘细梅说："本地青年人结婚的时候是不能穿麻布衣服的，但是要包包头。包头的头巾也是自己做的，是用细毛线做成的。老人一般都会包包头，一般是黑色的包头，黑色看起来简单大方经脏，年轻人用蚕丝布包，没有的就包帕子，不能穿包头的麻。新娘穿的是长衣服，蓝色的或者黑色的，只要不穿白的就可以了，新郎新娘包头是黑的、系腰也是黑的。"

现在甘细梅的身体越来越不好，体力也大不如前。村子里面越来越少的人能够静下心学传统女红，她语重心长地说："只要我身体能做一天，我就不会放弃这门手艺，家里儿媳妇愿意学，村里的青年人愿意学，我也愿意教，但是前提是要学好学精，不能乱学，不能丢弃，这是我们民族的手艺，不能让它丢。"她说这番话时，眼神有时看向远方，有时又看看旁边的织布机，我们能感觉到她对这份传统技艺的尊重和热爱。其实，她收的8个徒弟都是寨子上的年轻妇女，这些徒弟空闲时就会向她请教，她总是不厌其烦地解答她们的疑惑。但因家里窄，放下织布机后就没办法容纳很多人，而且徒弟们农忙时要帮家里的忙，平时也要养家糊口，没时间系统学习。徒弟们说，要是她有个工作室就好了，但是她年龄大，也没那个经济实力，工作室的想法就像空中楼阁，难以实现。村镇上想学织布的人很多，但能坚持的也少，每个学徒开始都会弄坏很多工具，如筐子就弄坏了好几个，布也不能用。虽说每次让她们大胆地弄，但她心里还是有些害怕。

甘细梅最后还是反复强调，只要织布，就算是生病她也会坚持站着织，否则会影响布的质量，毕竟这是祖传的东西，不能丢了。也正因此，只要有人愿意学，无论怎样，自己都会热心教授。

(二) 刺绣

刺绣简介

2006年,境内羊场乡、四合乡、普古乡、松河乡等地的刺绣工艺由盘县人民政府公布列入第一批县级非物质文化遗产名录。盘州刺绣各民族均有传承分布,技法上主要有平绣、盘绣、辫绣、打籽绣等,后三种绣法以布依族最为典型。当然,刺绣中各种技法也可穿插使用,只是绣工十分严谨复杂。布依族刺绣中,传统花纹有盘龙、飞凤、游鱼、蝴蝶、云勾、树叶、白果、石榴、牵牛、刺梨、稻穗等图案形式,用色上则多以青紫色铺底,以白、黄、绿、桃红、大红、深蓝、浅蓝等色相互陪衬,色调较为鲜活明朗。绣法上或平顺满铺,或盘结缠绕,主要用于衣裙、飘带、背扇、童帽、鞋袜、巾帕、围腰等处装饰,有较强的立体浮雕效果❶。羊场布依族刺绣主要集中在女式上衣胸前的衣服上,呈人字形绣花图案。此外,鞋面、背篼、花包、枕头、帐檐等处属于剪纸贴花绣,图案主要有蝴蝶、花、草等。相较以前,现在的绣线更为鲜艳,以大红、水红为主要绣色,绣法则以平绣为主。

---

❶ 六盘水市地方志编纂委员会. 六盘水市志·文化志 [M]. 贵阳:贵州人民出版社,2007:276.

手绣真情，针针可见
——刺绣传承人岑敏

传承人简介： 岑敏，女，布依族，1970年8月生，羊场乡瞿家寨村人。2009年被盘县人民政府公布为首批县级非物质文化遗产代表性传承人。

经过一路的舟车劳顿，我们终于到达了目的地——羊场乡。到羊场的时间是下午，天气还算晴朗，略有些许寒风。这次我们的目标是调查羊场的非遗文化。本该亲自登门拜访这些非遗传人，无奈人生地不熟，再加上时间短、任务重，故只得采用电话邀约的方式，一同面谈。在这次见面会上，稍晚来了的岑敏面带微笑一个劲地向我们表示歉意，给人感觉亲和力十足。第二天，我们兴致勃勃地重访了她，聆听她如何成为绣娘的故事。

岑敏娘家是羊场乡赶场坡村，母亲以前是一位远近闻名的绣娘。受母亲影响，岑敏从小就对刺绣产生了浓厚的兴趣。七八岁时，她就跟着母亲学刺绣。学习刺绣是一个循序渐进的过程，刚开始的时候，她只是学会了一些简单的针线活儿。到了12岁，母亲才教她绣花。勤加练习之下，她渐渐地学会了纺线和织布等工艺。岑敏提起自己第一次独立完成刺绣时，是做布鞋。那时，鞋底需要上街去买，鞋底有白色、红色、黑色三种，价格由高到低。那个年代，去街上买鞋底是比较奢侈的，如果买来做得不好，就白白浪费了材料。母亲考虑到她是一个新手，害怕她做得不好浪费了材料，于是买了一双黑色的鞋底给她练练手。母亲说，如果用黑色的布做出来的鞋不好看，其他人也不会嘲笑你。拿到布后，岑敏便认认真真、一针一线地在鞋面上绣出自己喜欢的图案。绣完给母亲看时，母亲吃惊地说："没想到你绣得还可以啊！早知道你绣得好，就该买红色的给你做了。"

在以前，每逢哪家办酒席，那些前去参加的姑娘都会穿上自己绣的漂亮服装，对此，岑敏羡慕不已。她在心底暗暗告诉自己："我也要做漂亮衣服，要做得比其他女孩的还好看。"从那以后，空闲之余，她总会拿起针线认真练习刺绣。一边绣，一边研究如何才能绣得更好。还未出嫁时，岑敏就开始为自己做盛装。这套她花尽心血做成的盛装，终于在结婚那天穿了出来，受到了大家的夸赞。现在只有盛大节日（红白喜事、重大活动等）自己才舍得穿。

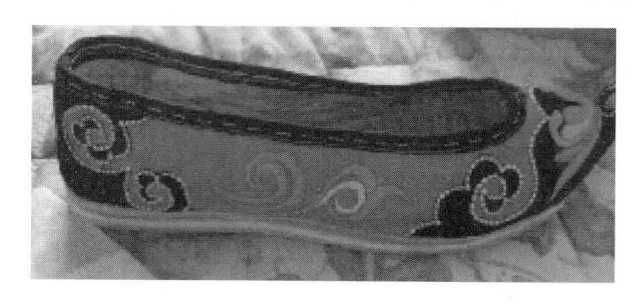

岑敏作品——绣花鞋

岑敏21岁结婚，婚后，家务的繁重并未成为她刺绣路上的绊脚石，她总会抽出那些本该休息的时间来巩固练习刺绣。闲暇之余，她会绣一些钱包、花包、鞋等。她曾用酒红色的布做了一个手机包。一次出门，被人瞧见了。那人甚是喜欢，便好奇地问她哪里买的。一听说是自己绣的，那人便开价300元要买。岑敏觉得已经用过的怎么能这样卖给人家呢，再说自己还嫌绣得不够好呢，于是，她留了那人电话，之后绣了一个更加精美的出售。

岑敏参加过多次由省、市、县组织的刺绣比赛，取得了好成绩。对于她来说，每次比赛都是一种锻炼，还可以学到很多东西。记得2017年11月的一次比赛，当时她做了一个花包，布料选的是白色。她选白色主要是因为其他颜色的线绣在上面清晰可见，可能要好看些。可比赛结束后，评委来到她身边，对她说："你的花包应该选择其他颜色的布，不应该选择白色的布，这样其他的颜色在上面不好搭配。"她当时就说："谢谢老师！我下次选颜色的时候会注意的。"回到家后，她充分采纳老师的建议，选了一块绿色的布料，重新设计了花包的形状，还在花包的边缘绣上一些花纹，确实要比之前白色的好看多了。岑敏总会将自己新的想法融入刺绣。有次她想做老式的小孩儿帽子，但因很少人做，找了很久都没找到。于是她就凭着自己的记忆，在刺绣过程中再添加一些自己的创意，绣了一个小孩儿的帽子。做出来后自己挺满意，别人看了也说好

岑敏绣的钱包

看。于是，她又做了几个。每做完一个，她都会反思这个帽子有哪些绣得不足的地方，以便做下一个的时候完善好。久而久之，她做的帽子越来越好看。

平常岑敏绣的最多的就是鞋子。因鞋底是用10多层布重叠在一起的，所以又叫"千层底"。因现在的布比较薄，为防止因鞋底太薄伤脚，做"千层底"就需要更多的布料。做好的鞋底比较硬，一般用大针去绣。鞋底绣好了，再做"帮"（鞋面）。做"帮"的时候，为了美观要把鞋尖卷起来。她将自己喜欢的图形绣在"帮"上，图形各异。但为了讲究对称美，两只鞋的图形要相同，颜色要一样。她一般绣完主要的图形，都会在空白的地方绣些小花来点缀。为了使图案看起来完整，她还会用彩线绣鞋口的边缘。岑敏喜欢用天蓝色的布料来做"帮"的背景。她告诉我们，天蓝色的鞋子穿起来要好看些，容易和其他裤子搭配，比较百搭。选黑色的布也可以，虽然耐脏，但穿起来会不好看。现在会做布鞋的人越来越少了，街上也有卖，但都比较贵。为了能让家人一直都有布鞋穿，她抽空绣了10多双布鞋。访谈那天，她把自己绣的布鞋全部拿出来让我们看，有几双都穿坏了，但都没舍得扔掉。即使以前绣的不好，她也没舍得丢掉。她说这些都是自己刺绣的经历，很有纪念意义。看着每双由一针一线勾画的漂亮布鞋，我们除了惊叹外，还被她认真严谨的态度所深深折服。

以前人们刺绣用的线是蚕丝做成的。那时，老人们自家养蚕，用植物染剂将蚕吐的丝染成各种颜色的丝线，然后再用丝线来刺绣。但养蚕所需的桑叶要到山顶上去采摘，山路崎岖，且桑树皆高，采摘桑叶时需要爬树，一不小心还会摔下来。因此，那些年用丝线做成的鞋和衣服，弥足珍贵。人们平时都舍不得穿，视同珍宝般珍藏在箱子里，每逢重大喜事的时候才舍得拿出来穿一次。但现在刺绣用的线是在街上买的，方便许多却也没有蚕丝那般精致。

"十三能织素，十四学裁衣"，旧时布依族待嫁闺阁的女子，没有一个是不会刺绣的。岑敏说："大部分女孩都会刺绣，只是有的人绣得好看，有的人绣得不好看。我们都是靠个人的悟性，也没有一个标准去评论谁绣得好看，都是凭借自己的欣赏力去看别人绣得好或者

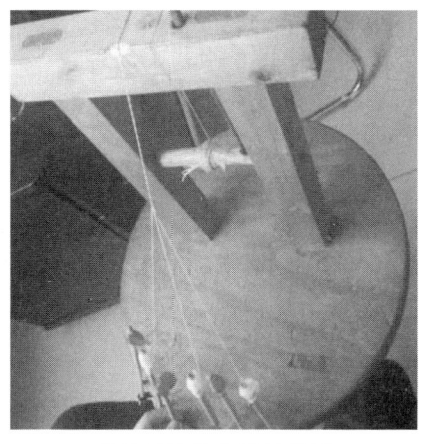

岑敏教徒弟用线坨编线

不好。"以前，花包常常被布依族当作定情信物，作为男女之间情感交流的纽带。未出嫁的女子们都要自己做一个漂亮的花包带在身上，逢到赶集或者参加红白事时，看见自己喜欢的男生就把花包扔给他。如果男生也喜欢你，就会把自己随身携带的较重要的东西放在花包上给你。倘若他过后会来找你要回他的东西，就是他很喜欢你，想找你约会。如果他不回来取他的东西，就说明他不喜欢你。岑敏说，这也是一种抛绣球的方式，但因为这个在一起的年轻人很少，人们更多是把这个习俗当成一种男女间相互交流感情的过程。那时年轻人之间大多还是亲戚朋友介绍认识的。所以岑敏说："以前不像现在这样方便，可以用手机随时找人聊天来增进感情。那时的人也不像现在这么大方，喜欢一个人直接就去追。虽然现在便利了，但我们也不能把这个习俗忘记。"

即使在众人看来，岑敏已经是很优秀的绣娘了，但她却告诉我们她还有很多不足。"我自己的缺点就是不会画画、不会剪纸。简单的花还可以自己剪，但复杂的图形我都叫别人帮我剪的。有时候，别人剪的纸不是我想要的图形，我就想自己学画画、学剪纸、想补补自己的缺点。"她说："我相信只要我努力了，以后我会绣得更好的。"每个人的剪纸风格都不同，她也想把自己的想法表达出来。于是，她就开始模仿郎岱（地名，她妹妹居住的地方）那边的剪纸，然后再自己细细研究。在她的勤奋之下，近几年，她学会了画画和剪纸。我们有理由相信，在她不懈的努力之下，一定会有越来越多的优秀作品。

如今，年青一代有的要上学，几乎没有时间学刺绣。不上学的，又都出去挣钱了。有的本身就对刺绣没有兴趣，也谈不上去学刺绣了。渐渐地，会刺绣的人越来越少。"政府将我评为刺绣和花包的传承人，我深感荣幸。我会将我所理解的东西传承给我的徒弟，让她们传承发扬布依刺绣文化。"这是岑敏跟我们聊起文化传承时讲的话。简短的话语，道出了她对做好文化传承工作的信心。她现有三个徒弟，分别是罗媛媛、罗萌萌、罗丹，徒弟们都在念大学。学业繁忙，她们学刺绣的时间也就少了。每逢假期，她们都会来师傅家学习刺绣。我们去采访的那几天，岑老师正在教徒弟们"编线"（用线坨把各种彩色的线再编织成一根线）。编线的过程十分复杂，我们看得眼花缭乱。岑敏说，这看起来很复杂，其实是有规律可循的，掌握了其中的规律，就很简单。三个徒弟都酷爱刺绣，假期学了之后，她们会把针线拿到学校去，空闲的时候就绣些东西。绣好后，再拍照给她看，让师傅给她们指出不足的地方，方便进步。

看着岑敏一幅幅精美的作品，我们深刻体会到：刺绣的过程，仿佛就是我们人生的写照！一开始，我们每个人手里都持着普通的针和色彩斑斓的线，去空白的背景上绣出我们的生活。到最后，有的人绣得千疮百孔，有的人却绣出了传奇的一生。岑敏绣的每一个图案，都是她不断坚持和善于思考的结晶。那精细的一针一线，无不折射出她对人生的严谨，对刺绣的热爱。

"妙手生花"——绣娘岑天英

传承人简介：岑天英，女，1964年9月生，盘州市羊场乡人。2009年被盘县人民政府公布为首批县级非物质文化遗产代表性传承人。

《后汉书》有"西南夷，知染彩纹绣"，可见西南少数民族善刺绣自古有之。与苗绣、侗绣、水绣等类似，布依族刺绣同样成为贵州少数民族独具特色的传统工艺之一。沿袭男耕女织的传统，刺绣成为布依女性必备的女红，绣工的好坏、技巧的纯熟与否亦成为人们评论女性心灵手巧的基本标准之一。当然，随着时代变迁，布依族生活方式发生巨大变化，外出求学、就业成为许多新时代女性的选择，刺绣、纺织类传统技艺面临断层窘境。

岑天英绣的背篼（一）　　　岑天英绣的背篼（二）

岑天英是当地有名的绣娘，正值知天命之年的她，跟我们讲述了她与刺绣结缘的故事。

漫漫求学路

"我小时候家里兄妹7人，有一个哥哥，三个妹妹，两个弟弟，生活十分艰难。加上我又是长女，从小就得帮父母分担家务。当时实行布票、粮票制，每家生活都十分紧张，各家各户家中的衣物多由自家纺织的棉布制作而成。由于我父亲在外工作，母亲承担了家里的农活，外婆和我们一起生活，便主要负责一家人的吃穿用度，而我很小便开始跟着外婆学做针线活，外婆不仅教会我纺棉花织布，还教我做鞋子、缝制衣服，我10岁左右便成了外婆的好帮手，能够帮她缝制家里人的衣物了。记得小时候家里人的衣服都是老大穿了老二穿，依次轮着，衣服还好，布鞋特别容易坏，所以做得也频繁些。"

"我高中没有毕业，读到二年级上学期的时候，妈妈就让我辍学回家，帮她一起干农活养家。一方面是因为兄妹人数多，年龄相差也不是特别大，同时读书家里经济压力过大；另一方面也是因为我年龄大些，又是长女，理所当然为父母分担压力。我们小时候还没人出去打工，要不然我可能也外出了。也是因为没有出去，在农闲的时候，我们女孩子便凑到一起做针线活。我们这些女孩子，稍微大点就会被老人家教育说要给自己做嫁妆，要不然以后婆家会看轻我们。"

"小时候，我们这些小伙伴之间也经常比赛，比如做鞋垫，我们比赛剪花样，同一种花，各剪各的，各绣各的，比下来有好有坏。我当时总也做不好，觉得自己太笨了，没有其他人做得好，后来也不想绣鞋垫，直到现在都做不好。也有纺线比赛，就是把纺车凑到一起，看谁纺得又细又长。我们那时候都是放学回家，干完家务活或者吃完饭就开始纺线的。"

"辍学回家后，由于妈妈太忙，也没空教我怎么刺绣，我只能自己摸索着学做嫁妆。那时候，很多东西都不会，看别人做简单，自己做起来难得很。由于刺绣是按照图案来做的，那时候也没人做着卖，所以我就跟同村一个妇女讨要，厚着脸皮缠着她教我。她老公看我很诚心，就让她开始教我剪图案了。那时候，为了跟她学，我经常帮她家背粪、挑水，就为了讨好她，让她多教我些东西。"

"结婚以后，我为了带孩子方便，就开始学做背篼，一共做了四床。长子出生以后，有个日本人到我家里来，看我绣的背带挺好看，就买了一套，还买了一套民族服装，一双鞋子，一共卖了300元。当时300元，还是很值钱的，相当于现在几千元了。这件事给了我很大的触动。我突然发现，原来本民族的手工服饰还可以挣钱！从此我边做边卖，什么都做，还绣花包。"

"虽然我现在在地方上也有点名气了，但是，我相信人外有人天外有天。一个人要想技艺更好，还是要多学习的。所以，平常听说有这类的培训班，就算没有报名，我也尽量去旁听。2009年的时候，我被评为传承人。2017年文化站通知妇联牵头组织我们参加水城的刺绣、蜡染等传统文化技能培训。当年文化站组织水城培训，我也报名了，但都因为太忙，领导没有批准我去。后来

岑天英绣的背笼（三）

我又推荐了几个人去，她们回来后我都找她们问学了些什么东西。她们有四个人，都说时间太短，只是学了些皮毛。我说即使这样，你们也要积极参加，才能学会本领，因为这种机会很难得，国家花了钱，没有学到东西，我们就对不起国家，也对不起自己。哪怕每次培训只学到一样东西，那也值得啊。"

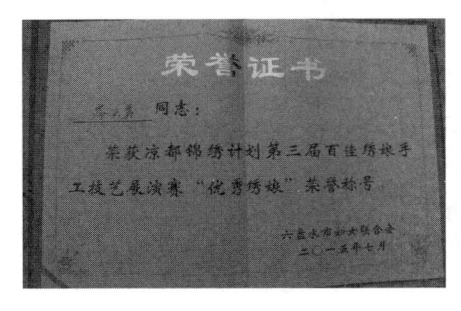

岑天英荣获盘州市百佳绣娘证书　　岑天英荣获六盘水市"十佳"绣娘证书

妙手能生花

布依族绣花，立体感相对强些，看起来像浮着一般，因为里衬是一层牛皮纸，人们在这层纸外面缠绕丝线。以前，布依族女人多自己做衣服，很少在外面买，每个人的手艺都以家传为主，母女婆媳相传。

我们这边绣花鞋，主要是白事的时候要用到这种鞋子。老人家安葬时候所穿的鞋子，也有花纹，但不是绣的，而是用线编出来的，编出来后钉在鞋子上。因为亡人一般穿得很好，大家认为活着的人一定要比亡人穿得还好看，才能把亡人比下去。所以那些亲戚来的时候，身上穿的衣服从头到脚都要绣花，手上还要拿绣花包。即使未婚的小姑娘穿汉服，也要尽量穿花些。具体来说，头上帕子的花纹以云纹为主，驼肩花纹则多用一些象征富贵的花草，如牡丹、石榴、刺梨等，牡丹一般中间绣一大朵，四周的小点；石榴花是中间一棵石榴树，两个石榴，其他周围镶嵌些树叶和小花；刺梨花上碎花很多。驼肩上的草一般都有藤，也可以绣些花在上面。领尖上绣的以铜钱纹为主，袖口多是些花鸟鱼虫，啥都可以绣。围腰上的花鸟鱼虫可以同时绣，也有些纯粹是绣花。鞋子上则以飞禽走兽为主，有龙，也有其他的，但是以鱼类居多。在布依族人看来，鱼也是代表龙的，所以也可以做成龙的样子。

再说说儿童的虎头鞋，布依族也叫猫头鞋，一般在幼儿刚学走路的时候穿，还有些人会戴猫头帽，女孩子还会穿肚兜。猫头鞋上会有虎须、虎眼、虎嘴，还要绣上"王"字，一般"王"字会用黑色或绿色的线绣，虎须用黄色，嘴巴上用点红色，眼睛则用黑色。相对来说，背篼要简单些，里衬是数纱绣上去的，只有白、红两色，一般主要看底色，如果底色是黑色，就用红、白搭色；如果底色是白色，就可以用红、绿搭配，显得大红大绿。很少用黑色头帕，只有白、黑两色，老人家多用浅蓝色、黑色。

平日里，人们主要根据领尖颜色来确定衣服图案颜色，如果领尖是黑色的，那么衣服上做什么都是黑色的，所以盛装都用红色做领子。肩膀上的花各种颜色都有，红的、绿的、粉的。但只有年轻人的服饰这样绣，老人家的不这样绣。而且要根据年龄或结婚与否来确定花色和种类，少妇、少女的服饰没有多大区别，只是头饰上简单区分，少妇梳头发时绕有花髻，少女则是绑着辫子，上面别着一朵花。

腰带也是布依族女人喜欢的饰品之一，多有粉、黄、蓝三种底布，人们根据自己的喜好，会在腰带上绣上各种图案，如鸟、鱼、虫之类，但鸟多为凤凰，虫多为蚯蚓，一般也鸟虫一起绣。

背篼有绿、蓝、黑三种底布，上面的图案有些复杂，有蝴蝶、有鸟，花一般叫富贵花，鸟多为孔雀，图案颜色不分男女婴。

荷包的刺绣方法简单，底色随意，花纹图案也多根据自己的喜好，但多配有云纹，有的是用白线缝成3针连起来的一只蚂蚁，有的则弄成长长的一串蚂蚁。

所有的刺绣都是先在黑色底布上用荧光笔画上各种图案，有时也用碳素笔画上其他颜色的图案，再用针线绣。如果底布有牛皮纸，想要达到牛皮纸包在图案里面的效果，那么就先用牛皮纸剪成自己想要的图案，将其订在底布上，才开始绣。

飘带上有雕花、数纱、马尾绣，但我不会马尾绣，我们这边马尾绣都很少。

起初丝线多用蚕丝来绣,纺出来的蚕丝线虽然均匀,但绣的时候效果不是很好。所以后来就在集市上买丝线。原来我们家里也养蚕,抽出蚕丝线,后来集市上可以买丝线后,就不用蚕丝线刺绣了,而是用来做头帕、做衣服,质量很好。一般我们是把蚕茧放在罐子里,一边煮一边抽丝线,抽出来的丝线再用纺车纺出来,然后染色就可以绣花了。如果是织布的话,成布前可以不染,成布后再染。

绣坊之梦

"以后,我想开个铺子,也叫作绣坊,让那些会绣的、能绣的都参与进来,一定要有收入,大家才有动力,也才会有兴趣学,也只有这样,才能把这些技艺传承下去。"

岑天英在绣花

"我想开绣坊,主要收购别人的产品。我现在忙不过来,如果这样的话,不仅为那些家里的普通绣女增加了销售渠道,让她们赚钱,自己也可以赚钱。我自己有门面房,可以把其他人集中到绣坊里面去,我提供丝线、工具、桌椅等,她们有时间就过来做,产品集中展示,以人为单元。绣工的时间很自由,但又有竞争,对于我们地方文化也是一种宣传。"

"我计划用自己的门面房来做绣坊。我家在羊场街上有两处门面房,一处租出去了,租期快到了,我准备收回来。二楼的溜冰场也不干了,三楼自己住,四、五、六楼想开客栈,儿子说可以把有点艺术的刺绣放在里面。"

"其实,说起来,我的绣坊梦其实也就是一个家庭的经济梦,也是布依族妇女改善家庭条件、发挥自身所学的传承梦。在这个梦里,外界的因素往往起了很大的发酵作用，很多偶然的事情促成今天的自己。譬如，有一次，原本是北方人的娘家大嫂来做客，看见我做的背篼，很是喜欢，就请我帮忙做了一个，还说配着旗袍很好看。大嫂回去后，她那帮朋友见了也都很喜欢，就都托大嫂让我帮忙做，就这样连续做了4个，每个800元，都按照做给大嫂的式样做的。也就是这样小打小闹，居然都卖完了。"

传承思考

"关于传承，我也有自己的看法，这些东西肯定是要传下去的，也要有人学。但是，现在的问题就是，女孩大了，大多数出去打工，也没人学。手工的卖不出去，挣不了多少钱，她们宁愿出去打工，也不愿意做针线活。

之前，为了申请非遗传承人，我也开始收徒弟，教授方法也很简单，徒弟就坐在门口，边做边交流，不懂就问。其间，自己也参加了各类比赛，还获了奖。2009年，还荣获了'十佳绣娘'的称号。比赛不仅锻炼了自己，也让东西更好卖了，所以现在只要有比赛都去参加，而且也都能获奖。2016年，盘县百佳绣娘比赛中，我还获得优秀奖和一个优秀展示奖。今年，因为要脱贫攻坚，我也没有时间参加。

之前，除了干农活，农闲时候都用来刺绣。大多时候，我都会送亲戚些绣好的背篼，我平常做出来的刺绣，根本不需要拿到街上去卖，就光是到家里买的都供不应求了。

虽然现在学刺绣的风气没有我年轻时那么浓了，但那些新来的媳妇们，有时间的都会学点，然后我就带着她们出去锻炼锻炼，也有获奖的。平常，我每年能做四五个背篼，每个2000元。如果穿的衣服也算成钱的话，也该有两万元左右。我自己感觉还是比在外面打工好，老人、孩子、家务活都能兼顾，在外面打工，吃穿住行都得花钱，在家一年算下来也存不了多少钱。

我现在带了四个徒弟。其实，真正带的也就是我的小姑子和弟媳妇两个人，其他两个是我们寨子里的。我的弟媳很想学，但因为她们家做生意，没人帮忙，小叔子不让她学，想让她照顾生意。我小姑子想学，学得也不错，她老公也很支持。平常她就在家里带带孩子，照顾老人，地里头种的是石榴树，需要花费的时间不多，老公在外面赚钱。所以小姑子时间比较多，干得也不错，我准备让她8月去参加比赛。还有一个娘家弟弟的女儿，在天津财经大学读书，年轻人又有文化，脑子灵活。

说了这么多，其实，所有这些还是需要家里人的大力支持。比如，我们家，我丈夫罗照辉，原来主要搞副食品、冷饮批发生意，以前还有冷库，现在年龄大了，也做不动了，孩子都不在家，就不想做了。但是他很支持我做刺绣，每次比赛时，因为要赶作品，我很忙，都是他给我做饭。现在我在村里头做事，做饭啊这类家务活都是他干。我每次拿回奖状的时候，都会开玩笑说这是你的功劳。

尽管如此，由于自己现在在村里做事，很多比赛也没有时间参加，一般参加的都是盘州市和六盘水市的比赛。也有一次，人家通知我去贵阳参加比赛，我报名了，但没有时间参加。"

此外，岑天英还跟我们说起了自己的困惑。"刺绣虽然是一门技艺，但终究是为了让生活过得更好。做绣坊时，由于对市场的把握存在一定差距，绣坊买材料，做成产品，过段时间才能卖出去收回成本，识货的人不以为贵，不懂的人嫌贵了，但是太便宜了又赚不到钱。"

就我们所调查的情况来看，岑天英的困惑其实也是许多传统技艺传承、宣传乃至售卖过程中都会遇到的困惑，即如何将费时费力的传统手工艺品推向市场，是依靠旅游产品的开发、旅游市场的带动抑或借助网络等大数据展开与市场的对接，哪种方式对于传承人和他们的队伍来说更有利，或许都需要具体实践探讨。

当然，在对绣娘岑天英进行访谈后，我们也不由生发了些思考。那便是，除了代表地方参加各类比赛，借此将地方民族特色推广宣传之，非遗传承人在传承文化上还可以做哪些工作？是继续按照传统方法以教授自家亲戚为主，还是直接参与培训班的授课以让更多人学到精髓？同时，除了经济上的鼓励与支持，基于政府的角度，还能为非遗传承人及其所代表的民族文化做哪些工作呢？或许这也是本次非遗传承人访谈所要探索的重要问题之一。

（三）挑花

挑花简介

挑花又称"架线""穿纱"等，属于戳纱绣一类。挑花针法有以十字针为主的平行针、长短针、缠绕针、复合针、串联针等技法，并有正挑正看、正挑反看、盖面复挑等不同工艺表现形式。挑花需要数纱计算针位，压纱多少需视图案缜密程度而定，一般在三五根纱之间。挑花种类分素色单挑和彩色复挑两类，前者系用单色线数纱架线，以排列规整的十字针等连线构图，一次性挑刺完成所需图案。其特点是简洁明快、对比突出、节时省料，图案花纹多呈连续性组合，常用于背扇、腰带、巾帕装饰，以及衣裙鞋帽的边饰等；后者需用各类彩色花线搭配，同一图案需要反复数纱，多次挑刺才能完成。其特点是工艺考究、层次丰富，成品浓烈艳丽、五彩缤纷，常用于背扇、衣裙、围腰等[1]。2009年挑花技艺经六盘水市人民政府公布列入第二批市级非物质文化遗产名录。

---

[1] 六盘水地方志编纂委员会. 六盘水市志·文化志 [M]. 贵阳：贵州大学出版社，2007：275.

穿针引线中的侠骨柔情
——彝族"绣花郎"柳胜

传承人简介：柳胜，男，彝族，1983年生，盘州市淤泥乡人。2015年5月被六盘水市文体广电新闻出版局公布为第二批市级非物质文化遗产传承人。

刺绣世家

柳胜生长在刺绣世家，他的父亲、母亲、四个姐姐、媳妇、弟弟，无一不会刺绣，母亲更是刺绣中的好手。对于今天柳胜能够从事的事业来说，离不开家庭的熏陶。他的母亲和外公给了他很多影响。柳胜的外公是当地很有名气的"剪花匠"。从小柳胜就看到外公和妈妈在煤油灯下剪剪纸，耳濡目染之余，他产生了强烈的好奇心。和大多数男孩一样，调皮是那个年纪的天性，他趁着外公和妈妈出去干农活的时候就会偷偷翻开他们的提篮，找一张白纸，用妈妈的剪刀乱七八糟地剪一些无规则的图案。妈妈发现了也不生气，还教了他一些简单的花纹图案。就这样柳胜慢慢喜欢上了剪纸，平时干农活、读书的时候都会带上剪刀和红纸，一有时间就动手练习。有时候灵感来了，半夜起床开始创作，一忙就到天亮。

柳胜8岁起师从母亲学习挑花技艺，因天资聪慧，且对彝族挑花格外钟爱，不到一年就能挑出精美的挑花成品。到十一二岁时已是村寨里小有名气的挑花能手。十五六岁时，开始义务辅导村里村外的彝族姐妹们学习挑花技艺，特别是2006年7月从东北师范大学毕业后在家务农的那段时间，柳胜的徒弟就有几十个。由于柳胜传授挑花技艺耐心细致、深入浅出，让人易记易懂，深得彝家姐妹们的喜爱。他的徒弟康容、张文会、刘得妹、柳莲芬等成了当地有名的挑花佼佼者。2008年，贵州省博物馆和贵州新闻媒体一行12人专程采访了柳胜，拍摄了一批精美的挑花作品，并在多家报纸杂志进行了报道。柳胜踏入社会后不但没有放弃挑花，反而钻研得更深了。他在保持彝家传统挑花的基础上，进一步发扬光大，对部分存在不同缺陷的挑花服饰进行改良、改进，如彝族包头、长衣、腰带等。此后，柳胜着力倡导、推广、普及彝家挑花技艺和挖掘、培养挑花人才。他发起、组织开展了彝族挑花大赛、彝族服饰展等一系列活动，让自己的创意伴随针线自由游弋于千针万线的运作中。

彝家挑花

我们有幸在柳胜的带领下，参观了他的工作室。他创作的剪纸和挑花作品一部分取材于民间故事，大多数则是对于时代的感悟。在作品里，有对彝族民俗文化的描述，有对历史人物、故事的再现，还有对传统美德的歌颂。挑花是彝族传统的刺绣手艺，在彝族地区广为传播。挑花的手法不是单一的而是多样化的，在柳胜的工作室我们看到了形形色色的挑花作品，自然而灵动，有山水人物，有花鸟虫鱼。这些彩线经过挑花工艺的加工，经过能工巧匠千针万线的描绘，由鞋子、地毯、衣服、背扇、桌布等普通物品变成了一件件具有文化价值的工艺品，令人赏心悦目、爱不释手。据柳胜介绍，1987年，有日本人来淤泥彝族乡寻根，他们对背篼上的挑花工艺赞不绝口，还高价买了一床带回日本。

柳胜说："盘州一年四季，天气宜人，气温变化不大，所以彝族服饰季节性不强，但是样式却近百种，琳琅满目，带有浓厚的地域色彩。挑花作为服饰重要的装饰手法，历来为彝家所重视，但挑花工具十分简单，棚、针、布、线即可，只是挑刺过程，需要注意丝种色彩和色阶。一般而言，制作前应将构思题材用笔勾出，可以直接勾在纺织品面料上，也可先勾在纸上，在纸上画出效果图，线要备足（包括色彩）。然后移于布上，在布上主要画出轮廓线与基础色块。设计构图过程中，作者必须在脑中预先考虑到刺绣线条的替代效果，将刺绣的特色应用到题材结构中去。画稿是思路的缩写，勾勒的线条后面孕育着绣技的发挥。淤泥彝族传统刺绣古称平绣，是用绣针引彩线，按设计的花纹在纺织品面料上刺绣运针，以绣迹构成图案的一种彝族传统手工技艺，是以线的特点，以实在的组合成为有趣味的人文意境，这种意境再通过实用的承载而体现，许多流传下来的淤泥优秀民间作品，都是通过线条，图案与色彩构成精美绝伦、雅韵欲流的佳作。其精湛的刺绣技巧和完美的艺术造型，是凝聚了彝族古代劳动人民智慧和艺术的结晶。"

剪纸、刺绣是彝族文化的重要载体之一，是千百年来彝族人民聪明智慧的结晶，为保护传承彝族手工剪纸、刺绣技艺，柳胜利用自己的优势，成立剪纸、刺绣协会，举办各类彝绣培训班，让更多的青少年认识剪纸、了解刺绣工艺、喜欢剪纸和刺绣文化。彝族传统剪纸已有数百年的历史了，与关内各民族剪纸在风格上有很大差异，关内各地的剪纸大多技法细腻，作品细致，传神入微，而彝族剪纸则以粗犷、奔放见长，大线条、大块面中蕴含大寓意，使作品更具想象空间和视觉冲击力。

回乡创业

柳胜回乡后，相继成立了自己的工作室和旅游产品公司，还一边工作一边收集整理彝族文化史料，并取得了丰硕的成果。

在过去，淤泥乡的经济并不发达，为了促进经济发展，带动更多的人发家致富奔小康，他积极探索多种销售模式。可以说，柳胜自始至终致力于家乡的发展。他通过创办公司、工作室，解决了家乡农村剩余劳动力就业问题，尤其是妇女就业问题，为建设更美丽、更团结、更和谐的新农村，共同实现美丽"中国梦"做出了自己的贡献。

2013年，在贵州省、市、县民宗局，妇联和淤泥乡政府、盘州市工商局的精心扶持下，公司发展到员工83人，拥有200平方米的加工房，200平方米的库房，120平方米的门面展厅，有较全的生产设备。年生产加工能力为：各类盛装5000套；彝族孝装2000件；灯笼5000个；彝族传统剪纸100幅；雕刻画90幅；塑泥200个；彝族漆器5000件；旅游产品1万件。年生产总值达180万元。公司市场前景广阔，开发民族民间旅游产品供不应求，畅销全国各地，甚至远销海外。2011年5月，《彝族山歌》被列入第三批国家级非物质文化遗产项目，淤泥乡政府聘请他去乡科技教育文化服务中心工作，并承担淤泥

柳胜工作室陈列的彝族服饰

民族中学"非物质文化遗产进校园"课程教学任务,以及挖掘整理民族民间非物质文化遗产。

这对于一向致力于发展彝族文化的柳胜来说是一个巨大机遇。他说:"彝族的文化源远流长,对于国家社会都是一笔重要的财富,所以他开始全心全意地投入到挖掘彝族非物质文化遗产的工作中去,开始在生活中寻找灵感进行加工,在不丢失传统文化的前提下进行创新。"

近几年来,柳胜一直在淤泥乡文化站工作,他积极弘扬彝族文化,致力于传承民族特色,打造民族特色工艺品,走实体发展之路。他根据当地政府提出的"立足地源优势、传承民族特色、打造产业精品、创优地方品牌、拓宽就业门路、增加妇女收入,实现产供销为一体的集约化经营"的发展思路,积极为发展民族产业,发扬民族文化而奉献着。

柳胜认为,要做出具有彝族人民特色工艺品,第一,必须使用原生态的材料,因为彝族是一个崇尚自然的民族,他们生活的环境依山傍水,所以柳胜希望能用最原始的彝族文化打造出专属彝族民族的工艺品;第二,绝对的纯手工制作,因为在他的眼中这些工艺品都是有灵魂的,人们亲手制作的作品能融入自己的情感,让作品有生命;第三,新型的经营模式,传统的营销模式对于民族产业来说只有打击和抑制,必须换一种营销模式才能促进它的发展。民族民间旅游产品通过民族文化传承人,把传统文化传授给当地妇女,使她们具有生产力,生产出物美价廉的商品,再加上宣传使之得以更广泛地流传。在这种传承中,传统工艺与现代生活紧密结合,在发展中创新,在创新中进步。为此,

在柳胜的组织下,彝族姑娘学习挑花

他积极创新服务理念,拓展服务路径,取得了一系列成果。当然,这一切的成果,也都离不开政府的大力支持。

不忘初心、持之以恒

近年来,国家越来越重视文化的保护与传承,人民群众对文化的追求也愈加强烈。文化的才是世界的。物质文明与精神文明必须同时发展,就如车之双轮,鸟之双翼。

柳胜对民族文化有一种天生的敏锐,他非常清楚地意识到,民族文化是无法脱离民族的生活和生产方式独立存在的,必须将民族的精神融于艺术当中,作品才能够活起来。那种原汁原味的艺术性,令他痴迷。一个人能从事自己擅长的工作是一件幸运的事情,一个人能从事自己喜爱的工作是一件幸福的事情。柳胜说,他很幸运的是从事了自己擅长而且喜爱的工作,所以他每天忙碌却快乐着。在这一段时间,柳胜基本得不到休息,弘扬、保护、传承民族文化,展示民族服饰风采,挖掘整理民族民间非物质文化遗产等都是非常重要的工作,责任和热爱支持着他一步一步地去完成。

功不唐捐,久而为功。柳胜不断挖掘民族民间文化,展示民族服饰风,形成了较广泛的影响。这些荣誉在柳胜的眼里是对他的肯定,但是他知道他要做的还有很多,路还很远,荣誉永远属于昨天。这些奖项都是大家对自己的认可,弘扬民族文化的责任和历史使命,促使他不断前行。为了彝族的文化能代代相传,他将用自己的行动向相信他的群众交出一份满意的答卷。

挑出花色人生——彝族背篼挑花传承人彭美琴

传承人简介： 彭美琴，女，彝族，1974年6月出生，盘州市淤泥乡鱼纳村人。2009年被盘县人民政府公布为首批县级非物质文化遗产代表性传承人。

个人情况与学艺经历

彭美琴10岁开始跟随母亲学针线活儿，以及简单花样的缝制。1995年，嫁到鱼纳村后才开始跟着丈夫家的老人们学习挑花的工艺。夫妻俩育有两儿，大的已经大学毕业了，小儿子正在上大学。2008年，丈夫去接儿子放学的路上被一群人误伤后不幸去世。此后她便独自抚养两个孩子，其中的艰辛，不言自明。尽管如此，彭美琴给人的感觉依然是那么乐观爽朗，丝毫没有自卑自弃之感，或许这才是一位坚强母亲应有的本性。10年里，彭美琴靠着自己的刺绣手艺，平时做些衣服售卖，晚上就去煤矿里打扫卫生。就这么一点点把两个孩子拉扯大。

彭美琴介绍，鱼纳村之前叫次嘎村（彝话翻译成汉语的发音），意即四边被山围住。老人们说，600多年前，祖先躲避战乱搬到了这里。鱼纳村最开始是茨嘎村下面的一个村寨，是一个贫困村，后来和茨嘎村（茨嘎比较富裕，有煤矿）合并，茨嘎就成了鱼纳村的一、二、三组。或许正是四面环山的自然环境，让本地彝族能够一直保持着那份淳朴，将传统手工艺流传至今。

挑花是一门祖传的手艺，男女都可以学，但女子做的较多。以前，养家糊口靠做农活，所以农耕比较忙，只有农闲时候会做这些。又因为家家户户都会做，也没人想过把这些当作产品拿出来卖。现在不一样，干农活的少了，土地也大多转让给了合作社，很多人也觉得这门手艺现在没什么用了，又不能挣钱，就都出去打工了。自己为了照顾两个儿子，没地种了，就长期待在家里挑花、刺绣，做成成品拿出去卖，以维持家庭开支。

现在用挑花制作服饰卖的人不多，鱼纳村也就七八家，其中只有彭美琴一家专门为此开了工作室。彭美琴说："学习的过程其实比较困难，学得不好老人就会骂，有时候太辛苦就想要放弃，但过一段时间又想要继续学。学会挑花需要几天到几个月不等。如果之前有针线活儿的底子，那么学起来就会容易很多。自己因为小时候学过一些基础，所以看着老人做一遍，就会得差不多了。"彭美琴做的都是彝族的民族服饰，有平时穿的（蓝色右衽大襟长衣），也有老人去世后孝媳需要穿的（如洒水衣），还有表演活动的时候穿的。工作室开办十多年来，彭美琴做的挑花工艺的衣服已经有上千件。现在名声在外，人家都是直接上门定做，供不应求。最远到水城，都有人直接找到她定做彝族的服饰。

关于挑花

挑花，是盘州市彝族这边制作服饰采用最多的一种传统工艺，多以自织的白布和青布为底。彝族挑花，多用于裙身、带面、鞋面、围裳、背扇、披背、头饰等地方。挑花的图案、题材广泛，人物、花草树木、动物等应有尽有，图案都是手工绣制，自然纹形，生动活泼，富有很强的生活气息和浓郁的民族特色。据说，挑花工艺是几百年前妇女们为了在闲暇时排解苦闷而创作流传下来的。彭美琴说，挑花主要是根据图案的需要，准确计算纱数，统一安排构图。挑刺时，针针压纱，先用深色冷色，后用浅色，逐渐明朗，直至各花纹缀满布面。挑花讲究准、齐、严、匀、直、巧，即数纱准、针脚齐、图案严谨、用力均匀、镶角直、配色巧。喜用色泽鲜艳花线，运用朱红、玫红、桃红等各种色，图案有星宿花、蝴蝶花、凤凰花等。挑花图案，多来自彝族人民日常生活，构图简单明快，讲究对称，线条流畅，色调鲜明。有些图案，则为代代相传沿用，有久远历史和深厚文化内涵。比如星宿花，就含有纪念北斗星在涿鹿之战时为彝族祖先指路之意。

老式圆形花样对比照：左旧右新

因我们访谈时，彭美琴正制作洒水衣，她便给我们详细讲解了洒水衣的整个制作过程。

洒水衣是彝族丧葬仪式中"洒水"时孝媳所穿的漂亮衣服，穿这个衣服共有三层含义：一是代表孝顺老人，穿得越漂亮就是越孝顺；二是洒水时候穿这个衣服能让老人一路走好；三是为了美观。穿这个是彝族一直以来的传统，洒水的时候毕摩（相当于汉族的先生）会念指路经，给死去的老人指路，而孝媳穿上这个衣服老人就能一路顺风地走，一般会穿一两个小时。

洒水衣主要分两个部分，第一部分就是上身穿的背嗒，背嗒上有个圆形，是圈在脖子处的，代表着太阳，而圆形下面由三个小部分组成，意为"连升三级"，每个部分四周串满的珠子表示全国各族人民团结一心：第一部分是金钩，有10个，每个金钩代表一个月（彝族的太阳历是十个月），同时金钩还代表男性；第二部分是银钩，也是10个，每两个银钩代表一个季度，还代表着女性，因此有谚语说"金钩挂在银钩上，郎心挂在妹心头"；第三部分就是最下面的穗子，有36个，代表一个月有36天。同时还有两种意思：一是象征着太阳的光芒照射着五谷杂粮，年年丰收；二是洒水时洒在穗子上，滴下来的水可供亡人喝，因为亡人要翻山越岭寻找祖先会很辛苦，所以要喝水。

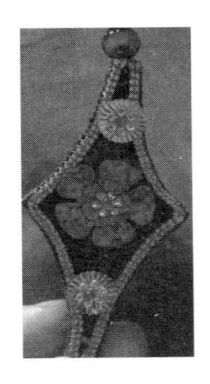

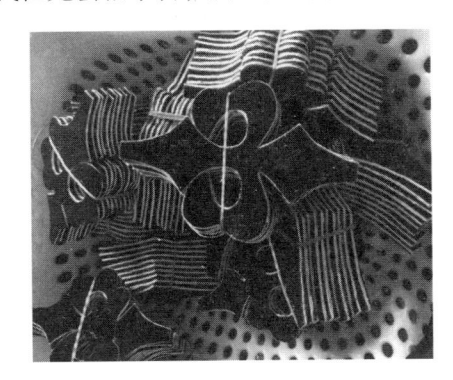

做好的金钩　　银钩的布壳，这些都需在布壳上画好样子再剪下来

彭美琴介绍，制作这个背嗒，要先选料，选好后打布壳，然后画样式在布上。以前的样式不好看了，现在基本是自己设计。设计后裁剪好，然后运用挑花工艺绣上各种花样，花鸟虫鱼都可以绣，但是动物类的绣起来很复杂，所以一般情况下都是绣各种各样的花。绣好后再穿珠子，然后挂上金钩，再穿一行珠子再挂上银钩，最后挂上穗子。她说整个过程银钩最难做，得非常细心，对手艺的好坏也有要求。说着她还拿出自己做的和别人做的银钩对比，我们虽是外行，也能看出虽然样式一样，但是彭美琴的做工明显精致很多。彭美琴说，

"古时背嗒上的珠子和穗子都是用五谷杂粮做的，稍近年代，有钱人家会使用金珠银珠，一颗就值很多钱。所以洒水的时候还要专门喊人盯着，防止有人会扯几颗珠子下来。"

第二部分就是下身的披背。披背由左花幅、右花幅、花锐、花三角牌坊四块组成。相较于背嗒这个要简单，每一块单独绣完后再拼接在一起，挂上穗子就可以了。彭说，做这么一整套需要十几天的时间，因为都是纯手工的，耗费时间和精力。一般都是一套一套卖，一套可以卖八九百元。

彭美琴做好的披背　　　　彭美琴穿整套洒水衣的照片

传承情况

当我们问到彭美琴有几个徒弟时，她笑呵呵地说："那徒弟多得很哦，整个寨子很多人都是跟着我学的。"她说："这个手艺也没什么保密的，因为每个人针脚不同，想法不同，爱好不同，所以每个人绣出来的东西还是有差异的。以前，每家每户都会跟着家里面的老人绣，现在很多人不会绣了又想学，就会找到自己教她们，自己也很愿意教。"虽然会绣的也还有那么七八家，但是像她这种专职经营的就只有一家，所以徒弟很多。徒弟们来工作室学，原材料需要自己出钱，一般是100多元一套，彭美琴免费教她们。这些材料，比如线、珠子等，全部在云南买的，只有那边最齐全，价格也低一点。一般一年要去四五次，一年能做几十套卖出去，每一套的成本价算下来也有100多元。现在村里大部分人都会挑花工艺了，但多数闲下来无事才会去做。有的时候彭美琴接到订单后一个人做不完，徒弟们就会到工作室帮忙，一边做一边学。彭美琴手艺算是村里最好的了，她做的一些工艺服饰堪称艺术品，还拿到麻郎垤、红果等地展览过。

关于未来，彭美琴一点都不担心。她说，自己有这门手艺，而且彝族需要这些服饰，所以不怕自己吃不了饭。她一边开心地和我们交谈，一边还不忘穿珠子在洒水衣的上面，动作娴熟。看着她嘴角扬着微笑并认真地做着手里的事情，真是一幅很美好的画面。如果就那样坐在那看一整个下午，也不会觉得枯燥和无聊。彭美琴说，她很乐意教别人，因为教人家学这个，不仅传承了自己的手艺，而且还是一种乐趣。这门手艺很重要，一定不能丢，自己在做的同时，也希望有更多的人一起做，一起去传承它。

人生曾给予彭美琴重重的一击，但她没有因此消沉，反而迎难而上，积极乐观地笑对生活。她用自己的勤奋拼搏和乐观态度战胜了一切困难，现在的她，学会了去如何享受生活，也学会了如何将民族传统技艺化成生活的艺术。在她心里，挑花不仅是门谋生的手艺，也不仅是那些简单维持生计的订单，挑花早已内化成她生活的一部分，20多年来循环往复皆是此。没有它，生活就会失掉很多的光彩和乐趣。这也是为什么彭美琴的作品总是比别人多那么一丝灵气和活力，因为上面的一针一线，都散发着她热爱生活、乐观向上的人生态度。

（四）纳鞋底

纳鞋底简介

这是一门汉族工艺，多由妇女完成，从前我国各地均有流行。布底鞋有两种类型，一为普通鞋，下层常用 10 多层布，鞋帮为棉布、灯草绒，颜色可鲜可素；二是寿鞋，下层用布有性别差异，女性老人 9 层，男性老人 11 层，意为久长久远、多余多善。鞋帮选布多为绸子，上面有龙凤等吉祥图案和寿福等吉祥字样，男性老人多为黑色，也可有少许蓝色或咖啡色，女性老人大多为蓝色。织鞋底的线很特别，要用细线背，一般由 12 股细线背成，像背绳子一样，但最前面只有两根，因为细，才好穿针眼。制鞋底的工具主要有剪刀、针、顶针等❶。2006 年，鞋底制作工艺（水塘镇、城关镇、淤泥乡等地）被列入第一批县级非物质文化遗产名录。

---

❶ 《盘县文物与风情丛书》编委会. 盘县非物质文化遗产描述与研究［M］. 贵阳：贵州大学出版社，2009：486.

寻迹"布鞋"时代
——纳鞋底技艺传承人唐本淑

传承人简介：唐本淑，女，汉族，1948年5月出生，盘州市丹霞镇（原水塘镇）人。2009年被盘县人民政府公布为首批县级非物质文化遗产代表性传承人。

初次见面，唐本淑老人便满面笑容、热情地接待我们。看得出来，这位慈眉善目、和蔼可亲的老人平常也是古道热肠、性格开朗。

她说，这辈子就是喜欢纳鞋底，甚至做梦都还在想这件事。纳了一辈子的布鞋，手上的老茧不知道磨了多少，但还是喜欢一针一线纳出来的千层底的布鞋。这种鞋穿着舒适、心里踏实。记得小时候条件很艰苦，家里有六姊妹，两个弟弟，那个年代没有这么多布，都是发布票。当年我们家有十多个人，布分下来，也不够每人做一双鞋，所以我们有时候会拿鸡蛋去换布，每块布都来之不易，做好鞋子后我们都不舍得穿出去，尤其是下雨天。

纳鞋底技艺

"很小的时候，没有鞋子穿，有时候还会光着脚，我就想自己能学会做布鞋多好啊。'布鞋'时代，纳鞋底是一门传统的技艺，无论是针法还是在选材上都有很多讲究。纳鞋底不是一件容易的事情，我手上的老茧都被磨得很厚，顶针都不知道刺破了多少个，三天两头就要换，有时候顶针刺破了就会伤到手，现在这些针印都还在手上。在我12岁那年，大人们做鞋底也会叫我们帮忙，从那时起我就想为自己做一双鞋子，但我不会，也没有'样码'（就是鞋码的意思)，我就去请人先把鞋码剪好，再用我们老家找来的笋叶剪成鞋底的形状，因为剪鞋底的时候需要原来的样码鞋用针订在笋叶上，这样剪鞋样才准确，而且剪的时候不能剪到原来的样码，剪完鞋底之后就要做标记，有时候剪太多了，鞋底会弄乱，这就需要区分一双鞋底，一般看两个弯弯能合得起来就是一双，还可以打记号，不打记号就会弄乱。

　　用笋叶剪好鞋样后，就用大针把剪的几个笋叶缝合在一起，用布包起来。这个用白布，要包很多层，不同的布鞋，还有不同的讲究。一般的布鞋需要用白布包裹，最低是十四五层，像'寿鞋''看家鞋'❶包5~7层就可以了。因为包裹的布层数多，所以也叫作千层底。这些布还要用糨糊粘贴起来，才好用针去缝，然后用布裹起白色的边，整好之后就开始纳鞋底。十几层的布，都是用针，一针一线地缝。纳鞋底需要花费很长时间，是做布鞋最关键的步骤。纳鞋底讲究针法，从哪个位置开始起针很重要，一般是从脚尖最边上开始。然后要看针法，下一步的位置，一般是交叉，要锥得紧密，不能留空隙，还有线拉得松紧也很讲究，关系到鞋底的牢固，穿的鞋子是否舒适。

　　鞋底纳好之后，就开始着手做鞋帮，鞋帮也很关键。鞋帮就是剪和缝，上鞋帮也很讲究，如果这个鞋帮要是上不好，整双鞋子都会不好的。识别鞋帮上得好不好，主要看鞋底缝得是否整齐，鞋口是否正，看缝的线是不是一针扣一针。我上的鞋帮每一针每一线都是紧挨着的，看起来很工整，没有瑕疵。很多人上鞋帮都用缝纫机，我是纯手工做的，别人看了我上的鞋帮都以为是机子做的。上鞋底还讲究对齐，就是要对准布鞋的两个耳朵，不能跑偏了，看两个鞋扣是不是对称，尽量让纳的鞋底与鞋帮吻合，这样上的鞋子，才算是好的。由于现在我年龄大，而且很多鞋子都是做来卖的，偶尔也会让儿媳妇拿到水塘可以上鞋帮的地方去上。也会有人来我家专门请我来上鞋帮，一般就收一二十元的手工费。"

纳鞋底技艺中的经济

　　"我会做各式各样的鞋子，有小孩子穿的、男士穿的、女士穿的等，样式还不一样，有些需要扣纽扣，有些就不需要，鞋子是做好了，等卖鞋的时候才打扣。鞋子卖得多的是女子三十五六码，男子四十一二码多，如果男子大于四十三码的就要叫他事先预订好。我这边一般女子的布鞋卖八九十元，男子的布鞋卖一百二三十元，因为男子的鞋码比较大，纳鞋底的时候需要更长一点的时间，需要的材料也更多一点。小孩的布鞋卖二三十元，一针一线都是纯手工的，穿着舒适。

　　我一年当中，只要一有空闲的时间，都会纳鞋底，除了因为自己非常喜欢

---

❶　也就是老人去世时候穿的鞋子，叫作"寿鞋"或"看家鞋"。

之外，也可以挣一些钱。每到赶场天，我都会让儿媳妇拿到集市上去卖。我有时候也会去，现在因为腰椎间盘突出，腿脚不太方便，去的时候少了。一年最多能卖三四千元。"

婚俗中的布鞋

"以前，布鞋在结婚当中起着很关键的作用，甚至现在有些结婚的人都还需要我做的布鞋，专门跑到家里来找我定做。婚前，如果男女双方都有意思，女方会送布鞋给男方算作定情信物，算是看中男方，两个约定相好。婚礼过程中，把布鞋放在陪嫁的箱子底下，叫作"压箱底"。到结婚那天发给接亲和送亲的人（接亲和送亲的一般都是男女双方比较亲的人）。如今还有一些地方依然保留"压箱底"的习俗，只是做的人越来越少，大部分都是去买的，有用拖鞋的、毛巾的、布鞋等来替代布鞋。在我们那个年代，女孩子读书少，会不会做布鞋、做衣服这些女红都是女孩受不受欢迎的标准。在水塘镇，像我们这一辈的几乎都会纳鞋底，只是随着社会的发展，很多人买了皮鞋之类的来穿，很少人穿布鞋了。还有就是布鞋很难做，做一双布鞋至少都要花费一个星期左右，因为光是纳鞋底都需要至少3天，所以我一年做得比较多的时候，也就是50多双。有一次，我们家那边有一家要嫁姑娘，专门跑到我这边来定做15双鞋子，日子是已经看好的，但是我最多只能做12双。我就给订鞋的说，我这边最多只能做这么多，结婚是大事，你们再想办法去其他家买一些，我这边能做我就尽量做，不能做我也不能耽误你们。后来定做的这家去桥边买了三双。后面他们都反映还是我做的鞋子好，我做得好穿、舒适。"

技艺传承

"我有四个徒弟，都是内亲。她们都是在六七月来学的，那个时间大家都有空。我剪鞋样给她们，她们本身就会做，主要是她们来拿鞋样，剪鞋样还有讲究，不能剪到原来的样码鞋样，所以在剪的时候，要非常细心。"

俗话说"千里之行，始于足下"，选择一双称心如意的鞋是一件很重要的事情。而布鞋拥有几千年的文化，其最大优点就是柔软舒适、透气吸湿还具有保健作用，制样、裁剪、纳鞋底等都是立足于传统的手工技艺精制而成。只有用心做好每一双布鞋，才能让即将消失的纳鞋底技艺传承下去，才能有更多人选择纯手工做的布鞋。

随着现代化科学技术的飞速发展，纯手工布鞋已经逐渐淡出历史舞台，成了一个时代的标志。但是纳鞋底技艺不仅是一个时代的经典，更是中华文化的一笔宝贵遗产。纳鞋底的一针一线，都让人想起那句"慈母手中线……临行密密缝"的温馨画面。在唐本淑心中，纳鞋底是她生活中不可或缺的一部分，哪怕只有一个人喜欢穿她做的布鞋，她都会用心做。她就是这么一位温暖人心、慈祥、善解人意的纳鞋底传承人。

剪好的鞋样　　　　定鞋样到笋叶上　　　唐本淑正在纳鞋底

唐本淑做的布鞋　　　唐本淑纳的鞋底　　　机子纳的鞋底

五、其 他

(一) 剪纸

剪纸简介[1]

各民族均有流传，主要有供刺绣、贴花、蜡染用的"花样"，纸扎工艺中单独实用的各类图案，以及装饰门窗房间的纸贴图案等。构图种类有单剪、折剪、套剪等区分，技法有剪、刻、撕、抠、补、空、留、贴等。或单独使用，或综合套用，视实际需要选择。剪纸图案有传统图案和自由图案两类。前者一般都具有一定的寓意指向，以驱邪纳吉为主要内容，如较为流行的"兵书宝剑""牡丹富贵"等，以及各民族中的背扇花、围腰花、袖子花、帽子花、托肩吊扁花中的各类传统花纹图案等。后者则视剪纸作者喜好随便变化发挥，取材多以花卉鸟兽为主，视环境需要而组合取舍。剪纸构图连缀不断，以线面组合为主要表现形式。剪刻留出线条组成的图案称"阳花"，以镂空形成的线条组成的图案称"阴花"，二者可单独使用，亦可综合运用。剪纸构图饱满丰富，疏密相间，连环相套，装饰性强，具有独特的影视艺术效果，在民间有着较深的根基。2006年，剪纸工艺（鸡场坪乡、羊场乡、淤泥乡、城关镇等地）被列入第一批县级非物质文化遗产名录。

---

[1] 六盘水地方志编纂委员会. 六盘水市志·文化志 [M]. 贵阳：贵州大学出版社，2007：278.

剪出世间万物　浓缩人生百态——金元汉

传承人简介：金元汉，男，彝族，1957年1月生，鸡场坪乡椅棋村人。2015年5月被六盘水市文体广电新闻出版局公布为第二批市级非物质文化遗产传承人。

史书中关于剪纸的记载最早见于汉代。在《史记》卷三十九《晋世家第·九》中记载有"成王与叔虞戏，削桐叶为珪以与叔虞，曰：'以此封若'"。这则"剪桐封弟"的故事中将桐树叶剪成玉珪的形状，可能就是有关剪纸的最早记载了。不难看出，我国的剪纸艺术历史悠久，底蕴深厚。民间剪纸可以说是我国农村具有最广泛群众性的民间艺术，蕴含着丰富的文化内涵，是最能代表中华民族本土文化的非物质遗产之一。民间剪纸是生产者的艺术，直接面对的是人们的现实生活世界，在少数民族的日常生活中，家居装饰、服饰、节日礼仪、婚丧娶嫁等。少数民族的剪纸是少数民族民俗文化的载体。2018年1月，我们拜访了盘州市剪纸传承人金元汉。

见到金元汉第一面，他便很热情地带我们去参观了工作室。工作室不大，由两间通透的铺子组成，里面有两张无橱窗的铝制柜子，上面摆满了他的剪纸作品，林林总总加起来有百余幅。对于我们这类外行人来说，金元汉的这些作品，让我们大开了眼界、大饱了眼福。想不到，一个年逾60岁的男性，居然手这么巧，心思那么细腻，能于方寸之间演示艺术，在艺术的殿堂里默默坚守。

金元汉生于剪纸世家，小时候受家里氛围的影响，很喜欢在老人们剪纸的时候蹲在一旁专心观看。看着看着，对这门技艺也产生了浓厚的兴趣，便从简单的东西开始一点点模仿学习。据他回忆，自己很小的时候就会去创造一些剪纸作品。老人看到自己创作的作品之后还很满意，说有美感且能表达出思想内涵，觉得他很有天赋，便开始系统地教他剪纸工艺。15岁那年开始正式拜父亲为师学习。父亲是典型的严父，对他学习的每一道工序都要亲自把关。金元汉回忆道："如果我做不好或是不认真，父亲会打我的手掌。"在父亲的影响下，他养成了创作时心无杂念的心境和稳扎稳打的基本功，且由于自身勤奋刻苦，从艺几十年，创作的作品无数，大多得到了人们的称赞，成为远近闻名的剪纸大师。时至今日，人们谈起金家剪纸都还是满满的崇敬。作为第四代剪纸传人，金元汉说："我要把这项技艺传承给更多爱好的人，不能让这门技艺到我这代就失传了。"这朴实的话语背后，是金元汉对于传承传统文化的一种深厚的社会责任感。

关于剪纸的一些工具与程序上的讲究，金元汉滔滔不绝地跟我们分享道："剪纸时需要用到剪刀、刻刀、锥子、圆凿等工具。基本的工序是剪—撕—烫—刻—凿—贴。每一个剪纸师傅都有自己的剪纸风格，剪纸时用到固定的剪纸符号，可以根据实物来模仿，也可以自己想象然后去创造一种新的艺术形态。彝族剪纸是彝族服饰刺绣、嵌花的花样。彝族崇拜的马缨花、常见的山茶花等在胸花、腰花、枕花、帽花、臂花中常常应用。彝族崇拜的火纹、太阳纹、火心纹或日轮纹、雄鸡纹、龙凤纹多象征祖灵，而葫芦、瓜、虎等象征吉兆。剪纸的线条粗细错落，曲直有序，常常形成独立的画面，很讲究构图的完整和韵律。剪纸多为实用性和审美性有机结合，一般根据装饰对象的位置、大小、形状，填入与之相应的形象并加以装饰，使实用功能与装饰效果、纹样形式与母题含义有机统一，从而达到整体和谐的目的。剪刻技法多以阳纹为主，少用叠剪法，比较活泼。我们彝族这边的剪纸呢，主要分为镂空剪和线条剪。线条剪比镂空剪难度大。剪纸一般是用皮卡纸、蜡光纸、宣纸。剪纸艺人会根据自己的感觉来挑选自己每次的用纸，根据不同的场合进行创作。不同的纸会对作品有不同的影响。"金元汉的作品多以彝族文化和中国传统山水为背景和灵感进行创作。如此说来，剪纸不仅需要很扎实的技术，还需要丰富的想象力。他创造过的作品中，比较有代表性的有《唢呐舞》《海马舞》《古人造字》《钻木取火》《荡秋》《磨秋》《观音秋》《斗羊》《斗鸡》等，这些早期的作品都是以彝族文化为背景的，反映了彝族人民生产生活的场景与画面。

金元汉说："在彝族的传统社会里，红白事中对剪纸的需求是非常大的。其作品主要绘制的图案为彝文、图腾、人物、图案。丧事场合是离不开剪纸的，祭祀时必须要穿丝绒袖的衣服，衣服的图案是根据剪纸的图案绣来的。灵房也是由剪纸师傅扎的，贴在灵房上的图案也是剪纸师傅剪的。其图案主要有野露含枝、喜鹊、野兽、狮子、马、大象、乌龟、翠鸟等。灯笼上、棺材上贴的花样也是剪纸师傅剪的，其图案花纹五颜六色，品种多样。传统的彝族剪纸多用于刺绣，就是把剪纸剪好的花样拿去给绣娘绣，在服饰中的作用非常大。

剪纸艺人除了剪纸以外，还要学习扎纸火，用于丧葬仪式。"

金元汉作为非物质文化遗产剪纸项目传承人，2009年被鸡场坪乡民族中学聘为民族文化进校园的专职教师，教中学生学习剪纸，现在教授的学生已经超过2000人。金元汉说："学生们非常喜欢剪纸艺术，教学反响很不错。"虽然大多数学生没有很好的基础，但金元汉有自己独特的教学方法，让学生们在较短的时间内学会剪纸，掌握这项技艺。有些很有天赋的学生能结合自己对生活的理解创造出很优秀的作品。金元汉说："我的学生们青出于蓝胜于蓝。"他脸上洋溢着一种满足感和成就感。我们知道，这是教师身份带给他的荣誉与欣慰。金元汉现在大部分的时间都花在了校园里与学生们一起度过，金元汉说："其实以前我在外面当包工头做项目，再加上自己也有一些美术功底，能设计房子等，肯定是比现在的工作赚钱多了。但是有一种力量和声音在召唤我回来，赚钱不是人生最终极的目的，而能传授给那么多弟子我们的文化，让其沿袭下去，才是我后面的时光都想去践行的事情。"不仅如此，他在民间还收了20多个徒弟，提供他们终生免费学习的机会。金元汉说："民间收徒是一件比较严肃和重要的事情，还需要拜师仪式。比如在供奉剪纸师傅的灵位前上香烧纸。族内有牌匾'剪纸师傅灵位'，牌匾两边站有剪纸的童子，一旦拜师，意味着一辈子都要剪纸。民间的弟子各个年龄层的都有，他们对于剪纸的热爱是真挚的、热烈的，所以只要他们来我就教，也不谈什么钱，有人能来学习我们的文化就是最大的喜事。"

在采访的最后，金元汉又把我们引进了他的工作室。工作室人员现在主要由他和他的女儿组成，他承担了剪纸的大部分工作，女儿也做，但主要负责运营工作。金元汉介绍，"我的工作室是由政府出钱来建设的，我和我的团队负责创造作品，而乡政府则负责将其作品陈列展出，当然也可以用于旅游商品的推介。这都是国家的政策好哩，才能让我们这些老百姓有施展拳脚的天地。"从眼神里我们能体会到他的感恩和激动。

近年来国家推崇工匠精神，那什么是匠人、匠心？我们认为，严谨细致，明察秋毫，用一丝不苟的精心，沉静如水的耐心，坚定不移的事业心，执着于对剪纸艺术的追求和担当，精雕细琢，如严谨的工匠打磨昂贵的玉器一般，将每一个作品都打造成没有缺憾的上乘之作，这就是金元汉的匠心所在。他生于平凡，却不甘于平凡。他以剪纸为志趣，桃李满天下；他说中国文化是我们最自信的源泉，因此他的作品中处处充盈着中国文化的影子。他是普普通通的人民群众，也是大国梦想最有力的践行者。

传统手工技艺篇

剪纸传承人金元汉

金元汉作品《彝族风情》

金元汉作品《彝族风情》

金元汉作品《彝族风情》　　　金元汉作品《仕女图》

（二）砂陶工艺

砂陶工艺简介[1]

以制砂锅的泥土捏刻，塑造各种人型脸谱而烧制成各类砂陶器物。原盘州市雨谷乡坪地村人李恩贤从1982年起开始制作工艺砂陶，烧制的脸谱器具等变形奇特、粗犷原始，作品曾销往昆明、贵阳、广州等地。他参加过省、市工艺美术作品展。2009年，砂陶制作工艺（大山镇、城关镇）被列入第三批县级非物质文化遗产名录。

---

[1] 六盘水地方志编纂委员会. 六盘水市志·文化志［M］. 贵阳：贵州大学出版社，2007：279.

低调与个性并存——砂陶工艺传承人许文龙

传承人简介：许文龙，男，汉族，1978年7月生，现为盘州市双凤文笔小学教师。2015年5月被六盘水市文体广电新闻出版局公布为第二批市级非物质文化遗产传承人。

许文龙为人低调谦和，在陶艺创作中所取得的成就数不胜数，但很少与外人提起。他热衷自己的教学和陶艺事业，在课外活动中专门开设课程培养对陶艺有兴趣的同学，每次上课都吸引很多师生，深受大家喜爱。

砂陶工艺是一门艺术，需要有天赋，具备一定的艺术功底和动手能力的人，而许文龙恰巧就符合这些陶艺人的特质。许文龙谈起自己接触陶艺的过程，浅浅一笑，娓娓道来，仿佛回到了童年时期美好的回忆中。

许文龙从小对绘画感兴趣，恰巧他的堂外公是一位砂陶艺人。外公在当地经营砂陶生意，有一定规模，经常有人订制。因为外公除是陶艺人外，还有一个身份非常受当地人的尊敬——风水先生。所以外公创作的陶艺品多体现在面具上，各个神态迥异，造型多险恶、古怪，很多人买来辟邪。除此之外，陶艺室还生产一些家用的盆、碗、罐等生活用品。有一次，外公接了一个订单，非常大，仅凭他个人的力量没办法在短时间内完成，恰巧他到外公家玩，看得津津有味。外公便从这个时候开始教他给陶艺品染色，第一件作品居然得到了外公的高度赞赏和肯定，这也激发了他对砂陶制作的兴趣。自此后，他就开始跟随外公学习，从对砂陶的泥土选择和砂陶的创作、烧制和染色等工序，他都能很快熟悉和掌握。时间久了他发现，这些简单操作步骤的学习更多从市场出发，缺乏创作型，而且没有系统性和专业性的学习是一大缺憾。外公过世后，学业的繁忙让他逐渐荒废了对砂陶工艺的创作，直到大学时期才重拾丢弃的艺术。他认真学习美术和专业理论知识，同时不断思考如何把砂陶作为一件工艺品，尤其是重新思考最基础的砂陶材料，如泥土的选择、黏性的强弱、火候的把控、颜色的搭配和深浅等。功夫不负有心人，在随后的学习和工作中，他找到了一套自己的砂陶工艺模式，不仅富有创造性，追求奇特，各个活灵活现，而且独一无二。许文龙在陶艺界所取得的成就有目共睹，不仅获得学校的支持，同时还得到县级和省级领导的高度评价，还被很多电视台、网络媒体进行过专题报道，引起了社会的广大反响。

许文龙指导学生所制作的作品　　许文龙教授学生制作砂陶

　　许文龙以前很少参加比赛，更多的是自己摆弄。后来身边一个朋友告诉他，这些作品是很好的民间工艺，鼓励他到省、市参加比赛。在众人的鼓励和县领导的推荐下，他参加了第九届全国少数民族运动会大联欢展演活动、东盟国际旅游商品展等活动。他讲自己以前多闭门造车，出去参加比赛开阔了眼界，找到了很多创作的灵感，对陶艺有了更深的了解。每次参加培训和展出，都会有很多收获。例如，有一次在展览会上，几个专家走到他的作品面前，拿起面具认真地看了一会，突然一个专家用手把面具的眼睛用力搞破，然后毋容置疑地告诉他："请你在我们待会到来之前修复好！"由于是现场制作，工具都非常齐全，专家走后，他快速进行了修复，最后这个作品得到了展览会的大奖，给了他很大的鼓舞。现在回想起来还历历在目，说这个专家真有一套，能够分辨出创意者的真伪身份。在一些培训中，他讲如果从具体的实际操作能力上讲，或许专家不如他们民间艺人，但从理论水平和知识上则远远胜于他们。所以，每次听讲座或者有培训，都能让自己学到更多的知识，才能更好地弥补欠缺并完善自己。但在一些培训中，也有一些专家讲得不好，他们总是从商业角度来给大家授课，讲如何大批量地制作，如何跟公司和企业合作等。他很反感这一点，认为艺术品应该是独一无二且讲究缘分，应该被尊重的。大批量的生产虽然能够短期内带来经济价值，但长时间会丧失一个艺术家对艺术品最真挚的追求。他一贯主张尊重自己的内心，用心呵护艺术。

在陶艺作品的教学过程中，县、市有关部门和学校都非常支持。当地政府和学校有专门的经费用以资助。从原材料泥土的购买、陶艺的烧制、颜料的着色、优秀学生的培训工作及大型活动的参加等环节都有经费。许文龙在上课之前给学生分发一块泥巴，教授学生专业性的操作知识和注意事项，让学生在工作台上操作，充分调动学生的积极性和创造性，每节课结束学生都会拿出自己的作品进行展示，优秀的作品进行登记入库在教室展览，一般的作品让学生自行带走留作纪念。那些废弃的泥巴重新进行回收利用，为下次准备，学生每节课结束会自行打扫卫生，这个课堂秩序井然，活跃和丰富了整个学校的课外教学实践内容。陶艺课程的开设从刚开始20多人的小班，现在发展成70人的大班，这让他感到非常欣慰。在班上表现好的同学他会带着参加省、市级一些活动比赛，有一次带学生参加"多彩贵州旅游商品设计"大赛，自己得了个"优秀奖"，学生得了一个"最佳新品奖"，这是让他感到作为一名老师非常骄傲的时刻。当时学生的作品是形态各异的十二生肖，最后烧制好后还设计了一个吊绳，将作品吊起来，十分新颖，很有创意。许文龙除了在学校对学生进行培养外，还注重对社会人员的培训。例如，身边有一个学生非常聪明，但家境不好，他主动出钱帮助学生改变困难，让她依靠砂陶工艺创收。此外，他建议并推荐她去跟随一位景德镇的师傅学习，鼓励她把砂陶工艺品的制作融入一些具体有实际意义的作品中去，比如锅、碗、壶等，不仅让砂陶工艺具有观赏价值和收藏价值，还要让它具有使用价值。

许文龙的作品特征从早期到现在发生了很大的变化，他介绍自己以前跟随外公学习，更多地从面具入手，但这样的作品除了在特殊场合使用外，市场上极少人愿意购买。随后，他做了加工和创作，作品尽管也以面具颇多，但更多地倾向于可爱、柔和、抽象等方面，深受大众喜爱。现今，他在思考砂陶工艺未来的发展趋势，他想让砂陶工艺做大做强，让更多的人了解砂陶，并且喜欢砂陶。他改造了以前的图案，并融入民族传统元素。他强调作为一名老师，应该去传承一种民族情感，让人在欣赏工艺的同时不忘中国传统文化。

彝族水拌酒简介[1]

盘州彝族水拌酒是一种用料考究、流程严格、时间把握精准的传统古法纯手工酿造的民族特色饮品。酿造成品和甜酒类似，味微苦。成品有绿色清淡和乳白较浓之分，二者中以呈淡绿色、酒糟发酵充分、液体没有或很少有酒糟漂浮为佳。主要用料有：质量上乘的白糯米、白酒酒药、天然泉水等。酿造过程包括蒸熟糯米、风干晾晒、按比例混合密封发酵等。具体工序如下：①蒸熟糯米。精选质量上乘的白糯米，提前一天晚上淘洗干净后用冷水泡好。第二天把米蒸熟，因为煮水拌酒量一般较大，所以多用传统的木甑子：把木甑子放在加水的大锅里，用烧柴的传统灶蒸。这样的柴火灶便于控制火候和温度，再和传统木甑配合，蒸出来的糯米米粒饱满，营养流失少，色泽明亮，原始味道保存很好。②风干晾晒。每蒸出一甑糯米饭就要找一个容积大、阔扣的容器（如簸箕）把糯米饭均匀地摊开冷却风干。在这个过程中一定还要保证铺开得均匀，切不可出现局部堆积等问题，以避免各部分散热不均而影响后继酿造出的酒品的整体质量。③搅拌均匀。待煮熟的糯米全部摊开晾干后，就进入了最关键的一个环节：按一定比例将糯米和酒药均匀搅拌混合。一般按照1千克糯米5克酒药、2.5千克水拌酒成品的比例混合。如果酒药放得过多，则煮出的水拌酒味偏辣，酒精度较高，将严重影响口感，且容易微醺；若放得过少，则味偏淡，和普通甜酒水无异，失去了特色饮品的价值。④密封发酵。将加入酒药充分混合的糯米成锥形堆拢起来，表面包好以后用棉絮、棉衣等保暖用的衣物覆盖，让二者充分发

（三）彝族水拌酒

---

[1] 《都知道贵州有茅台，但是贵州盘县南部彝族特色"水拌酒"你知道吗》http：//baijiahao.baidu.com/s? id＝1586036300128826260&wfr＝spider&for＝pc。

酵，俗语称"捂热"，若是在冬天酿造，则可适当靠近火源等具有一定热量的地方，以加速发酵过程。整个发酵过程将持续3~4天，冬天可能会更长一点。三四天以后可打开取样尝试，若已有明显的甜味则说明发酵已经完成，此时就可以将发酵完成的酒糟装入容积较大的坛子里，按照最初的1千克糯米和2.5~3千克的比例加入清水，搅拌后密封阴凉处保存，大概一个月后就可以打开饮用了。2011年，彝族水拌酒（淤泥乡）被列入第四批县级非物质文化遗产名录。2014年5月，经六盘水市人民政府公布，彝族水拌酒被列入第四批市级非物质文化遗产名录。

物留余温　酒润万家
——彝族水拌酒传承人杜克美

传承人简介：杜克美，女，彝族，1971年2月出生，盘州市淤泥乡人。2015年5月被六盘水市文体广电新闻出版局公布为第二批市级非物质文化遗产传承人。

酒是随着人类社会发展进步而出现的饮品，它与人的劳动和生活有密切关系，它是劳动人民在生产实践中创造的饮料，是人类智慧的结晶。可见，酒是农耕社会文化的产物。酒文化与各种习俗、礼节紧密相连。彝族水拌酒，彝语称吉图，在彝族节庆和日常生活中占据着十分重要的地位。其酿造历史悠久，制作工艺奇异，味道纯正独特，饮法别具风格而久负盛名。长期饮用具有消暑解渴、提神补脑、强身健体之功效。在色香味方面是其他土制酒类无法媲美的。传统饮用方式是：用葫芦制作的盛酒器直接从酒坛中盛出酒，依次按照饮酒人数把酒碗盛满，然后双手端过酒碗一饮而尽。彝族人逢年过节，婚丧大事及接待嘉宾时常用水拌酒。共饮时除同碗大口喝酒，以麻秆喝酒带来的特殊感受外，还给人以亲密友好、热情豪放的感觉。2018年1月，我们拜访了淤泥乡麻郎垤村彝族水拌酒传承人杜克美。

杜克美家是一栋颇有气派的乡村小洋楼。首先从外面进入时会经过一条狭长的水泥栅栏步道，进入之后，视野立刻变得很宽敞。向阳的这方有一个大大的院子，院子里种着些花草树木，在院子正中，还摆着一套简洁大气的茶几，最侧边的空地里养了几只肥大的公鸡。院子的正南方和西方，分列有两栋两层楼房。房子外墙上，挂着一些民族风格的壁画。走进一看，工笔优美，线条流畅，水墨丹青，把山水画的意趣酣畅淋漓地表现出来。身旁的同伴提醒说，会不会就是她爱人的杰作，后来了解确实如此。

杜克美小时候，母亲靠专门制作水拌酒来谋生。那时候一套工序全都是人工操作，很费人力。小时候看着妈妈很辛苦，就想着帮助妈妈，结果看着自己也能学会一点。更大一点的时候，她母亲就手把手地教他们姊妹几个，从水拌酒选酒药的过程到怎么去酿制，是一个很注重细节的过程。小时候学起来并不轻松，因为她们力气不够大，搬运食材十分费力。后来长大了，母亲老后，她就正式接了母亲的班去酿造水拌酒。她们家酿制的水拌酒在十里八村都有名气，人们多是慕名而来。"我们家卖的酒会比外面的价格稍微贵一点，但是知晓情况的人还是愿意选择买我们家的。"我问有没有什么秘诀，她很谦虚地说："其实方法也没有什么，就是做多了经验就会比较丰富，能很好地掌握酒温、开封的时间等。"我们了解到：杜克美的大女儿在外地经商，凭借自己的能力买房买车，酒的一部分销路也是大女儿开拓的；二女儿是幼儿园教师，性情开朗，能歌善舞，她在家时会很大方地教我们唱彝族山歌，跳火把节的舞蹈；三女儿年纪不大，话不多，每天帮助筹办伙食，整天都乐呵呵的。问及女儿们的手艺，杜克美特别谦虚地说："她们还年轻，经验不够，学习的路还在后头。"如今，杜克美的水拌酒在淤泥乡很有名气，有专门的制酒公司聘请她当顾问。问及是否要扩大生产，杜克美说："我们家是纯手工酿制的，数量跟不上，但是对质量的把控还是相当严格的。钱赚一点够生活就行了，但是绝对不能让大家喝上假酒。"问到制作水拌酒的这几十年有什么感受时，她颇有感慨地说："经过长期的实践与探索，对水拌酒的酿造在选料、发酵、土酒药制作等积累了比较丰富的经验，对水拌酒酿造过程有了一定的创新。虽然这个过程很辛苦，但是它却让我学到了许多酿酒的要领，比如稳准配料、轻撒匀铺、探气上甑、量质摘酒、按质并坛、糊化彻底、内无生心、柔熟不腻、疏松不糙等。"

谈到具体的制作过程，杜克美介绍了以下方面。

彝族水拌酒属于水酒类，度数低，一般在 20~30 度，酒味醇香浓厚，老少皆宜，一年四季都适合饮用。其主要由大米精心酿造而成。最佳酿制时节是夏季刚过，秋意渐浓，人们总要用上等的糯米用水浸泡一夜，晶莹透亮的糯米被水浸泡得柔软发亮，然后用竹筛滤干水分，放到木甑里蒸熟，然后盛到竹制的饭煲里散热。过后撒上彝族人自己从山上挖来的用姜蜡帽（彝语）、习卡别老（彝语）等近 20 种药材自制的土酒曲。在撒土酒曲之前，要将土酒曲盛在木制的瓦尔瓢，彝语称龙筛，然后用火钳夹一块烧红的火炭放在跟前，泼上冷水进行打粗炭，尔后还要对制作酒的所在房屋四角，东南西北进行同一方法的打粗炭，意为用打粗炭的方式驱除四方鬼神，保证水拌酒的酿造质量。

事毕，把熟糯米盛在竹制的篾箩里，上面盖上干净的毛巾或棉布，放置在有一定距离的火边烘烤、发酵 3~5 天。见篾箩下底流出少许甜酒后就可以打开，置放在竹箦里阴凉。阴凉的温度最讲究，不能过低，也不能过高，要恰到好处。最后把它盛装到土制的酒坛里，渗入清早从水井里打来的水，（除清早时候的水外，下午的水因温度变化不宜用），封口捂上内用稻草扎成外用猪水泡包紧的酒塞子进行密封，最早一个月或数月后（密封时间越长，酒味越浓）揭开封口，开坛十里香，清香扑鼻的彝家水拌酒就可以饮用了。

  杜克美的酒，滋养着一方百姓的胃，更连接着他们多情的心。她说："我这一辈子什么都不会干，只会制作点水拌酒。"朴实的话语后面，是对于水拌酒愈发热烈的爱。所谓手艺，不仅在于传承，更在于心路。这需要时间的坚守，岁月的温润。所谓慢工出细活，讲求的是工作的态度，生活的境界，以及无论做什么，始终怀有的敬畏之心。要知道，经验与心智的双重磨炼，只能脚踏实地，没有近路可寻。当下生活匆忙繁杂，"用一生，做好一件事"，乍听起来，有些遥不可及，不切实际。但是，浮华之下，总还是需要一些守得住的宁静专注。匠人匠心，体现的是一种植根生活、透着情感、有舍有得的智慧，一种人与人，人与自然之间的共处共生。

杜克美制作的水拌酒成品　　水拌酒洒地

杜克美查看制作水拌酒所用的大米

（四）木雕根雕

木雕简介[1]

木雕主要用于面具造型、神佛造像、堂屋装饰、纸马印版制作等。盘州市的庙堂、祠枋比较具有代表性。

根雕简介[2]

用树根稍加雕琢修整而成的工艺品。早期根雕为爱好者偶然为之，20世纪初期后较为普遍。根雕因势象形、奇特独到，讲究浑然天成。作品有花架、茶几、桌椅、杖等实用器物，有人物鸟兽、字画及抽象图物等摆设悬挂陈列品。

2006年，根雕（雕刻）（水塘镇、淤泥乡等地）、木雕（供桌）（水塘镇、城关镇、淤泥乡等地）被列入第一批县级非物质文化遗产名录。

---

[1] 六盘水地方志编纂委员会. 六盘水市志·文化志[M]. 贵阳：贵州大学出版社，2007：278.
[2] 六盘水地方志编纂委员会. 六盘水市志·文化志[M]. 贵阳：贵州大学出版社，2007：279.

指尖上的传统技艺——木雕、根雕制作者唐年春

传承人简介：唐年春，汉，1972年12月生，家住丹霞镇（原水塘镇）。2009年被盘县人民政府公布为首批县级非物质文化遗产代表性传承人。

唐年春家境不好，为了生存，与木工、木雕结下情缘。在他的学艺生涯中，经过两位师傅的传承与指导，他的技艺日渐成熟。"吸天地之精华，纳灵气于神工"，唐年春从事木工行业已经有20多年，只要他认定的事情，就要把它做好。目前，在水塘镇的木工行业，唐年春算得上很有名气。

学艺生涯

从唐年春记事起，就一直喜欢木工活。他印象中最深刻的一件事，是未满10岁的时候由于对木工的喜欢，他就模仿摩托车，用木头做了一个仿真的，可以载人从斜坡上滑下来。这是第一次亲自做木工，用了一个多月时间。有小伙伴骑这个木摩托车摔倒过，父母想着不安全就给他没收了。小时候虽然父母反对他学木工，但是他从未停止对木工的热爱。

唐年春出生在一个普通家庭，家里有六姊妹，经济条件不好。上初中时，为了减轻家庭负担，他选择辍学。父母为了让唐年春学一门技艺，就准许他跟着舅舅学习木工，那一年唐年春16岁。源于他对木工技艺的挚爱，他一直刻苦学习，所以唐年春进步很快。

经过不懈努力，日复一日，年复一年，就这样不到三年的时间，唐年春的木工技艺就超过了他的舅舅。后来他舅舅看到了他在木工行业的前景，就把唐年春介绍给他的一个好朋友，这样在两个师傅的传承与指导下，唐年春的制作功底有了更大的提升。

木雕、根雕经济

根雕、木雕，在盘州市乃至整个贵州省，都有很多人喜欢，稍有点经济实

力的人家在家里都会或大或小、或多或少摆上些。唐年春看到了这个商机，就开始在干木工活的间隙学习木雕、根雕手艺。他学得很辛苦，也很努力，向教美术的老师请教、向木雕前辈请教，功夫不负有心人，他终于掌握了雕刻的要领，开始了自己的雕刻生涯。在得到两位师傅认可后，唐年春出师了，他自立门户，开始做木雕生意。

唐年春说："区分根雕、木雕作品值不值钱，主要有两个标准：一是看木材本身的价值，木料有没有收藏价值；如果木材名贵，比如楠木，这样的作品就很值钱，如果仅是普通的木材，其价格肯定不好上去。二是看雕匠的手艺，手艺高的艺术价值就高，手艺差的艺术价值就低，这个才是决定木雕价值的关键。木料再值钱，但是艺术价值不高，艺术是无价的。普通木料做得好也非常有价值，不然木材还是木材，艺术没有做到到位就没有收藏价值。根雕、木雕值不值钱重点在艺术上，就像画画一样，颜料价值就这么多，只有画好了才值钱。这便是木雕的经济价值所在之处。

在以前从事根雕行业的时候收入还是比较可观的，遇到对根雕喜爱的买家，一个根雕的价值就是一两万元，平均一年收入就是一二十万元。但现在科技不断进步，很多木雕、根雕产品都是机器雕刻、电脑操作，我们电脑技术不行，在这方面就不占优势。机器、电脑的加入，让市场竞争越来越大。而根雕、木雕作品动不动就是几千上万元，甚至更高，普通人家没有多少人愿意买，所以，唐年春现在做得少，一年最多卖一两个。"

木雕、根雕制作的传承

唐年春的父亲去世得早，他很小就扛起了家里的重担。那时候条件非常艰苦，但结婚后他爱人仍然支持他学习木雕，这让他可以一心一意地学习木工、雕刻技术，而且越做越好。唐年春夫妻感情很好，他们生了一对双胞胎儿子。现在两个儿子辍学以后，就跟着他经营家里的生意，跟着他学习木雕、根雕技艺。说起两个儿子，他很开心，说两个孩子很听话，干活很认真，很努力，如果没有他们的帮忙，自己的生意肯定忙不过来。在接受我们访谈的时候，他的两个儿子一直忙个不停。

唐年春还收了一个姑妈家的儿子——他的亲表弟陈本虎作为徒弟。陈本虎是水塘中学的美术老师，从小就很喜欢根雕，天赋高，跟着唐年春学木雕根雕五六年了，现在利用业余时间在做根雕，其徒弟做的作品也有很多人喜欢和收藏。

唐年春收徒弟没有特别的仪式，只要感兴趣的都可以跟着他学，但是学习木雕是一个非常辛苦的过程，所以很少有女性学习。传承木雕技艺没有古书，都是靠口耳相传。只要脚踏实地、坚持不懈，就可以学出成绩，继而自立门户。木雕技艺这门绝活的传承主要遵循"七分天成，三分人工"的原则。

传授徒弟首先要教会徒弟木雕原材料的选择，木雕选材要选自然风干了五年的木料；其次木料一般是香樟和古银杏这两种，古银杏已经很少了，一般就这两种软木，唐年春现在有两个上千年的古银杏木料。

现在木雕、根雕在制作上改进得多，在设备、方式、方法等上都有改动，比如工具就从木工具演变成了铁制的工具了。做法上一个东西有多种方法做，这个就看制作者的技艺了。雕刻的每一步骤都很关键，就其图案来说，蕴意也各有不同，牡丹代表富贵，龙凤表示吉祥，竹子表示步步高，梅花表示喜庆，兰草表示高洁，荷花表示有余、年年有余，蝙蝠是谐音，代表幸福……木雕技艺的每一个细节都值得深入研究，只有做好每一个细节，才能雕好每一件作品，得到人们认可，以及市场的追捧。

饱经沧桑的乌木，

一生辉煌至此休。

幸遇惜才痴雕客，

枯木逢春再千秋。

木雕，这一民间传统工艺孕育了一代又一代的能工巧匠。唐年春就是其中之一。对于木雕，他有着一种与生俱来的热情。他通过指尖上的创作，在赋予了木雕、根雕艺术生命力和文化内涵的同时，也传承了非物质文化遗产传统技艺——木雕、根雕制作。

格螺简介[1]

（五）格螺

盘州市水塘的汉族地区还有制作格螺、打格螺的习俗，多在秋冬农闲时候进行。格螺有两种，一种是圆锥体似的，另一种是尖旦格螺。格螺采料一般用樟树、花椒树、桃树、野香树等。其中樟树最好，樟树制作的格螺打起来还会发出嗡嗡的响声，它的尖也不容易损坏，打的时间也要长些。砍格螺的树最大的一般只有碗口大小，多用大点的树枝丫，而非树干。格螺制作较为简单，先用菜刀或镰刀刨去树皮，再用斧子砍尖树的一头，之后用锯子锯下来或用斧子砍下来，用镰刀或其他刀具修整光滑即可。2006年，格螺制作工艺（水塘镇、城关镇、板桥镇等地）被列入第一批县级非物质文化遗产名录。

---

[1] 《盘县文物与风情丛书》编委会. 盘县非物质文化遗产描述与研究［M］. 贵阳：贵州大学出版社，2009：483.

"玩"心不退、至死方休——格螺传承人 李宗洋

传承人简介：李宗洋，男，汉族，1938年2月生，丹霞镇（原水塘镇）水塘村人。2009年被盘县人民政府公布为首批县级非物质文化遗产代表性传承人。2018年7月病逝于丹霞家中。

中国有句歇后语：80岁老头打陀螺——玩心不退。李宗洋，就是这种玩心不退的老人。

李宗洋现在是四代同堂，一大家子有72个人，膝下四儿五女，3个重孙。孩子们都很孝顺，想吃什么都会给他买。他从2015年开始带徒弟，现在有4个徒弟，2016年收了李本超、李佳寿两个徒弟，2017年收了王双成，还有施雄。其中，李本超是堂侄儿；王双成既是他的舅舅，又是姨夫❶，已经60多岁了；施雄是外甥。

水塘村主要姓李，占80%，本姓张家，还有王姓、董姓等。他告诉我们，在区政府旁边的张、李二姓祠堂是省级保护文物，"以前有宗族祠堂的图纸，现在不在了"，他很可惜地说道。提到宗族祠堂，他高兴地说他们张、李二姓最近在修新家谱了，接着向我们解释了张李二姓的渊源："张、李二姓，其实可以姓张也可以姓李，是因为以前张家没有儿子，只有女儿，李家有儿子，就让李家儿子去张家做了上门女婿，隔了三代之后回宗又能叫回张姓。所以张、李两姓是不能开亲的。"

小时候家里以织布为生，这一片地方就他们家织布，街坊四邻都到他们家买布，家里比较富裕。他的父亲英语很好，以前还教过书，大伯还是水塘小学的校长和乡长，他很骄傲地说："大伯跟父亲都是师范生，写字非常好看，闭着眼睛都能写得很好！"他自己也读过书，但是小时候贪玩，读到五年级就没有继续往上念书了。他有三兄弟，下面还有个妹妹。小兄弟家都在四川工作，

---

❶ 本是妹夫，后上门做了养子，故既是舅舅，又是姨夫。

二兄弟住在这附近，他兄弟姐妹都不会做格螺。

20岁的李宗洋由家人介绍跟妻子任天凤结婚了，他妻子没有读过书。婚后他们生了四个儿子、五个女儿，妻子要照顾孩子，也就没有去学怎么做格螺。他结婚以后，渐渐地就不做格螺了，因为一个格螺可以玩很多年。

"孩子多，做农活还要抱着一个，更不要说吃饭的时候，得背一个抱一个。后面我堂兄弟生不出儿子，老三过继给堂兄弟了，过继老三的时候，我家小儿子还没出生。"他跟我们说起以前带孩子的日子，生活很难，但是还是要继续。直到后来买了猪牛，有了土地，日子才越来越好，大概每年能收2000斤粮食，七八千斤玉米，妻子还卖凉粉补贴家里生活。他回忆："稻子要在地里晒3天才能收，那时候农忙的时候都要请人来帮忙。"长大了，都要为生计忙碌起来，需要养家糊口，因此就没有再碰过格螺了。

到了2009年，水塘寻找各种各样的手艺人。广播站站长唐浩知道李宗洋会做格螺，让他砍❶了次格螺给他看，之后拍了照片上报上去，李宗泽就成了县级非物质文化遗产传承人。此后每年送资料都是按照要求上报，会拍关于砍格螺、格螺成品，还有打格螺姿势的一些照片。他现在还会时不时打一下格螺玩，年纪大了，让外人看见他还玩小孩子的东西，都笑他"80岁老头打格螺，玩心不退"。

现在很少有适合的场地打格螺了，打格螺要地方宽、平，这样才好打，格螺才能转起来。现在他会在隔壁宽敞的场地打格螺。他告诉我们，打格螺比做早操好，全身都能活动到。他对我们说："隔壁邻居的格螺在外面包了铁皮，这样的格螺非常重，抽打起来要用力，很锻炼身体，经常能听见旁边传来格螺的抽打声音。"

小时候大家有时间就会打格螺，大部分是在放学的时候，不耽误正事不会挨骂。他回忆道："以前打格螺很普遍，三两个人打着格螺转，看谁转得久，或者会故意把你的格螺抽死，以打格螺为主题进行游戏，不会因为谁输谁赢了就打架的，就是两个格螺打架比赛，看谁的时间久或者最后能让格螺立起来。格螺打得好，几个小时都能打，还有格螺定一个位置转能坚持转五分钟以上。"他还说："为了让格螺好看一点，我们会在格螺正中间贴个红纸，这样转起来好看，我女儿小时候就会用粉笔在格螺上面画画。我们以前会在格螺中间雕刻一个鸽子，做成一个哨子口，抽打得好就会发出声音。"我们好奇地问

---

❶ "砍"（自己）做。

他,"那个年代有女生一起玩格螺么?"他回答:"当然有,就是很少,大部分女生是放风筝,但是女生来一起玩格螺也不会去嘲笑她们。"

他小时候打格螺也打得好,在同龄人里做格螺也是最厉害的,周围的伙伴经常让他帮忙砍格螺,他也很乐意。他第一次做格螺的时候差不多是在十几岁,那时候也没有人教过他怎么做,都是放学无事看着别人做格螺,看着看着就学会了,没有拜过师傅,不得不说他也是很有天赋。他叹气道:"以前没什么玩的东西,不像现在这么多游戏可以玩。现在啊,都是没人做了才会有说要来学习做格螺,不然手艺就失传了。"

他告诉我们,要做好一个格螺,主要是在选树,还要看砍树的时间。当然,制作的手艺也是需要练习的。做格螺选夜蒿树最好,花椒树其次,核桃树也可以,可惜的是现在这边的夜蒿树已经没有了。接着他给我们详细说了一下怎么选树、砍树。选树要选择水分不高的树,砍树最好在秋天,10月以后,这样树木水分低,树木会干一些,制作过程中才不会炸开。砍树一般也是在树根上面一点砍,这部分树木密度高,而树枝丫密度小,用来做格螺就不会很好。

他感叹说:"以前山上的花椒树很多,现在都砍了,山上没有树了……"

我们疑惑,既然现在树不好找了,为什么没有想过自己种树?他说:"没有,不好种,现在油茶子树也没有多少了。以前是国家种油茶子树,还可以榨油。现在就是拿核桃树做格螺。"

"关于抽格螺的鞭子,用麻做比较好,就是一般纳鞋底用的麻。这种麻学名叫'红麻',这样做出来的鞭子尖尖会细一些,抽打起来才能响。如果用布条,就需要绒一些的布条,但是布条做的鞭子抽打起来不会有响声。有时候没找到麻或者布条,也有用树皮临时替代一下。以前都是农村自己家里做的麻绳,现在都是去市场上买了,毕竟店里的麻绳质量会更好。鞭子杆要用大叶柳树,这种杆子会很结实。以前都是在杆子上刻一个凹槽用来绑鞭子,他的徒弟改进成了孔。鞭子长度要比杆子长一点,要能绕着格螺绕三圈,整个鞭子连杆子的长度要跟一个人腋下高度差不多平齐。而格螺大小是没有规定的,都是依照砍下来的树的大小来做。"

他接着给我们介绍了做格螺的工具有斧子跟锯子,其实都很简单,但是这么简单却能做出这么有意思的格螺,也是"无他,唯手熟耳"吧。

"格螺要砍得周正,才会转得好。前几年收的徒弟会木匠活,他做得特别好。"他让小孙女拿出几个成品格螺给我们看,"做格螺的斧子用普通斧子砍就好，但是选小一点斧子，会灵巧一些。砍树的时候就用大斧头。"

"具体步骤也简单，就是先用斧子砍木料回来，再用锯子锯开，拿小斧子修圆，修周正。"他边比画着边说道。我们都很惊讶——给格螺修圆竟然用不到小刀，他笑笑说："用不到，直接用斧子这样砍周正，以前都会在格螺尖上钉钉子，现在中原地区改成了装滚珠。"格螺一般学两三天就能做了，熟练的人一早上就能做好一个格螺。也有人建议他把格螺做成种工艺品拿去卖，但是他没有想过这么做。

他除了会做格螺，也能照着样子做凳子，都是比较简单的式样。"相比较做凳子椅子，做格螺要容易一些，凳子需要榫头，要比着大小画，没学过木工就很难做，做格螺的斧子用普通斧子砍就好。"他比较着道。

李宗洋既是格螺传承人，对汉人的婚嫁习俗也了如指掌。虽然他身体不是很好，但是他很热情、很健谈。老人于 2018 年 7 月离世，他的离世对于格螺传承是一种损失，对于地方汉人婚嫁风俗的传承也是一大损失。

（六）面制品工艺

面制品工艺简介

俗称"面塑"，即用面粉上色，做成各种各样的动物作为祭品祭祀祖先，有金鱼、牛、马、猪、羊等[1]。2006年，面制工艺品（城关镇、水塘镇）被列入第一批县级非物质文化遗产名录。

---

[1] 《盘县文物与风情丛书》编委会. 盘县非物质文化遗产描述与研究[M]. 贵阳：贵州大学出版社，2009：486.

巧手匠心——面制品工艺传承人封琴先

传承人简介：封琴先，女，汉族，1943年1月生，双凤镇（原城关镇）人。2009年被盘县人民政府公布为首批县级非物质文化遗产代表性传承人。

面食中的面塑是一种融食用、实用、造型、审美于一体的民间艺术形式，它的成品注重精、气、神的表达，仅用简单、纯粹的材料——面粉，再根据造型需要点缀颜料等配饰，用捏、搓、揉、掀等手法，辅以梳子、剪子等工具塑形，一个个活灵活现的面塑作品便完成了。用面塑的形式有助于反映一个地区的习俗惯制、文化风貌等特质。2018年4月，我们拜访了面制品工艺传承人封琴先老人。

她介绍自己学习这门手艺的经过："我老伴的父亲是遵义湄潭县的，那时候因为家里穷，父亲无意中接触到这个东西。那时候做这个的人少，他发现做完一套很挣钱，能贴补家用，所以父亲就和他兄弟一直在做这个了。我老伴做这个的原因也是家里生活恼火❶，他12岁就会做这个面制品了。亲戚朋友家里有丧事，就让他做，做好做坏都不会埋怨他，但是他都做得很好，就一直做下去了。后来我们结婚，他又把这个手艺教给我。"

封琴先的老伴已经去世，原本女儿跟她一起住，但因要外出谋生，所以现在家里就剩下她一个人。房间被她打扫得干干净净，所有物品也都有条理地摆放着，让人觉得虽然一个人住，但仍旧是一个充满生气的家。她接着说："我们有7个孩子。那个年代生活非常困难，父亲在世时，是个实在人，我们家的面制品几十年都没有涨价。后来老父亲去世以后，我才把价格一点点提升来贴补家用。以前做这个80元一套，那大概是20年前的事情了。后来我就慢慢提高了价格，1967年前涨到了320元一套。来找我们家定做这个的人很多，但是做一套很花费时间，我们也做不快。近几年，我得了脑梗，就做不起了。其

---

❶ 地方话，表示生活艰难。

实自己很想做，但是因为做一次时间要几个小时，体力跟不上，而且眼睛是白内障，看东西是花花的，不得行。"

她告诉我们面塑只能给逝去亲人上祭的时候用，不同于其他地方能用于婚嫁场合或者其他的人生礼仪场合。"姑娘家上祭必须要用这种面制品，爹娘去世了要在家里的神龛摆上这些祭品，因此女儿必须做。我们家做这个，一般能供奉两年的时间，因此对于面的选材尤为重要。做这个如果是大的一套要6斤面，小的一套要3斤面。我们做出来的都不大，一般一个能有15厘米长，大概10厘米高。"

问及面的选择具体的制作过程时，她打起了精神，还不时伴随一些手势的示范。"我们家选择的面都是上等的面，一般做包子的面是用不了的，因为比较粗糙。我们要用做饺子的那种面，光滑、带有韧劲。这是很关键的一个环节，如果面选不好那么手艺再好也难做出好的成品。接着是发面，这是最讲究的。水温要合适，如果揉成的面团特别硬的话，那么面会散掉；但是面团太软的话，它又成不了型。因此在制作时我要不停揉捏直至合适的软硬度。这个不仅考验对于水温的把握度，还锻炼人的手劲。面发好了之后，就让它冷却，静置一段时间。接着呢，就是给面刷清油或者鸡蛋清。一般我们家这两个是区分开的，天冷的话刷油，天热的话刷鸡蛋清。所以说起来适宜做这个的时节比较短，正月间、二月和三月是最好的时候。把面刷完油或蛋清光滑后，就可以开始制作了。颜料是提前配好的，主要以红黄绿三色为主，其他的颜色都能调出来。我一般是凭手感捏图案，图案有狮马、鹿、象、猪、羊、金瓜、桃子、石榴、佛山、金鱼，当然如果一些客人有特殊要求，我们也可以尽量满足。我有一套工具，用来雕花用或者勾画一些线条，让面制品更加立体和饱满。其实我捏这个图案也没什么具体的程式，完全是凭借经验加上一些想象捏出来的，捏多了就很熟悉了。把图案的形状大体完成之后，最后再涂上颜色，这样整个过程就完成了"。封琴先说起来很顺畅，但我们知道做这样一套看起来似乎不显眼的东西会花费大量时间，因为很多小活是看不到的。她说确实如此，快的话，做一套也需要花费五六个小时。问她制作这个有没有什么秘诀，她说道："做面制的东西，耗费时间，需要耐心，要是性子急肯定做不好，都是一些细活路。"

封琴先说："以前父亲还在世的时候，去过水城、贵阳、昆明等地学习，还出去参加比赛。"她家里摆放着那本荣誉证书，红色的外壳下是一页泛黄的纸张，盖有大大的"贵州商务厅"的印，家庭的传承就在这薄薄的纸张中开始了手艺的接续。她说:"我们家做的这个,以前的时候都很有名气,不仅有贵阳的客人来定做,有些政府干部都指定要我们家的,说'只有你们家大的这个做得好,像真的一样,看起来都舒服'。"

问到封琴先是否教给孩子这门手艺,她说:"我家七个娃娃,他们从小看着我做这个的,你说不会的话嘛也不可能,但是他们都没有系统地学习。就我家四姑娘能配合我一起做,她是做得比较好的,但是和面还是没我有经验。如果没有我一起,她一个人做不成。前几年她还跟我一起做,近几年我身体不行了做不动,她也不愿意做了,因为做这个很辛苦,对手的伤害也比较大。"问到是否有民间的人要来学习时,她说:"前几年有三四个来找我学徒,说给我1000元钱,叫我教他们全套,我没同意。"

在封琴先居住的老厂,她们家是最早从事这行的人家,因为手法精湛,做工精致,成了远近闻名的手工世家。但是随着她年龄的增长,以及一些青黄不接的现实状况,她家的生意早几年前就已经停止了。跟她交谈的过程中,我们能感受到她的失落与担忧,但是也无可奈何。用她自己的话来说就是:"年轻人要忙着赚钱与生计。"这促使我们思考:诸如此类的民间手艺如何在市场经济浪潮中传承、存活?

封琴先的工具箱　　　　　　封琴先的家公所获的荣誉证书

（七）纸扎、竹编工艺

纸扎简介❶

纸扎制作主要用于节日庆典、宗教仪式、亡人祭祀等场合。用各色纸张即竹木扎制而成，有各类灯笼、人物、神鬼、禽兽、虫鱼、花果、山树、宫室、幢幡、旗彩、器具杂物等。其工艺有扎、接、缠、糊、剪、刻、绘、染等技法，常以剪纸、绘画作装饰，并辅以一些转摆摇动的小机关和灯光影投技巧，既有立体感，又有强烈的装饰效果，常用以营造不同场合的各类特殊气氛。纸扎分硬扎和软扎两种。前者需先用竹篾木条等扎成骨架，再用纸帛或糊或缠以成形，最后再施以剪贴绘染作装饰。软扎无须骨架，纯用纸帛剪刻接扎成，使之随风飘荡，摇曳生姿，常用于各类幢、幡、旗、幌等。

竹编工艺简介

竹编工艺品分为细丝竹编工艺品和粗丝竹编工艺品。2008年6月7日，竹编经国务院批准被列入第二批国家级非物质文化遗产名录。竹编工艺大体可分起底、编织、锁口三道工序。在编织过程中，以经纬编织法为主。在经纬编织的基础上，还可以穿插各种技法，如疏编、插、穿、削、锁、钉、扎、套等，使编出的图案花色变化多样。需要配以其他色彩的制品，就用染色的竹片或竹丝互相插扭，形成各种色彩对比强烈、鲜艳明快的花纹。

2006年，纸扎制作工艺（城关镇、水塘镇、淤泥乡等地）、竹编工艺（羊场乡、老厂镇、板桥镇、水塘镇等地）被列入第一批县级非物质文化遗产名录。

---

❶ 六盘水地方志编纂委员会. 六盘水市志·文化志［M］. 贵阳：贵州大学出版社，2007：279 - 280.

身怀绝技的纸扎、竹编工艺传承人李正凯

传承人简介：李正凯，男，汉族，1946年1月生，2009年被盘县人民政府公布为首批县级非物质文化遗产代表性传承人。

已过古稀之年的李正凯老人精通风水、竹编、道场、纸扎等技艺。说起家族故事，李正凯说他家是从甘肃陇西那边搬迁过来的，一路南下，最后到达此地。他家有五兄妹，都是跟着母亲长大的，很少见到父亲。小时候家里生活拮据，粮食不够吃，家里人还去山上挖野菜来充饥。即使在那种情况下，他也坚持读到了三年级，被迫辍学后跟着大爷爷学习道场：传承纸扎、竹编工艺等技艺。

13岁辍学之后，开始学习"锣"、纸扎、竹编工艺，这些技艺都是家族传承的，到他这一辈已经第九代了。关于传统舞蹈"锣"，有传男不传女的说法。这些技艺都是在丧葬中运用的，所以要学习最基础的，从道场风水开始。要先学习响器（"锣"、鼓、大钹、铙钹等），这些都非常讲究，有很多动作要领，还需要懂得每一丧葬环节、每一个步骤所表示的寓意，熟记各类经书。李正凯说这些经文他都背得滚瓜烂熟，除这以外，他当时还背了许多东西，如二十四节气、星宿气运等。年少的李正凯对丧葬习俗很感兴趣，每天都在刻苦学习各种技艺，在大爷爷给人家做法事的时候他就在旁边观看。随着不断地学习和积累，不知不觉中就慢慢地学会了。

虽说做道场一般传男不传女，但像扎纸、竹编工艺等是可以传给女儿、儿媳妇的。现在他一家人以做纸火生意为主，偶尔也做道场、风水。纸火一般包括办白事所需要的竹马、花圈、花篮等，买家需要哪种，就做哪种，有专门的模型和种类。说到技艺的传承，李正凯说现在他家族中不仅几个儿子精通风水和做道场，就连几个儿媳妇对扎纸、竹编工艺也都很熟练，不管是儿子还是女儿都已经有了自己的纸火店，就这样一代传一代，这些绝技已经成为家族生活中必不可少的一部分。在李正凯现在居住的街上，几乎都是他们家族的纸火

店，平时都是自己家做自己家的，但如果哪家的生意忙不过来，就会互相帮忙。由于房子空间有限和做好的纸火放一两天就会上灰，所以都是客人有需要提前来定做。

有时候技艺的传承也会面临一些挑战。比如，有很多年轻人不愿意学习道场风水一类的东西，因为学习这些需要花费太多的时间和精力，并且学习这个不是一件简单的事，没有几年时间是学不会的。需要背的、记的、懂的东西太多，也需要懂一整套的流程，但最大的难题就是市场越来越不景气。比如在盘县这里，就有上百家做纸火风水道场的生意，导致每年每个月的收入都不稳定，有时候一个月能做十几次道场，有时候就只有三五次。再加上一场道场都是一家人一起出动，办一场小道场一两千元，需要两三天，每个人分下来的报酬就没有多少了，办一场大的道场三五千元，需要做 5~7 天，每个人的报酬平均下来也没有多少。通常主人家在请人做道场的时候，也要请自己信得过的、觉得靠得住的人。有时候，在时间上也会有冲突，但如果人家很信任你家的话，就会把时间延后，等你把上一场结束后再接着弄下一场。

李正凯说："做道场是非常讲究的，关系到一个人的品德，因为旁人都不懂你做道场要做哪些具体的程序。比如，要念的经文和一些具体的步骤等，不能因为人家不懂就偷工减料，你做的法事要对得起自己的良心。"也许正是基于这种做事的良心，李正凯家的纸扎、竹编等工艺在地方上才能以家族传承的方式流行至今，并为后代子女提供了一门生存的技能。这其实也是很多民间工艺绵延不绝的内生动力。

小 结

  民间技艺类非物质文化遗产因其传承过程中的相对独立性、系统性、封闭性而得以在时代变迁、观念更迭的今天仍呈现鲜活的生命力。但与其他民间传统一样，民间技艺，尤其是那些依托于传统农耕生活需要形成的技艺，如女红、蜡染等因生产生活方式的改变而面临窘境。

  以老厂土法造纸工艺为例，根据对老厂五位传承人的访谈，我们可以了解到的是：第一，老厂土法造纸工艺的基本程序并没改变，只是有些方法融合了现代技术，运用了现代化工具，如传统背运竹麻变成了现今的车载，传统烧灰变成了直接投碱；第二，老厂造纸在集体公社时期发展至顶峰，产品远销国内外，成为当地的支柱产业。市场经济时期，造纸业有所衰退，发展至今，多为私人小作坊，且从业人员越来越少，原本以家族参与为主的产业发展到以个人为主、帮工为辅的形式；第三，老厂土法造纸工艺现如今作为非物质文化遗产形式出现，亦非当初纯粹的谋生行业，现在的从事者也多为非遗传承人，他们一方面以此作为谋生的手段，另一方面也承载着传承地方特色文化的历史使命；第四，老厂土法造纸工艺的传承面临不少困境，其主要表现在从业人员越来越少、学徒越来越少、工艺的断代问题明显。原因主要在于：一是自20世纪八九十年代开始的外出打工潮为当地百姓提供了更多谋生机会，通过读书与就业，本地的从业年轻人越来越少，加上造纸的烦琐与辛苦为诸多年轻人所畏惧，主动寻求学习传统造纸术的人寥寥无几；二是尽管造纸过程已有章可循，但世代积累的造纸经验需要时间与环境，造纸作坊规模相对较小，自然难以形成具有吸引力的行业力量；三是造纸业带来的石灰水污染问题没有得到很好地解决，小作坊的造纸模式难以承担建立污水处理系统所需要的资金投入，在生态保护意识逐步强化的今天，新的造纸作坊建设不仅难以获得政府的批准，还会受到周围老百姓的反对，这从另一层面影响了造纸工艺的传承。此外，值得注意的是，与盘县诸多围绕民族特色文化产生的传承人不同，造纸工艺传入盘县起源于明清时期汉族手工艺者的迁入,所以,其传承者主要为汉族人。

再以盘县火腿为例,在地方婚俗中,火腿作为男方给予女方的典型礼物,具有特殊意义:一者火腿制作之繁杂与难得使其成为"物以稀为贵"的地方重礼,以火腿为定亲、接亲礼品,可以充分表达男方对于这门亲事的重视;二是火腿之"火"蕴含丰富,夫妻和睦、日子红火本为婚姻的普遍追求,取火腿之"火"便别有意义。反过来,也正是因为传统婚俗或地方礼俗中火腿的特殊作用,一定程度上保证了火腿制作工艺的高标准、促使了火腿制作的持续发展,成为火腿这一技艺之所以延续至今乃至发展壮大的根本动力。盘县火腿作为黔省特色食品,其在地方生产生活中的作用恰如黔东南苗族的糯米与蜡染、布匹,作为礼物存在的物品尽管随着商品经济的发展呈现别样风貌,却始终保持着淳朴的乡土风味。传承方面,除了特殊的风俗需求,加上近年"多彩贵州"带动的诸多地方特色产品的发展,盘县火腿已然盛名在外。市场的拓展不仅直接激发了百姓的积极性,而且让更多的从业者增添了信心、增加了投资。如此,在政府的总体规划下,盘县火腿必将成为盘州市的一道亮丽风景,成为盘州的特色产品、特色产业,在盘州扶贫攻坚乃至长远发展上发挥更大作用。

综观三位蜡染工艺传承人,有几个共性:女性、苗族、盘州市马场乡滑石板村四组。其透露出,一是滑石板村作为苗族聚居村,可谓盘州市蜡染工艺的典型村寨;二是苗族蜡染十分突出;三是蜡染类工艺多为女性掌握,这与苗家传统女主内,尊崇"男耕女织"的农业生产模式,负责一家衣食有关。同时,这几位女性传承人的讲述表达了一些共同的主题:第一,20世纪90年代以前,苗家以传统生产生活模式为主,苗家女孩自小便开始接触刺绣、编织、蜡染等具有民族特色的女红,掌握这些女红技巧也成为衡量一个女孩是否心灵手巧、能否赢得异性欢心、是否受到大家欢迎的主要标志;第二,女孩们学习女红的途径相同,起初多跟着自己的母亲或姑妈等至亲学习,后期伙伴间共同交流、进步,但并没有形成专门的传承模式;第三,受时代发展影响,女性自主性、工作范围发生改变,读书、外出打工等新的生活方式冲击着这些传统女红的传承。固有的生产生活模式的改变,冲破了原有民族特色工艺的生境,这就直接导致了传统民族民间工艺后继乏人。当然,至于作为传承人有责任也有义务招收学徒的事实,这些女性传承人多招揽自家亲戚,或是女儿,或是侄女,或是媳妇参与到蜡染技艺的传承上,但相较于苗家传统中女孩"必须学女红"

的客观环境，已然是杯水车薪。

需要提及的是，传承人熊昌珍同时掌握蜡染工艺和口弦。其中口弦又称口弦琴、响篾、吹篾或弹篾。我国原始社会母系氏族时期，口弦名"簧"，与竽、笙、篪等乐器相提并论。据汉魏以来的文献记载，表明簧是一种用竹或铁制成的横在口中演奏、与口弦是同一类的乐器。唐、宋时期的"铁叶簧"之类的拔簧乐器就是口弦的前身。据史籍记载，至少在公元四世纪末，四川、云南、贵州一带的少数民族地区，簧已经非常流行。北宋陈旸《乐书》中载有竹簧和民间流行的铁叶簧，这是目前见于文献的最早记录。"簧"的品种非常多。根据制作材料的不同，有竹制和金属制的两种口弦；根据簧片数量的不同，有单片弦和多片弦；根据演奏方法的不同，又有用手指弹拨和用丝线抻动的两种口弦。明代《南诏野史》中就有"男吹芦笙，女弹口琴"的记载。清代《滇南虞衡志》详细地记载了"口琴"的形成和制作。

传统女红，由各位传承人的口述可知无论哪个民族、无论何种女红技艺，最初都是基于生存需要而产生的。除却彝族女红中还有着族群过去逐水草而居的痕迹，苗族、布依族乃至汉族的女红中都深刻体现了农耕社会"男耕女织"的生产生活模式。只不过，这些原本基于生存需要的手工技艺随着社会的发展、经济条件的改善，演变为基于文化需要、精神需要的存在，如刺绣、挑花等以装饰为目的的女红技艺。值得注意的是，苗族、彝族、布依族等少数民族的女红以刺绣、挑花内容为载体，成为各个族群传承本民族历史文化的有力佐证。汉族的纳鞋底相较而言就简单得多，颜色用料也朴素得多。

当然，不得不提的是，目前这些女红的传承面临极大挑战，其原因除了外出打工、读书等时代变化产生的人员流动愈来愈频繁外，最主要的是地方百姓的生活模式发生了巨大改变，原本基于生存需要的"衣"之部分，多可以通过市场交流完成，纳鞋底、做布鞋、织布等似乎没有多大存在意义，仅仅依靠一些残存的风俗习惯得以支撑的技艺面临着丢失的风险。可喜的是，政府开始进行统筹规划，以非物质文化遗产的模式对这些民族传统技艺进行保护；民间层面也开始活跃，有着现代思维、拥有丰富知识的少数民族大学生们也开始参与其中，他们借助自己的优势，让民族传统焕发出了别样的生命力！

其他如剪纸、面塑、格螺、纸扎等传统工艺并非如刺绣、挑花等极具民族特色的工艺那般拥有更多的技艺传承人和更广泛的社会影响。但这些拥有悠久的历史的传统技艺仍然因其固有的社会功能存在着、发展着，它们有的已经走

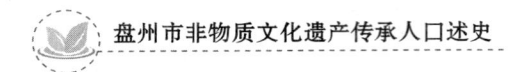

向艺术层面供更多人去欣赏；有的仍在民间，为百姓的生活增添乐趣；有的受商品经济的影响，逐渐走向没落。事实上，国家提倡文化自信，政府以非遗传承人等方式留存传统技艺，不仅仅在于保存传统，更多地是为了警醒我们，老祖先的东西，创立起来难，维持起来亦难，想要在日渐便利的现代保存，更难。而我们现在要做的是，知其难故迎难而上！

民间文学篇

一、布依族盘歌

布依族盘歌简介

布依族盘歌是布依族的传统民歌，是用原生态布依语创作并传唱的民间文学作品。布依族盘歌流传于贵州省北盘江流域的布依村寨中，尤其以盘州市羊场布依族白族苗族乡境内的布依族盘歌最具代表性。2008年6月7日，贵州省盘县申报的"布依族盘歌"经国务院批准被列入第二批国家级非物质文化遗产名录。布依族盘歌主要有古歌、酒歌、情歌、祭祀歌、礼教歌等。内容涉及劳作、时政、仪式、爱情、生活环境、历史传说等诸多方面，分别在婚丧嫁娶、迎来送往、生产劳动、休闲娱乐、谈情说爱等场合以各种曲调演唱。还涉及政治、经济、文化、社会、伦理道德、宗教等众多领域，对布依人特有的心理特征和情感倾向都有生动描述，是布依族人民记载民族历史、文化的重要载体。

歌以养心 诗意生活——歌者吴廷贵

传承人简介：吴廷贵，男，布依族，1947年8月生，羊场乡赶场坡村人。2012年12月被国家文化部公布为第四批国家级非物质文化遗产传承人。

布依人爱唱会唱，早已举世皆知。自古就流传于北盘江流域的布依村寨中的布依族"盘歌"，即以"盘诘问答"为主的一种歌唱形式，其内容极为丰富，红白喜事的仪式表达、青年男女的爱情表示，乃至日常生活的琐碎叙述，莫不包含其中。按吴秋林教授的说法，布依族盘歌作为以民族为称谓的歌唱式族群文化，独具特色。如盘县羊场布依族盘歌，歌唱内容就几乎覆盖其生活的方方面面，生产生活甚至于信仰、教育等均可借助盘歌进行表达[1]。由于布依族没有自己的文字，只能用歌声来承载文明，用歌声来传承文化，而盘歌便是布依族记载历史、表达情感、教育子女、评判社会、再现生活的重要工具之一。也正因此，被称为"布依族口传史诗"的羊场布依族盘歌被列为国家非物质文化遗产代表作名录之一，成为布依族特色文化的代表。肩负着盘歌传承使命的非物质文化遗产传承人，则成为我们了解盘歌的主要途径。

为此，2018年4月，我们拜访了盘州市羊场乡布依盘歌传承人吴廷贵。

吴廷贵，72岁，家住羊场乡赶场坡村，一辈子在家务农。

他介绍说："我是孤儿，3岁时父亲就去世了。小时候无依无靠，也没有兄弟姐妹可以做伴，可以说是在歌场中长大的。长大了一点，就去读了几年书。我记得很小的时候因为到普安县江西坡跟人唱了一夜歌到天亮，还没过早的时候有位姑娘就叫一位小伙子托人来告诉我想要跟我谈恋爱，那是第一次，20岁，好害羞的，印象很深刻。我们布依族爱谈恋爱，不喜爱读书上学，平时就爱去歌场上找小姑娘玩，一起唱歌。那时候大家都不爱读书，一伙伙地去唱歌。在那之后，我兴趣更加高涨了。之前是唱别人的，后来还自己编歌，一

---

[1] 吴秋林，邹兴林. 盘县羊场布依族盘歌（上）[M]. 贵阳：贵州大学出版社，2011：3.

天一夜都唱不完。"

问到布依盘歌具体有什么分类，不同类型的歌分别可以用于什么场合，他娓娓道来："我们布依盘歌分成好几种类型。一为亲娘歌，二为老娘歌，三为葬式歌。亲娘歌又有两种类型，一种是在家里唱的，另一种是在坡上唱的。在野外唱的比较欢乐，男女对唱或者一个人唱都可以，没有很讲究的。但是在坡上一般都是男的一群，女的一群，各站一边，这是男女对歌的把式。我们唱歌的时候有歌本，一种是老人家传下来的原生态歌本，还有一种是现在新编的歌本，新编的歌本是根据现在的情况（比如我们的生产生活）不断调整。我自己编的歌曲大家都爱听得很，个个都欢迎，因为编的有新时代的状况。在家里唱的话一般是走亲访友的时候，有特定的仪式场合，唱歌时要严肃一些，因为要尊重老人，不能乱唱的。老娘歌只能在布依族的婚嫁场合唱，用于接亲，隆重的人家一般要唱上一天一夜才能完成。一般情况是男方家请两个男歌师（男歌师布依语称为'报松'），一个女歌师（女歌师布依语称为'亚松'）唱。女方家要请六男六女，这么做一是为了欢乐，二是代表礼性。葬礼的歌是姑爷家去做马郎的时候唱的。这个就需要找两三个男歌师从姑爷家里唱到丧葬场合去，到了丧葬场合也要唱，一般唱一次要几十分钟。表达对于逝去亲人的思念。另据吴秋林等调研总结，羊场布依族盘歌主要由三组'套歌'和一系列'户外歌'等组成，可分为四大类型，一为丧祭仪式歌，其歌唱内容主要是羊场布依人神性世界的事物；二为婚礼仪式歌，其既包含布依人婚礼仪式上的仪式性歌唱，也包括相关人生仪礼的歌唱；三是友情仪式歌，其主要指羊场布依人对于自然认知和人生礼仪的歌唱；四是户外歌，多为年轻男女爱情、友情的自由抒发，是羊场布依人关于多种情感世界的歌唱[1]。"很明显，作为当事人的他与作为局外人的学者对盘歌的分类因其认知及所处环境的不同而有所不同，就他的类型划分来看，其更强调一种约定俗成中的观念表达，即歌唱环境与习惯需求的影响。学者的划分则更注重内容与场地上的客观性与直观性。

当问到歌师的身份会不会给其带来一些实际的经济效益时，他很是坦率："一般来请我们去唱歌的人家，事先要准备一壶酒，或者一些饼干，回来之后我们歌师要得到一对碗，一个粑粑回来。现在这几年改革开放了，经济开发了，去接亲有钱了，一般人家给60元，经济好的人家给120元，晴隆那边礼仪重的给到两三百元。其实不管给什么，我都不是那么在乎的，把歌唱好才是

---

[1] 吴秋林，邹兴林. 盘县羊场布依族盘歌（上）[M]. 贵阳：贵州大学出版社，2011：73.

最重要的事情。"

访谈途中，我们请求吴廷贵一展歌喉，他欣然同意。尽管处在相对狭小的办公室内，也未能影响他的兴致。已过古稀之年的他唱起歌来，没有丝毫老态，反倒让人觉得这响亮的歌声、浑厚的嗓音中夹杂着青春的气息。趁着吴廷贵的雅兴，我们赶紧半听半问地记录下他的唱词：

  今天没有谁人把歌唱
  只有我个人来理歌唱
  今天没有谁人闯花园（贪玩的意思）
  我们大家共同来闯花园
  娘亲之时不玩耍
  枉自为人在世家
  一个在一边难得出香费
  看见表妹郎心慌
  一年误春倒是晓
  蜜蜂绕绕要进花园
  胆大蜜蜂得花采
  胆小蜜蜂不得粮
  郎到这里是多久
  一心想两个好朋友
  一心要为妹开怀
  唱首民歌引妹来
  你一首来我一首
  娘得个天来地又久
  郎唱民歌心又慌
  慌到早饭吃不香
  慌到晚饭吃不进
  八命注定是阎王
  郎唱民歌心又慌
  看见情妹写文章
  手中提笔心再想
  二人何时才能得心上
  郎唱民歌心又慌

看见情妹洗衣裳
　　等把衣裳洗完了
　　好表好妹摆心肠
　　郎唱民歌心又慌
　　看见情妹泪汪汪
　　一来郎们孤儿早
　　从小就爱唱民歌
　　从小学歌来散闷
　　无论走到何处方
　　谁人认得和谁唱
　　何况迁徙保密谈
　　我爱唱歌人家讲
　　提起唱歌我心头痒
　　三天不唱心难过
　　提起活路不想做
　　郎唱民歌心又慌
　　早嫁娘妹把家当
　　你有情来我有意
　　一人一句配成双

　　恰如吴廷贵所说，盘歌涉及范围之广，早已覆盖人们生产生活的方方面面。在他所唱的歌曲中，我们能看到布依人对于爱情的表达方式和对于家庭亲情的赞颂。当然，在众多的盘歌中，我们不仅能了解到布依人眼中天地的形成、日月星辰的变化、山川草木的起源，还能知晓动植物的种类及其特性与作用，庄稼生长过程及种植的季节等。正如俗语所云"一方山水一方人"，对于生活在这片区域的人们来说，他们创造了丰富多彩的文化，而盘歌是当地歌者们用夸张的手法虚构了许多优美动人的故事来表达人们智慧的一种手段，这也构成了他们精神生活的部分内容。用他自己的话来说，他写的歌，全部来源于生活，很简单，可是往往能打动人的心。确乎如此，他的歌恰如其人，那是一个地道朴实的农人对于生活的那片土地、人民最诚挚的爱与赞美。也许，没有那么多华丽的辞藻，没有那么丰富的修辞，但确实刻画出了最生动的生活场景与最饱满的情感力量。

　　问到吴廷贵家里的情况，他笑了笑，讲到不如意处，他叹口气，喝口茶，又接着往下说:"我跟我的老伴是经过媒人认识的,那时候经济困难得很,不像现在。我老伴不会唱几首歌,不过她爱听我唱歌,我们平时也吵架的,但是她非常支持我唱歌。我们家有一个传统,因为贪玩了所以结婚普遍比较晚,我就是 26 岁才结婚的。我跟老伴生有三个孩子,我的大儿子爱唱歌,能跟我一起唱一夜,但是他口才不行,不敢跟女孩子沟通。不过他很聪明,在我们的村子里做一些水泥匠的工作。二儿子也爱唱歌,但是他出门 10 年了,我们联系不上他,所以也就没了他的消息。两个儿子至今未婚我压力很大,在地方上没面子,说起来也伤心得很啊。10 年前因为这件事我脑子都失灵了,唱歌经常缓不过来,现在我稍微想通了,状态要稍微好一些。我是一个到地方上接亲很有经验的人,别人都很尊重我,遇到我儿子不肯结婚的情况,我是很无奈的,没有什么办法。还好我现在有两个孙女,我觉得男孩女孩都一样的,无所谓。这个年代开放了,跟以前不一样,女孩子比男孩子都还好一点,她们管钱。我的两个孙女都聪明得很,我喜欢她们。现在除了唱歌,还在家里种庄稼,我们两个老人一年要种三四千斤粮食,喂几十只鸡,要喂两三头猪,一周要宰一只鸡吃。我们虽然老了,但是还是要坚持干活身体才好,我身体过得硬很强壮,70 岁还没有打过一次针。你们年轻人也要像我一样,每天要抽出一个小时去走走,身体才好。锻炼身体是宝贵的一个经验。现在去山上干活的话还能吃三碗饭,很香的。我年轻的时候还喂香猪,还种很多水果拿去市场上卖,木工也做过,自己家的房子也是我装修的。"

说到唱歌,吴廷贵始终津津乐道:"我走到哪里,女生都喜欢跟我唱歌,包括那些美女,我都能唱得她们心服口服的。在我们羊场,和人家唱歌如果对不起歌,人们也就不愿意跟你唱了。所以只要对不上歌就会被人家看不起。但是我不管人家对什么歌,我都能还上,大家还是很认可我的。我这一辈子就爱唱歌,唱歌带给我乐趣的同时也让我有了一定的地位。2008 年以后翻译了几百首布依盘歌。自己创作的歌曲算起来也有一两百首了。现在自己编的歌曲有些出版了,翻译和创作的工作还在不断推进中。"有句话叫"饭养身歌养心",或许这便是对于他这一辈子热爱歌唱的写照。对于一般人来说,唱歌是消遣是娱乐,可对于他来说唱歌是融入骨子深处的追求。

谈及教授徒弟的一些情况,他朴实的话语中又寄予了很多的期望。"现在我们寨子上还有七八个男女唱歌的,以前没有出去打工的时候,不请那些人来,我的家里都挤满了人来跟我学习盘歌。盘歌唱起来有时候是欢乐的,但有时候又是很苦闷的。现在我的四个徒弟,每人每年学七八首。我的徒弟现在一年都跟我学,分四个季节,一个季节学一两个星期。这几个徒弟我带了七八年了,经验很丰富了,他们有的也能唱上一整天。现在用手机录好歌曲,他们有时间就放来听,这样学起来就比较方便;有时候他们到我家里来,我们在一起的时候就我一句句教授,他们一句句学;有时候就拿歌本去对着学,如果他们有唱得不准确的地方,我再去一句句纠正,这个也是比较好的方法。这四个徒弟是我主动去找的,他们都很聪明,我去跟他们对歌,他们对得上,唱得非常好,我才看得起,才能收为徒弟。像我的一个徒弟,当了10年村主任,两年支书,对党忠诚,干事情也踏踏实实,而且他是高中学历的,文化好,很多事情我也是要他帮助的。"

作为传承人,吴廷贵说他很感谢各级领导对他们的亲切关怀;对于他的四个徒弟,他要毫无保留地教给他们他所有会的东西。这些应该是被评为非遗传承人的一名普通乡村歌师最真切的话。

怀赤子心，承民族情——布依盘歌传承人罗鑫

传承人简介：罗鑫，男，布依族，1974年12月生，羊场乡甘塘小学教师。2009年被六盘水市人民政府公布为第一批市级非物质文化遗产传承人。

以盘县羊场乡为代表的布依盘歌，自被列入国家级非物质文化遗产后，愈加引人注目。盘州市文体广电新闻出版局站在从保护非遗的高度，对羊场布依族盘歌进行了全方位、深层次的收集整理、记音翻译和专业研究，以贵州民族大学吴秋林教授为首的调研团队不仅忠实地记录了典型的盘歌唱词，以国际音标标注之，还从专业视角对其进行了分析。《盘县羊场布依族盘歌》厚重、真实，再现了羊场布依族盘歌的活力、魅力。根据书中所言，羊场布依族本为北盘江流域布依族迁徙而来，随之携带的母体文化在与当地的苗族、彝族、仡佬族等族群相遇后，族际互动的频繁使得布依族愈加渴望凸显自身的母体文化。同时，受到黔省山地文化之地理边境的影响，布依族的母体文化受到周边族群文化的影响日盛，而与母体文化因地理位置相隔甚远和变迁发生了系列变化，这些变化深刻地存在于每一位布依族人身心深处，那些极具代表性的非遗传承人更是如此。

罗鑫，自幼生活在羊场，怀着对本民族文化传统的热爱，近年来一直参与着布依族盘歌的搜集、整理和演出推广的工作。他不仅具有专业的音乐知识，而且有着强烈的责任感，加之自幼时起便开始的文化熏陶，使得其团队及个人在各类民间歌唱比赛乃至政府组织的歌唱比赛中获得各种奖项。也因为罗鑫的影响，其妻子和儿子亦对布依族盘歌表现得十分热忱。有一次，为参加六盘水布依盘歌赛，赛前妻子经常带着一大帮人在自己家请罗鑫教她们唱盘歌，这群人中，除了本地布依族，还有一些其他族群的人，这充分说明了布依族盘歌在当地的受欢迎程度及其魅力所在。正所谓父母是孩子的第一任老师，在罗鑫的主动教授及客观影响下，他儿子从小就喜欢布依族盘歌，罗鑫也总是尽心尽力地教他。如今，尚在读书的儿子也已经熟练掌握和布依族盘歌有关的木叶、笛

子等乐器，还经常参加学校举行的各种活动。每次活动结束，儿子那得意的表情和不由自主流露出的自豪之情，便让他倍感安慰，盘歌正以其独特的民族文化魅力影响着新一代的布依族人，也让他们在与其他人的交往中更为自信。他深信，也正因此，本民族传统文化才能得到凸显，以及日久天长地传承。也正因为妻子的支持和儿子的热爱，让他在从事相关工作时增添了许多活力，他表示有自信进一步挖掘布依族盘歌的历史，进一步传播羊场布依族盘歌的独特魅力！

  提起罗鑫所获得的各类奖项，最让他印象深刻的是盘州举行的歌唱比赛，当时他和吴安林等人参赛的曲目是布依族的传统歌曲《春哥与秋妹》。《春哥与秋妹》讲述的是布依族爱情故事——插花田。相传，布依族以前有一对十分相爱的男女青年，但是春哥的父母并不同意这段姻缘。秋妹嫁到春哥家里后，春哥的父母就折磨她，插秧等所有重活累活都让秋妹做。忠贞的秋妹深爱着春哥，不想让他为难，于是竭尽全力地劳作并且毫无怨言。秋妹天天在田地里没日没夜地插秧，无论多么劳累也不放弃，最后田里东西都做好了，她却累死在田里。后人为了纪念秋妹对于爱情的忠贞不渝，就在这片田里插花借此寄托哀思。据说，这便是六月六布依歌节的来源。

  罗鑫说："盘歌是以盘问的方式问对方一些事物的歌，青年男女刚认识的时候，便盘问对方的姓名，所住村寨和是否有恋人等，借此相互了解。在他上小学初中时期，当时布依族盘歌文化氛围还十分浓厚，每次听说有男女青年对唱盘歌，大家都会一起围上去观看。看到他们对歌的时候会丢花包或者丢绣球，懵懂的我不由自主地学习模仿。男女青年对唱盘歌大多是在春节期间，从正月初一到正月十五都会有比较集中的对歌。平时就是赶场的时候，男女青年都会去赶场买东西。当男孩看上某一个女孩时就去轻轻踩她的脚，这个隐晦的动作不仅体现了布依族青年初识时的害羞，也给男女双方留有选择的机会。如果女孩愿意交往的话，就会跟着男孩对歌；如果女孩不愿意的话，就当作没发生过一样，其他人也不会知道此事，不会让对方难堪。另一种方式就是浪哨（布依语），指的是不认识的男女青年甩手帕，如果对方对你有意思的话也会用甩手帕回应你。然后开始对唱盘歌，相互了解对方的情况，如果觉得合适的话就开始谈恋爱了。男女双方长期对唱盘歌交流，印象加深后，就会相约丢绣球，女孩会把手镯之类的拴在绣球上丢过去。男孩每接住女孩丢的绣球，就要给对方一个定情物；如果男孩接住了女孩丢的绣球，女孩就会把自己亲自做的鞋垫或者鞋子包好送给男孩，男孩则把手镯还给女孩。此时，丢绣球应该是男女双方在已经深入了解对方的各方面情况之后，进一步沟通感情的重要方式。"

据罗鑫回忆，他在中学时期曾经看上一位美丽的布依族女孩，他们也是通过对歌相互认识了解的。当时手机等联系方式还没有普及，两个人只能约定在什么时间见面，无论有什么事情也会去赴约，他就算是等一个小时也要等心上人出现。然后一起去赶集或者对唱盘歌，借用盘歌表达对心上人的思念和对美好未来的期望。他介绍说，《些梭》就是一首展望情人之间美好未来的盘歌。歌词大意是：等到明后天我和你讲，等到好日子到来我和你去。我俩就像蝴蝶花上飞，就像小鸟天上飞，我们年轻人啊！姻缘到时我们做一家，就像小鸭水上游，就像鸳鸯水上飞。正如《诗经》中的赋、比、兴的手法一样，《些梭》中用了"蝴蝶""鸳鸯"等具有美好寓意的动物来比喻心上人之间的甜蜜爱情和美好愿望。如此可见，布依族世代相传的盘歌中还具有不可忽视的文学价值，也正因此，盘歌成为布依族重要的交流方式，成为布依族传统文化的不可或缺的重要组成部分。

罗鑫展示木叶吹奏

罗鑫说："讲到布依族盘歌，就离不开盘歌的重要载体，也就是简单而又重要的乐器——木叶。据传，清朝时候宫廷的乐队在演奏时总是没办法让皇帝高兴，在这个宫廷乐队中有一个布依族的乐手，他随便扯了一片叶子吹，吹出的调子皇帝很喜欢，从此以后就天天叫他来吹木叶。于是，布依族人吹木叶的习俗一直流传至今，当前的布依族人还是会随时随地摘一片叶子吹出不同的调子。"

布依族青年男女约会时，也是以吹木叶为暗号。男青年在寨子前，随意摘一片路边的木叶吹，极具穿透力的木叶声音就会传到寨子里面，女孩会根据木叶调的不同，确定寨子外面的是否是自己的心上人，确定后就会悄悄前去约会。在罗鑫搜集的布依族盘歌中就有很多关于吹木叶的歌曲，比如《不双肖友》《只用木叶不用媒》等。

"不双肖友"是布依语，意即吹木叶交朋友。歌词大意是：走到地头吹木叶，走到田头吹草叶，吹第一句叫好友，吹第二句叫心上人，怎么吹也不见我的好友，左看右看也不见我的心上人。

木叶在布依族人日常生活交友中占据着重要地位，在这首布依族盘歌中体现得淋漓尽致。布依族人在田间地头劳作时可以吹木叶，交朋友时也要吹木叶，就连谈恋爱也要吹木叶。罗鑫经常教导他的学生，告诉他们木叶是最方便最廉价的乐器，学会之后在任何地方都能吹。

其实，吹木叶是布依族青年男女追求爱情的典型方式之一，民间还流传着这样一个感人故事。

相传，很久以前，在一个布依族村寨，有两个青年男女，彼此相爱。但因为女子出生于富裕家庭，男子家道贫穷，女子父母便反对他们两人来往。受尽了门当户对思想折磨的两人，为彼此不能见面而焦急。有一天，思念爱人的男子随手在院子里捡起一片叶子，伤感的他吹出动人的曲调，旋律中尽是对爱人的思念。被父母关在家里的女子听到后，也捡起一片木叶，两人以木叶曲唱和着，来化解对彼此的思念。年轻男女的举动感动了天上的神仙，神仙相助，最终撮合了这一对爱人❶。自此后，吹木叶❷成为布依族年轻男女表达情思的独特而又直接的方式。

尽管布依族盘歌拥有诸多仰慕者、支持者，但随着现代生活方式趋于便利及整体文化生态环境的变化，近年来盘歌文化氛围越来越淡。罗鑫说，一方面，由于生活的压力，现在的年轻人要外出务工以谋生计，没有闲暇学习盘歌文化。另一方面，由于科技的发展，手机和网络等新事物的普及使现在的布依族年轻人都只热衷于网络和手机，不再像以前那样对布依族的盘歌文化感兴趣。然而，令人感到高兴的是，政府采取了一系列的措施来帮助布依族传承传统文化，也许在不久的将来，一批批喜欢传统文化的年轻人会如雨后春笋一般不断涌现出来。

---

❶ 《盘县风物与风情丛书》编委会. 盘县非物质文化遗产描述与研究［M］. 贵阳：贵州大学出版社，2009：447.

❷ 据说，羊场乡布依族青年罗文军，因吹木叶而出名，被选调到贵州民族歌舞团为木叶演奏员，并随团出访许多国家。1989年，罗文军随团赴美国演出，他的木叶吹奏被美国演艺界人士称为"东方魔叶"。

布依盘歌　　毕生追求——吴安林

传承人简介：吴安林，男，布依族，1975年3月生，羊场乡中心小学教师。2009年被六盘水市人民政府公布为第一批市级非物质文化遗产传承人。

1993年毕业于六盘水师范学校音乐专业的布依族盘歌传承人吴安林，不仅深受地方传统的熏陶，而且有着丰富的专业知识，两者的结合令其在众多传承人中十分突出。吴安林毕业后被分配到地方学校当老师，现任羊场小学的副校长。由于民族文化传承人与教育工作者的双重身份，他一直特别注意将民族传统带到课堂，经常亲自教授学生音乐，尤其是布依族传统的盘歌，还教学生们吹木叶、葫芦丝等。

据吴安林讲，关于布依族盘歌，他并没有专门拜师学过，而是从小就在布依族村寨里面看着长辈对唱山歌。在吴安林上小学和初中期间，当时手机和网络还没有流行开来，男女青年之间从认识到约会还是以对歌为主，年轻的姑娘会通过对唱盘歌来挑选心仪的对象。当时还是幼年的吴安林就会怀着满心的好奇与向往，跟在那些青年男女的后面，模仿年轻人的行为，也跟着他们唱盘歌、对山歌。对于他们来说，盘歌就是人们生活中不可或缺的一部分，似乎早已变成了布依人家的一种生存本能。除了平常的小打小闹，每逢赶场或如春节、六月六一般的大型节日，全村的男女老少都会聚集在一起，欣赏青年男女对唱盘歌，并且对他们进行评价。然而，长大后的吴安林离开村寨在外求学，以前学的一些盘歌也忘记了，但盘歌所带来的那些乐趣和民族文化的熏陶却始终留在他的心底深处。

吴安林说："'布依族盘歌'最开始并没固定的名字，只是村子里面叫对山歌。正式开始改称呼为'布依盘歌'是在2008年的时候，六盘水市布依协会申报布依盘歌为'非遗'，申报之后才开始找会唱盘歌的人。当时，我就被评为了非物质文化遗产传承人之一。"之所以被评上，他谦虚地说："一方面因为我身为布依人，确实学过布依族盘歌，唱得也还不差；另一方面，作为音乐老师的我通过课堂传承盘歌给学生，自然而然地担当起了传承者的身份，同时也为盘歌注入了新的活力。"自布依族盘歌被评为非物质文化遗产之后，在学校工作的吴安林又重新开始学习布依盘歌，也因为曾经受到专业教育的缘故，他在学习的过程中开始搜集布依族盘歌，并整理成册。

其实，吴安林不仅仅局限于音乐老师的身份来教授盘歌，也以歌手的身份多次参加民间或者政府组织的歌唱比赛。他和他的好友罗鑫等人曾经参加"多彩贵州"比赛并获得铜奖，也曾参加2008年首届原生态布依族生态歌舞荣获银奖。从那时起，只要有关于歌唱比赛的活动吴安林就会协同好友踊跃报名参加，他们取得的成功在村寨里面掀起了歌唱布依族盘歌的热潮。尽管如此，仍然没能彻底转换布依族盘歌文化传承中遇到的困境——村寨里面的年轻人为了维持生计，随着打工热潮进城务工，慢慢对布依族盘歌生疏以至于淡忘。更重要的是，手机和网络聊天的普及让现在的青年男女不再依靠对山歌来进行娱乐活动，他们更倾向于通过手机进行感情沟通，这些都或多或少影响了盘歌的传承。所以，针对这些情况，他冥思苦想各种对策。在他的努力下，布依族盘歌走进课堂的活动得到了学生和家长们的认可，也取得了一些成就。

身着民族盛装排练的学生

他介绍说，布依族盘歌❶是无文字的布依族历代相传的关于传统文化的民间文学作品，借用唱歌的方式进行铭记历史、祭祀祖先、伦理道德教育、谈情说爱等日常活动。2008年，布依族盘歌被列为国家非物质文化遗产名录，成了盘县最令人瞩目的一张文化名片。布依族盘歌是伴随着布依族的形成而萌发的，有着深厚的历史底蕴，在布依族的发展历程中起着举足轻重的作用。布依族盘歌自古以来就流传于盘江流域的布依村寨中，传承历史悠久。由于布依族没有自己的文字，只能用口传的方式来承载本民族历史文化、表达感情、教育子女等。盘歌的内容纷繁复杂，所涉及的范围广泛，如天地的形成、日月星辰的变化、山川草木的起源、动植物的种类、农作物的生长过程及种植的时令季节等。布依族盘歌的种类大致分为祭祀歌、情歌❷、酒歌❸和迎客歌等。布依族盘歌也有一些禁忌，比如祭祀歌只能祭祀时候唱，山上的情歌也不能在家里唱。在山上唱的都是谈情说爱，在家里唱就是没有家教。这些不成文的规定，表明了布依族盘歌在不同场合对应有不同的歌曲，不同的身份对应有不同的歌曲。

采访过程中，吴安林介绍并且演唱了几首盘歌，其中祭祀歌中的《等州》和情歌中的《拜样梭》令人印象深刻。《等州》描述了布依族先人筚路蓝缕、披荆斩棘的迁徙历史。《拜样梭》主要讲述了青年男女之间的相思相守之情，把心上人之间的爱意表达得淋漓尽致。

《等州》歌词大意：

哎，我受苦受难的先人啊！你从遥远的他乡，把幸福的种子带来，撒在这块贫瘠的土地上。从此，子孙万代，兴旺发达！你虽然没有盘古开天辟地的神奇功绩，但是你为了生存，斩除遍地荆棘，让这片土地有了成州成县的功绩。哎，我跋山涉水的先人啊！在历史迁移的印记上，你是湖广填四川的证据，在深山老林里繁衍生息，从此，山清水秀，幸福和谐！你虽没有女娲补天的本事，但你生死守候着这片土地，创造了多少感天动地的奇迹。

---

❶ 以吴秋林等的说法，羊场布依族盘歌在被国家认定为国家级非物质文化遗产代表作名录时，是以民间文学中的民歌的名誉而命名的，故羊场布依族盘歌不但是文化的盘歌，也是文学的盘歌。最后成型的羊场布依族盘歌主要分为几个类型，第一是丧祭仪式歌类型，第二是婚礼仪式歌类型，第三是友情仪式歌类型，第四是"户外歌"。选自吴秋林，邹兴林. 盘县羊场布依族盘歌［M］. 贵阳：贵州大学出版社，2011：3.

❷ 情歌根据地点不同，唱的歌词和调子也不尽相同，情歌唱歌的地点分为在家里和在山上两种类型。家里的柔和、平缓一点，山上的高亢一点。

❸ 布依语"分敬老""分老"翻译成汉语是"酒歌"的意思。

《等州》这首歌的歌词大意不仅很清楚地说明了布依族祖先迁移的发源地在湖广一带，而且也表达了对祖先的崇拜，以及祖先艰苦奋斗的精神传承。这首歌犹如历史一般记载了布依族祖先迁移的路线和历史缘由，更表达了布依族人对祖先迁徙过程中艰辛事迹的崇拜与感激之情。

以前学祭祀歌只能在农历正月和七月里唱，原因是在这两个月学的祭祀歌能够成仙，布依族人就觉得祭祀歌可以和神通灵，之后去给人家办事会比较灵验。当然还有一些特殊的情况，那就是在有丧事之前的半个月学唱祭祀歌，这个时候如果有不会唱的歌就找歌师和先生唱，平时都不教不唱。先生（布摩）做法事时，要你唱什么歌就马上唱，别人就跟着应和。在一场法事中，什么歌在什么地点什么时间唱都有规定，需要分配很多人去唱不同的祭祀歌。

情歌是布依族青年男女用来交流感情的重要方式。与汉族的聘请媒人说媒不同，传统的布依族青年男女之间谈情说爱，以及结婚，都是用布依族盘歌进行沟通交流。在布依族青年男女约会时，都会用吹木叶作为暗号，男青年到女孩的宅子前随手摘一片木叶来吹，女孩会根据不同的木叶曲调知道自己的心上人在寨子前等候，就会欣欣然赴约。有一首名为《只用木叶不用媒》的布依族盘歌描述的就是木叶在男女青年约会的重要作用。

《只用木叶不用媒》歌词大意：

高山木叶起堆堆啊，可惜小郎不会吹，哪时吹得木叶叫啊，只用木叶不用媒。

堂屋点灯屋角明啊，屋后传来木叶声，木叶好比拨灯棍啊，晚上来拨阿妹心。

吹叶要趁叶子青啊，连妹要趁年纪轻，可惜阿哥年纪长啊，不能打动妹的心。

由于以前科技并不发达，手机、网络等都尚未普及，布依族的情侣之间除了赶场或者节日之外，没有办法相遇，更别说沟通交流。因此，布依族情歌中有很多表达情人之间对心上人相思之苦的山歌，比如《些梭》《不双肖友》《奈何桥上等三年》《拜样梭》《相思曲》等为数众多的布依盘歌皆是如此。

《拜样梭》歌词大意：

啊，好久没有情妹（哥）的消息，总觉得生活没有意义，只盼相遇在每个赶场天，哪怕将山坡踏成了平地。情妹（哥）啊，我的心中有你，不管在你心里我是不是你的唯一，我只希望有一天你我能有个回忆，毕竟一生没有几个知己，旧的去新的来这没什么稀奇。如果可以，我们一起创造爱情新天地，谱写没有海誓山盟的奇迹，让亲朋好友为我们尽情诉说祝福的话语，从此以后相亲相爱永不分离。

吴安林唱完以后，略带忧伤地向我们讲述了在他年轻的时候也曾和其他寨子上的女孩子对歌，当时的场景历历在目。正如《拜样梭》中所唱的一样——"我只希望有一天你我能有个回忆"，对于已经进入不惑之年的吴安林，这段对歌的经历也算是青春的美好记忆。

谈及此，吴安林又叹了口气。他说，自从2009年被评为"布依盘歌"非物质文化传承人之后，虽然自己一直参与布依族盘歌的搜集整理和推广工作，也多次参加在本地区组织的布依族音乐活动，并且屡次获奖，在当地还算有一定的影响力，但让他感到担忧的是，热爱布依盘歌的年轻人越来越少，演唱氛围也越来越淡，电子产品等新的事物极大程度地改变了人们传统的生产生活方式，不仅在家务农的多为老人，就连劳作之余以唱歌为娱乐的习惯也被各种丰富的电视节目所取代。不仅是盘歌，其他相关的乃至更为重要的一些民族传统正在逐渐弱化、消失，着实令人担忧。也正是因为如此，他对于政府组织的有关传承布依族文化的活动总是不遗余力地支持，期望布依族传统文化能一直传承下去。他说："尽力而为，也算是对得起传承人这个名号，对得起布依人这个身份了。"

声动梁尘——布依族盘歌传承人岑元光

传承人简介：岑元光，男，布依族，1957年1月生，2014年7月被盘县人民政府公布为第三批县级非物质文化遗产传承人。

布依族，一个居住在水边的民族，由于没有自己民族的文字，它只能用歌声传载文明，用歌声传承文化。"盘歌"，因歌唱中相互盘诘问答而生，这种"盘诘问答"的歌唱形式是一种民族文学的现实表现，它记录着民族的历史和变迁，因此布依盘歌又是内容丰富的叙事长歌。据"中国非物质文化遗产网"和《贵州民族研究》介绍：布依族盘歌是以唱歌形式盘问对方一些事物的歌，人人都可以唱。青年男女社交初识时，便唱盘歌问对方的姓名、所住村寨和是否有恋人等，借以互相了解。中、老年人在喜庆的场合中，唱述古人古事的时候，便用盘歌的形式互相问答，歌手们在对答时表现机灵应变的才能。问得不准确或答复不对题时，就会引起听众的议论和欢笑。盘歌所问的范围很宽广，诸如天地的形成、日月星辰的变化、山川草木的起源、动植物的种类及其特性与作用、庄稼生长过程及种植的季节等，从内容上看，类似科学答辩，但它却是艺人们用夸张的手法虚构了许多优美动人的内容来表达人们智慧的一种手段。另外，唱歌猜谜语，也属盘歌的形式。

关于羊场布依族盘歌的生境，吴秋林进行了详细阐述。他认为，异文化碰撞是羊场布依族盘歌产生并得以流传的重要原因。

"布依族先民很早就在北盘江流域生息繁衍和流动迁徙，在往北盘江上游的流动迁徙中，羊场的布依族先民在羊场地区与原来居住于贵州西部的属于'氐羌族群'的彝族先民相遇并定居下来，形成了两种文化的自然边缘，而与北盘江一带的布依族人又形成了一定的'区隔'，文化的交流和互换又受到一定影响。在与彝族等民族文化的交流中，在接受了他族文化的同时，也强调和固化了自己的一些文化。这样，包含古老文化形态和意识的布依族先民文化在这样的边缘中就被'历史地保存'了下来。❶"

除了族群互动产生的文化碰撞,我们还有必要关注承载这些文化的活生生的"人",尤其是被赋予了特殊身份的传统的"歌师"们。

尽管由于时代变迁,布依族传统歌师的身份有所变化,但他们依旧作为传承人承担着本民族传统世代流传的重任。岑元光,现年61岁,育有五个孩子,现任赶场坡村村干部,是当地有名的歌师,收集整理并传承盘歌达40多年之久。

初见岑元光,正值盘县扶贫攻坚,没能深谈。过后相约,岑元光欣然答应。看似普通的他,或是因为唱歌多年的缘故,他的声音没有这个年纪通常有的沙哑、低沉,反倒是说起话来语调不高不低,婉转柔和,似清风拂柳,沁人心脾。见面那天,他手臂内侧始终夹着个小本,见我们一脸疑惑,他解释说,这个小本子记录着他多年来收集的盘歌,记录着他的心血,里面还有好多汉字记录布依音。他笑称:如果说有武林秘籍,那这个本子就是他唱盘歌的秘籍。

受生长环境的影响,岑元光16岁的时候便开始学唱盘歌,18岁时就被人家请去当歌师。23岁时进行系统学习,当时一起学习布依盘歌共有男、女20多人,坚持下来的只有他一人。现在,他的名声已经传到贞丰、册亨等地,哪家孩子结婚了,必定会请歌师岑老出席活动❷。他说:"请歌师接亲,新郎也要去接亲,(新郎)在歌师后面,女方寨子会拦住接亲的人唱歌,男方唱拦路歌,外面要拦两道,每道歌词不一样,歌本是汉字记音。在以前歌师斗智斗勇,可以连续唱上个三天三夜,唱的歌不仅仅带来娱乐的气氛,更多的是将生活唱在歌曲中,教化刚刚成家的小辈。"在赶场坡有"唱酒令没唱好就生不出娃娃"一说,可见盘歌在布依族人心里不仅仅是音乐那么简单,它是一种规约,将约定俗成的规矩通过歌唱传唱给族人,起教化作用,是一种强大的教育力量。

婚礼仪式既定的有数十首歌曲,从"招呼歌"开始到"铺床歌"结束,其间由"浪贤浪罗""上撞上转""八倍八百""温前朝""开碗歌或开碟歌""叶渡碟""唱爱情歌""送别歌""发亲歌""接蚊帐歌"等一系列歌曲组成,基本上随婚礼仪式的推进而逐步歌唱。"进门招呼歌"是男、女方采用歌唱的方式互相打招呼;随后是"接亲·拦路歌",由男、女方歌师用一问一答的形

---

❶ 吴秋林. 歌唱的生存——羊场布依族盘歌综论[J]. 民族文学研究,2012(2):130.

❷ 与黔省许多少数民族习惯类似,布依族婚礼过程中也有对歌的习俗。而且,对歌中须有歌师牵头,男女方歌师对唱,貌似比赛,实则娱乐。

式来唱。当地人称其为"三道关",即对三次歌,歌唱正确就可通行。歌曲篇幅过长,不全部列举。这三次歌唱基本上都是明知故问,顾左右而言他,故意盘问来接亲的队伍,接亲的歌师也要一一应答,以此引出机智和歌唱的趣味。

"进门招呼歌"歌词
今天上午我们在家里说要来,
我们开始来了。

我们带着酒,我们慢慢地来。

我们走在路上,
我们在路上走,
我们就来到了老人的家。

铺纸写对联,
铺开纸来写对联,
把对联贴上去。

从这里往下走,
从这里往上走,
我们看见有几个老年人坐在桌子边。
……

"拦路歌"第一首
今早上客从家里来,
客人来这里是有原因的。

我们带酒一起来,我们慢慢走起来。

我们来的时候正好遇到一个雄公鸡,
那只公鸡昂着脖子迎着来,
那只公鸡昂着脖子叫起来。

我们来的时候正碰着你们拿着木盘端着酒来拦路，
碰着你们拿来木盘子端着酒来拦路。

你们的酒红又红，红得像黄鳝血。

你们的酒黄又黄，黄得像龙宝。

你们拿着外家的酒来拦路，
拿着好酒给我们吃。

我们两个来喝都喝不完，
端哪别杯都不好。

喝完你们要让着点，你们要让着我们点。

你们要让我们从这里上去，
今天我们去和老老少少坐在一起喝酒。

喝完你们让我们从这里往高处走，
今天我们还要去和老一辈人一起坐着喝酒。

……

  介绍完婚礼仪式上的盘歌，岑元光又开始给我们讲述自己与妻子两人因歌结缘的故事。他说："本地人原先有定娃娃亲的习俗，自己和妻子原本都订着娃娃亲，后来因为都喜欢盘歌，也多次对唱，感情越来越好。不料各自身负婚约，只得冒着被父母、家人责备的风险，各自回家提出要解除婚约。我这边一切都还顺利，父母虽然反对，但拿我也没办法。苦就苦了妻子，对方不同意退婚，为此双方家人还打了一架。"最后，对方看实在没办法，才在反复协调之下答应岑老赔偿双倍礼钱后退婚。历经坎坷后，两人在 1979 年举办了婚礼。

  布依节日中处处都有盘歌声，作为一名民间文艺的爱好者，他为能亲自参与传承本民族文化而感到骄傲。为了改善布依盘歌的生存状态，让盘歌的保护与传承得到有效保障，2015 年羊场乡成立专业合作社后，他统一集中 36 名男女青年学徒在合作社培训学唱盘歌，经过一段时间的学习，学徒现能唱也能自编歌词。他说："布依传统文化当中盘歌是最具有学术研究价值的，从盘古到如今，布依盘歌包含了布依族的传统文化，是民族发展历程中的'活化石'，不仅具有重要的历史价值，还是国家民族文化多样性的一个体现。"

　　社会变迁的步伐在加快，许多民族文化植根的土壤逐渐在消失，盘歌带来的效益却不是年轻人所能接受得了的。"盘歌传承只有投入没有什么收入。因为布依盘歌是本民族的传统民歌，为了发展学员，鼓励大家积极发扬本民族文化，教学过程不收取学徒的费用。出于对盘歌的热爱，很多时候不自觉自掏腰包，但我也开心。作为传承人，努力培养一批人才贡献自己的力量这是我的责任与义务，政府相关部门也很重视民族文化的保护与传承，提高培养经费，做好配套工作，鼓励更多的邻里乡亲自觉发扬本民族文化。"

　　作为一名村干部，同时兼任非遗文化传承人，他肩上的担子是沉重的。2017年至今脱贫攻坚战任务紧，责任重，岑元光一人分饰两角，不仅需要带领村民脱贫，而且他的责任心驱使他要将民族文化发扬光大。我们有理由相信，在一众对本民族文化怀着真诚热爱、殷切希望且以身作则参与文化传承的非遗传承人之努力下，布依族盘歌类民族精髓必将发扬光大、造福子孙！

布依歌师吴安情

传承人简介：吴安情，女，布依族，1970年3月生于"盘歌世家"，盘州市羊场乡人。2009年被盘县人民政府公布为首批县级非物质文化遗产代表性传承人。

问起吴安情学歌的经历，她告诉我们："我十几岁的时候就开始跟着别人学唱盘歌，一个是给我抄歌谱的那个人，他叫吴定则。还有就是我二哥教的，我二哥也会唱。他比我爸爸还会唱，他拿的那个书是我爸爸的。十几岁时别人教（盘歌），我们就跟着唱，我给你们看的那个歌本，我外公、奶奶、爸爸、二哥、姐姐都会唱，他们还帮人家接亲。我的家人会唱很多，我就是遗传了她们唱歌的基因。"说毕吴安情拿出她的歌本给我们看。

每个歌师手中都有歌本，比较特殊的是歌师手中的歌本只记录歌曲的内容，不记录旋律音调。由于没有文字，布依族盘歌多为汉字记布依音，以至于同一首歌，每个歌师记录的文字不一样，故只有记录人自己看得懂，这使得一定程度上歌本具有唯一性。盘歌旋律均由长辈口传心授，这就要求学习者必须全神贯注、心无杂念地学习。恰如吴安情所说："我很喜欢他们唱的盘歌，所以我就跟着他们学习唱盘歌。自己喜欢就学得会，自己不喜欢就学不会，学不会就是因为不用心去学。"

在布依族传统婚俗庆典中，歌师扮演着一个非常重要的角色，大到撮合两家结为一家，小到为婚俗活动增添娱乐气氛。盘歌穿插在婚俗中，男女歌师一问一答增强了婚礼过程的娱乐性，也是男女双方亲族斗智斗勇的民俗活动，显现双方的机智敏捷。吴安情在17岁时就被请去接亲唱歌。"以前的老规矩就是拿一瓶酒给我，现在因为生活条件改善，就拿两瓶酒，喊我帮忙需要先拿一瓶，去了回来时主人家又拿一瓶，还拿一块'刚打胀的'（才制作出来的）厚粑粑，还要送一条带有'勒巴骨'（排骨）的肉。你回来了，他就慢慢地给你把这三样东西送来。新郎家还会包红包，以前是1.2元。现在都是好几百元，都是双数，图个吉利。这主要看主人家意愿，没什么规定，也没有固定的数，大家开心就行。"值得注意的是，随着社会生活方式的变化，已经很少有人按老规矩操办布依族传统的婚俗仪式，这些传统自然随之发生了各种变化。

  采访过程并不是特别顺利，因为吴安情需要照顾两个孩子，大的3岁，小的两岁。吴安情告诉我们，她和丈夫结婚许久都没有孩子。在结婚后的那些年里，她四处求神拜佛、寻医问药。但丈夫以前是一名老师，有些文化，并不相信这些。两人也做过试管婴儿，但都没有什么效果，没想到三年前他们相继有了两个孩子，正所谓苍天不负有心人。

  问及今后的打算，吴安情毫不避讳地告诉我们，现在时代变化了，以前大家聚在一起唱盘歌的环境也变化了，虽然热爱，却没办法改变这些现实，所以只能尽力而为了。

二、彝族山歌

彝族山歌简介

彝族山歌是盘县民间音乐中较为典型的代表，其曲调丰富，唱法多样，可以分为用彝语演唱的"曲谷"和用汉语演唱的"霎谷慕"两种。男声多用真嗓，女声则多用假嗓，曲式多为二句体或四句体的分节歌。曲调风格以北盘江为界可分为"水城、六枝派"和"盘县派"两大派系。前者曲调高亢古朴、节奏欢快、调式多、变化快；后者则曲调起伏大、拖腔多用半音、滑音或颤音装饰，旋律多为级进，节奏跌宕自由，唱起来回环婉转，悠扬亮丽，部分曲调还和云南调相互融合，具有较强的地方特色。盘县派较有代表性的曲调有坪地的《送郎送到鸡场坪》《郎有名来妹有名》《拿掉一块不团圆》《好块大地不留边》，水塘的《保证今年好收成》《人家戴着包头你莫笑》，羊场的《唱首山歌迎接他》，老厂的《哪怕云南隔四川》，沙河的《山茶花开朵朵红》，乐民的《转角楼上喂凤凰》，淤泥的《莫想拿去沾小雀》，亦资孔的《小小鲤鱼红脸腮》等[1]。2011年5月26日，经国务院公布，彝族山歌（淤泥乡、坪地乡、四格乡、洒基镇、红果镇等彝族聚居区）被列入第三批国家级非物质文化遗产名录。

---

[1] 六盘水市地方志编纂委员会. 六盘水市志·文化志［M］. 贵阳：贵州人民出版社，2007：256-257.

生长于斯、传唱于斯
——彝族山歌传承者柳远胜

传承人简介：柳远胜，男，彝族，1967年3月生，淤泥乡麻郎垤村人。2009年被六盘水市人民政府公布为第一批市级非物质文化遗产传承人。

柳远胜有三个弟兄两个姐妹，自己育有一儿一女，可谓儿女双全。据柳远胜介绍，淤泥乡其实居住着彝、白、汉、苗、布依等8个民族，少数民族占了总人口的81%，彝族就占了61%，也算是盘县境内彝族最集中的地区[1]。而淤泥乡素来就有"歌舞之乡"的美誉，人人能歌善舞。柳远胜从小生活在这样的环境中，耳濡目染，再加上自己天生的好歌喉，自然也就成了唱彝族山歌的佼佼者。

柳远胜平时在砂石厂工作，同时还是淤泥乡合作社的理事长。为了响应国家脱贫攻坚的号召，他说，现在合作社和其他公司一起合作，然后去农民那里以每亩地固定的价格收购他们闲置的土地，现在大概收购了整个淤泥乡90%的土地。然后由合作社在土地上种一些刺梨等作物，老百姓也可以去帮忙种，每天每人80元。种了作物之后再拿出去卖，农民、合作社、公司三方按股份分得利益，以此来推动整个乡的经济发展，也促使更多的村民摆脱贫困。

学艺经历及演出情况

柳远胜从小生活在淤泥乡，周围的人每天都在唱山歌，他就听着彝族山歌长大，真正开始学彝族山歌是在三四岁的时候，那个时候他就开始跟着身边很会唱歌的老人们学习。由于受环境的影响，他学得很快，有些歌多听几遍就会了，有些歌就请老人教他唱，学几遍也就唱得差不多。

---

[1] 《盘县文物与风情丛书》编委会. 盘县非物质文化遗产描述与研究[M]. 贵阳：贵州大学出版社，2009：10-11.

但其实会唱彝族山歌的人在淤泥乡有很多，当被问及在众多人中脱颖而出的原因，柳远胜告诉我们是因为淤泥乡举办的一场火把节的活动。火把节对彝族来说很有意义也很重要，他说，就在几年前淤泥乡举行火把节的时候，要找人去表演节目唱彝族山歌，而很多人会唱但都不愿意或者不敢站在舞台上去唱，后来找来找去就找到了他，自己没有推辞，表现也很好，加上观众反响很热烈，还有人把自己唱歌的视频录成了光盘，然后慢慢地就传开了，大家也就渐渐认识了这个胆大又会唱歌的柳远胜。到后来，基本每次有比赛都会叫他去唱歌，就这样唱出了乡，唱出了市，甚至唱到了省里，后来还拔得六盘水市彝族山歌歌唱比赛的头筹。

关于彝族山歌

根据柳远胜介绍，彝族山歌分彝族古歌、情歌等，而他擅长唱情歌类的，古歌也会，但是现在唱古歌的场合已经不多了。彝族山歌一般都是一唱一答，彝族又因为是一个很热爱唱歌的民族，所以每天晚上大家都爱在一起玩，然后大家会在一起唱歌，不论是男人还是女人都是如此。他们唱歌时一般会选择距离村子两三百米的地方唱，唱的歌一般称作《仁义歌》。男人先到就先唱，女人到了就直接接过去唱。歌词一般是表现情义，但这种情义不限于男人之间，还包括女人。关键是要唱一些说吉祥的歌，很多歌词是没有歌本的，完全就是凭心去记忆，平时也会自己编歌唱，比如"吃了晚饭出去玩，屋里老人不耐烦，只要妹心和郎意，管他耐烦不耐烦"。有时候男女青年吃完饭以后也不急着去收拾碗筷，就跑出去先唱歌去了。他说："这体现出彝族人民一种自然、淳朴的情感。在古时候，没电脑电视，没通信设备，彝族先民们就只有唱歌这么一个娱乐项目，所以大家慢慢地就形成了唱山歌的习惯，慢慢地也就变成了彝族的传统。"

柳远胜还告诉我们，彝族山歌除了茶余饭后在村子周围大家一起唱以外，这些彝族的姑娘小伙子们也会用山歌来定情。因为很多时候不好意思开口表达感情，就用山歌直接唱出来。在以前，相邻几个寨子的人都会在一起对歌，互相慢慢熟悉起来。大多时候，青年男女吃完晚饭以后就到对歌场上去对歌。男的先唱，女生闻声赶来，并与男生对歌。如果哪家的小伙子看上了哪家的姑娘，就会用唱山歌的形式来表达自己的感情。女生和他对歌后如果也对他感兴趣，两人就会再次约定对歌的时间和地点。对歌一般是男女各站一边，然后开始对，对到哪一方赢为止。彝族的姑娘小伙子们谈恋爱是不需要媒人的，两人如果通过对山歌确定了彼此的心意，就自然而然在一起了。之后到了要见父母的时候，男方家就带上五六斤酒去女方家提亲，女方家还要请女生的舅舅叔叔过来考察未来的侄女婿。如果不同意，男方就要请媒人去说合；如果女方家接了男方送来的酒并喝了，就表示已经接受了两人在一起，然后就要通知周围所有人说，这俩人已经在一起了。

柳远胜说，他平时都是唱彝族的情歌类，情歌以四句歌为主，曲调相对固定，歌词可以即兴发挥。一般彝族丧葬时候不唱山歌，婚嫁时会唱酒令歌，还要围着火炉边唱边跳。酒令歌也叫出嫁歌，他也给我们唱了几句，大致意思是：

女方：九斤九两银你带了没有，带来了姑娘（新娘）就嫁给你。
男方：九斤没背来，九两背来了，想嫁由你不想嫁也由你。
女方：九斤九两银，九斤没背来，九两背来了，姑娘就嫁给你。

在以前唱情歌是不能当着老人唱的，因为在以前，谈情说爱是不能让老人知道的。而且还不能和与自己不同辈分或是同一个家族的人对歌，他们认为这样有违伦理道德。彝族的山歌有些是祖传下来的，比如像"好久不到这方来，这方凉水起青苔；扒开青苔喝凉水，凉水好喝路难来"（根据彝语翻译而来）。有些则是后来编的，但也编的很有名，现在也是家喻户晓，比如《山歌出在淤泥河》："山歌出在淤泥河，人去背来马去驮。前头去了三匹马，后头还有九囤箩。"

传承情况及困境

讲到彝族山歌的传承情况，柳远胜说，自从当了传承人以后，感觉自己有了更强的责任感，觉得自己有义务、有责任将这个彝族山歌文化好好传承下去。他现在的徒弟主要是自己的女儿和妹妹，她们也很喜欢唱歌。外面的人没有专门找上门来要学山歌的，而且只有在那种山歌文化环境当中，学起来才快。平时他教她们唱歌的时候会先把歌词写下来然后再教，这样更快，更好学。平时教她们唱的也基本是情歌，像以前几个相邻村寨一起喊、一起唱的山歌现在都基本不唱了，只有偶尔办活动的时候会唱。唱歌虽然说起来是一种业余爱好，但是恰恰是爱不爱这个东西才决定到底能不能坚持下去。因为自己很热爱唱歌，所以不遗余力坚持。平时他还会叫一些音乐爱好者来学唱彝族山歌，大家互相交流，互相学习。

关于彝族山歌传承的困境，他认为，首先，彝族山歌文化其实就是一个很抽象的东西，这些山歌都是在古代那种社会环境条件下，由智慧的彝族祖先们创造传递下来的，这里面不仅包含了彝族先民们的日常生活，还会体现出彝族人民的价值观和人生观。但是，随着时代的变化，现在的人们很多只是会唱，根本不知晓其中的含义与这些山歌创造出来时背后的故事。就像现在很多的山歌传承，他们只教会了徒弟们如何唱，但是徒弟们并不懂其中的文化内涵。

其次，由于这几年保护非物质文化遗产风头正盛，很多山歌被挖掘出来了，这些山歌传承人包括他自己，有了更多机会到全国各地去表演和展示。但是他担心久而久之这些山歌就逐渐变成了他们表演的一门"才艺"，而像他们小时候，山歌在彝族人生活当中所起的谈情说爱、促进邻里感情等作用，就会因此而丢失。随着社会的发展，人们的娱乐方式越来越多，彝族山歌的生存土壤正在被破坏和瓦解。而且，以前脍炙人口的山歌，都是彝族祖先们在劳作以及尽情对歌中所创造出来的，这也算是一种文化技艺，但现在没有了"此情此景"，想要再创造出流传千古的佳作几乎不可能了，彝族山歌的发展受到了限制。

最后，就是收徒弟的问题。现在大多数年轻人都出去打工了，想要找到年轻人传承彝族山歌真的很难，对于他们来说就是浪费时间。柳远胜那个跟着老人耳濡目染就学会山歌的时代已经过去了，现在是你愿意教别人都不愿意学。所以有时候只能教一教自己的家里人，但是未来的传承依然堪忧。

柳远胜对于彝族山歌传承的困境分析得很透彻，他很用心去思考彝族山歌传承的未来。他很明白彝族山歌并不仅仅是山歌而已，它代表的是彝族人民的精神和文化，所以他一直在想尽办法保护和传承这门文化。从他的分析中我们也可以体会到，我们在保护非物质文化遗产本身的同时，还要注重其文化内涵和生存空间的保护，保护传承好彝族山歌中的文化精髓，这才是我们保护和传承非物质文化遗产的价值所在！

多才多艺　激情人生
——彝族山歌传承人段胜高

传承人简介：段胜高，男，彝族，1977年11月生，贵州省作家协会和音乐家协会会员。2009年被六盘水市人民政府公布为第一批市级非物质文化遗产传承人。

作为六盘水市国家级非物质文化遗产之一的盘县彝族山歌，是彝族传统文化的重要组成部分，主要流传在盘县盘北地区的淤泥、四格、坪地、松河、普古、鸡场坪等彝族地区，其中以盘州市淤泥乡的山歌最具有代表性。盘县彝族山歌按内容可以分为情歌、酒歌、劳动歌、叙事歌。盘县彝族山歌倡导尊老爱幼、夫妻恩爱、邻里和睦、勤劳善良、相互依存、人与自然和谐相处等理念，在当今人际、族际交流中具有广泛的教育意义。2018年4月，我们拜访了淤泥河的彝族山歌传承人段胜高老师。

与段胜高的第一次见面，是在事先约定的地点。他如期赴约，一进门，便笑意盈盈地冲着大家打招呼，身上那种感染力立即迸发了出来。没有过多闲聊，我们很快进入正题。被问到从何时开始接触到音乐的，他说："我自幼生长在彝族村寨，我那个寨子文化的氛围比较浓厚。而且我的父母是文艺爱好者，他们是生产队的文艺宣传员，会唱很多的民间小调和山歌。父亲会拉二胡和吹笛子，并且还会制作，所以从我记事起，应该就与音乐结下了不解之缘。但是在小时候，我所接触的音乐，无非就是单一的唱歌。所谓唱歌，也无非就是在大山上放牛放马时唱的山歌。其他的歌，别说不会唱，就连听也很少有机会听。家乡的山太高太大，四面是山，又不通路，仿佛与世隔绝，加上没有收音机录音机之类的东西，可以说，能听到山歌之外的歌，实属罕事。读初中时，我翻过大山，走20多里小路到乡里，开始接触音乐。当然，所接触的音乐也不是音乐，也只是简单的唱歌，从来没有学过什么乐理知识，甚至到初二以后，不知为什么，连音乐课也被取消了。读职业学校后，因为我所学的是财会专业,这个专业不开设音乐课,所以直到我从职业学校毕业,感觉上就像从来没有上过音乐课一样。"

"但是有四点值得一提。其一是我天生嗓子好,从小就喜欢唱山歌。山歌都是和村里的大人们学的。村里的男人女人谈情说爱喜欢唱山歌,割草打柴种地放牛放马喜欢唱山歌,就连有时候骂人也用唱山歌来骂。山歌无时不在,无处不在,因而民间有'山歌出在淤泥河'一说。而当男人女人们唱山歌的时候,我们就在旁边听、学。以至于当我们在山上放牛放马的时候,不唱歌,就好像喉咙痒痒得不舒服。其二是在小学六年级的时候,我迷上了音乐,并胡乱自学简谱,制笛子,虽然不会拼歌,也不会吹曲,并且制作的笛子不标准,也不管,反正乱搞,这应该说是我自学音乐的开始。其三是基于我喜欢唱歌,上初三时又喜欢上了文学(当时只不过是写写作文),当时港台歌星风靡大陆,我成了追星族,而又因为觉得他们所唱的歌曲特别是歌词'并不怎么样',自己也可以写歌曲等缘故,我便试着写歌。记得一堂化学课上,因为不安分守己,写歌被老师逮个正着遭'特别对待'。这给了我心灵极大的震撼。其四是初中毕业后,由于家庭经济条件差,我的学习成绩又极不好,家人说读书没有多大指望的时候,我选择了外出打工。然而我是一个不服气和不甘心的人,也不管别人怎么说,打了半年工又回来读半年书,如此反复了三年,终于在1995年考入六盘水市农业学校财会专业。其间,所吃的苦受的难是别人难以想象的。就读农业学校后,我真正喜欢上了文学并开始了诗歌创作直到今天不曾放弃。2001年我在淤泥乡工作,创办了民刊《淤泥河》,2004年出版了诗歌集《一个人的天堂》,还编辑出版山歌集《山歌出在淤泥河》。我想,作品质量和品位虽不高,也谈不上成果,但和我的执着不无关系,它们都是我精神的结晶。就在读农业学校的三年里,在唱歌方面,我连续两次获得'校园十大歌手'荣誉称号,同时写了些自己还能唱的歌,不过那时所写的是通俗歌曲,没有生命力可言。直到现在,我仍然一厢情愿地认为,通俗歌曲没有多大生命力,所以我基本上不写通俗歌曲,也不唱通俗歌曲。我唱民歌。"

段胜高虽然年纪轻轻,但是人生的经历足够丰富。中专毕业,在广州打过一段时间的工。后来那个年代可以安排体制内的工作,又考虑到要照顾日渐年长的父母,就毅然决定回到家乡来工作了。最开始回来的时候,就职于淤泥河乡政府办公室。在家乡工作的几年时间,他时刻都想着用自己的能力为家乡的发展贡献一分力量。2001年,在征得上级领导同意之后,他创办了民间刊物《淤泥河》,出版八期总共累积40余万字。这个刊物的创办主要是为了挖掘民间文化，同时也给当地的文艺爱好者提供一个平台，不断丰富群众以及职工的精神生活。在刊物的内容上，一是宣传党政的思想路线，二是搜集山歌，三是挖掘和汇集当地的人才。用他自己的话来解释就是："我觉得山歌只是我这个刊物的一个方面，但更重要的是，通过这个平台，让我们这个时代的年轻人或者爱好文艺的人，都考虑投入保护地方文化的行列中来。"段胜高接着给我们分享了一件他印象深刻的事情："自己刚参加工作不久，我在家乡的村寨搜集山歌不是那么顺利。接触的本地人有些已婚有些未婚，但普遍都很害羞。他们是不会轻易把资料给我的，然后我就一句一句手抄下来，把抄写的这个小本放口袋里。过年的时候，家家户户就要出来唱歌，等到唱不会的，就从口袋里拿出小本本看看继续唱。以前我们寨子里有一个唱山歌的嗓子很好，歌喉响亮，但是人长得马马虎虎，就是因为歌唱得好，总是有很多女性跟在旁边。还有一位80多岁的老歌师，歌唱得很好，只要一张口，身边的女孩子就是二三十个，像蝴蝶般围绕在旁边，阵势很大的。彝族的人都爱好歌唱，会唱歌和唱歌唱得好的人都还是很有影响的。"

段胜高又被调到乌蒙大草原景区工作。参加工作后，由于工作的需要，他平均两年要调动一次岗位，但是不管身处何种岗位，他都始终没忘记对于民族文化的初心与热情。他说："现在计划每年要举办一次山歌大赛，给老百姓创造一种文化氛围，让他们也有自己的精神生活。如果天晴的日子，老百姓一天农活结束之后就会自动聚集起来唱山歌。我们组织的山歌大赛在民间反响很好，就要用山歌来拉近和村民的关系。只有用接地气的方式，才能获得积极的反馈。到工会工作后，负责文化方面的工作。主要有两个部分：一是送文化下企业下矿区，一年一次，一次至少是四场，反响很好。二是盘县电视歌手大赛，连续举办了几届，几乎可以说成为公会的一个文化品牌。坡上草原音乐节从2015年开始，分为明星专场与地方专场，地方场那次大概有8000名观众参加，而明星专场才两三千人，地方专场的参与度和影响力远远比明星专场深远。老百姓就是喜欢听我们自己的东西，我们的地方专场就是要发掘地方文化，让老百姓喜闻乐见。2016年又组织了盘州市的'职工歌唱大赛'，因为是市总工会组织的，所以举办的阵仗还是蛮大，2017年想把它升级成贵州省的一个比赛。2018年还准备举办一个全国彝族歌手大赛，请四川、云南、贵州几个地方的彝族歌手来表演，增大我们彝族文化的影响力和感染力。最近几年，一直以来有的一个想法是'少数民族文化进课堂'的活动实施，要让我们的民族文化走进校园，让孩子们了解自己的文化才能走得更长远。不过现在的主要困难是经费来源问题。其中最主要的一个内容是'少数民族彝族山歌班',当初的设想有两个目的:一是由我们这些会唱彝族山歌的人来培训盘县各中小学的音乐老师,再由音乐老师教给学生;二是把关于山歌的音频和文件制作好,这就相当于一套少数民族的教科书,以便更好地进行传承。"

段胜高喜爱唱歌,把唱歌当成自己生命中最重要的一个部分,也为自己带来了一些奖项,但最大的收获无疑是相伴一生的伴侣。说到这段经历,他饶有兴致地回忆道:"2005年'多彩贵州'歌唱大赛,我参加了通俗唱法组的比赛。以前在盘县唱歌没有得过奖,但是参加这次比赛一路过关闯将。我媳妇的姨父是威宁县专门搞彝族文化的,通过'多彩贵州'歌唱大赛,姨父盯上了我。通过姨父的介绍,才与我媳妇相识。最后成功用音乐的魅力把媳妇吸引过来了。最大的收获就是唱歌唱得了一个媳妇。"与妻子结婚以后,他们的日子过得温馨幸福。"她喜欢搞文字创作,在南京读大学时就结交了一帮专栏作家朋友,平时也会写东西,并且创办了自己的公众号,有时候会推送一些文章在上面,也帮我宣传和记录我的歌曲,我也鼓励她多写文字。反正在文艺工作上,我们是互相支持和促进的。"

印象深刻的是,在一次饭桌上,盘县的人大主任说:"我们盘县那么大一个县,文化底蕴那么深厚,却没有几首酒歌,你们各位在座的文艺工作者要加油啊。后来我一口气就答应下来了,之后在很短的时间就创作了一首《迪麻歌》。这首歌在全县的乡镇社区都有很广的流传度。《迪麻歌》是彝语,意思是受不了、抵不住,表达了彝家人的热情好客。"在我们的请求下,段胜高大方地唱起了他的代表作。他富于感情的演唱,让我深受感染。

《迪麻歌》歌词:来到我彝乡嘞,喝酒不喝汤嘞。从我门前过,一个也打不脱,一个也打不脱嘞。肉你大块吃嘞,酒你大碗喝嘞。有缘来相会,良吉莫错过,良吉莫错过嘞。迪呀迪麻歌嘞,迪呀迪麻歌嘞,迪麻歌的迪,迪麻歌的歌嘞。迪呀迪麻歌嘞,迪呀迪麻歌嘞,迪麻歌的迪,迪麻歌的歌嘞。

段胜高说他不唱通俗歌,只唱山歌。究其原因,"民间山歌体现的是一个地方古老深厚的文化底蕴,它来源于民间,来源于广大劳动人民的生产生活实践与创造,具有生命力。山歌是人民群众的山歌,一种声音和口头的艺术,我选择唱山歌,我就很自然地受到了人们的关注。我到过很多地方,先后在北京、山东、四川、广东、宁夏演出过,每到一个地方,都受到观众欢迎。但我感到,要想把山歌真正唱响,我们还需要付出更多的努力。"

问到他对于自己家乡的山歌是怀着一种什么看法与心情时,段胜高声情并茂地给我们介绍道:"我认为淤泥河的山歌是一种代表性很强,民族特色比较浓厚,文学含量比较高,感情上比较细腻,演唱上更加高亢、粗狂、悠扬,能体现一个地方文化底蕴,群众家喻户晓的艺术形式。我们的山歌在唱法上,大都是两句一循环,四句一段落,一个段落可以是一首歌的引子,也可以是一首完整的歌。根据歌唱时的地点、气候及歌唱者的情绪、旋律偶有些微变动,但风格和基调都保持同一趋势,最明显的特点是体现在每一小句的结尾部分,连续的颤音和终止的喉音,不容易被外人所模仿和学习,这是我们山歌的特点。"

段胜高是一位多才多艺,勤于创作,敢于追梦的人。唱歌是他生命中很重要的一部分,不过对于文学的热爱同样带给他很多的思考与关怀。他谱曲写词,他吟唱作诗。他在诗歌中去寻找自己生命的源头,祖先的踪迹,那种质朴而强烈的呐喊带给人心底的不只有震撼,还有感动。段胜高的诗歌中有一种刚强却不失柔情的音乐美,在他的世界里,音乐与文字水乳交融在艺术的广袤天地间,他挥斥方遒,自由翱翔。他是自由的,他是沉思的;他是灵动的,他是深情的。下面我们摘录部分他所写的诗词《山歌》以飨读者。

捧着烫金的证书,像接过一张船票
从此,那珍珠般的音符便沉甸甸坠在心间
人们啊,我还能期待有谁和我一道
在苍茫的高原上,大风般歌唱……
——题记

沿着我的淤泥河,我要去寻找
我要用低八度的哼唱或高八度的嘶喊
用我的姓氏和我体内滚烫的血流
去表达我对祖先的虔诚、崇拜和敬畏

我是歌者,我的歌声流落民间
像雪花飘过腊月的早春,悄无声息
我要去寻找,沿着祖先迁徙的方向
那青石板上隐去的足迹和马蹄声

沿着我的淤泥河,我要逶迤而上
让潺潺的河水,淹没我半生的时光

我想知道，每一个匆匆轮回的四季
祖先从哪里来，最终在这里落地生根

我想知道，在这隐秘的村庄之前
他们废弃了多少家园，赶了多少路程
是因为饥荒、疾病而悄然流落他乡
还是因为烽烟四起的杀戮和血腥而溃逃

我想知道他们的荣耀、殁落和忧伤
他们如何屈从事实，又抛弃幻想
留恋？弥留之际，绝望的眼睛布满血丝
我的族群懂得流水般迂回和取舍

我想知道，他们曾驻留过什么地方
那些开垦过的土地如今是否荒芜
那些抛野的尸骨埋葬在哪一座山冈
那些乱石堆砌的坟茔是否长满了青草

我想知道，苔痕蔓延的沧桑岁月
他们的墓碑保存完整还是早已剥落
还有多少我不知道的名字和家事
我是他们多少年代后必然转世的子孙

我要去寻找。我要去淤泥河的源头
或更遥远的地方，更遥远的年代
揭开我的身世之谜，厘清我的根系
把厚厚的族谱遗漏的章节重新补写进去

把他们的灵位重新排列。我要去寻找
我要自豪地向人们说：我的祖先
即使尸骨无存、墓碑脱落、文字消失
他们的山歌却基因般一代代传了下来

民间文学篇 ♣

> 我是歌者。我之所以要去寻找、去考证
> 只因为这历经九死一生的幸存者
> 如今，依然在我粗糙的声带上震颤
> 我要见证：我是一脉血统的正宗嫡传

谈起对于少数民族传统文化的看法，以及自己传承人的身份，段胜高也是颇有感慨："近年来，国家比较重视非物质文化遗产的传承和保护，考虑到我的生活和工作环境，我也想着为地方文化事业尽自己的一份微力。我出生在歌舞之乡淤泥河，并在这个乡工作了多年，但是我觉得这个品牌还不够响亮，必须将地方的文化再挖掘出来，传播出去，这才是真正地为家乡文化出了力。党的十七届六中全会出台了关于促进文化大发展大繁荣的方针政策，这很大程度上鼓励保护了我们少数民族的传统文化，保存了文化的多样性。但是在现在的实际工作中，政府即使有了钱，还是很难达到预想的效果。有时候是时间上不允许，有时候又面临着很多方面的困境。不过，身为传承人，在干好本职工作的基础之上，还是想尽力为社会做一点点贡献。那么从我们传承人的实际出发，我觉得要有专门的人专门的经费来做这个事情，可能效果会比现在更好更出色。就像《天穹的歌谣》这部彝族歌剧，他们有固定的团队，专门的班子，做出来的东西是比较理想的。当然，我也认为少数民族文化还是应该以地域为主，尊重地域的不同情况。只有在地域中，这个文化才能更好地保存，得到更好的发展。"

段胜高是一位多情的才子。他的身份很多，但是在每一种身份上，他总能游刃有余地掌控。在我们短短两个小时的访谈中，你能明显感受到他是多么地平易近人和真实厚朴。他生于民间，也落地于这个最熟悉的环境。他对于歌唱的热爱，对于文学的理解，对于工作的敬业，对于民族的情感，都让人觉得他是一个近乎完美得无可挑剔的人。他是一位执着而有灵魂的民间歌手，我们相信他仍然会一如既往、坚持不懈地努力歌唱。用他的歌声传承和见证民族的历史，增强彝族人民的民族自豪感；用他的歌声去展示民族的风采，唤起彝族人对新生活的不懈追求；用他的歌声去折射出民族想象力，激发彝族人对民族未来的信心。

段胜高表演结束与领导、演员合影

段胜高演出照（以上图片均由段胜高本人提供）

不驰于空想，不骛于虚声
——彝族山歌传承人甘明盛

传承人简介：甘明盛，男，彝族，1967年3月生，淤泥乡麻郎垭村人。2009年被六盘水市人民政府公布为第一批市级非物质文化遗产传承人。

山歌出在淤泥河，人来背嘞马来驮。……

《山歌出在淤泥河》

甘明盛便生长于盛产山歌的淤泥河，耳濡目染之余，自幼就对彝族山歌充满了兴趣与崇敬。

初次见面后，才知甘明盛的脚在前些天骨折了，但他还是顶着疼痛赴约，这令我们十分不安又心生感激。甘明盛说自己和老师关系特别好，他从来不喊老师，都是称呼老妈（现任贵州师范大学音乐学院院长）。他的老师也十分赏识他，一看是甘明盛的电话她就会说，"看，是我大儿子来电话了。"吃饭过程中，甘明盛给我们唱了几首他自己创作的歌曲，动人的旋律深深地打动了我们。一展歌喉之余，甘明盛给我们介绍了几首自己作词、作曲的歌曲，摘录部分如下。

次日，考虑到甘明盛的脚不方便，我们就将访谈地点定在他家。去拜访甘明盛时，他不顾腿脚不便，仍远远上来迎接。大家赶紧表示谢意。进屋后，映入眼帘的是各种各样的乐器。客厅的墙壁上还有几幅画，甘明盛给我们介绍道，那些画是他女儿小时候的作品，这面墙记录了她成长的故事，自己一直舍不得擦掉。他说因与妻子性格不合早年离异，独自一人将女儿抚养大。女儿现在读初一。

再参观甘明盛的书房，很多书在市面上已经绝版了，可称得上"珍藏"。我们看到一本别具特色的蓝色封面的书，打开一看，竟是甘明盛毕业之后多年下乡收集、整理的民歌，其中很多有些历史了，甚至有些民歌传唱者早已不在人世。可见这些民歌资料的珍贵性。甘明盛说："刚毕业的时候我心中有着远

远去的白骏马

（根据平地彝族嫁歌改编）

甘明盛 王幸福 词
甘 明 盛 曲

1=C 4/4

忧伤地

歌词大意： 太阳下山了啊，月亮爬上了山顶我的白骏马没有回来，你去了哪里？风儿啊，请你轻轻地吹，虫儿啊，请你不要再鸣唱，我的白骏马没有回来，我要去找它。风儿啊，你从哪里来，可看见了我的白骏马？月亮啊，请你睁大眼睛看看，看看我的白骏马到底去了哪里。白骏马啊，你去了哪里啊？你回来吧，回来吧！

大的理想抱负，回来一直不间断练习歌唱。因为我是难得的男中音，一张口便是歌剧、咏叹调。有一天，我在练习歌唱，楼下的邻居上来敲门让我别唱了，说她孩子一听就会被吓哭。我愣了一下，好好反思为什么会出现这样的问题，后来我想明白了，中国乡村没有美声、咏叹调的土壤，我唱得再多，人家也不会认可我，并且会觉得我不正常。很多歌唱者都觉得国外的歌剧、美声是高雅艺术，瞧不起中国的传统民歌，认为本民族的东西是土的。所以，我现在一直在坚持一个东西，那就是如果我写的歌老百姓听不懂，我会拿过来马上撕掉重新创作，一定要让老百姓听得懂。从那开始我才意识到自己身上真正的担子是什么，我要做什么才有意义，也是从那时候开始，我借着课后空闲时间去乡下做采访，做调查，一直坚持到现在。这本书是我的心血，里面记录的每首民歌，我现在只要看到歌谱就能回想起当时收集的场景，有笑有泪。我写《红果红》的时候，几个月写不下来，书记就说要不今天我们去垭巴山，听到那里正好在唱'正月里好长勒~'，我有了灵感，第二天马上就把《红果红》写出来了；《十劝小调》也是特别典型的一首歌曲，它的唱腔是全国最广泛的调子，在盘州市的广大农村，特别是盘南和盘西北地区，很多上了年纪的大爷大娘都能哼上一两段，现在在汉族传统婚俗中人家都还在唱。再说《点花铭》，深受当地汉族丧葬文化的影响。《点花铭》属于民间说唱，任何场合都可对唱，可男女对唱，也可同性对唱，一问一答，旋律相同，随语调的变化稍作修改；《彝族丧葬古歌》是最古老的搓蛆舞，现在丧葬仪式中还在跳，歌词是音译过来的。"我们对甘明盛十年如一日的坚持深深地感到敬佩。

十劝小调

盘县民间小调
甘明盛 整理

《十劝小调》歌词：

　　　　一劝我的郎，好好读文章，
　　　　读的诗书比人强，事事心里亮。
　　　　二劝奴冤家，好好种庄稼，

生意买卖眼前花,得点不养家。

三劝奴心肝,闲话少要谈,
酒吃人情肉吃味,莫当儿戏玩。
四劝奴的歌,赌钱莫要学,
你看多少赌钱汉,哪个得利落?

五劝奴的人,莫做私状元,
笔尖动要杀人,坏了你良心。
六劝奴的夫,好事要多做,
多修阴功给儿孙,幸福自然多。

七劝我的郎,做人心莫坏,
房前屋后有神灵,谨防有祸灾。
八劝奴的人,用钱要细心,
穷在街上无人问,高在深山有远亲。

九劝奴的人,做事要公平,
常言路遥知马力,事久见人心。
十劝奴夫君,好好听分明,
谨记奴言莫乱整,幸福万年春。

点花铭

盘县民间说唱音乐
甘明盛 整理

正月里 什么 花么 人 人的所 爱 呀
正月里 桐梓花么 人 人的所 爱 呀

什么人 手挽手啊 同攻 书啊 文
梁山伯 祝英台哎 同攻 书啊 文

(甘明盛搜集的部分谱例,应他要求,只列举部分)

甘明盛从事彝族山歌文化传承这么多年，他说自己最大的感受是如果再不去把这些活化石收集起来，那么10年后这些都将流失。

甘明盛还介绍，已出版的《彝族山歌》是彝族民间用彝语传唱的口头民间文学作品，是彝族人的口传史诗，从产生时间、演唱场域、内容和篇幅上来说与其他各民族山歌大致相似，但具有强烈的本民族文化色彩，是典型的山歌范本。

从某种程度上说，彝族山歌贯穿于彝族民众的一生。从谈情说爱、婚嫁、丧葬与其他各种社交活动都涉及系统的一整套习俗礼仪，各种习俗礼仪中缺少音乐对于彝家人而言是不可想象了。近年来，彝族青年人对于传统的彝族山歌并不如以前那么重视。值得庆幸的是，政府和社会各界人士采取了各种各样的方法和举措来传承和弘扬彝族传统文化。我们相信，在不久的将来，必定有更多如甘明盛这般的彝族青年体味到彝族山歌的魅力，并重新燃起对彝族传统文化的热忱。

"来自一个英雄的梦想"
——彝族山歌传承人兰爱菊

传承人简介：兰爱菊，女，彝族，1975年11月生，现供职于淤泥乡政府。2009年被六盘水市人民政府公布为第一批市级非物质文化遗产传承人。

由于时逢国家扶贫，兰爱菊一直奔赴在乡村一线的扶贫道路上。寒冬腊月，我们终于在期盼中见到了多次在电话中交流和沟通的兰爱菊。

初见时，兰爱菊便不停道歉，解释说扶贫工作实在太忙，一直挤不出时间陪我们，还请谅解之类。尽管她穿戴整齐得体，不失中年女性的魅力，但仍旧隐藏不住高压扶贫工作所带来的疲惫，反而让我们感觉扶贫期间打破她的日程安排有些不好意思。她一开口，我们就被她爽朗的嗓音、干练的性格所吸引。她人非常随和，也很积极乐观，非常配合我们的工作，还把与自己相关的一些资料拿给我们看，这让我们很惊讶。一个彝族山歌传承人想得如此周全，也为我们后续的工作提供了很大的帮助，这令我们为她的这种工作精神由衷地点赞。在当地可以说兰爱菊是一位名人，几年前盘州市出了一套关于彝族山歌的书籍，其中第二册《山歌出在淤泥河》的封面人物就是兰爱菊，此外当地流传很多兰爱菊唱歌的光碟，深受当地人喜欢。用她的一句话讲："山歌于我，不是柴米油盐，不是一蔬一饭，而是我平凡生活里的英雄梦想。"

兰爱菊在盘州市民宗局上班，长期到村镇进行调研，挖掘地方文化。意识到现在的民族文化正在逐渐消失，年龄在20岁以下的彝族年轻人更多被流行歌曲所吸引，更别说学唱，这让一个从事民族文化的工作者感到非常痛惜。她说，山歌里面的内容丰富，包括婚俗、丧葬、节日、恋爱、孩子满月等内容，是反映民族文化的一个重要缩影，一定要传承和发展下去。所以，兰爱菊主动承担起彝族山歌的传承任务，除了在社会中广泛传播山歌文化，开展山歌比赛，有空时也到中小学进行现场授课，把山歌带进学校，鼓励青少年继承本民族文化。她的这种精神令我们钦佩，非常值得我们学习，也衷心祝愿她在这条道路上越走越远，有更多的文化传承者加入她的民族山歌传承大队伍中。

在20世纪70年代，盘州市淤泥乡彝族地区少数民族山歌漫天遍野，无论是农忙还是农闲，空气中到处弥漫着山歌的气息。兰爱菊就是在这样的一个氛围中呱呱坠地，在长期的耳濡目染中，练就了一副好嗓子，终将山歌唱出了淤泥乡，现已成为六盘水市彝族山歌方面的知名传承人。在兰爱菊四五岁时候开始跟随父母到田间地边从事劳动生产，当时就深深地被山歌所吸引，大人们唱她就自己悄悄哼哼慢慢地跟着学。由于彝族地区的山歌多为谈情说爱的内容❶，很多她听不懂，但也有部分听得懂，她不管这些内容，只觉得非常好听，自己就慢慢地模仿，居然能够跟得上节奏和旋律，让她非常开心，更加激发了她学习的兴趣。在她孩童时期，一般人都比较贪玩，喜欢玩"老鹰捉小鸡""跳皮筋"等游戏，但兰爱菊不一样，她不仅喜欢唱山歌，而且喜欢刺绣，经常利用妈妈刺绣的闲余时间，偷偷做针线，一边刺绣一边听山歌，非常惬意。兰爱菊家属于经济不是很富裕的家庭，到7岁才开始读书，衣服总是破了缝，缝了又穿，鞋子也是最破旧不堪的布鞋。正是这样的家庭，成就了她独立、坚强、吃苦耐劳的性格。加之过去学校环境有限，膝盖就是自己的课桌，女孩子能够读书已经是非常不错的恩赐。因此，兰爱菊倍加珍惜来之不易的读书机会，她的勤奋努力奠定了她现今能够成为一名文化工作者的成就。上学后，她自己做早餐，放学回家帮父母做一些力所能及的农活，例如割草、挑水、放牛等。那个时候山青青、水蓝蓝，整个民族地区一片风光旖旎，彝族人面对祖国的大好河山，歌由心生，一边农忙一边唱歌，尤其是过去青年男女比较多，成群结队地唱着山歌，勾起了她对山歌的兴趣，私自哼哼呀呀地学唱，竟然忘记手中的农活。经常因为听山歌太痴迷耽误农活，怕被父母骂只好到天黑才敢回家。

兰爱菊年龄稍大时，慢慢懂得山歌的意思，被这种以歌传情的恋爱方式所吸引。为了能够早点到山上听山歌，她把作业迅速做完，然后跟随爷爷去山上放羊。自己偷偷学来的山歌因为很多是情歌，不敢在家里面唱，只能趁着没有人的时候小声哼哼。她妈妈是村里出了名的山歌爱好者，唱得嗓音大且动听，深受大家喜爱。当妈妈发现兰爱菊非常喜欢山歌时，就开始慢慢教她。因为山歌的内容多为情歌，所以不能对着长辈、晚辈、同姓人唱，必须避开这几个群体。同时，情歌不能在家里面唱，尤其是不能让家里面的异性听到。所以，妈

---

❶ 谢丽红，汤柳. 彝家生来爱唱歌［N］. 六盘水日报，2014-09-15.

妈就在山上干农活的时候教她如何唱歌，如何对歌。兰爱菊从小聪慧过人，尤其是在山歌方面学得很快。因此，在母亲的点拨和自身的努力下，很快在当地脱颖而出，她读小学时候就已经非常出名。自小学四年级以来，每次唱歌比赛，一等奖总是她的专属，甚至音乐老师直接喊她带领全班同学唱歌。六年级以后，参加组织上的各种活动，次次获奖并受到表扬。现今已经成为淤泥乡彝族山歌的代言人之一，曾接受中央电视台、《发现贵州》栏目、大连电视台等各种媒体的采访。同时，她在"多彩贵州"山歌大赛上获得个人乡级一等奖和县级二等奖，市级比赛一等奖的好成绩。我们采访期间，能够感受到兰爱菊对山歌强烈浓厚的情感，访谈中她能够信手拈来，开口就唱，即使现场也给我们唱了几首当地的山歌。在唱情歌时候她声音嘹亮，音调高扬，仿佛回到了妙龄时代，多了几份娇羞。在唱白事丧葬的歌时，声音哀婉、呜咽，音调低沉，时时传来抽泣声，又仿佛进入了亲人生离死别的场景，让人情不自禁泪如雨下。

　　兰爱菊非常庆幸自己生活在一个音乐之乡，也非常庆幸出生在一个音乐家庭。她的爸爸、妈妈、姐姐、弟弟都非常喜欢听歌、唱歌。尽管每个人所喜爱的音乐类型不同，但音乐的魅力让整个家庭充满了欢声笑语。在家里唱民歌，在山上唱山歌，有家的地方就有歌，有歌的地方就有爱。在长期训练中，兰爱菊练就了一副好嗓子，无论多高的音都能够顶得起来，而且音调、音色把控得非常好。平时她也非常注重练声，让嗓子保持一个很好的状态。为了保持山歌的鲜活性，她利用工作之便，经常到淤泥乡、坪地乡等地区进行听歌采风，深入民间加快搜集逐渐消亡的山歌文化，把更多的作品呈现给受众，其中多次参与并协助出版了彝族山歌集。她非常注重对山歌的传承方法，不仅自己多听、多练、多学、多教，还积极组织唱山歌的人参加彝族歌手比赛，传承山歌技艺，扩大山歌的影响力。例如，她在业余时间，组织当地人跳"彝族达体舞"，试图从自身、创作、宣传、舞蹈等方面，全方位、多层次对山歌进行宣传和推广。在谈到山歌走进校园活动时，兰爱菊兴奋异常，非常开心地告诉我们学校是一个很好的平台，今后将会是自己在传承山歌方面的一个重要领域。每年她一有空就会到盘州市彝族地区的小学、初中教唱山歌，每个年级的学生都有，大家都非常喜欢听、喜欢学，这给了她鼓舞和信心，她希望学生能够真正地喜欢彝族山歌，并将之发扬光大。彝族山歌的内容丰富多彩，很多山歌是即兴演唱，根本不需要歌词，大家高兴了会唱很久，男女一问一答，你侬我侬，彼此依依不舍。现在网络非常发达，兰爱菊还积极引导歌手组建起来，把山歌唱到网络上，例如建立山歌 QQ 群和微信群，大家共同分享快乐，感受民族文化。山歌所带来的乐趣，或许也只有唱山歌和听山歌的人才能够真正感受到。

兰爱菊被评为市级"彝族山歌"传承人，对于这个传承人的荣誉称号，她并不是很开心，反而诚惶诚恐。她说传承人的认定说明了山歌文化正在逐渐消失，而自己却是彝族成员中渺小的一个。彝族山歌文化博大精深，经历了若干年，里面所包含的文化丰富多彩，仅仅依靠个人的力量是无法完成保护和传承工作的。对于她本人，只是一个民宗局的工作者，但必须肩负起传承民族文化的重任，延续山歌的发展和壮大。在传承中不仅要注重传承的数量，同时也要保证传承的质量，多渠道多途径对民族山歌文化进行搜集、整理和保护。在这条道路上，她愿意用自己毕生的精力和有限的生命继续把山歌文化发扬光大，让山歌不断传承和强大，走出贵州，走向国际。

三、彝族古歌

彝族古歌简介

2009 年 9 月 30 日，彝族古歌（普古乡、坪地乡、四格乡等彝族聚居区）经贵州省人民政府批准被列入第三批省级非物质文化遗产名录。彝族古歌以演唱为主，内容丰富，包括古代的叙事歌、婚姻仪式歌、丧葬歌等。其实婚姻仪式歌又包含酒令歌。演唱内容大多根据场合来确定。与山歌、情歌等以对唱形式为主不同，古歌多由一个人演唱。关于古歌的来源及具体起始年代，当地人难以明说，只知道是由老一辈传承下来的，至于从哪一辈开始的已经无从考证。但是，从内容、形式上看，可以确定历史久远，而且多由彝族人民口头创作代代相传。古歌内容经由每一代人的传承，不可避免地打上了每一个时代的烙印，从而使得其内容愈加丰富、形式更为灵活、题材也越来越多样。

喜笑颜开"酒令婆"
——彝族古歌传承人车秀花

传承人简介：车秀花，女，彝族，1934年3月生，普古乡天桥村人。2010年被贵州省文化厅公布为第二批省级非物质文化遗产传承人。

  酒令歌，顾名思义，即行酒令，为我国自古以来雅俗共赏之事。如曹雪芹在《红楼梦》中经常以行酒令为事由，不仅将各位主人公置于同一舞台，而且以酒令影射人物内心与命运。大观园红香圃内为宝玉等四人摆生日酒宴时，林黛玉行酒令"落霞与孤鹜齐飞，风急江天过雁哀，却是一只折足雁，叫得人九回肠……"，正影射出其身世遭遇，恰如酒令中的折足孤雁，失伴哀鸣。然而，生活中以酒令助兴，早已成为稀罕之物。正所谓"礼失求诸野"，虽随着时代发展，许多传统在其起源之地悄然逝去，但却以更多丰富的形式成为边陲之地的闪亮之处。酒令歌的传承便是如此。

  在贵州省盘州市的彝族、苗族、布依族、仡佬族等民族中，婚丧祭祀、节日庆典、迎宾待客等场合，酒令歌成为人们表达感情的"套歌"。就彝族而言，酒歌又可分为酒礼歌与酒令两类，前者主要用于祭祀、婚丧礼仪等方面，曲调平和、旋律深沉，以独唱或对唱为主；后者则多用于节庆中迎宾待客的场合，常由酒令婆和歌郎领头，多人伴唱，以"盘歌""猜谜"等方式对唱，内容庞杂，音调悠长婉转，形式多样，如水城一带的《盘歌》《种麻歌》，六枝堕却一带的《白岩上》《打金打银送大姐》《歌郎进房歌》，以及盘县普古一带的《姑娘出嫁妈妈愁》等[1]。

  彝族是一个能歌善舞的民族，千百年来，一直保持着喜歌好舞、演奏乐器的传统。在情爱、婚丧、节日，以及孩童嬉戏等各个生活领域和民俗文化事项中，音乐无不伴随在彝族人生活的方方面面。同时，歌舞活动也是人们传达、

---

[1] 六盘水市地方志编纂委员会. 六盘水市志·文化志 [M]. 贵阳：贵州人民出版社，2007：258.

交流思想感情、增强群体意识的精神纽带，是彝族人生活里不可分割的组成部分。传统的彝族婚俗仪式中，音乐更是必不可少的一个部分，伴随着婚礼的整个过程。彝族人把在婚俗仪式上嫁女儿的歌叫作酒令歌，通过男女双方家请来的歌师，以对唱或独唱的方式在一系列复杂的礼仪程序中完成。2018年1月，我们前往盘州普古乡专程拜访一位专门在婚庆场合为人们助兴且传承民族"古理古规"的酒令婆——车秀花。

个人概况

车秀花，彝族，84岁，是当地一位很有名望的彝族歌师。家住天桥村，天桥村彝语称为"侬嘎普"，她从小在这个寨子长大，是土生土长的本地人，丈夫也同为本寨人。她生于一个歌师世家，父亲是当地有名的歌师，至今她们家已通过口传心授的方式将歌师传承了四代人。受到家庭浓厚氛围的影响，她从小便会吟唱很多彝族歌曲，如彝族酒令歌、山歌、情歌、丧祭歌等。她的歌声深得同村人的喜爱与赞扬，很多喜爱唱彝族歌曲的人都会慕名前来拜她为师。毫不夸张地说，她会唱的歌曲有成百上千种，传承弟子也不计其数，她的很多徒弟现在也成了彝族歌师。

除此之外，她还育有四个女儿，女儿们也都学唱各类彝族歌曲，如今三女儿与四女儿已经成功接了她的班，经常被邀请去唱酒令，成为当地小有名气的歌师。无论是对待自己的子女还是收的徒弟，她的态度都是一样的，她常说的一句话便是："只要她们喜欢，她们想唱，我就一句句地教给她们。"她对唱歌的喜爱是热烈的、真挚的、朴实的，虽已年过八旬，却精神焕发，只要在家里闲来无事，依然会带着女儿们一起唱上几首，完全沉浸在音乐的世界里。

酒令歌的传说

据车秀花介绍，很多彝族的传说和故事都是通过唱歌的方式，世代口耳相传，这些被歌唱着的传说和故事实际上就是彝族的口传历史，蕴含了丰富的文学、宗教、历史等知识。她给我们讲述了一个酒令歌中关于彝族起源的故事。

相传，自从盘古分酒令，因为没有人，玉皇大帝创造出了十二个新人，分别是四个女人、八个男人，因为我们这处没有天，没有地，玉皇大帝就用这十二个人来造天、造地、造水。为了造天造地，女人们不辞辛劳地白天采花，晚上也采花，采来的花被织成一块一块的，于是人们就把天给缝起来。天补好后，女人就拿手拍起来，还把男人叫过来帮忙，每天男人都在半醒不醒的状态下挖泥巴，最后天就被做好了。造好天之后，女人又把男人叫起来，他们共同挖了三块地，又继续挖了三块地，一共挖了九块地，他们把挖好的地凑在一起，地凑好了，这时天地也就造好了。接下来，他们又开始造山，先是捏了三个山包包，又捏了三个山包包，一共捏了九个山包包，最后，山也就造好了。接下来是造水。据说，谢家有四兄弟，大儿子叫谢宝宝，二儿子叫谢阿五，三儿子叫谢小三，四儿子叫谢左手。谢小三把龙拉在坡上，谢左手开始打龙，龙的血淌下来就成了水。龙的皮是花的，因此，地块形成了不同的形状，有陡的，有缓的。龙的肠子变成了草和树木，天地山水草木都有了。最后，这十二个人还把这条龙的肉给吃了，因为龙太大了，他们吃不完，最后就把龙分成均等的十二坨，从此以后彝族人民就过上了幸福的生活。

  天地万物造好以后，人口剧增，而且人老了以后只会换皮不会死，因为人口数量过多，土地不够用，为了扩大生存空间，凡人想尽了一切办法，有的人甚至把玉皇大帝家的祖坟挖了做房子，最终惹怒了玉皇大帝。玉皇大帝就用洪水淹天来毁灭人类，最后只得重新造人。在洪水淹天的灾难里，天下人只有一个心地善良的姑娘活下来了，玉皇大帝觉得姑娘可怜且心地善良，就把她许配给自己的一个不会说话的女儿，最后姑娘就和玉皇大帝家的哑女儿结婚了。他们婚后生了十二个肉坨坨，这十二个坨坨分别挂在不同的树枝上，挂在什么树上就姓什么，因此就有了现在的人类，也有了现在彝族人的姓氏。

  很明显，彝族酒令中这一关于人类起源的故事，倘若用人类学的专业视野来看，确乎符合文化传播的普遍规律，其内涵与西方的挪亚方舟故事、汉族的盘古开天辟地、黔东南苗族的兄妹成婚生肉陀的故事相类似，甚至于汉族传统信仰中的玉皇大帝也成为其中的主要人物，这充分说明了当地各民族文化交流交融的程度之深与范围之广。同样，在婚礼这样一个特殊的场合，彝族将祖先起源的故事以酒令的形式传承之、推广之，亦别有一番意味。婚姻本为人类传承之本，男女之结合成就了生育之事实，彝族酒令中玉皇大帝的哑女与善良姑娘的同性结合充分反映了在彝族文化中女性的特殊地位。

  或许是传承过程中的变异性，车秀花所讲述的酒令传说在相关文献中亦有记载：

玉皇老大爷，

养个哑巴儿，

生死要做我的郎，

……

玉皇老大爷，

六个哑巴儿叫我怎么办？

你扛根竹子去等着，

你做个芦笙去等着，

锄头木缸全做好，

我叫他们各讲一种话。

竹子划一节，

变成布依族，

扛着锄头山脚走，

去做平地人，

竹子划两节，

变成彝家人，

背起木缸坡上走，

安家住在半山梁；

竹子划三节，

变成苗家人，

抱着芦笙崖上走，

去做高山人❶。

  这首酒令歌不仅讲述了彝族、布依族、苗族各族同根同源的故事，还将三个族群的分布特征、生活方式形象地描述出来，如布依族以务农为主，生活在山脚的平地上；彝族人，住在半坡上，背篓为主要劳动工具；苗族人呢，喜好芦笙，在高山上生活。这点与黔东南流行的"苗家住坡上，侗家住水边，汉家住街上"一般，将生活事项以民歌俗语的方式进行表述。

---

❶ 《盘县风物与风情丛书》委员会. 盘县非物质文化遗产描述与研究［M］. 贵阳：贵州大学出版社，2009：259-260.

彝族酒令——婚事歌

　　酒令歌也被称为婚事歌，属于彝族民间的古歌，是彝族传统社会中嫁女儿时所唱的一种古老的歌曲类型。在结婚当天，男方家和女方家分别会邀请两队歌师来女方家对歌。通常，男歌师叫酒令郎，女歌师叫酒令婆。一般在婚庆上，酒令歌是由男女双方请来的酒令郎和酒令婆在一系列复杂的礼仪程序中所演唱。酒令歌的篇幅很长，有时几天几夜都唱不完。演唱时，歌台设在娘家，结亲人马来至，由送亲女伴起唱，于是双方你来我往通宵达旦。酒令歌一般由二十四段组成，涉及的内容很丰富，有歌唱祖先历史、万物起源、传授知识、和睦孝顺、生产生活等。通常要唱《上头酒令》《集中酒令》《水拌酒酒令》《造天造地》《成水酒令》《洪水淹天》等。

　　作为酒令歌的传承人和当地有名的酒令婆，车秀花不仅会唱非常多的酒令，对于彝族传统的婚礼仪式，以及在婚礼上如何演唱或者对唱酒令的规矩也了然于胸。在人们看来，酒令婆便是婚礼中喜庆的表现，也是将婚礼推向高潮的最具代表性的人物。据她介绍，在彝家女儿出嫁的时候，按照传统礼俗必须要唱酒令歌。酒令歌成为婚事当中是一个必不可少的环节，在彝族的婚俗仪式当中发挥着非常特殊和重要的作用。

　　酒令歌在演唱的时候，有固定的顺序。第一首唱《侧门酒令》，这是男方家的接亲队伍刚到女方家时，在女方家门外演唱，在演唱时由酒令婆先唱，酒令郎再与酒令婆一句句地对唱。必须唱到女方家满意后，男方才能进门。按照彝族传统的习俗，在姑娘出嫁的当天，要把姑娘的一股辫分成两股辫，这是姑娘成人可嫁人的标志。因此，接下来是由女方家的酒令婆演唱《辫头酒令》。在演唱这首酒令的同时，新娘的姑妈要把新娘的头发从原来的一股辫子分成两股辫子，还要向着新娘的额头象征性地点三滴水，这意味着新娘身份上的转变。这个首酒令结束以后，接下来主人家就会把所有的客人叫过来在堂屋的火塘边坐下，这个时候新娘要跪在酒令婆的面前，哭着请酒令婆唱《集中酒令》，同时还要倒酒给酒令婆喝。唱完之后，回到堂屋，围着火笼，在酒令婆的领导下，大家一起唱《堂屋酒令》。唱完以后，新媳妇要在堂屋里转几转，再请来帮忙的人把姑妈和舅舅背来的水拌酒放在门背后，接着请歌师到门背后的附近坐下，开始唱《水拌酒酒令》。这首酒令唱的是挖地、种稻子、收稻子到最后制作水拌酒的过程。这时女方家会准备两坛水拌酒放在堂屋的两侧，并插上麻秆。大家高高兴兴地你一口我一口喝水拌酒。接下来开始对唱《礼物酒令》，酒令婆先唱，酒令郎对唱。这首酒令是酒令婆代表女方家问来接亲的男方，带了什么礼物送给新媳妇。通常大家都会等着酒令郎说出带了什么礼物给新媳妇，直到说满意了大家才结束。唱这首酒令时，现场的气氛十分热闹。紧接着就对唱接新娘的故事，这首酒令也是先由酒令婆唱了以后，酒令郎来对唱。这首歌实际上是女方询问来接亲的男方是怎么过来的，走了哪些路，遇到了哪些事，有没有走那些不干净的地方。唱完后，新媳妇要去厢房里面请大姑妈和舅舅来喝酒，并且酒令婆要唱《大姑妈酒令》和《舅舅酒令》，表示对姑妈、舅舅的尊敬和孝顺。这两首酒令唱完后就开始唱《总结歌》《造天造地》《山中树林》《山坡》《水》《隆雪》《补天补地》和《助天助地》等酒令，直到第二天天亮，最后用《总结酒令》和《送亲酒令》来结束整个嫁女儿的仪式。

由于言语不通之故，我们没有办法将车秀花的酒令歌一一记录，此处便引用相关文献所录之歌部分以飨读者。

酒令呵酒令，

酒令歌声起，

酒令唱九声，

九声呵九声，

要唱九套衣，

要唱九条裤，

要唱九双鞋，

穿起郊外游。

哥弟都恨我，

恨我缅宝不嫁人。

大姐出嫁了，

二姐过来人，

三姐也是婆家人，

缅宝得走了，

不走也不行，

房子留给哥嫂住。

……❶

---

❶ 《盘县风物与风情丛书》委员会. 盘县非物质文化遗产描述与研究 [M]. 贵阳：贵州大学出版社，2009：252.

普古"汉子"杜元元

传承人简介：杜元元，男，彝族，1964年4月生，普古乡天桥村人。2012年被贵州省文化厅公布为第三批省级非物质文化遗产传承人。

天桥村坐落于贵州省盘州市北部的天桥乡，被大山环抱，世代居住于此的彝族人民与山林为友，与鸟兽虫鱼为伴，有着悠久的彝族文化。这里风景优美，山川秀丽，民风淳朴，野生动植物保护完好，是典型的农业乡镇。村寨中，人们还保持着说彝语的习惯，有一些老人平时也会穿着民族服饰围坐在一起聊天。特殊的地理环境某种程度上形成了相对封闭的文化圈层，保存了最原汁原味的彝族文化。彝族先民用本民族的语言和方法反映他们所处的社会的生活方式和思维模式，一代代的彝族儿女也用彝族古歌记录下本民族的历史记忆。传统的诗歌在歌词上讲究对仗工整，韵律自然，而普古乡天桥村的彝族古歌更高亢有力。普古，彝语意为檬树生长的坝子，彝族人口居多，世代居住于此，是盘县彝族古歌盛行地之一。

《六盘水市志·文化志》这般描述当地的古歌：

> 古歌叙事歌多在苗、彝、布依、仡佬等民族中演唱，曲调平缓，多为上下句结构，或一个句式用各种语言变化的无限轮回反复式歌曲结构。音调变化较小，音程起伏不大，为叙说性说唱形式。有的接近语言。一般在祭祀、节日、婚丧等场合，由专门的歌师或长辈老人演唱。演唱时间较长，各民族调门不同，形式相异，如仡佬族的《我们是古老先人》、布依族的《长发姑娘》、彝族的《戈阿娄》、苗族的《撵虎夺亲》等。[1]

可见，古歌也即民族的历史叙事歌，因其独特的民族历史记忆功能，成为如苗族、布依族等没有自身文字族群口传历史的主要方式。而且，也因其深厚

---

[1] 六盘水市地方志编纂委员会. 六盘水市志·文化志[M]. 贵阳：贵州人民出版社，2007：258.

的历史底蕴，使得各民族古歌的演唱者多为男性，要么是世代传承的歌师，要么是备受尊敬且记忆力惊人的老者。此处，我们便将目光投向了普古乡彝族古歌传承人——杜元元。

谈及学习彝族古歌时，杜元元相当激动，他在受访中一直感叹，彝族古歌具有丰富的文化底蕴，非常害怕彝族古歌在未来失传。他说，自己曾经在煤矿上做工，每当累了或者空闲的时候，他总会为工友们唱上一段彝族古歌，在工友们的目光中，他看到了古歌的力量，那不仅仅是舒缓疲劳的作用，还有着对热爱生活之心灵的慰藉。说起自己收的徒弟，都是寨子上的人，但是都没有像以前那样专门来学习，大家都是有时间聚在一起才会学习彝族古歌。这点相较于自己学习古歌的时候，已经全然不同。普古天桥村，以前是一个比较封闭的山村，这为他学习创造了有利的条件，全村人都讲彝语，而音调也是时常能够听见的，所以在耳濡目染的情况下，学习起来就没有那么困难。但现在已经没有那个条件了，没有那个环境也没有那么多歌者去演唱。从杜元元的学习过程中，我们不难看出，彝族古歌流行于民间艺术，一般在村寨中传唱，学习古歌的很多人都是穷苦人出身，他们历经了种种磨难，在大山中他们过着最简单的农耕生活，男耕女织，日出而作，日落而息。彝族古歌的题材主要来源于人们生活、迁徙的历史。

杜元元说："在学习训练的过程中更在乎的是它的气息，气息一定要流畅，声音才会洪亮通透，这与地理环境也是有关系的，彝家人也有对歌唱歌的习惯，这就要求一方必须听到另一方的声音，如果声音不响亮，对方就听不到。大家唱歌的时候也喜欢选择在空旷的地方，在气势上也会显得比较雄伟。"正如我们在杜元元唱歌时，感受的音律上的起伏恢宏。现在的彝族古歌在音律上保持了传统，不像一般的山歌可以大胆发挥。尽管在我们看来，学习古歌，不仅需要跨越音律的门槛，还需要铭记许多历史传说，十分困难。但杜元元说："彝族古歌代代口传心授，消除了教育程度的门槛，只要敏而好学，勤奋努力，一般都能学成。"

作为彝族古歌的传承人，彝族古歌伴随杜元元成长过程的每一天。从最初的兴趣到后来的理想，彝族古歌充斥着杜元元人生中的每一成长阶段。在他的记忆里就如同有一个专门存放彝族古歌的文件夹，这里面是彝族古歌对于社会历史的真实反映，也是社会历史创造彝族古歌歌词的田野佐证。因此，通过一个传承人的生命图景，我们便可发现彝族古歌当前的生存状态。

现场杜元元还为我们演唱了一段反映彝族青年反对封建包办婚姻，追求男女自由恋爱的古歌。这种出口成歌，以歌寄意的能力是彝族人民喜闻乐见的一种即兴表演方式。歌词内容涵盖的范围极其广泛，上至天文地理，下至谈情说爱，包罗万象。这是一种文学作品，是民族的智慧结晶。总体来说，彝族古歌是一种在生活中被创造、人们即兴演唱世代传唱的歌曲，每一首歌都能在特定的场合讲述不同的故事，其蕴含的民族文化也极其博大。

在对众多传承人进行调查以后，我们不难发现彝族古歌的诞生确实无从考证，而作为一种文化因子，其早已融入彝族人民的日常生活中。六盘水市的普古、淤泥乡、坪地等地至今仍在传唱。近年来，政府加大了保护力度，作为非物质文化遗产彝族古歌也面临着严峻的考验。例如，普古的车秀花老人、毛小数老人都年事较高，而像传承人杜元元、甘进琴等也到了中年，传承的任务仍然艰巨。

近年来，国家对民族文化的重视，使得彝族古歌得到了一定的保护，社会地位也被世人承认。值得一提的是，彝族古歌这种原生态的演唱，如果穿上彝族服装就会更加丰富。而且彝族古歌里面除了有季节歌这种农耕类的歌之外还有劝诫后人的歌。

杜元元的成长、学艺、生活经历，向我们展示了一个传承人在学习和传承过程中所作出的努力。杜元元一直坚持着他自己的梦想，在彝族古歌传承事业上做着自己该做的事情。当我们聆听杜元元声情并茂地演唱着一个个感人唱段的时候，我们了解到的是唱段背后的那一个个鲜为人知的故事，是杜元元对彝族文化深厚的情感。当我们真正地了解了一个彝族古歌歌者的感情经历和生活经历的内容之后，我们才能真正体会到彝族古歌的朴素、即兴、歌词内容，莫不源于彝族人民智慧的创作，是一代一代的彝族人民用毕生的精力与生命创作了现在我们所熟知的彝族古歌。他们用生命的歌声向我们诉说着来自心灵深处的个人情感、民族情感，用歌声演绎着他们对这个世界、这个社会的理解与认识。这些音乐、历史的记忆已经影响了当地村民对历史的认知。彝族古歌的演唱内容、曲调及旋律，彝族古歌歌者的自身行为和相关音乐活动共同构建了彝族古歌丰富的内涵。这可以在杜元元的成长、言行中看出，他的历史记忆本身就构成了历史的一部分，在传承和学习的过程中演变的部分就是歌者自我内化的结果。彝族古歌歌者在演唱实践中，将本民族、本土文化的历史知识，在不同的环境中演唱、在不同欣赏人群中传唱，使受众对自己的传统产生历史认同感，并潜移默化地形成了传统文化的历史积淀。在歌中出现的那些人物、事件是中国传统文化结构的重要组成部分。彝族古歌的传承之所以得以延续，很大程度上取决于本土群众的价值观取向和历史认同。而作为传承人的彝族古歌歌者不断地将这种综合性的历史文化加以展现，便慢慢形成了人们对历史文化的了解。对于许多不识字的村民来说，他们的历史认知是通过彝族古歌来获得的。他们心中的历史就是彝族古歌所讲述的事实。由此可见，作为传统历史文化观念的传播者——彝族古歌传承人，他们所发挥的作用是显著的。尽管在有些地方的故事传说还有待考证，有些历史典故也不排除虚构成分，但是，彝族古歌作为一种历史的传播途径是肯定的。

总之，正是彝族古歌的存在，才使得彝族文化的过去一直存在于人们的记忆中并得以代代相传，而这也是杜元元所担忧的。当我们查看历史典籍的时候，我们会感到陌生，当我们从一个彝族古歌的传承人口中听到那悠远的歌声时，我们会看到彝族的历史。因为口传者使历史与现实紧密地衔接在了一起，使我们更加直观地看到了历史的发展脉络。虽然我们无法确认传承人杜元元对彝族古歌的演变是否产生了影响，但事实上，如杜元元一类的传承人使得这些古歌得以传播——这就是他影响历史的力量。

小 结

正如"礼失求诸野",这些民族民间民歌亦是如此。在当前的贵州省,相较而言,那些地理位置偏僻、交通不够发达、经济较为落后的少数民族地区往往原生态民族风情保存更好。

通过对诸位传承人的访谈,我们发现,无论是布依族盘歌,还是彝族山歌,抑或酒令歌,都离不开自然的熏陶和真实生活的锤炼。这些传承人,大多自小生活在歌的海洋,他们或者受到父母亲人的影响喜爱以歌发声、借歌表达,或者因自小生活在盘歌、山歌环境中从无意识地自由发挥到有意识地传唱。他们的传承方式最为自然也最为真实,他们的体验表达了一个真理,那便是:传承是基于生活方式而存在的,传统的以族群为单位、村落为基点的农耕生活为布依人、彝家人提供了天然磁场,盘歌、山歌、酒令歌等各类歌由此而生。也正因此,随着时代发展,人们生产生活方式发生了巨大变化,流动人口加剧,知识传承除了传统的口传身教已经演变为以信息技术为主的快速传授,这极大地冲击着以民歌为主的民族民间文学的传承。

针对这种因时代变迁存在的客观影响因素,除了建立非物质文化遗产传承人机制外,或许我们需要更多更有力的措施。譬如,可以采用相关激励政策,鼓励生活在其中的民族成员主动、乐于去学习民族传统;也可以鼓励其他人员参与学习、研究相关文化。当然,何种措施更为有效,还需要相关政府部门及学界做更多工作。

传统舞蹈篇

一、羊皮鼓舞

羊皮鼓舞简介

2005年12月30日，羊皮鼓舞（鸡场坪乡）经六盘水市人民政府批准公布被列入第一批市级非物质文化遗产名录；2006年，被盘州市（当时为盘县）人民政府列入第一批县级非物质文化遗产名录；2009年9月30日，经贵州省人民政府批准列入第三批省级非物质文化遗产名录。盘州市鸡场坪乡羊皮鼓祭祀舞，最初依托于端公的法事活动产生，是在祭神祭祖、消灾祛病、祈福还愿时由端公表演的法事舞蹈。其源于民间道坛娱神傩舞，又深受彝族歌舞文化影响，是一种带有娱神色彩的多人参与的集体舞。现今，盘州市各地无论是祭祖仪式，还是节日庆典、红白事中都能看到羊皮鼓舞的影子。同时，盘州市汉族羊皮鼓舞取得可喜成绩：1989年8月，贵州省首届民族民间艺术节，鸡场坪彝族乡坝上村下阿嘟参赛的"羊皮盘鼓舞"获优秀节目二等奖；1990年，六盘水市首届青年文化艺术节，下阿嘟以"欢庆乐舞"为名称参赛的"羊皮盘鼓舞"获第三名；1995年，贵州省第五届少数民族传统体育运动会，下阿嘟参赛的"羊皮盘鼓舞"获特等奖、领演人钱有良获道德风尚奖；2008年9月，以"鼓舞东方、激情上海"为主题的全国第三届鼓艺大赛在上海举行，来自国内外的59支鼓乐队（包括韩国、非洲鼓乐队）倾情献演。贵州省盘县鸡场坪彝族乡坝上村下阿嘟地的《羊皮鼓舞》参加比赛并获金奖；同年，贵阳市第七届少数民族运动会，以"红枫鼓潮"为参赛名称的"羊皮盘鼓舞"获第三名；2009年7月，贵州省盘县九乡一县艺术节，以"羊皮鼓舞"为参赛名称的"羊皮盘鼓舞"获一等奖。

为民传承——羊皮鼓舞传承人夏成权

传承人简介：夏成权，男，汉族，1953年11月生，移山村的老支书。2009年由盘县人民政府公布为盘县首批非物质文化遗产代表性传承人，2010年被贵州省文化厅公布为第二批省级非物质文化遗产传承人。

2018年元月的一个冬日，我们坐了半小时的"蹦蹦车"翻山越岭才看到前来迎接的夏成权。下车后，一同走了一段山路方到家。夫妇俩带着儿孙居住在一个大院子里，平日里他主要忙着村里的工作。

眼前，夏成权正在忙着扶贫攻坚工作。他介绍说整个移山村有12个村民小组、接近700户人家。本来他已经退休了，但村里搞合作社，又返聘他回村当村支书。他在村合作社，有时候会自己做衣服、鞋子，拿去给村民穿。他帮村里的贫困户扫地，带着人到贫困户嘘寒问暖。村里的路和沼气池也都是他领着申请国家补助才建成的，村民们信任他，他觉得一定要好好做事，才对得起他们的信任。

谈到羊皮鼓舞，他告诉我们："我19岁左右就开始跟着师傅学羊皮鼓舞，至今快50年了。师傅是别村的，自己学徒7年，师傅就去世了；之后被迫独立掌坛做法事。当时因种种原因羊皮鼓舞濒临灭绝，后来在政府的倡导下，我又召集了鸡场坪钱家兄弟等一些会跳羊皮鼓舞的人来跳，羊皮鼓舞才得以重现在人们的视野中。1989年8月，我到六盘水市文工团任教，就是教学生羊皮鼓舞、宣扬羊皮鼓舞文化，传教学生数人，并参加了贵阳首届民间艺术节，后来还到新加坡参加过演出。之后，我就一直在鸡场坪附近跳羊皮鼓舞、带徒弟，政府开始倡导'非物质文化遗产进校园'之后，这几年就一直在鸡场坪中学教授学生们跳羊皮鼓舞。"

他说，"羊皮鼓舞其实就是用来排忧解难、驱除邪恶、喜庆丰收、求吉保安、集福迎祥、善解人意的民间文化。羊皮鼓舞的特色主要体现在它的动作、鼓点、唱法上。根据场合的需要，有时是边跳边唱，有时只跳不唱，动作共有九十六婆，大多模仿动物，主要用于红白事和大型祭祖仪式。表演羊皮鼓舞至少要两人，一般四人，多则几十上百人不等。羊皮鼓舞队形也多变，动作原始古朴，狂野奔放，情节随鼓锣声展开，起伏跌宕，充分展现了男性的阳刚气。"现在他们这帮人给人家做大法事（比如祭祖仪式）时，就有三个部分，即"二十四段歌鼓""三十六段花坛"和"七十二段大堂"。每个部分相对独立，但又互相连贯成一体。他说，"跳羊皮鼓舞要有很好的体力，而且还要口、脚、手的协调配合。羊皮鼓舞的开坛舞动作不多，步调、队形变化也相对简单，主要有风吹草动、猛虎下山、天鹅探爪和小牛拜方等。其中'二十四段歌鼓'即二十四婆分别是小七星、小开门、小八字、大八字、以搓连、兔儿刨坑、一步三点、喜鹊登枝、北斗吊北、金线提银灯、黄龙摆尾、白马悬蹄、仙人接脚、枯树盘根、癞牛擦痒、黄莺晒翅、犀牛望月、罗汉打盹、母猪擦痒、羚羊斯打、苍蝇搓脚、美女串花、亲王出师、仙人搭桥。如今，能把二十四婆羊皮鼓舞完整地跳完、念完的人已经不多，在二十四婆的基础上，再加上鹞子翻身、压上压下、仙人解锯、仙人搭桥、仙人扳跤、仙人进宝、鸳鸯和面等动作就构成了三十六婆。至于'春药、下河、拿渔网、捞鱼兜、堵岔洞、打笼子'等九十六婆，现在基本没有人能唱会跳了。"

夏成权的羊皮鼓　　　　　　　　夏成权在吹牛角号

"九板十三腔"说的是表演羊皮鼓舞，不但要打得出"直板""转板""参请板"和"划船板"等九种鼓点，还要会用十三种腔调来说唱。他说，"羊皮鼓舞在跳的同时有唱历史人物或典故的，舞中有戏，戏中有舞。"说着说着他就给我们唱了一段秦叔宝："左门神秦叔宝，右门神胡将军，门神小姐二位将军，三十人丁你认得，七十人丁你知音，家的不准放出去，野的不准找进门，若有妖魔变鬼怪，将你金瓜砍出门……"他说像他唱的这些必须用十三种腔调唱出来，边唱边舞，唱舞结合就是羊皮鼓舞的一大特点。

据介绍，羊皮鼓舞还是一种面具舞，有判官、和尚、观音、土地、彝王五个角色，每个角色的装扮也不一样，有的滑稽可笑，有的阴森吓人，五个角色出场顺序也是有明确规定的。一般"判官"先亮相，接下来是"和尚送喜"与"观音送子"同时上场，往后才到土地出场，最后是"彝王"镇场。他说，"彝王"就是彝族的大王，来镇场的。而请土地，是因为走哪个地方，哪个地方是什么神，什么鬼，需要问土地。"和尚送喜"和"观音送子"是连着出场。"和尚送喜"就是有的人家接一个新媳妇来，几年不会生小孩，就要请观音送子，要用一个人装成和尚，一个人装成新媳妇，用席子盖在堂屋里，旁边跳羊皮鼓舞；然后抓点米或者玉米，撒在鼓上，鼓就会响，表示小娃生下来、哭了；之后用糯米面或者小麦面捏成一个小娃娃，开了光，做成之后送到那家新媳妇的床上去，让她带着睡，这样就可以让她真的生孩子。而之所以请判官，是因为去帮人家做这场法事，判官要来证明你去帮了人家做事情，是真的还是假的，做得好，还是不好，就像讲理一样。你把这场理讲得好与不好，都由判官来判。

这些年来，夏成权在移山村带了赵飞、陈开学、陈小用、夏书文等多位青年弟子，希望他们能把这一民间文化传承下去。他教徒弟的时候，一般会采用口传心授的方式，由浅入深，由简单到复杂。我们去采访时，他还给我们看了他自己制订的带徒计划：第一，积极配合文化主管部门和上级其他相关部门做好非物质文化遗产羊皮鼓舞的调查与研究工作；第二，积极参加上级政府部门选派表演和比赛的文体活动；第三，加大力度推进羊皮鼓舞传承工作，继续推动"校园传承一批、校外培养一批"工程；第四，在传承的过程中要举一反三，严格要求学徒掌握羊皮鼓舞的所有动作要领，培养一批合格一批；第五，强基固本，加强非遗保护队伍建设，认真开展传承工作，毫无保留地传承羊皮鼓舞技艺，培养后继有人；第六，充分整合，促进我乡非遗合理开发利用，打造推出地方特色展演精品项目及作品，参加省、市、县各级各类重大节庆文化活动、文艺表演或展览会，引导群众继承传统、弘扬传统；第七，巩固成效，加强非遗保护。定时不定时地对羊皮鼓舞的动作、鼓点、音乐规范动作，让羊皮鼓舞更好地得到传承。

当我们问到羊皮鼓舞的传承困境时，他愁容满面："羊皮鼓舞原本是在农村红白事或者祭祖仪式上跳，但随着社会的发展，越来越多的人奔向城市，农村变成了空村。同时受到外来文化的冲击和影响，很多人已经开始不信这个了，羊皮鼓舞的生存空间越来越小。所以在村里找人来传承羊皮鼓舞很不可能，自己家里经济条件有限，如果找人来学还要倒给他们煮饭、买烟，他们还觉得没钱，还不如出去打工。"之后"非物质文化遗产进校园"，他就去学校教羊皮鼓舞，但是学生一毕业就走了，传承也就断了，这是传承所遇到的最大问题。所以很多时候就只能传给自己的儿女、孙子等亲人。而且现在自己年纪大了，高难度动作已经跳不了了。"现在我跳三十六婆，会晕倒、呕吐，有时候去学校教都是自己的外孙赵飞去教的。赵飞从初二就开始跟着我学羊皮鼓舞，现在已在威宁工作了。春节的时候，赵飞一般都会回来过年，我就联系小朋友过来，让赵飞就教他们，近年来的很多比赛也都是赵飞带着他们出去的"，夏成权说，他也有意把赵飞培养成自己的下一代接班人，让他能好好地把羊皮鼓舞传承下去。现在小孙子8岁，也已经掌握了羊皮鼓舞手上的动作，大孙子动作都学得差不多了。

8岁的小孙子在学敲节奏　　　　夏成权教大孙子跳羊皮鼓舞

他说，"在我的传承体系里，还有一点劣势，那就是相比于鸡场坪坝上村羊皮鼓舞传承人钱家兄弟几人来说，我所接受到的一些东西，都是无文字的。我的师傅不识字，所以都是口传，一代一代往下口传时很多意思就会或多或少发生些变化。而钱家的师傅是识字的，所以他们的传承要好很多，也规范很多。现在，我也逐渐把自己学到的东西整理成文字，以便后代在学习传承的时候，能更规范、更轻松一点。"

以情传艺——羊皮鼓舞传承人钱吉华

传承人简介：钱吉华，男，汉族，1967年3月生，贵州省盘州市鸡场坪镇坝上村人。2015年被六盘水市文体广电新闻出版局公布为第二批市级非物质文化遗产传承人。

羊皮鼓舞，因其主要道具之一为以羊皮为原料经特殊工艺制作的鼓而得名，本是"踩坛"中的选段。"踩坛"又是"雷坛祭祀"的项目之一。"雷坛祭祀"属于祭祖仪式中的一种，起源于自然界对人和物的崇敬。"踩坛"有固定的大组合方式，也有固定的小组合方式，其作用来源于多方面，具有本身作为礼仪的，亦有来源于对人和物怀念的，还有传统教育传递信息的。"雷坛祭祀"包含了劝善、尊师、重教、报恩、忠孝、贞节、礼仪、尊老、爱幼等内容。羊皮鼓舞有二十四婆（边唱边跳、用于做小事）、三十六婆、七十二婆（用于做大事）、九十六婆（用于做大事）。唱的打的鼓点有九版，腔调是十三调（九版十三腔），自己伴奏自己跳。2018年1月，我们拜访了羊皮鼓舞传承人钱吉华先生。

羊皮鼓舞者夏成权、钱吉华、钱成林、钱建榜（左一为钱吉华）

与钱吉华的见面是在他创办的养蜂基地，他跟爱人住在这里。知晓我们此行的来意后，没有太多铺垫，钱吉华便直入主题。

　　钱吉华的祖父学了三派功夫：阴派、阳派和游方派，集三家之大成。他说："祖父把这个功夫首先传给外姓弟子谢金山，学会之后没多久就死掉了。接下来传给堂叔钱远春，钱远春学会之后，到关岭不久也去世了。不久后又传给我的父亲钱远荣，父亲学会后要参加抗美援朝，祖父担心技艺失传，又传给了二叔钱友良，最后又传给四叔，但是四叔他只学会了半坛。我的父亲又传给了大哥钱吉勇，二哥钱成林，我自己（前面几兄弟是满坛），五弟钱坤。"

　　问及对徒弟的选择标准，他说："羊皮鼓舞人（别人称半边人），有一句话叫：'教一路留一路，以免徒弟打师傅。'要把技艺留给有德、心术正的人。学这门技艺分为外传和内传，外传需要有人推荐。外传是需要教给有德之人，需要经过很多锻炼，内传是毫无保留地教给自己的子女。我爷爷辈外姓传了好多，但是几乎没有学会。爷爷开除了几个徒弟，因为心术不正，干坏事。以前外姓的来学需要有拜师仪式。徒弟借他人祭祀之机或者专门到师傅家，于先师位前摆下香案，并于先师位旁边正列摆椅。师父领徒弟先跪拜先师并给先师浇茶、奠酒，然后徒弟请师傅上座，徒弟跪拜师傅，徒弟给师傅敬茶敬酒。拜师仪式后即算入门。第一步需要有人担保，写投师帖，认他做我的徒弟。平时要考验他的心术，想学多少学多少，半坛的能帮人家做些小事情。在祖父那辈，吃住同行，有做不完的活，吃不完的饭，钱也是平分。学会以后，有谢师仪式。徒弟到师傅家，在先师位前摆下香案，并于先师位旁边正列摆椅，徒弟将衣裤鞋帽袜等礼奉上，师父领徒弟先跪拜先师并给先师浇茶、奠酒，然后徒弟请师傅上座，徒弟跪拜师傅，徒弟给师傅敬茶敬酒。谢师仪式以后，师傅才会给弟子正式回馈（授法衣钵—道具），半坛弟子一般为丝刀、令牌、卦三件，满坛弟子会多一些。这就是授法衣钵礼。"

　　现在，需要做法事的人家并不多，平均大事一个月一两次，小事有就自己找到家里来。近十几年来很多人都不知道有这门技艺了。"但是在我们家一直秉着信念就是说，再难我们都会坚守下去，因为这是祖传的东西，是我们的根，不能让它流失了。所以我的两个儿子，在他们很小的时候，有机会我都会带他们去参观仪式场合，现在大儿子已经掌握了绝大部分，小儿子因为还在上学平日里没有时间学习所以会的要少一些，但是他跳起羊皮鼓舞动作很规范，很有力道。"

　　钱吉华还给我们介绍了一些相关法事，譬如：

退三消（指金消、银消、情消），就是人闯着鬼怪了。闯到鬼怪后要唱山歌，所以要首先确认是三消，请施娘或者端公去看病，挑个日子。准备香三百根，钱纸一刀，蜡烛三对，山羊（公羊）一只，公鸡一只。讲太上老君根底，请真武大帝（先入伏后入道），四爷（杨四郎），五猖（分阴阳，用塞子搞25张钱纸，五张一组，分为东南西北中五方），茅山（可以求雨）。开坛，然后念咒把人送出去，解身上。扫屋基（以前新的只扫下层），念真言咒语，烧鸡蛋（树魂）。人有三魂七魄。烧了以后，法事就完了，就要帮他安家神。

过刀湾。小娃娃在12岁以前啰唆的话，就做这个法事。用十把铡刀，磨快，不能有缺口。还要两把木刀，还要请12个人来端刀。用两个鸡在磨刀上绕过一趟。而且要把人的鞋子袜子脱了洗干净，并且从头到脚给师傅一套行李。若家穷的话可以只要一双鞋子。然后师傅穿上新衣服，法医法帽，在刀上过。其他法事环节与做三消一样。

保子。专门的一套法事，要会唱保子调。用来针对易流产的妇女保胎的一种活动。

搭桥。找个老干爹或老干妈，看八字，找五行相克的，找贵人。接着就要去找椿树，楸树，梓木树，槐花树（师刀树），杉木一小跟。三十六寸布，不可用白布，黑蓝布都可。把布放到桥上铺好，用鸡血倒在白布上，抱小孩子过去。碗要放到没阳光的地方，一个装酒，一个装水，然后给小娃娃吃饭。父母把小娃娃抱到桥上，走三趟，施娘念咒语。之后小孩子就会很听话，易养成人。

关于职业禁忌，钱吉华介绍道："我们半边人的禁忌说有几个：第一，三不去：日子不好不去，带信来不去（怕夫妻不和气、意见不统一场面尴尬），妇女来接不去（如果有第三者一起来，可以一起去；以防是非）。第二，收徒弟：嘴稳（不乱说主人家的任何话）、手稳（看见主人家有任何东西不拿）、心稳（有戒力，戒酒或减量）。有些食物也是不能吃的，比如说我们不吃活肉（鸭肉、鹅肉），不吃牛肉（因为这是太上老君的坐骑），不吃狗肉（狗是肮脏的东西，对神不敬）。"

除了跳羊皮鼓舞，钱吉华还是制作羊皮鼓的好手，钱吉华从制作到仪式的展演，几乎都是钱吉华一个人完成。钱吉华介绍说："制作羊皮鼓，程序比较复杂，基本有以下几步：第一步，采用钢铁制（30~40厘米），宽1厘米，厚2厘米，直径圆圈为1~1.2尺，鼓把5~6寸，把尾带有一个圆圈。第二步，把一张生的山羊皮铺在桌子上，再把制成形的鼓圈合在上面，周围要放大40

~50 厘米，用铅笔划成图，用剪刀把多余的部分剪掉，刮去毛质。第三步，用 20℃ ~30℃的水浸泡 4 ~5 小时，取出泡软的山羊皮，铺在桌子上用干毛巾擦干，再把鼓把处分为三条，再用剪刀剪到鼓把处分别从外往内扭在鼓圈上，经过多次直到羊皮绷紧为止，用湿的纸或毛巾蒙在中间放平，待鼓变干后，才将上面的纸或毛巾拿下，不能在太阳下暴晒或加热，只能阴干。第四步，阴干后第二次刮毛，用鸡蛋清在羊皮鼓上两面涂抹，待鸡蛋清干后，再作阴阳太极装饰。第五步，包鼓把，挂鼓铃，系飘带。第六步，绑扎鼓棒。采用生长在竹子林埂上露出土面的竹根，长短大小，弯曲基本一样，刮去根上的凸处，再配成对用毛线绑扎。"

关于自己的学艺经历和现在羊皮鼓舞的传承情况，钱吉华说："我 1976 年开始跟随父亲钱远荣学习雷坛祭祀，那年 9 岁。1984 年能执掌雷坛祭祀半坛，1987 年能执掌雷坛祭祀满坛。2006 年 6 月在家传承羊皮鼓舞演奏技巧，传承徒弟钱小康，钱正英，钱元吉，胡金龙，高小考，钱育志，包小熊等，其中钱小康，钱正英，钱元吉三人基本能掌握二十四婆中的十二式。"

钱吉华的妻子见我们聊得热火朝天，便不时补充两句，当被我们取笑她偷师学艺时，她则打趣道："他以前去给人家办事的时候，我有空也会去参看，所以看多了自然就会了。但是可惜一般女人不能正式参演到这种仪式场合的。还好我的两个儿子都跟着他们的父亲学了这门祖传技艺，不至于后继无人。"是的，对于钱家人来说，羊皮鼓舞不仅仅是一种法事，更是一门祖传技艺，是祖辈留下来的知识精粹，在传承面临困境的今天，继续以家传方式坚守阵地便成为不得已且十分自然的选择。

采访完钱吉华的第二天，我们便得知他们班子明天在某地有一个大型的祭祖仪式，也就是我们常说的"跳大神"活动。带着满心的欢喜与好奇，我们欣然前往。

在那个陈旧且拥挤的屋子里，师傅们正按部就班进行着活动。他们的班子，绝大多数是跟钱吉华年龄相仿的中年人，还有一些稍微年长的，其中也有两位样貌清秀的十六七岁少年。少年跳的时候很卖力也很认真，步子跳错的时候，会迅速反应过来及时调整。随着钱吉华的唱词和其他师傅密集的鼓点，"跳大神"的活动达到了高潮。钱吉华穿着红色的法衣，戴着面具，从全身剧烈抖动转换为在场地里小步蹦跳，摇头晃脑，忽而蹲下，又忽而站起。最精彩的是他的神态，惟妙惟肖，引得在场观看人们的一堂哄笑。

"跳大神"活动一般要持续三天三夜，他们几乎不能休息，一整天都在尽力地唱尽力地跳。尽管屋外寒风凛冽，刚刚跳完的钱吉华还是满头大汗。那一头汗水似乎在印证这位朴实的民间艺人说的一句话："干这个行当的，赚的都是辛苦钱，但我们还是要用心去做，图个心安。"

采访归来，跟同伴交流着感受与体会。在主张科技决定一切的今天，这些法事似乎成为异类，但对于我们这些旁观者而言，仪式的敬畏感十足，每一个鼓点都成了敲击我们这些所谓现代人之内心的精神疑问。愿如钱吉华一般承载神与人交流桥梁的法师们即使在科技发达的今天，也能一如既往地为人们排忧解难。

羊皮鼓

跳大神仪式中会用到的五块傩面

钱吉华班子跳大神活动的现场

用心传承——彝族羊皮鼓舞传承人钱成林

传承人简介：钱成林，男，汉族，1964年1月生，鸡场坪乡人。2015年被六盘水市文体广电新闻出版局公布为第二批市级非物质文化遗产传承人。

据钱成林介绍，现存的羊皮鼓舞来源于鸡场坪彝族乡坝上村，它是一种民族民间舞蹈，用于红白事和大型祭祖仪式，最具有特色，其目的是排忧解难、驱邪除患、喜庆丰收、求吉保安、集福迎祥、善改人心。羊皮鼓舞类似于地戏、傩戏，历史上称为傩舞，起初的目的在于借模仿动物的舞蹈来"驱邪纳祥"，属于一种原始的宗教舞蹈，后来逐渐在节日喜庆活动中参加表演，增加节日的喜庆气氛，现在逐渐形成舞蹈的表演艺术，一般由政府和文化部门组织人员参加省、市、县、乡大型文艺演出。羊皮鼓舞历史悠久，流传至今，已有上百年历史。羊皮鼓舞道具有羊皮鼓、牛皮鼓、锣、师刀、面具、牛角、服饰、书、令牌、卦等。表演时共九十六婆，有时边唱边跳，也可只跳不唱。在参加文艺比赛时，只跳不唱。随着社会的发展，各级政府和文化部门对羊皮鼓舞高度重视，将羊皮鼓舞引入校园；对非物质文化传承与保护投入大量资金，使其传承与发展稳步前进，不断促进文化事业蓬勃发展。该舞蹈祖祖辈辈、世世代代相传。据统计，传授到他本人，已经有五代了。

我们到来的当天，正遇上钱成林家杀年猪。他介绍了自家羊皮鼓舞因老曾祖母生病而习得的历史后，便打开堂屋，给我们看相关道具，还教我们用羊皮鼓舞打鼓点。他说，祖父学习了三个派别的技艺，因害怕这些东西失传，便慢慢记下这些技艺的口诀，后来祖父将技艺传给父亲，父亲又传给谢金山，他学会了之后，在很年轻的时候就去世了。之后又传给了家里面的堂兄弟，没多久也去世了。后面还传给了二叔和四叔。父亲最后传给了我们几兄弟。当然现在我们也在往下传。

钱成林说："'羊皮鼓舞'密宗流传讲礼数，密宗流传礼数上有'滴答行、滴答礼，未成学艺先学礼''祖师面前栽荷花，有情有义传下他、有情有义传

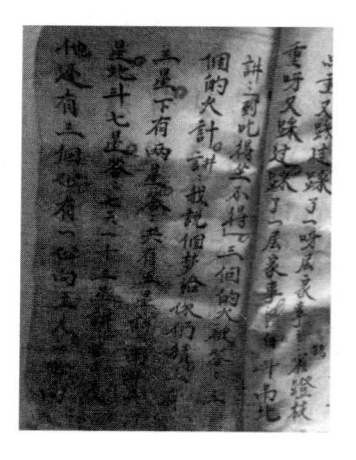

家传手稿及钱成林抄录部分手稿

几个，无情无义莫传他''宁愿让手艺失传，不愿让手艺传给无德的人''一日为师，终身为父''拜师''传法''谢师''授衣钵''开门''送葬'等。然说时容易做时难，正因如此才会有'同堂学艺排排坐、学成归来没几个'的结果。"

外传非血亲之人，必敬献礼物、必跪拜。外传旁系血亲，免长辈跪拜晚辈，其余不免。内传直系血亲，免长辈跪拜晚辈，本身为一家，其余可免可不免。拜师仪式，徒弟借他人祭祀之机或专门到师傅家，于先师位前点燃香灯，并于先师位旁列正位摆椅，徒弟跪拜师傅，徒弟给师傅献茶、敬酒，免跪拜晚辈之徒弟亦不免跪拜先师。拜师仪式后即算入门，入门后要学许多东西，外传之人均是由师傅控制、一点一点地传。内传之人则是敞开的，除总诀之外想学多少就学多少，拜师仪式前可学，拜师仪式后亦可学，只要师傅在都可以学，还可按师安排由其他弟子代师传授，个别被明确禁学尚未开禁之人除外。传法仪式只在大型庆典活动时进行。传法仪式分两种，一种是庆典时由满坛弟子组织进行。满坛弟子借他人或本家进行大型庆典之机，从当时品性好或能力强、祭祀技艺掌握程度高的众弟子中选一人或几人；参加传法仪式的弟子跪于先师前，双手牵展开衣服形成衣兜，得全传之人先用三道总诀手印于下跪的参加传法仪式的弟子衣兜内（隐秘的，下跪弟子也看不到），最后得全传之人给下跪的参加传法仪式之弟子卦赠（庆典时称扣卦），然后下跪的祭祀弟子起身与得满坛弟子一起用一般手印（一般手印平时已传，该弟子也可以不跟满坛弟子用手印，全凭满坛弟子之安排）。另一种是有满坛弟子过世祭祀时进行，由满坛弟子组织，过世之满坛弟子的子女有学习祭祀技艺的，由其学习祭祀技艺的子女中选一人或数人参加传法仪式，如其学习祭祀技艺的子女有满堂弟子的则已为满坛弟子的该子女参加传法仪式。若参加传法仪式的子女不止一人且均不是满坛弟子又定不下人选时，则要通过执卦轮拷进行选人，执卦轮拷在最先出的同轮中得顺（一人同轮所执之两爻分别为一阳爻一阴爻）的子女均最终得参加传法仪式。满坛弟子先领最终得予参加传法仪式的子女跪于逝者前，参加传法仪式的子女双手牵展开衣服形成衣兜，满坛弟子所用手印全部翻倍，一半用于下跪子女衣兜，一半用于逝者（所用总诀仍都是隐秘的），用完手印后掌坛之人给下跪之人卦赠（送葬时称盖卦）。

  传法仪式上没有实质性的内容传授，实际传不传总诀手印还得暗考其他（类似于佛家考功德，有时还考隐语）。众多学习内容都是在平时传授，也就是说参加传法仪式的人未必得全传，未参加过传法仪式的人也可得全传，实传不在传法仪式上。

  密宗流传不认血亲，只认弟子当时的品性、天赋、缘分。密宗流传非直系血亲相传（也就是民间说的门外师之说）时，对弟子当时的品性、天赋、缘分要求相对要严一些。此外还有数礼仪，故非直系血亲，学全"羊皮鼓舞"相对就难很多。而像钱成林这种就相对要简单一些，但品性等要求并不会降低。密宗流传直系血亲相传（也就是民间说的门外师之说）时，对弟子当时的品性、天赋、缘分要求相对要松一些，且对数礼仪之要求也相对要松一些，故直系血亲学全羊皮鼓舞也相对就容易得多。民间有祖传之说，实际上只有相对的祖传，没有绝对的，也就是说现在任何传承人均不太可能是洪钧老祖或道教三清、披发祖师的直系血亲，是不是祖传要实地多方考证、佐证、旁证，传承人对其上连续三代以上直系师承、其上连续三代以上直系血亲、外姓传入本性时双方的具体人员情况。许多民间人士自称的祖传是鱼龙混杂的，经不起实地多方考证的，有的为了沽名钓誉甚至不惜扭曲事实，其所言真假掺杂，言之事实之处是避重就轻，而言之不实之处则故意美化渲染。

低调做人　认真做事——钱剑榜

传承人简介：钱剑榜，男，1977年6月生，汉族，盘州市鸡场坪乡坝上村人。著名的羊皮鼓舞传承人钱少宽之子。2009年由盘县人民政府公布为盘县首批非物质文化遗产县级代表性传承人。

第一次看到钱剑榜时，他正给一户人家主持祭祖仪式，见到我们，他有些拘谨，腼腆地朝我们笑笑后，依旧熟练且充满自信地主持仪式。

据钱剑榜自己介绍，"约12岁就开始跟着父亲学习羊皮鼓舞。那时候父亲出去帮人家做法事，我就跟着去，父亲和自己的叔叔伯伯们跳的时候他就跟在后面学，慢慢地记住了很多动作。需要念的经书都是钱剑榜平时一点一点背下来的。现在，我成了羊皮鼓舞传承人，带了两个徒弟，一个是我的儿子，一个是我的侄子，他们俩差不多也是10岁开始跟着我学。现在两个徒弟羊皮鼓舞的动作都差不多学会了，但还不会念经书。一般教他们的方式也是做法事时带在身边，让他们耳濡目染。现在比以前好的就是经书可以写成文字，再来学习，这样徒弟们学起来会快很多，自己学习那会儿还只能是口传心记。"

他告诉我们，"我的曾祖父和钱成林、钱吉华俩兄弟（羊皮鼓舞传承人）的祖父是亲兄弟，钱成林、钱吉华算是我的叔叔。钱家大概是在明洪武十四年进入贵州，祖先最开始在南京，之后跟着朱元璋的部队南下攻打缅甸、云南等地，就在此处定居下来。羊皮鼓舞祖传下来到钱剑榜是第七代。做法事都有法名，自己法名叫龙富，是父亲取的。这个也有艺谱，有字辈：子、尔、传、金、盛、德、高、法、艺、龙……法名的两个字除了第一个字是字辈外，后面那个字就是师傅认定的。取法名一般要在做大法事的时候取，因为要惊动天地神灵，做大事时正好要请神下凡，在这个时候取名字就可以顺便得到神的认可，这个法名之后才会有效。取法名的时候，要跪在菩萨面前，还要敬酒，敬天地、敬菩萨、敬师傅。取了法名表明可以独立去做法事，不需要师傅跟着了。取法名时还要发誓：'忘了天，不下雨；忘了地，超不了生；忘了父母遭雷打；忘了师父，法不灵。弟子不忘天，天下雨；不忘地，超一生；不忘父母，不遭雷打；不忘传法师傅，法将灵……'师傅一般是要认定徒弟可以独立做一些法事了，才会给徒弟取法名。法名不带姓氏，取好法名之后做法事就要念自己的法名。"

钱剑榜说，"钱家以父传子的方式，世代祖传，没有拜师仪式。如果是外面的人想学，就要有引荐人、担保人，还要写投师帖，这些齐全了，才能被收为徒弟，学成之后，走出去跳羊皮鼓舞，才会被师傅认可。但是现在由于社会的发展，羊皮鼓舞生存空间被极大压缩了。靠跳羊皮鼓舞养家糊口基本不可能，所以外人也不再愿意学习这个东西了，也就只能传给自己家人。现在我的儿子、侄儿还不会念诵经书，只会跳。因为他们现在的主要任务还是要先读书，空余时间才跟着学。"

除了跳羊皮鼓舞帮人家做法事外，钱剑榜还会去舞狮，一般是在人家开业、丧事的时候被请去舞狮。他从28岁左右就开始独立做法事、跳羊皮鼓舞，现在一年下来，做大法事（像祭祖仪式这类的，一跳要跳三天两夜）的有四五场，做小法事一个月也就两三场。这样算下来，跳羊皮鼓舞的收入并不多，主要收入还是靠舞狮挣来的。"在鸡场坪坝上村整个村寨就只有钱家这一个大家族的人会跳羊皮鼓舞，将近有20个人。做大法事时，一般会有八个以上的人参与唱、跳羊皮鼓舞；做小法事时，一般也就一到四人参与。"

据钱剑榜介绍，羊皮鼓舞其实是一种源于民间道坛的娱神傩舞，舞姿大多是观察模仿动物的习性、形态和动作演化而成的。在过去，一些人家如果遇到家里不顺或运势不好，都会请端公来跳羊皮鼓舞，以施法驱邪，纳祥求吉，民间俗称"跳大神"。而现在，羊皮鼓舞开始向半娱神半娱人的观赏性民族民间舞蹈演化。在羊皮鼓舞里面还有五种面具，按出场顺序是判官（帮忙还愿）、和尚（大法师）、观音、土地（羊皮鼓舞中角色之一）、彝王。土地和彝王是同时在一场法事里出来，先出土地，接着就出彝王。彝王就是彝族的祖先，他是来镇场的。传说这个地方以前就是九种彝蛮之地，在这里做法事，就要有一个彝王来镇场，去人家家里做，就要有一个镇坛。土地最开始是彝王家的，这边土地都归他管。汉人进来以后没有土地，没有树，都要拿钱去彝族人手里买，买来之后再建房子。彝族家做法事（比如祭祖仪式）建房子时通常用筷子来代表柱子、大梁，主人家抬一边，做法事的抬一边，之后盖瓦片。此时，通常用钱纸表示瓦片，需要3片瓦片来盖屋顶。接着飘梁，飘梁之后就"踩坛"。把九十六个兵（一个旗子代表一个兵）全部踩好以后，交放房子里、上好锁，就可以了。通常，上锁也是用插旗子代替，旗子是代表祖先的旗号，旗号要用鸡血去祭，点在每一面旗子上。旗子分颜色，代表五方，东方属木，青色；南方属火，红色；西方属金，白色；北方属水，黑色（灶神）；中间属土，黄色。加一方花色（混合），代表五方混杂，插在房子里。

羊皮鼓舞中的五张面具，从左至右分别为：和尚、观音、判官、土地、彝王。其中判官面具是从钱家祖上传下来的，至今有100多年历史了，现保存在钱剑榜的叔叔钱成林家中

每面旗子就代表一个兵，一共九十六面旗，地上放的五个碗即代表五方总兵

上图左：桌案上红布遮盖的便是为祖先搭建的房子，里面插着筷子和钱纸

上图右：钱家占卦用的卦。根据两个同时扔出去正反不一样来判定是阴卦、阳卦还是顺卦

如前文所说，我们去采访钱剑榜时，正好是鸡场坪朱家在进行祭祖仪式，他们家有十多年没有进行祭祖仪式了。祭祖仪式多少年一次由各家自己定，三年到几十年，甚至上百年不等，祭祖时间一般只能缩短，不能加长。钱剑榜说，他们钱家以前祭祖是占卦，若占得阴卦，就三年祭一次祖先；若占得阳卦，就四年祭一次祖先；若占得顺卦，就五年祭一次祖先。"现在钱家后代多了、家族大了，为了统一行动，家族内部就规定十二年祭一次。目前，钱家分布在三个村寨，祭祖仪式时都要参加，神供在哪家就在哪家举行祭祖仪式。"

一般像祭祖这种大法事，钱剑榜和他的叔叔钱成林、钱吉华等人都会在场，而我们此次所见的朱家这场祭祖大法事，掌坛法师就是钱成林。据钱剑榜说，"祭祖仪式要跳三天两夜，几个人轮流跳，参加跳羊皮鼓舞的每个人都有自己的位置和身份。第一天晚上要诱惑神灵、请祖先出来，帮他们拆掉以前的老房子，跳二十四婆❶。第二天早上再把神、祖先们接进来坐着，然后帮他们建新房子，叫'除旧迎新'。之前的老弱残兵也不要了，还要重新帮他们招一些新兵来管理，招来之后还要帮他们练兵，练熟之后再交给他们。房子起好后要先锁住，叫'锁坛'，然后要跳二十四婆舞和三十六婆花坛❷。到第二天晚上建好新房子之后就请他们住进去，之后再跳七十二婆（又在三十六婆的基础上加动作）。第三天早上，'锁坛'之后是'扫坛'，'扫坛'之后'开财门''交票'，之后就是'安灶''安家神'。把新房子建好后，大概在第三天天还没亮的时候，把房子交给祖先们，兵马也交给他们，然后上锁。"

钱剑榜说，"做法事时还要吹牛角。吹牛角就是号印，号印上通玉皇大帝，下通阴曹地府。吹牛角表示他们在帮别人家做大法事，需要通知这些神仙都到场。牛角实际上就是太上老君的坐骑（水牛）的左角，太上老君有一次下凡碰见他们的老师祖（相当于祖师爷），在河边对老师祖说：'老师傅，请你背我过河，我眼睛不好，河水有点深'，老师祖就背他过了河。之后太上老君就觉得老师祖为人善良，就让他以后帮人家做事的时候吹'三河三号'，掰下自己坐骑的左角送给他，说以后帮人家做事只要一吹他就来了。但是如果做法事的是汉族的'先生'就不行。因为传说太上老君下凡碰到了'先生'，

---

❶ 即二十四动，包括小七星、小开门、小八字、大八字、以搓连、兔儿刨坑、一步三点、喜鹊登枝、北斗吊北、金线提银灯、黄龙摆尾、白马悬蹄、仙人接脚、枯树盘根、癞牛擦痒、黄莺晒翅、犀牛望月、罗汉打盹、母猪擦痒、羚羊斯打、苍蝇搓脚、美女串花、亲王出师、仙人搭桥。

❷ 是在二十四婆的基础上再加上绕子翻身、压上压下、仙人解锯、仙人搭桥、仙人扳跤、仙人进宝、鸳鸯和面等，现在能完整跳三十六婆的就只有鸡场坪坝上村钱家几兄弟了。

钱剑榜在带领大家祭祀过路的几方神灵（右一）

'先生'身上穿得好一点，就不愿意背老君过河。等太上老君过河以后就对先生说：'以后你做事情如果要请到我，要三道文书三道镖我才会到场，不然我不会来的'。所以汉族的'先生'做法事时，要请太上老君下凡就要三道文书、三道镖，而他们做法事只需要吹牛角。"

"羊皮鼓舞的传承分阴传和阳传。钱家的羊皮鼓舞祖传下来几个师傅教的不一样，因此钱家阴传、阳传都会。只是阴传的人做法师时，神灵有时候会请不下凡，这样就会导致做法事不成功，所以现在基本就是阳传。阴传在做法事时如果遇到神灵不下凡，法师什么都不知道了。神来了之后，神说了什么法师就会一五一十讲出来。法师能真的和神通灵。"他说："有时候还是要看神灵能不能下凡，有时候山神太厉害，俗话说'恶虎难降地头蛇'，神再厉害有时也会降不了山神。人家邀请你（指阴传的法师）做法事，如果神降不下来山神，就没办法做了。所以法事（指阴传的法师做法事）的结果具有不确定性。而阳传的法师基本就是根据经书里面来的，问什么都能答出来，只是时间、地点会变化。阳传和阴传的法师一样，都会有感应，如果很长时间不做了，有人打主意要来找他们（做法事），他们晚上就会做梦，梦到以前的师傅带着他们去做法事的经历。醒来之后的三天以内，就会有人来找他们（做法事）。阳传的师傅做法事请神的时候他没有感应，主要就是凭借记忆；阴传的师傅做法事的时候，神降临他就会有感应。"

钱剑榜说他们做法事最远的地方是到安顺黄果树那边，大部分都是在周围的乡镇活动。据说在牛场坡还有一帮人也会跳羊皮鼓舞，他们也是祖传，大同小异，但是没有钱家的羊皮鼓舞全面。钱家的羊皮鼓舞是祖上好几个师傅一起传下来的，牛场坡的只是一个师傅传下来的。

　　做大法事时每个人的角色是自由分配，徒弟还不太会时，师傅会在旁边指点他，提醒他。如果80%以上会了就可以把法事交给徒弟来了。不过每一坛法事掌坛的人会指定，人再多也只能认定一个掌坛的，指定之后不能改变，其他人是协助他完成。只有掌坛的那个人提出来你可以去做，不然就只能在旁协助。

　　据介绍，羊皮鼓舞除了在祭祖仪式、红白事上用，保子的时候也用。有些人家的小孩容易引不干净的东西上身，就会请他们去帮小孩子"解官杀"❶，在做法事时小孩子还要磕头。求子也会用，求子之后如果那家人生了小孩还会拿只鸡感谢他们。除此之外，人家顺财，开财门也会请他们。还有赎魂的，有时候运气不好的人碰到不干净的东西，就要请他们去帮忙叫魂，把魂魄从阴曹地府赎回来……

　　其实我们可以发现，现在由于受到经济全球化思潮的影响，羊皮鼓舞的流传地域在日益缩小，生存土壤在逐渐消失，羊皮鼓舞传承人已不能靠此谋生。像钱剑榜，都只能靠自己的副业来养家糊口，而这就会分散时间、精力，那传承就会多多少少受到影响。同时，村里的年轻人大多离乡打工，留下的也不愿意主动去学羊皮鼓舞，而是去干一些更挣钱的活儿。羊皮鼓舞传承后继乏人，原生态的羊皮鼓舞濒临灭亡。针对羊皮鼓舞面临的尴尬局面，六盘水市民委和地方各级政府也加大了保护力度。现在相较于前几年来说，羊皮鼓舞的传承与发展有了一定程度改善，但最重要的，还是其生存的土壤。治标不治本的方法总不是长久之计，只有保护好羊皮鼓舞的文化生存空间，才能更有效地保护其承载的文化，同时像钱剑榜这样真正想要去保护和传承它的人，才会更加有动力！

---

❶ 也是一种仪式，要跳羊皮鼓舞，念的就是"解官杀"的经书。

二、铜鼓舞

盘州柏果水族铜鼓舞简介[1]

2005年12月30日,铜鼓舞(断江镇、柏果镇)被六盘水市人民政府公布列为第一批市级非物质文化遗产名录。柏果水族铜鼓有公母之分,原本铜鼓是一件神器,后来才演变为一种乐器。每年除夕之夜,族中长老便会举行"启鼓"仪式,即将铜鼓用绳索悬挂空中,摆上酒、茶、水、饭、肉等祭品,烧香、烧纸后,长老念请祖先神灵保佑,然后用力击鼓三锤,表示开鼓。柏果水族每每丧葬和节日期间必定会跳铜鼓舞。跳此舞时,一般有8人登场:1人执槌敲鼓,1人击钵,1人击三镲,1人执羊皮鼓,1人小镲,1人执铜锣,2人舞手帕。击铜鼓者居中,其余7人站在四周,以铜鼓敲击点子,各种乐器分别配合,迈出舞步。铜鼓敲一槌,舞者唱一句,真正所谓载歌载舞。

铜鼓来历的传说

相传很早以前,在昆仑山下有一水族村寨,寨中住着一位以砍柴为生的老人。一天老人上山砍柴,时值盛夏,天气炎热,劳累过度的老人坐在松树下,瞬间入睡。突然一声霹雳响彻天空,老人惊醒,抬头一看,天空坠下一物,乃是一面铜鼓。为了不使这天赐的铜鼓丢失荒郊,老人小心翼翼地背回家中收藏。不久,老人去世,族人守灵,为避免灵堂的冷清,他们便把老人收藏的铜鼓抬出来敲打。正当击鼓人敲击时,随着一阵低沉而又洪亮的声音,一股青烟从响声之处冉冉升起,只见老人在青烟中袅袅升空,直达九霄。从此,水家人认为,铜鼓能超度亡灵上天,视铜鼓为天生之物,水家之宝,十分珍爱。

---

[1] 《盘县文物与风情丛书》编委会. 盘县非物质文化遗产描述与研究[M]. 贵阳:贵州大学出版社,2009:501-503.

为祖先而跳——铜鼓舞传承人陆兴伍

传承人简介：陆兴伍，男，水族，1953年2月生，盘州市柏果镇马过河村人。2009年由盘县人民政府公布为盘县首批非物质文化遗产县级代表性传承人。

第一次见到陆兴伍是在何文彦家中，当时我们一同去拜访何文彦。刚坐下，就看见一位黝黑、瘦高、戴着帽子的老人家精神抖擞地向我们走来。寒暄之后，得知这位老人家也是铜鼓舞的传承人——陆兴伍。听说我们正做非遗文化的访谈，他马上起身说："你们先采访我兄弟，采访好了再来采访我，我都在家。"说毕匆匆走了，生怕打断我们的采访。

第二天，我们应约前往陆兴伍家。陆兴伍与爱人同村，两人是包办婚姻，但感情很好，育有三孩，两儿一女。大儿子是一名教师，小儿子在贵阳上班，女儿则嫁到了大营，不时回来看望两位老人。他与何文彦是邻居，两家关系很好。推开陆兴伍家红色的大门，只见庭院里桂花树三两棵，公鸡四五只。访谈中，我们被他手中的烟斗吸引住了，他说："这叫'茅耳斗'（音译），它的年龄比我年龄都还大嘞，这是我父亲留给我的，我父亲已经不在世了。这个'茅耳斗'由三个部分组成，烟袋嘴（'茅耳斗'最上面铜做的部分）、烟杆、烟嘴；烟袋嘴上面的花纹都是以前手工刻上去的；烟杆是木头制成的；原先的烟嘴坏了，我又重新买了个银的（烟嘴）换上，这个银（质量）就比不上以前的铜了，以前长辈说夜晚出门带上'茅耳斗'，能防身嘞！"

闲聊过后，进入正题。陆兴伍介绍，"马过河村的铜鼓整体看起来像个大钵，鼓面上有精美的图案，鼓的两面都有花纹，中间有太阳，边上有十二个星星。对于铜鼓面上图案的含义，我也不太了解。"有学者认为，太阳纹是居于铜鼓鼓面中心的光体花纹，十二星宿象征一年十二个月，也和地支十二支相对应。古人崇拜太阳，是因为太阳能带来万物生长不可缺少的光和热、带来生命的繁衍。陆兴伍说:"铜鼓的来历、传说,以及一些相关信息,其他几个传承人都讲得差不多了,我这里就讲讲他们没有提到的。在以前,天上下冰雹下得太厉害了,也会打铜鼓,这样冰雹就会停下来、不下了。水家人相信打铜鼓会镇压住冰雹,冰雹就不敢下了。马过河老人去世的时候也要打三下铜鼓,意思是通天,送逝去的老人上天,这些都是老风俗。"

他紧接着说道:"打铜鼓必须结合铜鼓经文,铜鼓经文是以前老人根据水话的音用汉字记载下来的,念铜鼓经上的每一个字都要敲打相应的乐器,即铜鼓、皮鼓、锣、铙、钵。"我们根据陆兴伍的朗读,整理了部分铜鼓经文[1]。

一月:道/道/道,独列/道列,独列/道。举屯/道列/独列/道,举屯/道/举屯/道。道屯/道。

二月:道啊/举举,道啊/举鸡/举。(将上两句重复三遍)屯登/堆/道啊/举。道啊/道啊/举鸡/举,举屯/独/道/道,举屯/道/独/道,屯登/独列/道,屯登/道列/独,举屯/独屯/道列/道。举屯/独屯/道啊/举,道啊/屯屯/道,独列/独列/道,举屯/道列/独/道,举屯/道,举屯/道,道屯/道。

三月:挂/寡瓜/寡,寡道/寡/道/道,(将上两句重复三遍)……

"敲打铜鼓前,要先打皮鼓定速度,要打三下。跳铜鼓舞时,五个乐器、五个人相互配合,没有固定的人打某一乐器,打铜鼓的五个人都会背铜鼓经文的,大家相互配合,相互换打乐器,没有说年长的人一定要打铜鼓。以前打铜鼓时,有人边唱边跳铜鼓舞,但会跳的老一辈人已经去世了,已经没有人记得传统铜鼓舞是如何跳的了。"

除了铜鼓舞,陆兴伍还给我们介绍了当地的情歌,他说:"很早就有情歌。在山上,边放牛边唱,调子都不变,学起来比较简单,经常在山上唱着玩,就会了。春节时,大家就在山坡上唱山歌。水族农历六月六过半年,也有唱山歌的习惯,因为它这个时间是闲余的时间,按照原来的农业生产节奏,大家的农活特别多,只有在六月六有时间去唱歌、去玩。老一辈人用水话唱情歌,现在我们大多不会了,只有我兄弟何文彦还会一点。我小的时候讲水话,但自家的姊妹会笑话我,所以我就不讲水话了。唱山歌的地方一般都是在山

---

[1] 本村记录的铜鼓经文中间没有斜线,斜线为作者自己加上的,方便朗读停顿。

上，汉族不兴唱山歌，我们水族人一个人也可以唱山歌，只不过没有伴儿，是自己哼着玩。唱情歌有两种情况：一是水族、彝族、汉族大家聚集一起唱情歌，唱的是汉语，因为唱起来没有语言障碍；二是水族人内部唱情歌，但得有一个条件就是——来唱情歌的人必须会水话，这时候就不受民族限制，关键是会讲水话、沟通就没有障碍。如果是水族内部唱情歌，男的在一座山上，女的在另一座山上，中间相隔一定的距离，没有领唱。一个人出来唱，对方可以是任何一个人对歌。这里除了情歌之外，就没有什么歌了。水族的情歌可以在屋里唱，情歌平常日子也唱，像我大姑妈那个地方，天刚刚黑了之后，她就可以约人到家里唱，男男女女约在一起唱，女性坐在一边，男性坐在另一边，对头就唱，这是我们水族的现象。我们这的汉族基本就不唱，他们不兴这种东西，到后头，汉族也好，哪个民族也好，就用碟片来唱，家家户户什么歌曲都放，以前不允许放，说你'不是个人'（因为播放的歌舞是属于流行歌曲，歌词表达裸露、直白，老一辈人不能够接受），现在开放了，喊男女就是喊郎和妹。有些年轻人可能就在寨头里唱着玩，彝族的很喜欢（在寨里唱歌），一些彝族的娃娃唱歌，人家就欢迎你（彝族人用歌唱表达对客人的欢迎），少数民族好客得很。"

同时在场的陆兴良还给我们即兴唱了一段：

拢火不着高架柴，高高架起等妹来，抱块石头来抚火，石头成灰妹不来。

砍柴莫砍马桑柴，砍掉老的发嫩苔，连妹要要俩姑嫂，嫂嫂去了妹妹来。

大河涨水沙浪沙，鱼在河中摇尾巴，哪天得鱼来下酒，哪天得妹来当家。

郎在岩上打石头，妹在底下放黄牛，石头打在黄牛背，望妹抬头不抬头。

……

访谈结束之时，陆兴伍告诉我们，马过河村的铜鼓舞大多为亲属优先传承，现在他有两个铜鼓舞徒弟，都是他的儿子。当问起他对铜鼓传承给下一代有什么看法时，陆老师说尊重年轻人的想法，不强求他们，但是如果他们把铜鼓舞继承下去，他肯定是开心的。

铜鼓文化是悠久的民族文化积淀，具有丰富而深邃的民俗文化底蕴。击铜鼓而舞的习俗由来已久，古代崖壁画中就有铜鼓和铜鼓舞。据《宋史·蛮夷四》载："西南诸夷……病疾无医药，但击铜鼓、铜沙锣以祀神。"铜鼓不仅仅作为乐器出现，还与舞蹈紧密结合，从娱神转向娱人，遗憾的是马过河村的传统铜鼓舞随着老一辈舞者的逝去已经消失了。这便是高尔基所说的："一个老年人的死亡，等于倾倒了一座博物馆。"

家族传承、铜鼓之情——陆兴良

传承人简介：陆兴良，男，水族，1955年12月生，盘州市柏果镇马过河村人。2009年由盘县人民政府公布为盘县首批非物质文化遗产县级代表性传承人。

陆兴良两年前从柏果镇纪委书记的位置退休，现长期居住在盘州市红果。由于工作性质，他常年在外地工作，很少去马过河村老屋基上盖起的新房居住。记得我们集中在马过河村农村合作社的办公室里商议访谈计划时，陆兴祥指着后面的高个子说："这个就是陆兴良，我大哥，专门从红果赶回来配合你们做民族文化工作的。"确实如此，为配合我们的访谈，陆兴良专程回乡，还不厌其烦地向我们介绍当地的风土民情。

陆兴良出生于铜鼓世家，父辈和祖父辈都会打鼓，从小耳濡目染也略知一二。他非常谦逊，想把传承人的机会让给其他更需要、有实力的人，但当地村民强烈推荐，希望他能够组织大家共同把铜鼓文化发扬光大。陆兴良七八岁时就开始模仿大人，邀约几个要好的同伴一起打鼓。他说，"过去大家都把铜鼓看作神物，定时给铜鼓烧香供饭。所呈的供品也非常讲究，食物必须是新鲜的，祭品只能放猪肉、鸡肉之类。"据说，海里面的食物属于冷性都不能用，比如鱼肉、黄鳝等。他们对铜鼓的保存也相当考究，铜鼓要跟其他响器（钹、铙、叉等）摆放一起，用布盖好，防止落有灰尘。铜鼓摆放的房间一般不允许人打扰，除非有特殊需要，更不能随意敲打。遗憾的是，在村里几位年长的铜鼓传承人过世后，很少有年轻人继续维持给铜鼓供饭的文化习俗。

陆兴良说，"在过去打铜鼓是一种非常神圣的活动，打鼓前必须要先请鼓才行，此外如果铜鼓出了本寨子到外村寨，也要举行神圣的仪式。铜鼓举行了仪式后才能自由地参与社会活动，除了用于祭祀、丧葬外，在农闲时节则更多地成为当地的一种娱乐活动。尤其是春节期间（从除夕到正月十五），打铜鼓成为众人期盼的重要娱乐活动。"由此可知，一般也是在这个时间段才有机会学打铜鼓。陆兴良从小在铜鼓世家中长大，自然比别人学得快、学得精。据他介绍，马过河的铜鼓有一雌一雄，雌鼓放在羊场坝（小地名即马过河的三组）的陆兴祥家（属于陆家和吴家共同所有），雄鼓在马过河（即马过河一组）何文彦家。据说铜鼓分雌雄，主要是根据鼓的重量来划分的。鼓中间是一个太阳的形状，象征着朝廷中央，周边的行星象征着天圆地方。

  关于鼓的来历现在很多人已经说不清楚。相传是在朱元璋时期，大量的军队到边疆地区进行地方建设，因为过去地广人稀，皇帝便打造了铜鼓。陆兴良的徒弟吴良玉回忆，不知在什么年代，有一个男孩去割草，在这个地方割草后第二天又长出来，如此反复，便引起了小男孩的注意，用锄头刨出来看，居然有一个铜鼓，便拿回家收藏。陆兴良说，"在马过河人的心目中，铜鼓象征着吉祥、安康。后来铜鼓成为当地神圣的乐器，在祭祀和节日当中才得以出现，平常不能轻易请出来。"地方也有一种说法，以前水族周边都是深山老林，经常有野兽破坏庄稼，又没有武器，只能用敲打铜鼓的方法来驱赶野兽。陆兴良掰着手指告诉我们，"目前有铜鼓的村寨不多了。除了马过河的铜鼓外，周边地区的叉河、烂泥沟和猪圈门分别有一个。"相传，猪圈门曾经被火烧过，铜鼓自己飞走了，现今的鼓不知道从什么地方请来的。叉河的鼓是从柏果镇簸箕里潘家买来的，人们说因为曾用铜鼓煮过牛肉吃，现在音质都变了。

  陆兴良说："盘州过去为盘县，经济发达，煤矿丰富，有很多煤矿企业，是全国百强县之一。我在17岁参加工作，由于当地的资源优势，第一份工作便是在国家大型煤矿企业上班，主要负责材料的采购、保管和供应。我在企业待了14年才调回地方——盘关区（现今柏果镇），也是在这个时候开始入党，成为国家正式干部。"陆兴良是一个很谦虚的人，在讲述自己工作调动的时候用"可能"两个字来形容自己的工作业绩，给我们讲述时脸上露出了浅浅的微笑，非常具有亲和力。他说自己在1986年被调到猛者公社（即现今马过河村所在地，过去此处为一个大的公社管辖区所在地），做一些力所能及的事情。几个月后，到了春节，盘关区整改党建工作，就安排地方工作人员到区政府进行讲课。就这样，他被地方上推荐上去上课。因为得到了学员的一致好评，他便在1987年2月调到土城区（当地离盘县较近的一个区）当了两年的书记。在土城区工作期间，他工作认真尽责，树党风、讲党纪、讲效率，时刻想着为地方百姓办实事、办好事。因为成绩突出，1989年他又被调往县派出机构的区公所上班，主要负责民政工作。1992年3月，国家进行撤区并乡建镇，改盘关区为柏果镇，1994年他调任柏果镇第一届纪委书记，直至退休。

  2014年陆兴良退休后，生活悠然自得。现今，两个孩子均已成家，生活、工作稳定，他开始把重心转移到对家族文化的关注上来，闲余时间整理家谱，偶尔看一些风水书籍，也算充实。家谱对于他们陆家非常重要，要从洪武七年追溯到现在的迁徙历史，工作量庞大。他说，"家谱在1986年曾经修订过，但不太详细，2013年在我的推动下完成了第二次编排，现在要具体明细一些，把具体的年代考察清楚，同时画上结构图，希望族人共同努力，把家谱文化重新宣传出来。"陆兴良女儿陆秀红，在柏果小学任教。女儿对民族文化热情度很高，尤其是铜鼓舞。在过去每当敲打铜鼓的时候，当地女性就会跟着鼓点跳自由舞，人数5~8人，年龄以中年妇女居多，每个人跟着节奏自由发挥，没有规范的动作，可以尽情地欢娱。自从1998年吴秋林教授来过以后，铜鼓舞被列为非物质文化遗产，当地越来越重视。文广局请陆秀红从专业的角度出发，编排铜鼓舞，根据鼓点改编成相应规范的舞蹈动作。

  在调研的五天当中，陆兴良每天都起得很早，睡得也很晚。我们的工作和他的日常安排紧密地结合在一起，他耐心地为我们讲解当地文化知识。闲暇时间，他还能够跟当地村民坐在一起聊家常，重温浓厚的乡土情宜。陆兴良的威望、对文化工作的热情，以及他的全程陪伴，为增进我们对老百姓的关系起到了关键作用。我们来的这段时间恰是腊月，几乎每天都有杀猪饭吃。寨子中，各家各户排了日程轮流请大家吃杀猪饭。在腊月的冬天里，大家围着火炉吃饭，饭后又围着火炉谈天说地。我们的到来，让更多的人加入关注地方民族文化的话题中。村民的热情犹如腊月冬天里的火团，温暖着我们。

千年铜鼓调——水族铜鼓舞传承人陆兴华

传承人简介：陆兴华，男，水族，1940年5月生，盘州市柏果镇马过河村人。2009年由盘县人民政府公布为盘县首批非物质文化遗产县级代表性传承人。

陆兴华不仅是马过河村最年长的铜鼓非物质文化传承人，也是上一任铜鼓的保管者。他说，"铜鼓一代代相传，上一辈将铜鼓传到我手中，现在我将铜鼓传到了陆兴祥手中（传承人之一），薪火相传，生生不息。本村的铜鼓是一对，被当地人称为一公一母，吴、陆两家保管雄鼓，另一只雌鼓由何文彦（传承人之一）保管。"对于雌雄两鼓，有史料记载所谓"雌雄之脐亦无别，但先炼者为雄，后炼者为雌耳……雄声洪而亮，雌省清而长，一呼一应，和谐有情"。在遥远的古代，就已经把铜鼓视为有生命之物，有雄有雌，"和谐有情"。

陆兴华从18岁开始学打铜鼓，仅一年就学会了铜鼓的十二个月调。从20岁开始学习转场，25岁已经掌握了转场的仪式细节。水族的丧葬祭祀仪式有很多程序，其中有诵经、转场、不转场和水路饭等。陆兴华掌握了仪式过程之后，经常在村寨里，帮忙主持祭祀仪式活动。其中最让人感到震撼的是转场仪式。

丧葬仪式开始的第一天，黑白（水话）将瓦房四个角的瓦片揭开，寓意着透气，用竹棍支着，毕摩❶在灵堂里面念诵经文，一个人拿着宝剑用来驱邪，结束全部法事后，从角落把竿扔出去意味着带走不好的东西，然后把四个角落的瓦片盖上。

扬钱（放大钱）：大钱是一个用十几个彩色纸做的宝盖连起来的，中

---

❶ 水话，意思指的是负责唱诵水族诗经的人，一场丧葬祭祀仪式需要多个毕摩，而不仅仅是一个毕摩在执行仪式。

间是一条长长的白布条，当作钱心用于亡人升天。可以几个亡人共用一个大钱，钱心里面写有亡灵名字，寓意为亡灵可以通过钱心升天。第一天开始做准备工作，去山上找一棵笔直高大的树当作幡竿树，把这棵树从山上砍下来。砍幡竿树后，就需要进行扛幡竿，孝子在前面走扛着幡竿的前端，其他帮忙的人帮忙扛着幡竿树的后端，在幡竿树的后面跟着一群穿着水族传统民族服饰的女性。用水话表示就是穿青子。把幡竿扛到场坝头，用两个木马（两个椅子代替木马）垫着幡竿，不能让幡竿树碰在地上，毕摩要念经书（扬钱时的经书），孝子本家三个人从屋头（家）里面把宝盖头分别装到三个竹筐内，背宝盖去场坝头的幡竿处，去坟头拔一些茅草，摆在幡竿树下面，把宝盖串起来绑在这棵幡竿树上，这时候把幡竿立起来（幡竿树位置的选定——提前请测日先生算出当天煞方，栽幡竿的时候要避开煞方，一般是煞方的对面）。穿宝盖的数量规则是：亡者年龄是 60 岁以上的需要穿 13 把宝盖来组成大钱，60 岁以下的需要穿 6 把宝盖来组成大钱，最多 13 把，最少 5 把，大钱的钱心的最底端绑着稻穗。在丧葬全部仪式结束后要尽心砍幡竿树，而孝子孝女就会争抢钱心最底端绑着的稻穗，寓意着这是最好的种子，来年有大丰收❶。栽好幡竿后，孝子本家回到屋头，毕摩在灵堂内开始敲铜鼓❷。铜鼓敲完以后，孝子本家就要向亡灵献饭（无所谓斋饭，可以有酒有肉以及糯米米饭）。

晚上：马郎家（姑娘家）每一家都要带纸伞（纸包的彩色伞）。做完后天将要亮，开始做法事。法事做完，天亮了。孝子开始扛牌，长辈在前面，法事人一直念经书，转了几次后开始跪在地上烧钱纸。杀牛，要刀，牛皮通了喊，牛皮不通喊，拿到大马郎家吃，吃不完可以带着走，全家一起出去，打忙是子路的事情，念的经书是固定的，起馆，上山埋。

法事需要 5 天准备，两天准备材料，3 天做法事。毕摩拿着经书念，每个法事都有一本书，大钱是在屋里做的，找三四个人顶着到场坝头，不能用背，到了场坝以后把每个大钱勾住，绑在幡竿上，整个过程中，需要水族毕摩念经书（一种水族经书）。过程中毕摩一直念，念好一本书就挂好幡竿，幡竿一直挂着，上山以后，由大马郎家把幡竿砍倒，寓意来年丰

---

❶ 因为以前生活条件差，没有种子种田，会抢着钱心下面的稻穗，虽然现在条件好了，但是人们还是保留着这个传统。

❷ 敲的是十二月调，如果时间充足就敲完整的十二月调，如果时间不充足敲前三个月调也可以，毕摩在敲铜鼓的同时，口中也念着相应的月调。

收,稻穗拿回家,撒到田里,稻穗是好的种子,其他事情都是孝子家自己做,大钱烧掉。孝子家要请穿青子喝酒,一人喝一杯,每次做法事都需要穿青子(水族特有)。送伞(一种纸伞),根据来给亡者烧纸的人,各家拿各家的,把伞一直挂起,第二天拿去烧掉(无论孝子还是穿青子,谁都可以拿)。毕摩(最多5个,最少3个)必须穿长衣服,毕摩一直念经文,用白灰画线分东南西北(四方线),孝子走在前面(男孝在前面,女孝在后面),穿青子在后面跟着,毕摩要测日子看幡竿是放在东边好还是西边好。栽好幡竿就回去了。打铜鼓,时间足够长就打满12个月,如果时间不够打三四个月就可以转场,在这里没有雌雄鼓的区别。由毕摩(4人)分别打铙(大镲)、锣、钵、鼓,一边念铜鼓调一边配合着打。打铜鼓主要是为了告诉寨子里面的人我家有人去世了,还有就是通天,告诉天上的人我家有人要到天上,希望不要为难。打铜鼓是在灵堂里面,铜鼓不需要去请,没有请鼓仪式,只需要把鼓拿来挂在灵堂就行,铜鼓要一直挂着,挂到整个法事结束。

第二天,(还是在孝子家),由大马郎家帮忙打粑粑(用糯米制作,将糯米蒸熟,倒在一个大木制盆里,两个人用木制的槌,面对着相互错开用力敲击盆里的糯米,直到将糯米全部锤成粑粑),糯米也是由大马郎家蒸好以后带到孝子家里去,打粑粑分给孝子和客人吃。

背粑粑:孝子和孝媳,手里随便拿几个粑粑,手背着在背上,佝着背,背对着供奉台用手把粑粑拿到供奉台上的盘子里,意味着供奉。毕摩在场坝里面做法事,场坝离家有远有近,丧葬里可以有肉食❶。孝子本家把饭菜做好从场坝带去灵堂,不管寨子里面哪家都要来点香和祭拜,拜一拜,插一炷香,上完一炷香继续拜一下,进3炷香,要拜3次,进完香后再拜一次,烧纸钱。孝子跟着毕摩在后面跪。毕摩喊礼,所有来烧纸的亲朋都要来供饭,毕摩指一下饭念一句,烧纸的人要本家安排人来接,在门外面喝酒,倒一杯酒吼一句,两个人往相反方向转过身,那杯酒不喝,倒在地上,再转过身重新倒酒,作三次揖然后喝酒,给他们喝酒发烟,过程中四个人有两个吹唢呐和两个打鼓配合❷,本家的人给马郎家的进酒,马郎家的给屋头的人进酒。孝子接客:烧纸的亲朋给大马郎带纸货、纸伞、

---

❶ 这一点与汉族丧葬有很大区别,在汉族丧葬里面法事人和孝子都不能沾油荤。
❷ 这一点与彝族也有很大区别,彝族是需要12个人,2个人吹唢呐,1个人打锣,1个人打镲,4个男人唱歌,4个女人跳舞。

羊、供果供饭等礼物都行。来的时候放火炮，也可不放。整个接客过程需要镲、唢呐、钹、锣等乐器，拉羊是必需的，（彝族必须是毛羊）公羊母羊都行，但祭祀的时候必须是公羊。接客的时候亲戚会和本家开玩笑，孝子手里还要拿哭丧棒，跪着接亲，如果女性怀孕不需要下跪，男左女右，长幼有序，从大到小。

进场小转：每一家进场都要放烟花，转3转，等所有马郎家的都到以后，再开始大转，带上所有纸货，老后家（逝者媳妇家的人）、小后家（孝子媳妇娘家人）、马郎家（女儿，侄女）来转场必须按照顺序❶，老大过后是老二，年纪小的如果先到了地方，也要先等年纪大的先进去。每次转场过程中都要在幡竿的供桌上敬酒，也需要一两名毕摩念经书。本家和客人敬酒时，本家用托盘放着空酒杯，由客人倒酒，两个空杯子分别由两个客人倒酒，每个杯子倒酒需要分三次，每次倒酒本家都要鞠一次躬，三次倒完以后，倒酒的两个客人分别端起酒杯，各自向外转，鞠躬，慢慢地倒酒在地上，然后慢慢转着面朝本家端盘子的，放在盘子里，再喝酒。本家接亲朋的时候，从老后家到本家的路上，每一家需要本家接三次。

从接亲朋的时候，需要孝子接三次，每一家都要接了转3转，之后去大马郎家，再去二马郎家，接着是老后家，晚上是毕摩的事，又去幡竿。杀牛时最热闹，的欢（水话，意思是杀牛）时，牛不能叫，叫了就要打大马郎家杀牛的人（因为杀牛的人是大马郎家请的），杀完牛就马上取出心和肝挂到灵堂去。晚上祭的时候按从大到小祭，吃饭的人吃饭，该转场的人继续转场。

晚上的毕摩（水话，意思指的是负责唱诵水族诗经的人）举办仪式的过程如下。

①送伞，就是为亡灵烧一个纸伞，为的是表达孝子的诚意；②唱长调，这时候毕摩需要唱诵很长的一段水族文书，用来表明亡灵生前的事迹，阐述亡灵经历过的苦难和做过的功绩；③桑小（水话），把一个鸡罩笼放在灵堂前，寓意是把好的事物保留下来，把不好的事物隔离在外面；④桑海（水话）在铜鼓上挂一只纸鸭子，寓意着当亡灵遇到大河或者大海过不去时，铜鼓和铜鼓上的鸭子会出现，驮着亡灵过河和大海，使亡灵得以升

---

❶ 逝者若是男性则先进本家，再进马郎家。若逝者是女性，则先进老后家，再进小后家，再进马郎家。

天；⑤天当（水话）测试孝子的心诚不诚的方法，在灵堂前放一个大碗，大碗里面倒入香油，放一个麻线，将麻线点着，制成一个香油灯，让孝子背对着香油灯拿一个小碗扣在大碗上，扣上以后转身，打开小碗看碗底的烟熏的黑色范围的大小，烟熏的范围越大表明越诚心，烟熏范围越小说明越不诚心。

……

开始大转，毕摩（穿法衣的那个）扛着剑在前面，另一个毕摩跟着念经，孝子孝媳跟后面，外面的人大转的大转，中间有人打粑粑。还可以有第一个拿拐杖的人（主人家请来的带场人）。转弯的时候，人们要绕着四方线来回转（踩鸡场，取一个吉利，一直转到毕摩把一本经书念完）。然后，毕摩站四方线中间，喊牵牛（不管大牛、小牛、公牛、母牛）的人来，有两个耍刀的汉子，穿黑衣服，首先轻轻碰一下，转三圈，大马郎家的先用棒打一下牛，把牛打晕，主要是怕牛叫。把牛杀死以后，开始剥牛皮、掏牛心和肝，把牛的心和肝用一根竹竿串起来给毕摩拿去放灵堂，用牛皮包着牛头拉着走的（意思是毕摩辛苦了，送牛头、牛腿和牛皮给他，对他表示谢意）。同时在家里面也有毕摩在念经书，给万法教主献饭，万法教主牌位是用红色纸写的。献饭时，念的经文是（土逮），有6个人，拿宝剑的、打镲的、拿铃的，首先拿一只活鸡先蹭一下幡竿，后面会杀掉，从大钱最顶端的宝盖上扔过去，孝子本家的妇女要用头发尾（把头发扎成马尾）碰幡竿，可以碰很多下，这个过程叫作喊魂，意思是把大钱里面的魂魄喊回去带到各自的归处。堵幡竿洞：用一堆纸钱点一下，杀了后把鸡丢出去，要丢过大钱最高的地方。每场法事开始时都要打铜鼓。

……

关于铜鼓的历史记载，最早见于我国南朝刘宋时代成书的《后汉书·马援传》，马援"好骑，善别名马，于交趾得骆越铜鼓，乃铸为马式，还上之"。可见在历史的记载中，铜鼓在南朝时就已出现。据本村铜鼓经文书记载，村里的铜鼓铸造于洪武年间，是在朝廷做官的本族人向朝廷申请，特意为家乡铸造的。其目的是便于族人驱除野兽、驱邪壮胆。陆兴华说，"时代在变迁，但水族人却把铜鼓一代一代地传了下来。"水族的民间艺人们，将最初用于驱魔辟邪的动作，演变为优美的民间舞蹈动作，最终编排成了当今的铜鼓舞。"在逢年过节、庆祝丰收，以及丧祭活动中，我们水族人都要打起铜鼓、跳起舞蹈，表示庆祝和怀念。铜鼓经文有 12 个月，铜鼓舞蹈也有 12 个月，每一月表达的含义不同。"言谈中，我们能感受到陆兴华对铜鼓舞未来命运的担忧："20 世纪还有妇女记得舞蹈动作，这些年跳的铜鼓舞已经被广场舞所代替。村民们说，现在有电视、有音响了，年轻人都不热衷跳铜鼓舞，让人不觉有些遗憾。"在持续一个月的采访中，我们和陆兴华的担忧是相同的。由于时代的变迁、社会的发展，很多传统文化，在外来文化的冲击下，逐渐开始消亡，"水族的铜鼓文化呈现出阶段化特点，年纪越大所熟知的内容越多，年纪越小对铜鼓一无所知，传统文化渐渐走向衰落之势，被人遗忘"。

"铜鼓是陆、吴两家的共同财产，但早年间也因铜鼓的所有权发生争执"，陆兴华说，"我是第一个长期保存铜鼓的人，在此之前，铜鼓的保存并没有什么固定的规矩或者家户。马过河村的陆姓和吴姓两家合伙购买了铜鼓之后，两家轮流保管。"后来，当时担任村里会计的陆兴华学会了打铜鼓，大家信任他的为人和铜鼓的技艺，就把铜鼓和购买铜鼓的文书放在他的家中保存。陆兴华是铜鼓购买文书的保留者，遗憾的是由于保存不善，购买铜鼓的文书已经被严重损坏。

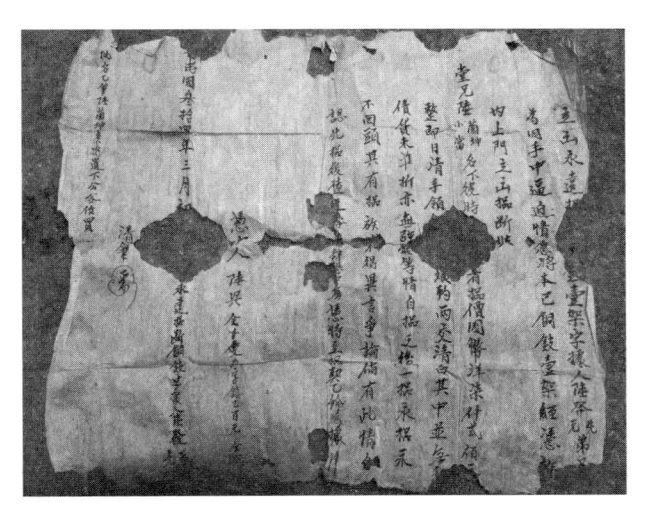

马过河村陆姓和吴姓两家合买铜鼓文书

族人闲暇娱乐的时候或者学习铜鼓技艺的时候就会去陆兴华家中打铜鼓；遇到祭祖或者丧葬仪式等需要用铜鼓的时候，也会去陆兴华家借用。现在陆兴华年事已高，就让陆兴祥来保管铜鼓。但是关于铜鼓购买的文书还在陆兴华家中保存。文书的大致内容是：

当时铜鼓的所有人在没有被逼迫的情况下，自愿将铜鼓以 7200 块大洋（由当时的陆姓和吴姓两家所有人出钱）卖给陆姓和吴姓两家。

虽然文书已经十分残破，但是从仅有的几行文字可以看出，当时铜鼓是由陆姓和吴姓两家所有人共同出钱从其他家族手中购买的。在此之后，曾经出现过一次陆姓和吴姓之间关于铜鼓该归谁的小分歧。双方各执一词，当拿出来购买铜鼓的文书的时候，上面白纸黑字记载着——铜鼓是有陆姓和吴姓两家每一个家户分摊购买的，是陆姓和吴姓两家共同拥有的，自此以后两家再也没有因为铜鼓的问题产生纠纷。

如今，族人每逢过年过节，庆祝丰收年景及丧祭活动中都要打起铜鼓跳起舞，表示庆祝和怀念。每年的除夕之夜，族人都会打铜鼓，需要打完整的十二月调，用来祈祷来年风调雨顺，五谷丰登。

在调查采访的最后一天，尽管腿脚不是特别方便，陆兴华依然从山上的寨子走下来，为我们表演完整的十二月铜鼓调。经常的劳作使得年迈的陆兴华老人步履蹒跚、脊背弯曲，但是在村民眼中，他依然是当年那个传授十二铜鼓调的令人敬佩的忠厚长者。

传世铜鼓、倾情奉献——陆兴祥

传承人简介：陆兴祥，男，水族，1969年11月生，盘州市柏果镇马过河村人。2009年由盘县人民政府公布为盘县首批非物质文化遗产县级代表性传承人。

作为村里的能人，除了是铜鼓舞的非遗传承人外，陆兴祥还懂得风水，精通古历（书），通晓传统丧葬祭祀仪式等习俗。不仅如此，陆兴祥还和吴良玉（他的学生之一）一起在三年前开办了农村合作社，成为当地精准扶贫政策落脚点之一。正是由于合作社的存在，给当地政府和村民之间搭建了桥梁。结合马过河村的自然环境状况等因素，政府提出了山地种植核桃和刺梨的扶贫项目，并交由合作社负责实施。这个项目不仅帮助马过河村的村民谋生计、为村里的剩余劳动力提供了就业岗位，而且还在保住青山绿水的同时带来了长远的经济效益。作为这个合作社的负责人之一，陆兴祥一方面要和当地政府汇报、交流扶贫项目的进度，另一方面还要联系和安置村里的剩余劳动力。他经常接到一个电话就开车出去办事了。虽然十分忙碌，但他乐此不疲。

基于对民族传统的热爱，陆兴祥一直以来都积极地收集铜鼓文化的各类材料。得知我们的来意后，他将自己收集整理的铜鼓十二月调（铜鼓十二个月的打法）展示给我们。据说，他将此制成精致的手抄本供村里人学习传阅。在此，我们摘录其整理的铜鼓经[1]如下：

  堆 = dun

  正月

  道/道/道（"道"是敲打铜鼓正中的圆点）

  独列/道（"独列"是敲打铜鼓正面的底部）

  独列/道

---

❶ 铜鼓经分为12个月，每月有一个调。铜鼓经记录的是打铜鼓的方法。

举屯/道列/独列/道（"举屯"是在空中轻点一下，"独列"是敲打铜鼓正面底部，"道"依旧敲打铜鼓正中的原点）

举屯/道/举屯/道

道屯/道（"屯"是在空中轻点一下）

二月

道啊/举举（"举"是在空中轻点一下，两个"举"点两下）

道啊/举鸡/举（"举鸡"在空中点两下，最后一个"举"敲打铜鼓的正中间）

（将上两句重复三遍）

屯登/堆/道啊/举（"屯登"在空中轻点两下，"堆""举"字敲打铜鼓正中圆点）

道啊/道啊/举鸡/举（"举鸡"在空中点两下，最后一个"举"敲打铜鼓的正中间）

奉屯/独/道/道

举屯/道/独/道（"独"敲打铜鼓正面底部）

屯登/独列/道（"屯登"在空中点两下，"独列"敲打铜鼓正面底部）

屯登/道列/独（"独"字在铜鼓正面底部）

举屯/独屯/道列/道

举屯/独屯/道啊/举（"举"在空中轻点一下）

道啊/屯屯/道

独列/道/独列/道

举屯/道列/独/道

举屯/道

举屯/道

道屯/道

三月

挂/寡瓜/寡

寡道/寡/道道（"寡道"在空中轻点两下，"寡"敲打鼓正中间）

（将上两句重复三遍）

道·列/寡屯/独/道道（"独"敲打鼓正面底部）

· 224 ·

（结尾） 屯屯/独列/道

屯屯/道列/独

举屯/独屯/道列/道

举屯/独屯/道啊/举（"举"在空中轻点一下）

道列/屯屯/道

独列/道/独列/道

举屯/道列/独列/道

举屯/道/举屯/道

道屯/道

四月

道啊/举举

道啊/举鸡/举

（将上两句重复三遍）

举道/举啊/道道

道·列/举屯/独

休息

道列/举屯/独

道·列/举屯/独列/举屯/独

道/道/举屯/道

独列/道

（结尾） 屯屯/独列/道

屯屯/道列/独

举屯/独屯/道列/道

举屯/独屯/道啊/举（"举"在空中轻点一下）

道列/屯屯/道

独列/道/独列/道

举屯/道列/独列/道

举屯/道/举屯/道

道屯/道

五月

瓜/瓜屯/瓜（第一个"瓜"敲打鼓正中间，"瓜屯"空中轻点两下，最后一个"瓜"敲打鼓正中间）

瓜屯/堆/道啊/独（"堆"敲打铜鼓正圆点，"独"分别敲打铜鼓底部）

瓜/瓜屯/瓜

瓜屯/堵/道啊/堆

瓜/瓜屯/瓜

瓜屯/堆/道啊/独

瓜屯/堵/道/道（"独"鼓面底部）

道列/独/道

独烈/道列/独

寡屯/独/道/道

寡屯/独/道/道

寡屯/道/独/道

（结尾）屯屯/独列/道

屯屯/道列/独

举屯/独屯/道列/道

举屯/独屯/道啊/举（"举"在空中轻点一下）

道列/屯屯/道

独列/道/独列/道

举屯/道列/独列/道

举屯/道/举屯/道

道屯/道

六月

道啊/括寡/独啊/道

括寡/道啊/独

道啊/括寡/独

（重复三遍）

寡等/独/道啊/堆

寡等/堆/独/堆

（结尾）屯屯/独列/道

屯屯/道列/独

举屯/独屯/道列/道

举屯/独屯/道啊/举（"举"在空中轻点一下）

道列/屯屯/道

独列/道/独列/道

举屯/道列/独列/道

举屯/道/举屯/道

道屯/道

七月

挂/寡瓜/寡/堆/道啊/独（"寡"敲打鼓正中间，"堆""独"敲打鼓正面底部）

寡屯/独/道/道（"寡屯"空中轻点两下）

挂/寡瓜/寡/堵/道啊/堆（"堵"敲打鼓正面底部）

寡屯/堆/独/堆

挂/寡瓜/寡/堆/道啊/独

道·烈/寡屯/独

道/道

（结尾）屯屯/独列/道

屯屯/道列/独

举屯/独屯/道列/道

举屯/独屯/道啊/举（"举"在空中轻点一下）

道列/屯屯/道

独列/道/独列/道

举屯/道列/独列/道

举屯/道/举屯/道

道屯/道

八月

独/道/道/独（"独"底部）

道·烈/寡屯/独/道/道

克啊/克克/克（第一个"克"敲打鼓面正中间，"克克"空中轻点两

· 227 ·

下，最后一个"克"敲打鼓面正中间)
克原/克呀/原/克
克克/原呀/克
克原/克呀/原呀/独
(重复三遍，休息)
独/道/道独，道·烈/寡屯/独/道/道
(结尾) 屯屯/独列/道
屯屯/道列/独
举屯/独屯/道列/道
举屯/独屯/道啊/举（"举"在空中轻点一下）
道列/屯屯/道
独列/道/独列/道
举屯/道列/独列/道
举屯/道/举屯/道
道屯/道

九月
独啊/道啊/寡瓜/寡
道啊/独啊/寡瓜/寡
(重复三遍)
寡屯/独/道啊/瓜寡/寡
寡等/独啊/道啊/道啊/寡瓜/寡
括寡/独寡/道
括寡/道啊/独
寡屯/独/道/道
寡屯/道/独/道
(结尾) 屯屯/独列/道
屯屯/道列/独
举屯/独屯/道列/道
举屯/独屯/道啊/举（"举"在空中轻点一下）
道列/屯屯/道
独列/道/独列/道

举屯/道列/独列/道

举屯/道/举屯/道

道屯/道

十月

桂啊/寡瓜/独

寡瓜/道啊/独

寡屯/独/道啊/堆

独列/堆/道啊/独

(将上面句子重复三遍)

休息

堆/道啊/独

堆/道啊/独

堆/道啊/独

寡屯/独/道/道

寡屯/道/独/道

(结尾) 屯屯/独列/道

屯屯/道列/独

举屯/独屯/道列/道

举屯/独屯/道啊/举（"举"在空中轻点一下）

道列/屯屯/道

独列/道/独列/道

举屯/道列/独列/道

举屯/道/举屯/道

道屯/道

十一月

计啊/举鸡/举

堆/道啊/举

道啊/独/举

举屯/独/道/道

计啊/举鸡/举

堵/道啊/举

道啊/独/举

举屯/独/道/道

计啊/举鸡/举

堵/道啊/举

道啊/独/举

举屯/独/道/道

举屯/道/独/道

（结尾）屯屯/独列/道

屯屯/道列/独

举屯/独屯/道列/道

举屯/独屯/道啊/举（"举"在空中轻点一下）

道列/屯屯/道

独列/道/独列/道

举屯/道列/独列/道

举屯/道/举屯/道

道屯/道

十二月

屯屯/独列/道

屯屯/道列/独

举屯/独屯/道列/道

举屯/独屯/道啊/举（"举"在空中轻点一下）

道列/屯屯/道

独列/道/独列/道

举屯/道列/独列/道

举屯/道/举屯/道

道屯/道

  这本手抄本中不仅记录了铜鼓十二月调，还梳理了一些相关的传说故事，为进一步了解铜鼓的由来提供了丰富的原始材料，极大地增强了铜鼓的神圣感。据陆兴祥介绍，他的铜鼓技艺是从马过河村老一辈人那里学习的。他现在也收了两个徒弟，一个是他的儿子，但为了生计外出打工，技艺不熟练；另一个是他的好友吴良玉。吴良玉正学习铜鼓的十二月调，准备申报下一批非物质文化传承人。

在陆兴祥的手抄版铜鼓经文上记录了关于铜鼓的故事。传说很久以前，水族因人口稀少，势力很弱，每当夜间人们就会感到孤独、害怕。在朝廷做官的水族先祖听闻后，便向朝廷申请铸造了一个铜鼓，以替百姓分忧。相传铜鼓是根据十二行星铸造而成。铜鼓看起来像个大钵，鼓的两面都有花纹，中间有太阳，周围有十二个星星。在水家人看来，铜鼓象征着财富、团结和威望。有了铜鼓，就像有了主心骨，无论多艰难困苦，都能渡过难关。

陆兴祥讲道，"在马过河附近隆家坝的地方有一个洞，洞里住着一条龙。铜鼓经常到洞里去找龙打架，被马过河的祖先发现了。有一次铜鼓飞出去准备找龙再战时，先祖追赶，直到寨子附近的湾田下边，才赶上铜鼓。此时，村民闻声而来，一村民就用手中的锤子砸下去，打断了鼓的挂耳，把鼓口也震裂了，从此铜鼓再没出去。"

陆兴祥边说边指向铜鼓中一个一元硬币大小的缺口："所有的铜鼓这里都有一个缺口，就是因为怕铜鼓再飞出去打架。铜鼓有两种，一雄一雌，我家里的是雄鼓，雌鼓在姓何的一家财主保存，也有一个缺口。"

据村民说，关于铜鼓的来源还有一个传说。以前有一个老人在田里播种，过度劳累后躺在田边睡着了，突然一阵巨响将他惊醒，他睁开眼睛，看见不远处有一只铜鼓，于是老人将铜鼓带回村里。这与南宋诗人范成大所著《桂海虞衡志》记载的"广西土中有铜鼓，耕者屡得之"类似。

"铜鼓的声音十分响亮悦耳，用起来也特别方便"，陆兴祥说，"随着时代的变迁，水族人把铜鼓一代一代传下来，开始用来驱魔辟邪，后来经过民间艺人的编排配上优美的民间舞蹈动作就形成了当今的铜鼓舞。现在，每逢过年过节，庆祝丰收年景或丧祭活动，都要打铜鼓、跳舞蹈，表示庆祝和怀念。每年的除夕之夜，族里的老年人便要举行'启鼓'仪式。族人将鼓用绳索挂在空中，摆上酒、茶、斋饭、肉、帛钱等祭品，焚香、烧纸后请祖先神灵保佑；然后击鼓三锤，表示今年可以打鼓了。"

陆兴祥说，"铜鼓在水族的日常生活中发挥着犹如象征符号一样重要的作用。无论是丧葬仪式，还是大型的祭祖活动，都会请出铜鼓。在水族人看来，铜鼓是人和上天沟通的主要通道，只要敲击铜鼓，天上的神仙和祖先就会知道这里在进行一场盛大的法事，这些神仙和祖先就会下来参观和享用祭品，并且施以佑护。马过河的村民相信人去世以后灵魂就会乘着铜鼓飞到天上寻找到祖先居住的地方，亡魂在追寻祖先的路上，铜鼓会帮助他们在遇到过不去的大江大河的时候，驮着他们过去，直到目的地。"

铜鼓除了是水家人的精神寄托，还能帮助普通人祈福好运。每当祭拜山神土地或者龙王时，都会有铜鼓作为人们与神明沟通的媒介和桥梁，把水族人的心愿和虔诚带给神仙。尤其是在丧葬仪式上，配合铜鼓的节点，人们用经文引导着先人找寻族群的故乡。为此，陆兴祥展示给我们看他整理的《指路经》经文：

在急不在缓，山中的雀鸟，屋里的鸡和外头的鸡叫了，天亮了，该起床了，穿带有铁链的花边（有格子的，和布依族的衣服差不多）的衣服了，给他起去了。该起床了，穿带有花边的衣服了，给他起去了。又去了别的地方，就新鲜了。正月间，别人都送供品，腊月的时候，别人都回来过年，你又不来。请别人去问，你又不去问。人家会去讲，你也不会讲，要到三十晚上来了，已经去了两三遍了，你还不去讲。我给你去站，你又不去站。阎王给你讲礼仪都讲了好几遍。你的儿女都已准备好供饭，你又不想在这是晚上。想你吃饭又不吃。你太没意思了。把你身上的肉刮掉。

人家会讲回家来，你又不讲回家来。到来的时候你要讲要来了。你就可以骑着马来。就不要走着过来。骑着马就可以过桥来了。我在家里闲饭等着你。要你在这儿待十晚上。你又待不了十晚上，给你吃十碗饭，你又吃不了十碗饭。说了你又不听。有点儿风气（亡人去世以后就留下一口气在）。这个寨上的女方脑地摇不动了，你就不摇了。看你不顺眼就把你赶出去了。叫你从哪里来就回到哪里去。你坐在哪儿就有池塘，话还多。斋饭那么多在那里贡着，你又不吃。年轻的人让你这么做，你又不这么做。媳妇让你这么做，你也不这么做，你不吃就坐在旁边。父亲说算了，你在马的背上吃。媳妇说白做了。毕摩敲一下鼓，就送你走了。打着鼓，吼着你。到河边你就可以走了。你就好好地走吧。地底下也是叫你走。吼死你了，你就可以走了。你在路边找到了吃的就找。遇到好的你就吃好的，遇到歹的就吃歹的。在上面讲了，你不信就算。死在屋里也要把你放在山上。死了要抬到山上……

这里的地种的（粮食）很好，这个粮食拿过来让他背走。也可以让他的儿女帮他背。收获了两三簸粮食拿给他。花和酒他都拿得动，也是拿给他的。毕摩就不来送他，用纸做的那些花花绿绿的东西来送他。用水族的礼仪来送他。用鸡卦的方式来送他。这个寨上的老人或者上一辈，就不来送他。花点儿纸钱来送他。那些老妈妈和年轻的人都不来送他。拿点儿酒来献给他。箍一个桶来装水送他。这个寨子的小伙子和小姑娘也不来送他。他砍柴做成火把就是来送他。他砍柴做火把,寨子里的小伙子和小姑娘做伴哭着来送他。姑爷不来送你,他用酒和羊来送你。姑娘也不来送你,她的头发也不梳理就坐在地上哭,这也是相当于送你了。儿子媳妇也不来送你,儿子媳妇打纸钱,拿这个手杖(1.2米的竹竿),香纸来送他。送他到田里就到田里,送他到河边就到河边。送到哪里就到哪里。我送你到吉利的地方就到吉利的地方。……你独自一人也要走,有兵带着你也要走,有粮食也要走,前面有好的东西等着你,有粮食等着你,有酒有肉等着你,路越走也宽,越走越大。

到第一殿,第二殿,第三殿,第四殿是审判。第五殿免难后鸡和鸭子就会满圈,猪和羊也要给他满圈。鸡和鸭子就会满圈,牛也要给他满圈。鹅都要给他免去灾难。

……

到这个第六殿,有虫在脑袋上面。虫到脑袋上,我讲给他听,它就会认识。你不要感到害怕,只管往前走。虫掉在衣服上,就会着火。你认识不认识,你害不害怕。你不用管其他的,就往前走。你只管走,有一万匹马你要走,你独自一人也要走,有兵带着你也要走,有粮食也要走,前面有好的东西等着你,有粮食等着你,有酒有肉等着你,路越走也宽,越走越大。

到第七殿,两边有老虎坐在两边。你要是不害怕的话,就往前走,就只管往前走。你独自一人也要走,有一万匹马你要走,有兵带着你也要走,有粮食也要走,前面有好的东西等着你,有粮食等着你,有酒有肉等着你,路越走也宽,越走越大。

来到第八殿,就有拔舌头的,看到好怕了就转来了。看见了就害怕,怕别人割他的舌头。又想往前,又不敢往前。还是往前走吧。有一万匹马你要走,你独自一人也要走,有兵带着你也要走,有粮食也要走,前面有好的东西等着你,有粮食等着你,有酒有肉等着你,路越走也宽,越走越大。

第九殿,就有扭嘴的,看到了你就觉得害怕,你就会转来。把你的嘴扭了,会把你的牙齿拔掉。不管什么,你都要往前走。有一万匹马你要走,你独自一人也要走,有兵带着你也要走,有粮食也要走,前面有好的东西等着你，有粮食等着你，有酒有肉等着你，路越走也宽，越走越大。

第十殿，明晚你就可以到第十殿了，你就安心地在那里吧。在那里安心地吃，桃花梨花好看得很，有人伺候你吃，你就安心吧。坐在那里要安心。想阎王放你回来，还是不要想这些事了。有那边的喜鹊会和你做伴。姓潘的在那里做主管。粮食就会有很多，你就会有的吃。鸡飞上飞下的也有，这些你完全改掉就可以了。这个鸡可以飞来飞去，它就可以带你来来去去。你不要感到郁闷，这些粮食都在田里。正月间把你接回来，你就可以来了。不管怎么样三十的那天你要回来过年。十月间，你要把收回的粮食保管好。正月间男人家来了你要来。三十的那天别人都回来了，你才能回来。正月的时候，人家献的饭都是新鲜的饭，你也要献新鲜的饭。腊月间，人家献的肉，献的饭。你也要来吃。来这里，你吃也吃的。鼓也打在东方，我送你就到这里了。鼓打到河边去了，我劝你到这里了。过河以后山就静了水也清了。拿个桶在这里装水，你才能洗脸。洗脸后，你的眼睛就像油灯一样明亮。可以上又可以下。你脸面（面子）就宽了。你伤着哪儿，书上写的，我都是认识的。早上吃了三碗饭，才有脸面。晚上吃五碗饭，你的脸面才宽。脸不要挨着脸，不然的话就会不方便。你自己转到另外相反的方向就走吧。

水族关于铜鼓的来历和用途不仅仅是在日常生活中口口相传，在水族祭祀的经文中也出现了铜鼓的身影。比如《指路经》记载："毕摩（水族举行祭祀仪式的长者）敲一下铜鼓，就送你走了。打着鼓，吼着你。到河边你就可以走了。你就好好地走吧。"祭祀经文中的《指路经》主要作用是帮亡魂指路，让亡魂可以顺利地回到祖先居住的地方或者顺着水族迁移的路径回到水族的祖籍。《指路经》中关于铜鼓的记载充分表达了水族人对于铜鼓的重视和崇拜，水族有句俗谚叫"亡人升天在击鼓"。铜鼓在水族的丧葬仪式中占有重要的地位。作为水族的重要礼器、神器，铜鼓受到水族的极度尊崇。在水族传说中，打铜鼓能顺通天路，铜鼓声可护送老人亡灵平安进入天堂。在采访将近结束的时候，陆兴祥邀请了马过河所有的铜鼓传承人为我们展示了一场完整的表演。

事实上，铜鼓舞并不仅仅是铜鼓的单独表演，而是多样乐器的相互配合。铜鼓、皮鼓、锣、铙、钹齐上阵，铜鼓厚重的声音在这几件乐器的配合下更加铿锵有力。马过河村民十分敬重铜鼓，以及会打铜鼓的先生，铜鼓对于马过河

陆兴祥表演照（左二）

村民来说不仅仅是一个在重大仪式中的器具，已然成为他们在苦难的生活中的精神支柱和理想寄托。只要铜鼓响起来，被生活困扰的人们就会重新燃起新的希望，向着美好的未来继续拼搏努力。

世代传承民族信仰——铜鼓舞传承人何文彦

传承人简介：何文彦，男，水族，1955年10月生，盘州市柏果镇马过河村人。2009年由盘县人民政府公布为盘县首批非物质文化遗产县级代表性传承人，是铜鼓舞的第七代传人。

何文彦中等身材、头戴灰色帽子。初次见面，大家比较拘谨，说说客套话，拉拉家常。再次接触，便熟悉了许多。据其所说，因当年家庭生活拮据，他初中便无奈辍学，所以识得一些字。平时除务农外，还是一名远近闻名的风水先生和毕摩，在当地有一定的名望。

何文彦曾叫"潘文彦"。他说，"之所以改名字得从我家的迁徙史说起。何氏家族的祖先曾经聚居在江西，后来搬到了南京、云南，再到贵州的兴义、鸡场坪，最后才到马过河村安家落户，现在的马过河何氏家族和兴义何应钦的何氏家族是同一个家族。在搬迁至鸡场坪时，鸡场坪的潘家男丁不兴旺，我的曾祖父（何小山）到潘家当义子。后来我的曾祖父和曾祖母陆春风结婚育有四个孩子，四个孩子都姓潘。现在，秉承三代还宗的传统规矩，我就不再姓潘了。"

何文彦说，"铜鼓平时都是和锣、钵、镲、皮鼓一起敲打。水话说'铜鼓'为'嘚（一声）宁'，'打铜鼓'为'嘚（四声）宁'。在水族，铜鼓舞通常是世代相传，为了做好文化传承的工作，父辈们都会强制下一代去学习敲打铜鼓，继承家传的这门技艺。我15岁时开始跟着父亲学艺，18岁就能独立敲打出十二个月的调子。"一直到现在，身体硬朗的他依然热衷于他的铜鼓文化，只要闲下来了，他就会约上乡邻一起打鼓。铜鼓经文是打铜鼓的口诀，打铜鼓必须先学会背诵经文，语调抑扬顿挫。聊到兴起处，何文彦和其他传承人给我们敲起一段，那声音简直是响彻云霄！

传统舞蹈篇

何文彦手抄的铜鼓经文（部分）

何文彦说："学习敲打铜鼓，年纪越小越好。因为年纪越小，师傅越好手把手地教，教起来就容易些；如果年纪稍长，个子也就比较高，师傅就不方便手把手教了。"那时候，他个子比较小，父亲就是把他抱在怀里手把手地教学。父亲一边口念经文，一边握着他的手敲打着铜鼓，直到他掌握敲打铜鼓的要领。在学习的过程中，他敲打错了，父亲不但不会生气，还会耐心地纠错。由于年少不懂事，有一次，他没有认认真真地按照父亲所教的去刻苦练习，被父亲知晓后，父亲很生气，发着脾气对着他说："你这个娃儿朗格❶这样呢，我这么苦心地教你，你都不给

何文彦使用的经书

我好好学。"随着年龄的增长，他更明白了父亲的一片苦心，练习打鼓也更加勤奋了，只要有闲暇的时间，他都会勤加练习。他说："父亲的话不仅入了我的耳朵，也入了我的心底。""上天会眷顾每一个勤奋努力的人"。经过三年的刻苦练习，他终于很好地掌握了这门技艺、掌握了其中的精髓。

在马过河，何文彦可算一个多才多艺的人，他不仅铜鼓打得精彩，山歌也

---

❶ 朗格：音译贵州话，意思为怎么会。

· 237 ·

唱得很好❶。何文彦告诉我们："这里山歌的旋律是一样的，只是歌词的内容不一样。以前每逢春节，外出务工的人回来了，他们通过唱山歌的方式来诉说心声，很多男女会将自己一年来过的苦日子唱到山歌里，发自肺腑地唱出一年的艰辛，许多时候他们都把自己和对方唱得泪如雨下。"前几年，何文彦在"淤泥河"（地名，现在的淤泥乡）和车梅子（已过世）对唱时，二人借歌抒情，将心底的情感唱出，唱着唱着就哭了，哭着哭着又笑了。可见歌在当地不仅是娱乐方式，更是一种心灵的沟通方式。谈到兴起，何文彦即兴唱了一段水族情歌：

以前我也小你也小
小小时我去向你求婚
不妨没有肩膀高就遭别人说去了
可有大河来断就无法了❷

为让我们更好地了解铜鼓舞，何文彦还拿出自己收藏的《指路经》，他说："我平时都是用水话唱《指路经》的，这叫我用汉语把它翻译出来，我还从来没尝试过，我可能翻译得比较慢，我尽量快些吧。"何文彦给我们翻译了一部分，意思与前面记录的相似。

从这个吉利的一方找这个树，第二天早上要做的事情，要洒水。找树来扬大钱，……喊帮忙的人来帮忙砍树。朝吉利的方向去，你去扛着树，拿着绳子，拿铁链往这个方向去。去砍那棵树在箐（树林）里面。那棵树在箐（树林）里，……来这村里乱转。来到河边，给他倒铁水。你这么忙也好，早晚你都要到。该睡觉的时候你就到寨子来了。到睡觉的时候，要给他倒铁水。睡到天亮，脸都来不及洗。无论吃多少，你都得吃。那个蟒蛇和那个龙……鸡叫的时候就是丑时，鸡早上要叫三回。鸡叫了三回就还属于丑时，鸡再叫的话再等一下就是寅时。鸡叫了以后就是卯时了，天就亮了。等到这个时候他就会回应了。到这个时候，我就教你移动脚步了，你可以走了。叫你腾挪脚步，叫你站起来。我手拿给你吃，你就

---

❶ 在几天的访谈中，我们了解到：随着社会的发展、生活方式的改变，会讲水话的后生已经不多了，水话情歌也只有何文彦一个人会唱。

❷ 意思是：以前小时候，郎看上了妹，于是郎去向妹求婚，那时郎喜欢的妹都还没有郎高呢，但是妹被别的人家请媒人先提亲了，于是郎说我们之间的情谊就让河水冲断吧。听完何文彦的山歌，所有人都安静了，我的心里莫名的难过。

吃。叫你咀嚼，你就咀嚼，叫你咽下，你就咽下。如果你不听我的话，天上的是就给你断（阻挡）掉。原来的菜和老人会到你嘴边。有长的也有短的，叫你去到水井边，你吃的话也就不会被噎着。水就放在那里的。无论多累，到嘴边了你都要吃掉，讲到那里，水也去到那里，你也要把它吃掉……

三、彝族海马舞

彝族海马舞简介[1]

彝族海马舞（羊场乡），2007年4月29日由六盘水市人民政府公布被列入第二批市级非物质文化遗产名录。流传于盘州市北部彝族地区，主要在丧葬活动中表演，传说为纪念民族首领戈阿娄带领彝民反抗官府压榨的英雄业绩而来，属于纪念性模拟道具祭祀舞蹈。舞具海马由马首、臀、尾三部分组成，用竹条编织骨架，外用白纸或布条裱糊装饰。舞蹈以唢呐、鼓、钹伴奏，由7～9人组队表演。舞者3～5人，其中一人执花棍（两端扎红花，分软、硬两种）指挥，2～4人舞海马。伴奏4人，其中两人吹唢呐，两人分击鼓和钹。舞时舞海马者将马臀用绳系于腰后，手执马头、足踏唢呐、鼓、钹节奏、按旋律随着智慧的花棍作前进、后退、跳跃、翻滚等舞蹈动作。舞蹈中常模拟马的各类动作，以腾、闪、跳、挪见长，由"甩尾蹶蹄""二马相亲""骏马腾空"等造型。舞蹈热烈生动，端庄激昂中时透诙谐欢快，极富生活情趣。

---

[1] 六盘水地方志编纂委员会. 六盘水市志·文化志[M]. 贵阳：贵州人民出版社，2007：268.

德高望重的传统守护者——谢三国

传承人简介：谢三国，男，彝族，1953年12月生，盘州市鸡场坪镇人。2009年由盘县人民政府公布为盘县首批非物质文化遗产县级代表性传承人。

彝族十分重视灵魂归属，彝家人死后必须举行隆重的丧葬仪式。除了由毕摩主持的一系列仪式外，转场时候的海马舞是其中一个必备的环节。届时，人们围着一笼笼的火塘载歌载舞，配有动听的彝族山歌对唱，将整个仪式推向了高潮。2018年1月，我们前往盘州市鸡场坪镇专程拜访了彝族海马舞传承人谢三国。

谢三国是一位地地道道的农民，年轻时到矿上挖过煤，现在主要靠务农、卖菜和打点零工维持生计。他育有一子，常年在外打工，儿媳平时在镇上打点零工，剩下的时间就回到家里照顾两个老人。家中二老帮忙带着一双儿孙。

知晓我们的来意，谢三国很是高兴，随即把自己珍藏多年的"海马"拿出来，还展示了一段海马舞。聊起他的学艺经历和海马舞的由来时，他说，"小时候常听家里的老人们说起海马舞的故事和很多关于海马舞由来的传说，记得最深的就是孟获过江的故事。那时候也经常在各种丧葬仪式上看长辈们'玩海马'，就自然产生了浓厚的兴趣，后来爷爷就开始教我跳海马舞。1982年他正式拜师学艺，1996年代表六盘水市参加贵州省少数民族运动会，海马舞的表演还在比赛获中取得了好名次。"

谢三国说，"要谈海马舞的故事，就必然会讲到'罗颖秀桋'，他是一个除妖伏魔、为民除害、受人尊敬的神仙，也是彝族人的祖先，同时还是正义的化身，在彝族人的心目中，他享有非常高的地位和威望。无论祭祖、转场，还是过年过节都要向这位祖先敬酒，在祭祀活动中的地位也仅次于山神和土地。我们彝族人的故事，还有很多和他有关。"

传说，原来彝族有个很大的旱洞，里面住着一群妖精，这些妖精就想去杀掉这位神仙，自己好称霸一方、危害百姓。有一天，神仙在地里煮毛豆角吃，身上带着宝剑，这群妖怪变成人形后，就跑到地里假装和他聊天，并问他怕什么，神仙说我怕瓜，妖怪知道了以后就想用瓜来制服他。等到他吃完毛豆后，妖怪们马上变成了瓜，就来攻击。他立即与妖怪们展开激烈的搏斗，最终用自己的宝剑把瓜打碎了，瓜就变成了一块石头，现在这块石头就立于麻郎垭村的河岸上，成为彝族人心目中这个传说最好的见证。

还有，以前彝族有个地方叫穿心洞，这个洞被水淹了，流不出来，而洞的外面全都是庄稼。但是由于水不出就灌溉不了庄稼，当地人的土地收成不好，人们的生活也受到严重影响。这个情况被"罗颖秀棌"知道以后，他就用自己的宝剑把挡住洞口的石头劈开，水就流出来了，庄稼的收成好了，老百姓的生活也从此变好了。

再比如孟获渡江的故事。很早以前，彝族有一群危害百姓的妖怪，"罗颖秀棌"知道以后就要去斩除这些妖怪，在打斗的过程中妖怪逃到了海上，他为了把这些妖魔一网打尽，就把附近的竹子砍下来，骑着马站在这个竹板上，竹板就变成一种工具，同时借助竹子的浮力就把他带到了海上，最后，他顺利地把这些妖魔给斩除掉了。后来，云、贵、川三省彝族人的首领孟获，即彝王，听说了关于神仙和海马舞的传说以后，就决定去找神仙学习海马舞，用于打仗，同时造福百姓。

海马舞，在彝族传统丧葬仪式中转场的时候，是由马郎家（女婿家）请来的表演班子表演的一种舞蹈。表演仅限男性，通常三人一组，跳时最少一组，一人为骑马人，手持花棍马鞭，另两人扮演海马，扮马者将马头和马尾系于腰部，两手捧着马头，似如骑马状，形成一个固定模式。表演以模仿马的各种形态和还原马在打仗时的情景为主。

"海马"是也是由舞者自己做的，制作工艺为：先用竹条来编织马的形状，再把白纸剪出海马的轮廓，最后把白纸粘在竹条上，这样马的雏形也就基本成型了。接着还要做一对红色的刨花，用来挂在马头上，马身要粘上马毛，马毛是用白纸剪成条以后糊上去，就像真的战马一样。用鸡蛋壳做马的眼睛，马尾挂在人的身后，马头用手抱着。跳海马舞的时候还要着彝族长衫，包彝族传统纱帕。

同时，谢三国还介绍，虽然"玩海马"只是丧葬仪式中的一个部分，但在请海马时很有讲究，而且表演时有一套严格的程序。

"我们（跳海马舞的班子）必须是由马郎家的人来请，去请的时候要派上专人，再带上烟和酒，并约定好跳的时间，一般都是下午五点和马郎家一块去东家（亡者家）。到了东家以后先到'转场'坝看场地，确定好各方位置，接下来吃晚饭。饭后，听从东家安排，等到转场的时候就跟在马郎家转场队伍的最后，边转边跳，直到晚上十二点左右结束。跳过的海马在亡人上山之后要将其全部烧掉。转场过程中，海马舞的表演和唢呐队的演奏是同时进行的，每个马郎家如果都请了跳海马舞的，那么每个人家都要跟着转场的人跳一次。结束以后，在亡人面前磕完头，就可以回到各自的火笼边休息了。"

据介绍，跳海马舞的时候一共分为六道程序：第一道"马运水"，海马随转场队伍进场，先来到鬼房前，模仿马在河边喝水，并给亡人敬酒，以表达哀思；第二道"摇马鬃"，这时所有的战马会合，主要是对马的各种姿态的模仿，此阶段是为正式的表演做准备；第三道"战马进场"，开始进入正式的表演，所有的"马"用一只脚踮着脚尖进场（可换脚），牧马的人（中间的人）怎么跳，其他人就怎么跳，根据马铃铛的节奏来变换动作，这个阶段主要是对战争场面的还原；第四道"海上起浪"，这对应海马舞的传说中"罗颖秀桽"骑着战马追赶妖怪的场景，这时海上起了风浪，战斗过程中所有的"海马"都在左右摇摆，妖怪们躲避他的追杀，精彩的角逐即将开始；第五道"战马奔腾"，在海浪中"罗颖秀桽"开始斩妖除魔，用自己的一身法力，将所有的妖怪一网打尽，这是最激烈的部分；第六道"抢刨花"，在打斗即将进入尾声时，要把马身上挂的两朵刨花靠在一起，直到马的嘴靠在一块，这表示整个海马舞表演的结束，也可看作海马舞表演结束的一个标志。海马舞虽然有固定的表演程序，但却没有场次和时间的限制。整场跳完之后，只要东家愿意，表演者可以再跳，三人一组的表演队伍也可进行自由组合。

海马舞表演的动作大多是对生活中马形态和姿态的模仿，故事情节取材于孟获渡江的故事。在表演时场面相当热闹。海马舞的表演者一边跳，仪式也在另一边同时进行，观看者兴起时还会以山歌和唢呐来助兴，以烘托仪式气氛。这些山歌都是彝族传统的山歌，调子是从古时候传下来的，歌词可即兴改编，通常以四句歌为主，演唱时没有固定的演唱曲目，可根据具体情况即兴发挥。

山歌对唱歌词如下：

《山歌》（一）

大马过河战兢兢，小马过河斜奔心。

马要走入腰杆戏，滑路挑油要小心。

《山歌》（二）

我骑白马进松林，五色花线马将成。

脚踏云凳跳上马，丢了多少情谊人。

在交谈的过程中，我们得知，谢三国除了在丧葬仪式上跳海马舞外，他还是"转场"中的引路人，彝语称为"披秃"，也就是毕摩的助手。在谈论到与仪式相关的内容时，他还兴致勃勃地给我们做了一些介绍："按照彝族的传统，老人过世以后，东家（亡人家）要派专人到马郎家去报信，彝族人称为'赶水'。马郎家接到赶水人的消息以后，就开始准备转场时的相关祭品，还要请一个唢呐队和跳海马舞班子，等到转场那天，就敲锣打鼓地带上牛和羊等祭品去亡人家了。在转场的当天下午到达亡人家的转场坝，由孝家出来磕头迎接，并由'披秃'带到各自的火笼边，等待吃饭。吃完饭以后，根据孝家的安排等待转场，转场开始以后，孝家出来迎接，两边互相磕头，孝家在前面带路，开始转场。转场是由后家顺时针先大转、再小转，接着再由马郎家逆时针围绕场地大转一圈，然后来到鬼房前，围绕鬼房前小转一圈。因为在彝族是后家（舅家）为大，因此，孝家先接老后家，接着是小后家，最后是马郎家。"

鸡场坪镇是海马舞的主要发源地，海马舞的非遗工作从2000年开展以来一直延续至今。作为海马舞传承人，谢三国身上肩负着保护与传承的使命，但是海马舞的传承现状却令人担忧。据谢三国介绍，原来在彝族村寨只要是有老人过世，丧葬仪式上"玩海马"是一个必不可少的环节，也常常会有人来邀请自己去跳。在他们村子里，就有一个跳海马舞的班子，这对于海马舞的传承而言，无形当中形成了一个良性的发展机制。但是现在跳海马舞的机会已经不多了，现在的丧葬仪式中也基本看不到海马舞的身影，他们也仅仅是在人凑得齐（至少3个），并且有办丧事的人家邀请他们的时候才会跳。而且，现在大多会跳海马舞的老人已经去世，加之大批年轻人到沿海打工，学跳海马舞的人也越来越少。他目前仅有一个徒弟，这使得海马舞的良性发展机制失去了原有的生命力。按照现有的状况来看，对于抢救海马舞这一珍贵的民间艺术已经迫在眉睫，除了政府和传承人的力量外，有关部门或相关的专家、学者还应寻找更为有效的途径，提升本土百姓的相关观念，以从根本上恢复海马舞类民族传统的生机与活力。

彝族的追思——海马舞传承人李顺民

传承人简介：李顺民，男，彝族，1975年4月生，盘州市鸡场坪镇人。2009年由盘县人民政府公布为盘县首批非物质文化遗产县级代表性传承人。

李顺民是我们到鸡场坪后联系的第一个访谈对象，第一次见面，刚步入中年的他令我们实在很难将他与已经有了20多年跳海马舞的经历联系在一起。

据介绍，李顺民年轻的时候非常喜欢跳海马舞，20岁便开始跟着同样是县级传承人的谢三国学习彝族海马舞。说起这海马舞，李顺明露出了自豪的神情。他说："这个海马舞，我们鸡场坪的跳得最正宗，我们跳的动作非常有力，而且也标准到位。"年轻时，家人都以务农为生，并不富裕。他说："以前没有那么多活动，我们也都还年轻，年轻的男孩子就调皮好动，看见别人跳自己也想跳，而这一跳就是20多年；我最怀念的时光就是大家一起跑场的时候，就算很辛苦，但是三五成群地在一起，为了做一件事的感觉非常好。"现在的李顺民，育有一儿一女。儿子念高中，女儿正读幼儿园，家里的开销逐渐变大，他再也不能像年轻时那样放下所有的事去跳海马舞了。于是，他开了自己的建材商铺，平时给别人送送建材维持全家人的生活，妻子平时也帮忙店里的生意。

"彝族的海马舞是一个集体活动，不是一个人就能跳好的，但是你跳得好不好大家一眼就能看得出来。"李顺民说："在彝族的习俗里面，老人去世以后就会有人去通知马郎（女婿）家，马郎家就会去准备相关的祭品、请跳海马舞的一班人马。如果家庭人丁兴旺、女儿女婿多，每个马郎请一个跳海马舞的班子。到了跳海马舞的时候，各个班子之间就会相互较劲，希望发挥出最好的水平，哪边跳得好，围观的人就会越多，然后就会越热闹，主人家就越有面子。"

鸡场坪镇彝族海马舞

　　李顺民说，每次出去给别人跳海马舞，他都特别有成就感。海马舞烘托得气氛可以减缓家属失去亲人的痛苦，而且这个也是其他民族没有的。如果不跳、不把这一文化好好传承下去，下一代人跳好（海马舞）的可能性就很小，那么海马舞就会慢慢消失。访谈过程中，李顺民也露出了些许无奈，"因为跳海马舞并不能赚钱，还要耽误许多的事情。家人是有些反对我放下生意出去跳海马舞。每次遇到这种情况，我就会给家里人做思想工作，告诉家人这不仅仅是去给别人做丧葬仪式，还是希望能保存彝族特有的文化。所以家人虽然有抱怨，但我出去跳海马舞时，还会将事情安排得井井有条，甚至后来带的徒弟到家里学习，家里人也慢慢地接受了。所以一个文化的传承不仅仅是一个人的付出，还需要家庭的支撑。"

　　李顺民是一个非常爽直坦诚的人。当我们问他海马舞传承最大的困境是什么时，他露出无奈的笑容："坦白地说，我感觉资金是非常大的问题，经济发展太快了，大家都愿意打工，没有人跟着学，就连免费别人也不屑一顾。当我看清这个形势后，我就想我必须先解决这个资金的问题，于是我先开了个纸火商铺，这样可以边做生意边教徒弟，而且扎海马的成本也会降低；但是那个不怎么赚钱，之后我又想办法贷款、借钱开了这个建材商铺，现在虽然才起步，但是我也希望以后有自己的一个工作室或者团队，带着大家跳海马舞。"

　　在我们的请求下，李顺民跳了一小段海马舞，虽然受到场地及道具的限制，我们还是能从动作形态上看出鸡场坪的海马舞保持着古老淳朴的民族遗风，表演的动作幅度大，风格狂野粗犷。李顺民说一般跳一场下来整个人就会感到非常疲倦，这样的风格不是凭空产生的，为什么动作必须强而有力？这得从海马舞的历史传说谈起。

相传三国时期，少数民族首领孟获带领部下作战多日，因寡不敌众，退守江边，然江中没有渡江的船只，前有敌军追击，后有江水断路，情势相当危机。正在孟获不知所措的时候，突然乌云密布、狂风大作，天地之间一片昏暗，江的对面不知什么时候出现了一群白色的战马，它们体型膘壮，洁白如云，纷纷跳入江中朝孟获这边游来，孟获及部下看得目瞪口呆。当他们回过神来的时候，这一群白马已经游到了岸上，仰天长鸣，一匹匹雄壮的白马，抖抖身上的江水，跪在江边的沙滩上。孟获见此情景，立刻命令所有的部下跨上马背，只要马背上有了士兵，白马就一跃而起，跳入江中，迅速朝江对岸游去。当所有的士兵过完江之后，又一阵狂风刮来，孟获及部下无法睁开自己的眼睛。风停了，一切归于平静，只听见江对面敌军的追杀声。当孟获及部下睁开眼睛的时候，这一群白马已不知所踪。孟获部在这一群神秘白马的帮助下，躲过了生死攸关的一劫。之后，孟获重整旗鼓，休养生息，取得了战争的胜利。后来，为了纪念这一群神秘的白马，所有士兵用竹子编成了马头和马尾，糊上白色的纸或白色的布，并在马头上戴上红花，以追思白马。士兵们双手拿着马头，把马尾的后半部分扎在自己的腰间，翩翩起舞，来庆祝战争的胜利。又因为这些马会渡江，所以感谢白马的舞蹈就叫"海马舞"。

在盘州市，还有一个关于海马舞的传说，那就是戈阿楼的故事。戈阿楼是彝族过去的一个首领，骁勇善战，为彝族做出了很多功绩。彝族后代为了纪念他，在彝族内部人死了之后就要跳海马舞，就是希望到了天上就能与戈阿楼在一起，得到庇佑。这些传说，李顺民都是听老人说的，由于时间太久有些细节已经模糊，尽管如此，我们依然能由此看出，海马舞对于彝族人的重要性，其已经成为彝家人生活的一部分。

目前，海马舞一般在是婚丧、农耕、庆典等场合表演，但更多的时候是在丧葬仪式上。一匹匹海马扎制得形象逼真，舞蹈者通过肢体语言把马的动作演绎得活灵活现，而且跳海马舞的人、海马越多，气氛也越热闹。通常，跳舞的海马是由跳舞的人自己做的，因为扎制海马太费时，有些舞者就会从专门做海马的店铺里购置。假如自己制作，需要先用竹条编织成马的轮廓，主要是马头和马尾两个部分，扎制的马一定要俊朗，不能过肥也不能过瘦，然后再用白纸或白布糊在已经成形了的马的头部与尾部，这样海马也就基本扎制完成了。为了让马看起来更加俊朗，糊的白纸还会细心地将它剪成碎末，糊上去看着就比较像马毛。马的眼睛是用蛋壳做的,然后画出来,惟妙惟肖。接着用红色的纸做一对红花挂在马的头上,宛如一匹匹凯旋的战马。

正常情况下,跳海马舞至少需要3个人,其中2人扮演海马(将马头和马尾绑在身上),还有1人扮演逗马人,逗马人使用的道具是一根1~2米、两端系着白花和红花的竹竿。表演的时候,扮演马的两个人就将手放到马脖子处,然后随着鼓点,双脚开始跳,步伐分为双脚并跳、踮步跳、变步跳等。海马舞的表演分为四个部分,分别是马帮跋涉、调遣烈马、烈马争斗、降服烈马。跳海马舞时,所使用的伴奏乐器以皮鼓为主,辅以锣、钹等器乐。李顺民说:"比较富裕的人家,家里有正常去世的老人,除了请人跳海马舞,有时还会为了烘托气氛请舞狮队。这些都是有意义的,希望逝者在另外的一个世界也能有海马助他渡过难关。"

李顺民与谢三国扎制的海马

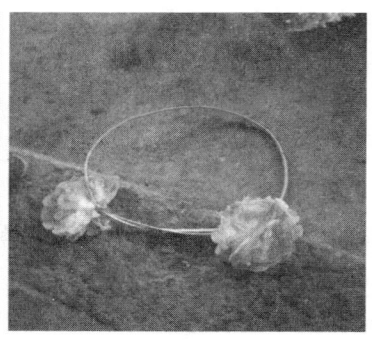

表演使用的马铃铛与花幌

李顺民说,"当地人通常将跳海马称为'玩海马'。海马舞是彝族人民在长期的生活实践中世代积累、传承下来的祭祀舞蹈,看似简单,里面却包括了祖先的迁徙、战争,还有民族生活、风俗习惯。"

关于海马舞的传承与保护,李顺民也感到了一种危机。海马舞能够被列入贵州省第三批省级非物质文化遗产项目,说明这一民族文化终于引起了国家关注，这是令他们这些跳海马舞的人最开心的事。所以李顺民说："当知道海马舞被列为非物质文化遗产的时候，高兴了好久，心情一直平复不下来，感觉大家一直的坚持终于有了回报。"

但挽救一种传统文化，一个人、两个人的努力显然是不够的，所以李顺民等人经常到学校向青少年教授海马舞，学生们也表现出了浓厚的兴趣，这让他们感到非常有成就感。但是现在做得还远远不够，保护和传承的现状令人担忧。社会在发展，时代在变化，村寨也在悄无声息地发生着变化，外来文化不断冲击着彝族村寨。"我们也不能阻止国家的发展，社会的进步是一个必然过程。如果不注意保护，彝族的丧葬文化说不定会慢慢退出历史舞台。如果没有丧葬仪式这个载体，那么海马舞就得不到发挥，逐渐地就会鲜为人知。因此加强对海马舞的保护、传承与研究工作迫在眉睫"，李顺民如是说。

四、跳脚舞

彝族跳脚舞简介[1]

2006年,跳脚舞(四格乡、旧营乡)被列入第一批县级非物质文化遗产。彝语称"叩呗",即"跳铃铛舞",分丧葬祭祀跳脚和婚嫁跳脚两种。盘州市彝族以丧葬祭祀跳脚为主,为传统仪式类舞蹈,分"串火塘""搓嘎""祭奠""解送"等节段。一般由4~8人组队表演。舞者均为男性,穿长衫白褂,系红围裙,一手执"蜡朵罗"[2],一手执白帕或白纸带[3]。舞蹈时以手铃挥晃击拍,以白帕伴随律动,并伴以歌喉而舞。舞步主要分为四步踏进式:舞者出场时先持铃弯腰,左右律动击节四次起舞;第一步直立迈左脚,双手向左上方挥出,同时猛摇手铃挥帕击拍;第二步迈右脚前跨,对称性重复摇铃挥帕击拍动作;第三步左脚向后划半圆体转180°面向后蹲下,同时双手在身体两旁摇铃挥帕击拍一次;第四步以左脚为重心,右脚传动转体180°,还原第一步的面向,两只手仰体向后上方挥出摇铃击拍一次。前两种动作称为"打鸟",后两种动作谓之"踩虫"[4],在部分地区跳脚舞中还有两人持花棍前引相伴,舞步为走一步原地踏一步,双手持花棍中部按节拍律动耍处各种动作,以引领整个跳脚队的前进后退或舞姿变换统一等。丧葬祭祀跳脚以盘州市坪地一带流行的最具代表性。

---

[1] 六盘水地方志编纂委员会. 六盘水市志·文化志[M]. 贵阳:贵州人民出版社,2007:268.
[2] 手铃或马铃铛。
[3] 俗称"手佛子"。
[4] 俗称"搓蛆打老鸹"。

丧葬祭祀的超度人——跳脚舞传承人高松明

传承人简介：高松明，男，彝族，1964年10月生，盘州市乌蒙镇大寨村人。2009年由盘县人民政府公布为盘县首批非物质文化遗产县级代表性传承人。

大寨村是我们此次行程的第一个田野点。赶了一天的车，辗转三次终于在天黑之后到达大寨。还没缓过神来，没来得及观望村中的布局情况，来接我们的人就告知我们今晚大寨某家有丧葬法事，如果我们有兴趣她愿意带着我们前往观看。大家的兴趣一下子被她的话调动了起来。于是我们下车后，赶紧把行李放下，在瑟瑟的寒风中，摸黑走了一段泥泞的山路，来到办丧礼的人家。

当时大家正围坐在火炉旁烤火、嗑瓜子，我们也入乡随俗坐下了。家里管事的人告诉我们，今晚丧葬的仪式还要等一下才开始，让我们边烤火边等。大家都是第一次到彝族村寨，还有些不知所措，所以不停地观察着周边的一切。这时候出来一位穿着法衣戴着法帽的老者，跟高招琼嘀咕着什么。后来高招琼告知我们，这是当地有名的毕摩先生，这家的丧葬仪式就是由他主持的，也是我们将要采访的跳脚舞传承人高松明，她的叔叔。

没过多久，敲锣打鼓吹唢呐的声音响起来了，我们全部装备齐全地上去了。大家第一次看彝族的丧葬仪式，说实话内心不免有些恐惧，但是那种好奇欲又让我们无法逃离仪式现场，于是我们就坚守在丧房里观摩第一个夜晚的仪式。从办丧事的那家出来的时候，我们跟高松明约定了明天要向其讨教一些关于丧事和跳脚舞的东西，他有点羞涩地答应了。

因为整个丧葬仪式非常讲究，需要3天时间，而他几乎都在丧房里领着孝家做法事，留给我们做访谈的时间很少，所以我们只得见空插针。高松明很清瘦，不善言辞，但是对于我们每次提出的问题，他都耐心细致地解答。旁边的人提示我们：他喜欢喝点小酒。闻听此言，虽是大清早，我们还是给他斟了一小杯酒。他一边喝着，一边思考我们的问题，慢条斯理地回答着。

虽说他已是71岁的古稀老人，但走起路来健步如飞，精神抖擞，那劲头丝毫不亚于在场的任何一个年轻人，所以还能胜任劳动量强大的毕摩工作。他10岁才开始上学读书，16岁毕业，然后就在村里教书，教了16年，现在不教书了，他就靠养殖牛、羊、猪等家畜谋生，一辈子都没离开过这个村子。他还有三个女儿，大女儿嫁到了宣威，姑爷家是彝族的，条件也不太好。一般一年回家两次；二女儿嫁到水城独龙镇，在家务农；小女儿就嫁在附近，可以经常来看望老人家。每个小家庭虽然都不富裕，但关系比较融洽。他家里还有8亩左右的耕地，都用来种玉米、麦子、黄豆、马铃薯、苦荞等作物。麦子种在大桥边，现在是空地，但几乎每天都要去打理。家里喂有18头猪、4头牛、6头羊，每天都要拿出很多时间去喂养他们，现在市场上活猪8元一斤，小猪17元一斤。高松明说，靠这些收入，他们家温饱不成问题，但是老伴长年患病，每月需要花费不少的医药费，所以相对来说日子要苦一点。但是他很乐观，他经常安慰自己："穷点无所谓，只要人在，那家庭就是幸福的。"

他现在做仪式的频率不高，一般一个月才一两次。他小时候学毕摩是由族里的伯父教的，他说学习毕摩这个东西主要是出于两方面的考虑：一是因为自己喜欢，兴趣足，肯花时间在上面钻研；二是因为其实用性和现实性的考量。前辈老人说，学这个对逝者是有好处，没人学不行，人去世了需要有人帮忙超度，亡者才能顺利进入阴间，而且学这一套，也算是做好事做善事给自己积阴德。小时候学习毕摩的这一套程序很严格，学习内容主要是教口令、背经文。要能把这些经文背下来给亡者超度，且要熟知每一个环节该干什么，该怎么干。一般学习五年才能出师独立干。他从20岁开始接触，到现在做50多年了。如今，他收了有10多个徒弟。他收徒弟几乎没什么门槛和标准，算是来者不拒。他说："我是老人了，做不了几年了，必须由这些年轻人来接班，所以只要他们愿意学，我会毫无保留地教给他们，至于他们能学到多好，那就是自己的努力程度和天赋了。"

问到他作为毕摩的一些事情，他说道："老人死后，一般来报信的人要带一件啤酒，两瓶老白干，红封（固定120元）来请我们去。我们到丧家后，要给他们主持丧葬仪式。孝子孝女要供饭，每人供饭一次，孝子磕头，按照男左女右的位置站立，持续十来分钟。且在棺材头供饭，棺材尾磕头。供饭完了就起棺。起棺出来，孝子把灵房抬到转场场地，在噶房转三圈。把棺材纸放在噶房下面，灵房放在旁边。用公鸡或小猪开棺，开财纸，请先生念咒，用酒和水奠基亡人，挑点清水往外洒，然后进噶房。财纸在下面，灵房在上面，灵魂请进噶房。接着又供饭，一边念咒，内容是请亡人喝酒吃饭。这个仪式孝子要磕头，此仪式结束后，所有帮忙的人吃饭。开财纸，关天盖，把亲戚朋友的衣服、白纸放在身上，孝家盖棺材盖板。后家用斧头敲盖板三次，分别是棺材头一下，中间一下，棺材尾一下，这过程中毕摩要念咒。用鸡羊请先生念咒，开始宰鸡宰羊，并念咒。意思是给亡人戒冤戒孽。大马郎家用绵羊请先生念咒，并且红黑白棉布截成1厘米宽、3米长的长条（本地人称解结），如果不解这个结，亡人在阴间吃不好。接着请毕摩先生给孝子和帮忙的人解牲，意思就是牲口在密闭空间活动时间太长会疲劳，给他放松一下，身体也会健康些。大马郎家来解布，现在的布是放在噶房上的毛毯（以前是麻布），意思是大马郎家辛苦了，然后在把解下来的麻布送回大马郎家的火塘。请查摩（先生的助手）把鬼房里面的东西请出去，请老后家的东西排放在西方，要把噶房里面如灵房、财纸、花圈请出去，请老后家摇噶房，查摩用刀砍噶房。大马郎家请后家消噶房，然后请毕摩先生指路。鹿马（带路的、看山的）排在前面，后面接着依次是绵羊、灵房、毕摩先生，毕摩先生要穿法衣服、戴法帽，开始指路。指路先生要念咒，指路完毕，先生把棍子一丢，整个仪式结束。跳脚舞（也称铃铛舞）是给逝者改冤改孽、从古至今流传下来的一种的礼仪，只能用在丧事场合。"

若亡人家里提前为老人准备好了棺材，老人去世的当天就可跳跳脚舞。如果有不满60岁的老人（没准备棺材）去世，要看日子才能跳跳脚舞。跳脚舞一般是四个人跳，内容表达的是亡者生前为家庭付出，为儿女操心；实则就是诉苦，给亡者解罪。道具就是铜制的马铃铛、白纸一串、用白纸撕成的长纸条，铃铛要用红布系起来。舞者右手拿铃铛，左边手甩4下；动作一是猴子抱腰，一人跳起来，另一只脚缠绕在别人腰上；动作二是喜鹊登枝；动作三是翻背；动作四是半幅转。舞者边跳边唱。

跳脚舞唱的内容一般有两类。

第一类的内容为：

  岩塌岩不哭，岩塌何来哭；岩头何登处，岩要猴耍处；想到此才早，想到死才哭。第二段的内容是：树倒树不哭，树倒鸟来哭；树尖鸟登处，树腰鸟绕飞，树脚鸟玩处；想到此才早，想到死才哭。第三段的内容是：娘死娘不哭，娘死儿女哭；脊背背儿处，两手抱儿女，客气儿登处；想起此才早，想起死才哭。

第二类的内容为：

  寻找再寻找，什么在寻找。寻找再寻找，雄鹰在寻找。寻得有飞处，无处找落脚。会落不会落，落到篱笆脚。篱笆脚落才走，母鸡被拿走。母鸡被拿走，小鸡叽叽叫。小鸡叽叽叫，叫得真可怜。叫得真可怜，叫得真伤心。

　　寻找再寻找，什么在寻找。寻找再寻找，财狼在寻找。寻得有处去，无处找落脚。会来不会来，跑到放场来。放场来才走，母羊被拿走。母羊被拿走，小羊咩咩叫。小羊咩咩叫，叫得真可怜。叫得真可怜，叫得真伤心。

　　寻找再寻找，什么在寻找。寻找再寻找，五鬼在寻找。寻得有处去，无处找落脚。会来不会来，走到堂屋来。堂屋来才走，他母被拿走。他母被拿走，儿女哭泣泣。儿女哭泣泣，哭得真可怜。哭得真可怜，哭得真伤心。

在跳脚舞的歌词里，多采用比兴手法表达对逝去亲人的不舍与思念。通过这种方式，是为了让活着的人更好地生活，不忘逝者，恩情留存于心；而对于逝去的人来说，这是亲人对自己即将进入另一个世界的仪式性操演。高松明如是说。

在彝族文化中，毕摩是有才智的长者，是有身份有地位的人；毕摩也是彝族文化的创造者和传承者；毕摩还是彝族宗教的祭司，是人与神沟通的中介。毕摩是至高无上的，是受人拥戴的。但是，从高松明那里我知道了，他只是把这份事情当作一种信仰在坚守，当作一项要事在传承，不图功名利禄。对他来说，清清淡淡是心境，从从容容是修为。

跳脚舞传承人高松明先生

高松明先生在仪式中奠酒　　　　　丧葬仪式中吹唢呐的班子

积极参与　用心传承——跳脚舞传承人高招琼

传承人简介：高招琼，女，彝族，1966年3月生，盘州市乌蒙镇大寨村人。2009年由盘县人民政府公布为盘县首批非物质文化遗产县级代表性传承人。

我们行程的第一站，便是离盘州市政府最远的乌蒙镇大寨村。我们一行从红果转了好几次车才到达乌蒙镇，高招琼也早在此等着我们。饭后，她便开车带我们前往大寨村她的家里。沿途群山环绕，山路也是陡峭难行，我们坐在车里都能明显感受到弯道的大弧度。高招琼说，从乌蒙镇到大寨村还有10多千米的路程，要开20多分钟车才能到。

我们临时租住在她家，她家挨着村委会，一楼有一间零食铺，但显然已经很久没有营业了。零食铺的后面有两个房间和一个厨房，这两个房间她租给了在附近打工的五六个工人。二楼是我们和她住的地方，她说她的儿子、女儿们都在外面工作，很少回来，所以这些房间都空下来了。

高招琼父亲那一辈有7个兄弟姊妹，她这一辈有8个兄弟姊妹，四男四女；她老公是大寨村人，两人打工认识的。我们住她家时，她丈夫白天都出去打工了，晚上才回到家里。他俩育有3个孩子，两女一男，女儿都出嫁了，虽还在盘州市境内，但很少回家，小儿子在医院工作，未婚，但平时工作繁忙，也难得回家一趟。

高招琼告诉我们，"乌蒙镇彝族乡位于盘州市的最北端，素有'北大门'之称。它东、北连接水城，南连坪地乡，西边与云南的田坝乡毗邻，所以去云南很方便。"乌蒙镇乡政府距离红果新城将近100千米，而她所在的大寨村，还位于乌蒙镇的北部，距离红果更远；大寨村里有10个村民组12个姓氏，毛家是最早迁来大寨的，其次是高家、安家和陶家等；除高家是从云南迁来以外，其余均是从南京迁来此处；毛、高、龙、甘姓为彝族，其余姓氏为汉族。而且大寨村这个地方地势偏高，且坡陡谷深，缺水，在以前都是靠村里的4口水井生活，后来政府出钱修了管道，水也只能供应日常生活需要，大寨村一组由这个组后面的"一组大水井"供水，新发组、新农组靠水城县供水，其余组靠八大山供水。所以就环境条件及自然资源来说，大寨村的情况并不太乐观。

高招琼说，"跳脚舞又称'铃铛舞'（拆虫的意思），是在彝族丧葬仪式上跳的对灵体告别的一种舞蹈。一般跳的人一只手拿马铃铛，马铃铛由白布、红布拴好，另一只手拿白绫，然后大概4~6个人围着火堆跳舞，一边唱一边跳。然后围着棺材转场，男左女右，如果逝者为男性就顺时针转着跳，逝者为女性就逆时针转着跳。"她还带我们去了村里一正在

高松明与高招琼合影

举行丧葬仪式的家里，她叔叔高松明作为毕摩正在主持整场仪式。我们边看边听她解释。摇动马铃铛表示通知孤魂野鬼别挡路，并用唱词为死去的老人引路。而这个舞蹈，是为了赶走乌鸦和蛆，据说老人死后会有乌鸦和蛆来吃老人的身体。所以还有个说法叫"除蛆打老鸹（乌鸦的别称）"。而铃铛发出的声音和手里挥动的白绫都能起到驱赶乌鸦的作用，脚上的动作就有除蛆的作用。

整个舞蹈，丧葬仪式上最长的要跳三个小时，最短的也要一个小时。亡人去世的当天晚上要跳，第二天晚上要跳，埋葬的前一天晚上也要跳，但跳的内容和时间长短不一样；跳脚舞共分四大转，每一转三小段。讲到这里，高招琼又给我们大概讲述了每一段的意义。

第一大转

第一小段：讲述古老时候，人迟迟不会死，只会像石头一样一点一点风化。

第二小段：讲人和千年古树一样，慢慢衰老。

第三小段：讲人和海水一样慢慢干涸。

第二大转

第一小段：讲老人受罪。老了迟迟不死，儿女开始不孝顺。

第二小段：讲老人拍桌子不高兴。

第三小段：讲年轻人是如何对待老人的。

第三大转

第一小段：老母鸡辛辛苦苦生了小鸡仔。

第二小段：老牛死了，小牛没东西吃，很饿。

第三小段：讲老母鸡不在了，小鸡很可怜。

第四大转

第一小段：讲年轻人不觉得自己父母死了，到处去找亲人。

第二小段：路上遇到别的人，人们告诉他他的亲人已经死了，他才恍然大悟。

第三小段：讲年轻人回到家来。

结尾：

讲回到家的年轻人开始为父母祈祷，祈祷父母下辈子不要变成牛，牛要耕田；不要变成马，马要不停地奔跑；不要变成猪，会被宰杀；不要变成狗，狗要看家护院；最好变成布谷鸟，每年逢春回来，给农民们送来春的信息。

跳脚舞中一般有一个领舞，带领大家一起跳，动作都是固定的，在仪式上不能随意变动，用于表演时可以稍作修改。为了呈现出最佳的视觉表演效果，所以在跳脚舞表演化的过程中有一些动作的删减，也有一些动作的增加、改动，以及夸张戏剧化的过程。

谈到学艺经历，高招琼告诉我们，"我上了初中就没读书了，后来成了大寨村的妇女主任（现已退休）。2007 年，国家号召保护和传承非物质文化遗产，'非遗热'开始出现。我意识到自己家乡这个跳脚舞的重要性，叔叔毕摩正好会跳跳脚舞，我就执意要叔叔教我。"

之后她和其他 19 位妇女就开始在原乌蒙镇符玲书记的带领下，在华夏中学接受跳脚舞的学习与训练，将跳脚舞作为一种表演的形式呈现出来，让外面的人知道这个非物质文化遗产，但是动作、内容、唱词编排上都在原始基础上有所改动。跳脚舞的第一场比赛是在华夏中学进行的。2008 年，原乌蒙镇黄鹤远乡长带领她们去参加了各种比赛，比赛队伍 20 人，乡政府给每个人发了一套衣服和鞋子；同年她们 20 人又在盘州市体育场进行了比赛，一直持续到 10 月；2009 年的时候，有 16 个人去了红果镇进行比赛，但未获得名次；2010 年又在黄照喜（盘州市文化馆馆长）的带领下到红果镇小广场进行比赛；2011 年，她们 16 个人又在原乌蒙镇坡上跳跳脚舞接待外宾；此后直到 2016 年，由于无人管理和号召，她们也就不再有表演，也没有参加什么活动，一直到2017年农历六月二十四日才又在原乌蒙镇的坡上进行了一次表演。

在中间空白的这几年，高招琼也没停下来，她会教村里面的人学习跳脚舞，平时村里有人过世，便由她或者她叔叔（毕摩）教村里一些想学跳脚舞的年轻人在人家的丧葬仪式上跳舞。

跳脚舞在收徒方面也没有限制，只要想学都可以，但平时基本是不能学习与传授的，除非是表演，因为这个舞蹈是用于丧葬祭祀的，是对逝者的一种安抚、告别和祈祷，所以比较忌讳，尤其不能在别人家里唱和跳。以前不让女生跳跳脚舞，女生就只负责跪在逝者的棺材旁边哭，哭的内容就是喊逝者起来吃饭，早中晚哭三次，哭的唱词大概是："老爸（逝者）你起来喝酒，然后吃饭，以前这样吃，今天饭没动酒没喝，就这样走了，丢你的儿女在世上……"整个村子里不管老人还是年轻女孩都会哭，这是她们必须学会的技能。

女生目前也能学跳脚舞了，高招琼现在一有时间就号召大寨村妇女一起学习；她们也很积极，白天干农活，晚上大家就一起学跳脚舞，由自己或她叔叔传授。这几年她也教了很多徒弟了，基本都是已婚妇女。她说，"这样既可以锻炼身体，还可以逐渐将跳脚舞传播出去，让更多的人能参与进来，如果盘州市某个地方有比赛活动，我就会组织大家去参加。我想要把这个跳脚舞文化尽量带到更远的地方去，让更多的人知道它、了解它。""在某些情况下，表演的时候，由于跳脚舞是祭祀活动的舞蹈，所以总要有人要出演亡人的角色，有很多人就会忌讳而不想去出演，但是我觉得这个角色也是舞蹈的一部分，所以我就会挺身而出去扮演亡人。任何角色都是跳脚舞文化的一部分，只有大家齐心，共同努力，才能把文化传播得更远。"高招琼说。

谈到传承困境，她忧心忡忡地说："首先是大寨村地处偏远，想要把文化传播出去，地域上就存在困难；其次是虽然她们有排练表演给外面人看，但其实表演和实际舞蹈是有差别的，而别人也不知道跳脚舞所蕴含的文化，所以传播效果很不好；再有就是村子里很多年轻人都外出打工了，想找人传承很难，基本只能找那些有空余时间、经常闲在家里的中年妇女，如果学这个挣不到钱的话年轻人根本不愿学，因为他们也面临着养家糊口。但其实找这些中年妇女传承其效果也不是很好，且在年青一代存在断层的危险。所以说想要传承好这个跳脚舞也真的是困难重重。"

其实我们可以发现，她作为跳脚舞传承人，一直在为跳脚舞的传承和发展贡献自己最大的力量。从最开始的不会到会，从最开始的积极参与到极力号召、组织，一步一步努力将彝族跳脚舞文化推向更大的舞台。她知道彝族的跳脚舞在很多彝族地区已经见不到了，而既然自己所在的大寨村还保留这一文化，她就有理由和责任去好好保护和传承；她知道这是彝族先辈们创造的文化瑰宝，它承载着彝族人民的精神家园，隐喻着彝族人民对神灵的独特理解，也表达着对逝去亲人的不舍和祈祷之意。所以尽管受到社会发展的各种冲击，以及大寨村的各种不利条件的影响，她一直没有放弃，依然在想各种办法去克服这些传承困境。笔者也相信"水滴石穿"的功力，如果有越来越多像高招琼这样持之以恒，用心去保护和传承非物质文化遗产的人，我们终将看到非物质文化遗产异彩纷呈的那一天！

五、织布谣

织布谣简介

　　2006年，织布谣（羊场乡、坪地乡、新民乡等地）被列入第一批县级非物质文化遗产名录。织布谣，布依族民间舞蹈形式之一，流行于贵州省布依族地区，主要表现种棉、摘棉、抽纱、纺线到织成布匹的全部过程。其中表现织布的舞蹈，表演者最少3人，舞时两个男舞者面对面而立，共同拿两根四尺长的方形木棍，此起彼落，模拟织布机上的踏板，另有一女舞者两脚踏在两根木棍上，做织布动作，动作轻巧，载歌载舞。

双重身份的织布谣传承人——罗奇伟

传承人简介：罗奇伟，男，盘州市羊场布依族，1965年7月生，现为盘州市羊场乡中学教师。2009年由盘县人民政府公布为盘县首批非物质文化遗产县级代表性传承人。

初见罗奇伟，我们就被他身上特有的儒雅气质所吸引，我们想这位传承人必然有我们想知道的故事——他和他的织布谣。他扎根乡村教育近30年，为乡村的孩子奉献了大半辈子。"去贴近我们的生活，去贴近我们的课堂，去走进孩子的心灵，用智慧去点拨稚嫩的翅膀，用'木叶声声'去唤醒心灵的成长。现在我知道理想需要在这里重新定位，我的理想就要从这里重新扬帆起航。"这是他永远的梦想。他是一位民间文艺的爱好者，吹、拉、弹、唱无所不会。在传承民族文化的领域里，他踟蹰前行，率先垂范，摸索出了一条适合乡村的文化艺术教育之路。如今，虽年过半百，他依然坚守在这条路上，他离不开乡村的孩子，乡村的孩子也离不开他。他热爱教育事业，热爱孩子们，更热爱民间文艺。

说到文艺，罗奇伟神采飞扬，给我们诉说他小时候学习织布谣的故事。"我六七岁就开始接触织布瑶，刚开始接触的时候只知道村里的男女老少都喜欢唱歌，平时也就跟着村里的这个学一点、那个学一点。不像现在学歌还有专门的老师教学。最有趣的就是在以前，集体工作还没有分到户，每天都要开会算自己的工分，结束后没事大家有说有笑就会唱歌，有些手巧的还会自己做乐器，就这样我每天跟着大人去看，无形之中就学会了。后来长大了，才觉得非常有意思，而且也有文化价值。当然，在民大毕业以后，我更感觉到唱盘歌不仅仅是一种娱乐，更是一种文化的传播，于是开始走向传承文化的道路。"

现在他们住的村以罗、岑、潘、吴四个大姓为主，基本上都是布依族。村里只有一两户是苗族，但是生活习俗、语言都和布依族的一样，而后面村里的人也将这些苗族视为布依族。大家和睦相处，是环境改变了他们，让他们成了一家人，也体现了布依族人民的热情与包容。布依族在羊场一直都属于一个发达的民族，在以前就有自己的学校，依山傍水，农业先进，所以在以前唱歌的氛围是非常好的。

1989年从贵州民族学院少数民族文化语言方向毕业后，罗奇伟就开始在羊场中学教学。20多年来他一直以这种奉献精神努力着，并得到了各级领导及孩子们的一致好评。作为一名民族民间文化传承人，他矢志不渝，默默无闻，甘于平凡，乐于奉献，没有惊天动地之举，却践行着一名普通教师与民族文化传承者的责任。热爱民族文化是他工作的原动力，是强大的教育力量，在传承的过程中，他始终能做到不厌其烦，谆谆教诲。为了满足学生多元化、多层次、多方面的兴趣爱好，他通过生动活泼、健康有益的教育教学活动，以爱国主义教育为主体，对学生进行了思想道德教育活动，努力发展学生的兴趣、爱好和特长，扩展了学生知识面，陶冶情操，开发智力，培养创新能力和实践能力，让学生增长了才干，提高了学生的综合素质。这些在别人看来，也许只是一份小小的工作，但在他看来，不但充实了自己，而且培养了许多民族民间文化爱好的学生，同时促进民族文化进校园和素质教育的提高。多年来，他和民间艺人罗跃新等一道，教会学生跳布依族舞蹈《织布谣》《转场舞》《康包》等，教会学生木叶吹奏《映山红》《布依盘歌》《月夜琴韵》《月琴调》《三月三》《好花红》《天路》等歌曲；教学生唱《敬酒歌》《布依人家》《迎客歌》《民族迁徙歌——董洲》《北盘江小调》等。布依族盘歌在他的努力辅导下，多数学生都能够熟练地吹奏并能达到表演水平，部分学生的吹奏技能可达到比赛的水平；他经常组织学生排练，常常迎接各级领导的检查和各方记者的采访，还多次带领木叶班学生参加各级演出和比赛，得到了领导的认可和观众的好评。他所辅导的木叶班学生邓玉厅同学，在2014年中国贵州"中东杯"全国首届芦笙、葫芦丝、木叶邀请赛中荣获木叶独奏银奖。罗奇伟在教育教学工作中也荣誉颇多。在推行素质教育，加强未成年人思想道德建设工作中取得了一些成绩。

在羊场乡村学校，缺少教师，教育也相对落后，比起城里环境也较差，但是他说在乡村教学是他现在最享受的工作，在这个过程里面，除了将知识文化传授出去，让孩子们享受到公平教育的机会，也能宣扬布依族的民族文化。羊场是少数民族乡，布依族占多数，对于平时生活的这个地方，他充满了感情，从小受到的文化熏陶让他与这片土地浑然融为一体。在作为一名教师的同时，罗奇伟还是一名布依盘歌的传承人，所以我们要求他现场为我们表演一段盘歌，他笑了一笑，欣然答应。

罗奇伟部分获奖证书、聘书

民族迁徙歌

很久以前的州县，包光是男祖先，亚光是女祖先。

　　州县有一个山洞

　　后来又逐渐形成了一个村寨

　　我们一直往一个很好的地方

　　到了某个州某个县

　　没有别人在这个地方，只有你在那个地方

　　活着的时候吃穿在这里，死了之后葬在这里

告别了江西湖广这些地方了，遇着洪水，发大水，湖水往上涨了

　　来到码头了，到坐船的地方了，来到羊松

　　就到现在的羊场的瀑布旁边了，最后就到甘棠的这里了

　　活着的时候吃穿在这里，死了之后葬在这里

　　你的灵魂和天上的云朵融为一体

　　　　……❶

演唱结束后，他为我们讲解并翻译了歌词，就如他说的那样，在歌词中就

---

❶ 歌词由他演唱并翻译，访谈小组记录。

能看到布依族人民的朴实。

在羊场中学的第二课堂主要就是教学布依族的语言文字，他说："一个民族最明显的标志就是语言、服装、习俗等。而这些目前看来形势并不乐观，这是一个非常紧急的工作，如果不及时抢救，会说的人越来越少了，学习的人也会越来越少了，如果失去了这个语言，那么这个民族就可能会被遗忘。"所以教师这个行业也为罗奇伟提供了一个很好的平台，他希望他的学生能够有一个非常好的环境接受民族文化、学习民族文化，让这个文化不会发生断层。现在他的精力主要还是学校。在上课时他会用汉话，到村寨里面就会用布依话，所以他通常会趁布依孩子小的时候就培养他们讲布依话。在他的心中，语言实在非常重要，在他看来那就是作为一个布依族儿女应该具有的最基本的技能。布依族语言有地方差异，但是差异不大和广西壮族的结构是一样的。原本布依族是不与外族通婚的，但是他们认为自己和水族是兄弟，所以愿意相互通婚，就是因为他们的语言相似。

罗奇伟说："六盘水师范学院也曾有意邀请我去讲学，但因为校内工作忙，所以就婉言谢绝了。当然我也偶尔抽空去教授了几首布依族歌曲。我还在布依族协会里面教授过语言，尽管身兼数职，但角色不仅不矛盾，而且对于我来说，教师这个行业与文化的关联度是最强的，我喜欢看着我们的布依族儿女学习我们的文化，他们让我看到了民族的希望。"

织布谣是布依族人民在劳动生活中创造出来的。传说布骆驼神掌管纺织，他是布依族的文化祖师，如果女孩小时候针线活非常差。就会去拜祭布骆驼，拜托神灵赐福，能够让女孩的心智开化。所以织布谣给人的感觉不是如火的热情，而是优雅的动作与悦耳的乐声，是山川与河流的美，犹如炎热夏天里的一条小河，沁人心脾。

由于年龄比较大了，罗奇伟时常会想：自己还能为民族文化做些什么。他对非遗盘歌的传承是非常有信心的，只要一代又一代的布依人不放弃自己的文化，不断地传承下去，文化就不会消失。所以，他一直尽力将教育工作与文化的传承保护有机融合在一起，使民族文化成为一种可以传承的教育活动。教育践行者和民族文化传承人，便是他最鲜明的身份认证。

卓尔不群的"老顽童"
——织布谣传承人罗跃新

传承人简介：罗跃新，男，布依族，65岁，盘州市羊场乡人。2009年由盘县人民政府公布为盘县首批非物质文化遗产县级代表性传承人，2013年度被盘县文体广电局评为"非遗优秀传承人"。

罗跃新年轻时是一名汽车司机，他当过兵，1970年入伍，1975年退役。退役回来在家务农，之后到乡、公社开了三个月拖拉机；1975年年底，又回家务农，在家当了两年的生产队长，同时组织突击队；1976年在羊场区组织各个公社进行文艺大会演。因为要会演，需要舞者，他组织羊场区的年轻人跳舞参赛，那时候人们的思想还不开放，排练起来并不是一帆风顺，最后有几个女同志加入表演，并在区里比赛获得第一名。当时大家白天干活，只有用晚上闲余的时间排练舞蹈，天黑需要照明，条件有限，没有电灯，就取煤油灯、臭石灯❶这样的方式进行照明，带大家跳舞。获得第一名以后，罗跃新又和杨兴光（时任羊场区团委书记）带领着舞蹈队12名成员代表羊场区去鸡场坪进行片区比赛，带动了当时几个村镇文艺的发展，随之文艺队伍不断扩大，多次被邀表演，并取得优异的成绩。从那以后罗跃新对文艺越来越喜爱，后来还编排节目《春哥与秋妹》。他结合一些民歌、故事，自编自导，也取得不错的成绩。

访谈中得知织布谣创立于20世纪70年代末，罗跃新是创始人，是他组织相关人员进行编创，通过编创舞蹈的形式去纪念一代代同族前辈，织布谣也就应运而生。

据他介绍，"织布谣是一首舞曲，没有歌词，是妇女在织布的时候跳的，

---

❶ 烧氧气配合用的，把东西放到瓶里面，产生化学反应，膨胀产生气体。臭石灯是他亲自到盘县拿材料自己做灯。

舞蹈动作来源于本民族同胞真实的生活体验，从传统技艺织布环节中提取而来，有拉线、纺线、织布、作衣等动作，最后通过民间艺人编创搬上舞台。舞蹈一般有7~8名成员，主要为女性。布依族是传统的男耕女织社会，以耕种为主，一般在农闲时织布。三月到六月二十四是农忙时节（农历），要进行农作物的耕种。到十月秋收后即准备过年，秋收后男性去重翻准备明年需要耕种的土地，女性则在家织布做家务等，因此产生了织布谣。"目前，会跳织布谣舞的人并不多，1980—1990年为兴盛时期。因为舞蹈需要近10人参与，实际生活中也仅在庆典节日中跳该舞，所需场所并不大，多种因素导致没有太多人主动学，所以真正会跳的人也不多。但好在有政府的文化团支持，可以为之提供场所环境，目前还能将传承工作继续下去。

织布谣主要的伴奏乐器为月琴、二胡、箫、唢呐等。需要注意的是"织布谣"中的月琴必须经过布依族改造才可以用。改造后的月琴，竹品由18个改为11个。

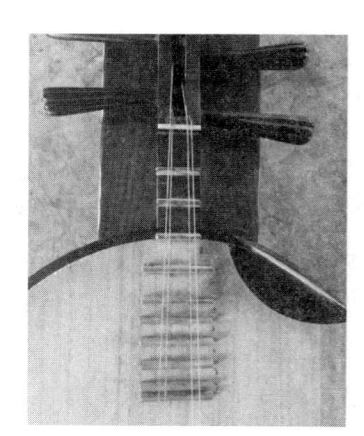

经改造的月琴

织布谣曲需要多人一起演奏，月琴为主奏乐器，辅之以木叶、二胡等乐器做伴奏。罗跃新用月琴为我们演奏了一段，旋律婉转动听，多以八分音符为主，十六分音符、大切分音符为辅，节奏性较单一，曲调较为欢快（下图为月琴演奏片段）。

传统舞蹈篇 ♣

罗跃新 演奏
余顺顺 译谱

访谈之时，恰巧遇上合作社的火锅城准备开张，火锅城的伙计们都等着罗跃新给他们排迎宾的节目。他给我们介绍，"现在除了在学校任教，也会做一些副业。现在在学校少年宫担任器乐老师，分别教授月琴、二胡、笛子、巴乌、木叶、葫芦丝。"

"2013 年我带领学生参加木叶比赛，获得指导金奖。我的月琴是和父辈学的；吹笛子是在部队跟着一个贵州老乡学会的，我先拜他为师，他就指点了一下，学了一些花舌，退役回乡之后笛子吹得还算可以，后来因为关节炎，手臂伸不直，吹得少些；二胡也是在部队里面提升的。后来听多歌曲了，自己琢磨旋律，再加上对乐器的执着，我学会了多项乐器，比如二胡、笛子、月琴、葫芦丝。在中学办公室，陈列着我的一部分荣誉证书，有些由于时间久远丢失了。现在一看到这些证书，证明（我）没有白付出这份心血，只是没有这么好的一个人来给我指导。"

闲聊之余他还给我们简单介绍了罗家的迁徙歌。

"盘歌主要是唱迁徙歌，盘歌本来就是问根盘底的意思，就是把你以前从古代的东西问到底、理出来，讲家史也好、故事也好，讲老人遗传下来的东西，它起这个作用，所以统称叫盘歌。那么盘歌有几种，祭祀歌、迁徙歌、情歌，还有婚嫁的、丧事都是叫盘歌。但是我会唱的主要是家事、迁徙，罗家也有迁徙歌，我的家族是从江西迁过来，一直到我们这边（定居），每到一个地方都有一个歇息的地方，然后慢慢迁徙过来的。罗家的迁徙史掌握在我这里，我家侄儿子就在和我学，也可以说他们是我徒弟，像我们就是我大哥和我父亲同时接下来（传唱人）。我大哥不在了，现在由我承担，现在要教他们唱，要

· 267 ·

有人继承。"

问及演唱标准和要求时,罗跃新说:"一是语言的内容要好;二是声音要好。盘歌的内容体现的是这个时期的社会文化,歌唱的内容是评判的重要标准;至于声音公说公有理,婆说婆有理,很难区分。"唱盘歌要有超长的记忆力和出口成章的本领,布依盘歌一直用布依语传唱,加之布依族传统文字的缺失,一方面保存了盘歌的独特性,正统性;另一方面布依盘歌只有布依族人会唱,随着许多老艺人的去世,年轻人外出务工,布依盘歌的传承遇到了挑战。

他自被评为传承人后,不断创新,以身作则,带领着一批又一批的后生学习布依族文化,多次被贵州民族报、贵州日报采访,照他自己的话说:"我是一个闲不住的人,这是我的兴趣爱好,我在教学生的同时传播了自己本民族的文化,我很高兴。"朴实的话语间体现了一个普通布依人对本民族传统的热爱,或许也就是因为这份热爱,激励着一代又一代如他般的布依人践行传统、传承精髓。

六、其 他

（一）钱棒舞

钱棒舞简介

钱棒舞（石桥镇、新民乡），2006年被列入第一批县级非物质文化遗产名录，主要分布在盘县石桥镇妥乐、新民乡旧屯村一带。钱棒舞以金钱棒、扇子（花的）为主要道具，是8人以上参与表演的集体舞，舞时身穿花边衣服，手握金钱棒，以金钱棒上的金钱撞击声为主旋律，边唱边跳，抒发着心中的喜与悲。钱棒舞在当地已有几百年的历史，主要在盛大节日和丧葬场合使用，其传承方法以上下代之间口传身授为主。舞队人员构成为偶数，由强节奏的音乐点子来指挥各个舞蹈者，道具采用直径2厘米、长15厘米左右的木棒，在木棒表面包上五光十色的纸作为装饰，以便在舞蹈时候达到较好的观赏效果，棒子的两头拴上古时的铜钱，根据节奏用木棒击打自己的身体，如头、肩、腿、脚等部位，使铜钱一起发出声音。同时，舞蹈者以两人或多人对跳、对舞，来回穿梭，形成各种组合状态[1]。

---

[1] 盘县文体广电新闻出版局. 盘县文体广电旅游志［M］. 北京：方志出版社，2016：188-189.

率性而舞、缤纷人生——钱棒舞传承人骆粉琼

传承人简介：骆粉琼，女，汉族，1950年8月生，盘州市石桥村妥乐村人，2009年由盘县人民政府公布为盘县首批非物质文化遗产县级代表性传承人。

与云南文山等地彝族之钱棒舞仅限于男性参与不同，盘州市的钱棒舞不限性别，同样是即兴而舞，却因女性舞者特有的柔美多了些诗情画意，少了些豪迈奔放。也因女性舞者的参与，使得钱棒舞在简单的木棒与原本略显单调的铜钱碰撞声中多了许多对生活点滴的深刻解读，那是传统上擅长女红的纤细与灶台间锅碗瓢盆的琐碎融合而成的别样味道。此处，我们便主要介绍这样一位女性舞者——钱棒舞传承人骆粉琼。

2017年春节前，因为骆粉琼住在贵阳的女儿家，调研组只能在贵阳与老人家约谈。但是，由于脱离了原本的生活环境，加上跳钱棒舞的钱棒、扇子以及团队成员都在盘州市，老人说提不起兴致，以至于访谈无法深入、中途而止。2018年3月调研组到盘州市回访，不巧的是骆粉琼前去台湾旅游，访谈依旧未能如愿。直至2018年4月29日，正忙着和儿子、儿媳一起操办孙子婚事的骆粉琼才应约而来。

这次见面，老人很上心，她不仅将舞队的道具，如服装、金钱棒等都带过来，还领着6个舞队的老搭档，给我们表演了几个节目。这里我们着重描述下钱棒舞的核心道具——金钱棒。装饰十分俏丽的棒子缠上了红黄彩带，棒子两端以铁丝将铜钱嵌入棒中，周围帮上红黄丝带，或是为了凸显舞台效果，飘带以对称形式绑在棒子上，仍以红黄为主，看似简单，竟成就了这一民间特色舞蹈的演出效果。

与共和国同龄的骆粉琼慈祥中透着坚定，看似饱含沧桑，却始终面带笑容，颇显自豪地谈论着自己的特长。娓娓道来的话语借助她那一身为钱棒舞而准备的艳丽装扮让我们不由沉浸其中，听着故事、看着舞蹈、品味歌词，让我

们这些对于钱棒舞原本十分陌生的人开始认识、亲近这一民间特色舞蹈。

骆粉琼，1957年开始上学，1965—1967年成为村里的宣传员。她18岁经公社主任介绍成婚，丈夫参加越南战争回乡后患肺气肿病逝，留下三儿一女4个孩子。45岁改嫁。对方是本寨子的一名教师，有三个孩子。二婚后的两人总共抚养7个孩子，其中艰难，不言自明。现在，她经常儿女家轮番居住。

钱棒舞的主要道具——钱棒

骆粉琼说，"钱棒舞是由一位道人在我年轻的时候传授给我哥哥（现已去世）的。这位道人原本在老花园一带打斋米，他每次打斋米的时候就用铁锹敲，独山的人家见状就会分些我哥哥。当时我哥哥是村里舞队的中队长，老道人拿着一根油漆漆好的棍子又过来打斋米，两人聊了起来，聊得兴起，道人就在我家里吃饭，母亲还留宿了道人一个晚上。或许是有缘，道人见我家人热情，便主动提出要传授其兄长一种舞蹈。"道人告诉骆粉琼兄长："我看你家门前有许多竹子，你去弄些来，我可以教你样东西。"骆兄很是兴奋，当即砍了些竹子过来，老道人以这些竹子为材料，做成了一节一节的棒子，并将竹子上中下三个部位挖空两端，各孔穿上两个铜钱，然后便开始教授骆兄。那时候稻田刚收割，还空着，老道人为了找块空地，就直接在稻田里面教了起来。后来，钱棒舞就成了妥乐村的特色舞蹈，骆兄还带着它一起到水塘去参加过比赛。骆粉琼婚前也十分爱热闹，见哥哥有了新本事，还能到处去跳舞，十分羡慕，加上后来成了村里的宣传人员，便缠着哥哥学起了钱棒舞，没想到后来还真成了自己一辈子都喜欢也放不下的心爱之物。在哥哥的大力支持下，她组织了一帮姐妹，开始组建钱棒舞队。"其实，最开始学的时候，也没少受罪，比如说，钱棒子有时候打得轻了有时打得重了，打得轻了乐感就出不来，打得重

· 271 ·

了身上疼，有时还会打到自己头、脸了，需要练习很久，才能把握火候。但谁叫自己喜欢呢，硬是坚持住了，继续学。因为是新东西，很多村寨没有，也不会，妥乐村就将钱棒舞当成了很好的宣传途径，将政府的很多惠民政策以此告知老百姓。婚后，由于生孩子讨生活，钱棒舞就练得少了。直到贵州省举办"多彩贵州"的民间歌舞大赛，我才开始和伙伴们相约操练起来，没料到还拿了个荣誉证书，自己也为此被评为地方上的非遗传承人。也就是从这个时候起，我不再是单凭兴趣跳钱棒舞了，"骆粉琼由此成了肩挑妥乐钱棒舞的传承重担，成了地方上传承钱棒舞的中坚力量。

钱棒舞看起来简单，跳起来也难，尤其是对于上了年纪的自己来说，更是多了许多挑战。骆粉琼说，"尽管如此，我仍然坚信这一技艺要好好传承下去，即使自己年纪大了，没有太多时间教了，也要竭尽全力将之好好传承下去。所以，我计划带几个徒弟，为地方文化的繁荣和发展尽自己的一分力量。"

骆粉琼虽然平时很忙，但为了宣传妥乐、宣传钱棒舞，骆粉琼还是经常抽时间把钱棒舞的团队成员召集在一起，准备道具、排演节目，很是认真。为了更好地传承钱棒舞，她自己花了几千元买服装、银饰、扇子、钱棒等演出道具。当然，有时也会向妥乐景区伸出求助之手，比如这次为了到盘州市文广局接受我们的访谈、更好地展示钱棒舞，以及其他的传统文化，她约请了另外六位团队成员，希望妥乐景区能给予适当的帮扶——承担妥乐到盘州市文广局来回的车费。

骆粉琼对工作要求认真严格。在正式录制节目之前，她要求团队成员对每一个节目再次排练，在有些动作、节拍不合的时候，她会喊停，让大家重新排练。直到排练到满意为止。在这些队员中，除了骆粉琼上了年纪，还有一位队员比她年龄还大，另外有一位队员刚做完手术。因此，我们总是怕排练时间太久，队员们吃不消，但骆粉琼坚持排练好每一个节目再让我们录制。

骆粉琼沟通能力很强，刚见面她就把团队成员逐一介绍给我们，每位队员基本情况她都了如指掌。排练的过程中，她会反复与团队成员、访谈组进行交流；正式演出时，她依然反复与团队成员交流注意事项。

访谈结束，我们又聊到她们团队与妥乐景区的合作关系。她说，"景区没有跟我们签订任何协议，所有演员都是自觉自愿，景区有客人来需要我们表演我们就上场，每场每人工资10元。这样，演员的工资就与景区的游客多少息息相关。旅游旺季时，每人每天可以拿到将近两百多元，但是很辛苦，午餐就在景区将就吃点；淡季时每人每天也就几十元，甚至没有收入。但是这些演员很知足,因为她们都是妥乐村的人,在自己家里吃住,农闲之时挣点收入,还传承了文化。"骆粉琼强调,"同样是锻炼身体,跳钱棒舞等比跳广场舞有意义多了——能够传承传统文化。今天跳的舞如果是放在妥乐景区会更好看,也有更多的人参与演出。"

骆粉琼对生活充满了热爱,对钱棒舞的传承充满了期待。我们相信,在骆粉琼的带领下,仅仅流传于云贵高原的、具有民族特色的舞蹈——钱棒舞一定会得到更好的传承与发展。

（二）转场舞

转场舞简介

彝族丧葬仪式的过程之一，由仪式性舞蹈演化而来。主要由彝族长者毕摩指挥办丧事的家庭成员以一定顺序进行转动。与搓蛆舞、海马舞均为仪式的一部分。转场舞（羊场乡、鸡场坪乡、石桥镇等地）于 2006 年被列入第一批县级非物质文化遗产名录。

彝族丧葬仪式——转场舞传承人金光有

传承人简介：金光有，男，彝族，1948年5月生，盘州市鸡场坪镇人。2009年由盘县人民政府公布为盘县首批非物质文化遗产县级代表性传承人。

彝族文化古老而悠久，其中以"祖灵信仰"为核心的丧葬文化是其传统文化中最重要的组成部分。彝族人非常重视人死后灵魂的归属，只要有老人（有后代的人）过世，都要举行隆重的丧葬仪式。因此，在彝族社会里，一直保持有举行大型丧葬祭祀活动的传统。而在祭祀活动中，最具特色和代表性的应属"转场"。2018年1月，我们拜访了盘州鸡场坪镇的转场舞传承人金光有先生，对转场舞这一较为特殊的彝族民间"舞蹈"有了一个全面而深刻的认识。

初见他是在鸡场坪镇的文化站，只记得当时一位穿着讲究，举止斯文，戴着一副金丝边眼镜，手提公文包的谦和老者朝我们走来，这样一个知识分子的形象似乎与一个"舞者"的形象有些差异。

或许是看出了我们的疑惑，在访谈还未正式开始之前，金光有便主动给我们介绍起了转场舞。他语重心长地说道："我们人从出生开始，所做的事情都是有罪的，我们割草、种地、砍树、和别人吵架、杀生是有罪的。人死以后呢，我们要帮他把生前犯下的罪恶都解了，把阎王派来的小鬼给他（亡人）套的绳子给解开了，他的灵魂才可以上西天，受子孙后代的香火供奉。所以人死后，但凡有经济能力的人家，都要转场。转场就是超度，给亡人解除罪恶。转场是一个非常复杂的过程，涉及的仪式非常多，必须要请毕摩来做，其中有一个环节，是由毕摩来指挥孝家、后家、马郎家正转、反转、大转和小转，在这个转场的过程中就形成了所谓的转场舞。所以，转场舞实则是转场，我做的就是毕摩做的事情。"在听完他的讲述之后，我们顿时对转场舞有了一个准确的认知，同时，也对他的身份有了新的认识。有了这样的愉快的开场，我们的访谈不知不觉就进入了正题。

金光有，今年 69 岁，老家在鸡场坪镇以其大寨，现在和大儿子一家住在红果。育有两个儿子，大儿子也是毕摩。传说鸡场坪是分给六世祖母大儿子居住的地方，"以其"四个组为一个大寨，"以"是"水塘塘"的意思，"其"是寨名。最早到以其来的是吴家和杜家，因为"以其"这个地方的"水火"好（水、煤资源丰富），吴、杜两家便选择在此繁衍生息。他们两家都是彝族，不过，后来有汉族姑娘嫁到这里来，慢慢地汉族人口增加了。之后，由于彝、汉之间开亲，汉族和彝族相互融合，汉族也变成了彝族。他家是从云南迁过来的，父亲姓杜，母亲姓金，由于母亲家没有兄弟，父亲做了上门女婿，才随母亲姓金，现三代回宗后，孙子已改回杜姓。

他出生在一个毕摩世家，金家做毕摩的历史可追溯到高祖那一辈，而且在当地享有很高的名望。彝族毕摩都是通过家族内部来传承，因此，他自幼就跟随祖辈、父辈学习。彝族社会里，毕摩是非常重受人尊敬的，村寨里大事、小事都离不了毕摩。在说起毕摩这个话题的时候，他说，毕摩是彝语音译，有的也译为"布摩""呗摩"等。毕，是念诵、演唱的意思；摩，是教导、大师的意思。毕摩是彝族社会里有才智的长者，是有文化、有身份的人。在古代，毕摩不仅是宗教的祭司，是人与神的沟通者与中介，也是彝族文化的创造者和传承者。但是，随着历史的发展，尤其是明代改土归流后毕摩的权利被削减，地位逐渐下降，最终成为民间祭师，现在主要在民间从事祭祀活动，在彝族的丧葬仪式中，毕摩是整场仪式的主持者。

在金光有看来，做这个（毕摩）是给人们干好事，既然自家是做毕摩的，所以一定要把它学好并传承下来。说到这里时，他的情绪有些许激动。他一边回忆，一边给我们述说了他学习毕摩的那段时光。

"1975 年，我 15 时岁正式拜师学习，老师虽然是自己的父亲，但非常严厉。学习的内容主要是如何给亡人超度、泼水饭路和转场。学习时大家围坐在火笼边，父亲拿着经书一字一句地讲，讲完一本经书，父亲看我们掌握以后又接着讲下一本。但是学习毕摩的过程非常艰难，不仅要看学习者的悟性和喜好，还要自己喜欢和努力，把基础打好，日积月累，通过不断实践，才能学会。唯心上讲，甚至还得看命。"说到这里时，他给我们举了一个例子："当时我在学习毕摩，比我大两岁的堂哥也在学，父亲在教学上非常严格，他对我们都是一样的。有一次，在学习一本经书的其中一句话时，那句话有点绕，堂哥学习很困难，父亲就拿尺子在堂哥的脑门前打了几下，说了他几句，堂哥觉得没有面子，吃不了学毕摩的苦，结果就放弃学习，至今也没有学会。而我在学习的时候，刻苦钻研，也不怕被父亲骂，严格要求自己，父亲去做仪式的时候我也跟着去，最后，经过5年的学习和实践就出师了。现在，有好多地方都请我过去。"随着时间的积淀，他在当地早已是一位赫赫有名的毕摩，甚至很多外地人都慕名前来请他去做仪式。

在与他的交谈中，我们了解到彝族是一个非常重视人去世后灵魂归属的民族，人去世后一定要举行丧葬仪式。因为，在彝族的传统社会里，他们认为人有三魂，人死后一魂进入坟地、一魂去西方极乐世界与祖先团聚、一魂装进祖灵筒后受家族香火供奉，保佑子孙后代平安。因此，人死后必须举行大型的祭祀活动。整个仪式烦琐而复杂，场面非常隆重，一场完整的丧葬仪式一般需要3～5天，主要由泼水饭路和转场两大部分组成，分为设灵、入棺、赶水、出堂、开丧、扫场、转厂、洒水、解结、指路、招灵等步骤。

转场，是超度的意思，就是为了解亡人生前的罪恶，只有把人在生前的罪恶都解开后，灵魂才好上西天。因此，转场是彝族丧葬仪式中一个必备的环节，也是整个丧葬仪式的过程中最为核心的一个部分。但是，在过去，有很多贫困的人家由于没有足够的经济能力支付转场所产生的费用，这样的人家老人过世后就只能开水饭路，等到有经济能力的时候再来转场。

至于怎么转场，金光有也给我们做了详细介绍。"亡人死后，按照彝族传统习俗，亡人儿子的老表弟兄和寨邻杂姓等人，要来到亡人家中帮忙，给亡人除杂。同时，还要派两个帮忙的人带上酒等礼品去请毕摩，去请的这两个人在办丧事这几天就要负责协助毕摩的一切事务，其中一个叫'查摩'，负责接待先生的、管先生的用品；另一个叫'披秃'，负责在转场过程中带路。转场的日子是毕摩挑选的黄道吉日，起落要三天。"

第一天这两人要去接毕摩，同样也得带上酒，在毕摩家中请完经书以后就出发。到亡人家以后，首先要进行开丧，汉译起经。毕摩站在丧家门口，孝子手持竹三半棒迎接，毕摩要敬大师、山神、土地等神仙，寓意在于祝福亡人家起得快发得快，此仪式结束就可以进屋了。先吃早饭，饭后，毕摩等人去转场坝看地形，过去的转场坝都是固定的一块区域，现在转场坝就是彝族的娱乐场所。到了转场坝以后，找两个帮忙的人做管事，一个是内管事管生活和经济；另一个是外管事负责在场头接待客人，迎宾接客。外管事还要组织帮忙的人搭建丧房（转场时亡人的棺材要放在这里面），盖好以后，要做一个引魂房，即形成一个40厘米的太极图，准备工作完成以后，晚上毕摩就可以开始就做法事了。

先是扫场，这是用于嘱告亡人的灵魂，同时还配有唢呐队吹奏唢呐，孝子抗竹三棒。毕摩要敬酒，孝子、孝媳，马郎家（女婿家）要在那里磕头，"披秃"要帮亡人准备好纸火、炮仗。接下来是拜五方，孝家（正转）、后家（正转）、马郎家（反转），先后从中央走，东方起，大转一转，小转两转，共三转结束。之后回到堂屋里，祭祀东家的绵羊，在彝族人的心目中，羊是最大的，没有羊转不了场，因为羊有跪乳之恩，羊能替罪，因此这个环节祭祀毛羊是最关键的。而姑娘在右侧泼水饭，儿子媳妇就要洒水，孝子喂盐巴，这些可以体现孝子家得力不得力。在进行的同时，东家请"查摩"（丧葬仪式上负责唱丧祭歌、跳丧祭舞的人）搓蛆、献歌，彝族俗称为"搓蛆、打老鸹"，献歌也是为了把大神大将安顿好，以便顺利地进行祭祀。最后是毕摩开经书，念《毛羊经》，孝子一人一棒直至把羊打死，姑娘缝羊皮，把羊的心脏煮熟后用来上贡，并且孝子一人必须要吃一块，意思就是陪亡人一块吃，以表孝心。

第二天，先挑起棺的吉时，接下来就是在定好的时辰起棺。天亮后，帮忙人要踩场，把牛和亡人转三圈，头向东方。紧接着就是绕棺，绕棺结束，把棺材请到鬼房去。棺材要坐北朝南，这是金家毕摩的祖传，因为以前皇帝是住在北方，阴间的凶神恶煞也同样是被皇帝管着的，坐北朝南亡人才好上路。经堂（毕摩做法事、念经的地方）设在鬼房后面，同样是坐北朝南。

在做法事期间，毕摩要扎10个茅人（5个拉马、5个骑马）、七大神圣（一个脑壳6只手、两个脑壳两只手、一个脑壳一只手、凤凰的隐身、蛇王、走兽之王）、四大王，还要请大神大将，各是各的师傅，一只手的唢呐匠，六只手的毕摩，四只手的扎匠师傅，两只手的"树阴白"师傅，在古代扎的这些茅人实则是大神大将的隐身，做法事时开始真身会现身，但后期没有这种本领了。把神圣隐身扎好以后，插在斗上，用6尺的白布，黑白线绕起，亡人多少岁就绕多少转，再加上天、地、爹、娘各1岁。最后一把尖刀，一米多高的斗，一把条挫，一个立口，一把小称，就可以帮亡人解大阴结了。解大阴结，小出大入，咒天骂地，解了以后亡人好走路，解结就是找亡人的灵魂。

晚上是转场，"披秃"召集人遣送火把，分别分给老后家、小后家、马郎家，在这之前还要请引魂幡。然后这几家分别转场，转完一家交接一家，大转时马郎家要搓蛆。转场分为大转和小转，彝族人人认为，人死后，阎王爷会派小鬼来把亡人的灵魂带走，大转和小转都是为了帮亡人解绳子，主要目的是解罪和消灾。这时毕摩要在经堂念经，有九梆十三腔，要念《马丁经》《寻药经》等，如果过世者是女性还要念《血盆经》《血索经》。然后开路，开路结束，孝媳的伞要合起，带路的要带着孝男回家，去报信，报天纸，报到西方。结束后，将亡人的棺材从丧房里抬出，由孝子和帮忙的众人（只能是男性，女人则留下来准备中午的伙食）抬到之前选好的地方进行安葬，如果日子不好的，要找一个地方先把棺材放好，等到看好的日子时才下葬。安葬回来后，要洒水，最后还要削丧房，用斧头把丧房砍倒，"披秃"踩着丧房的树木过去接毕摩。毕摩要踩在砍倒的丧房上开始指路，指路要用马郎家献的牛皮、羊皮等作为祭品，这个环节结束以后仪式也就基本完成了。

此时，我们的访谈接近尾声，我们从他的身上看出了他对自己民族文化的执着与深情。

（三）搓蛆舞

搓蛆舞简介❶

搓蛆主要在彝族丧葬的开丧、转场两个环节。以淤泥乡麻郎垤村为例，如开丧过程中第一次搓蛆是在打羊的同时，参加丧礼的男人在野毕摩（毕摩的助手）的指挥下集体进行搓蛆，边舞边念："能用文就用文，能用武就用武，这些东西都是给亡人用的，任何鬼神都不能来抢。"以此来保护给亡人用的东西，同时以说唱的形式回顾亡人的丰功伟绩。2006年，搓蛆舞（淤泥乡、坪地乡、四格乡等地）被列入首批县级非物质文化遗产名录。

---

❶ 《盘县文物与风情丛书》编委会. 盘县非物质文化遗产描述与研究 [M]. 贵阳：贵州大学出版社，2009：280-283.

一生耕耘　一世传承
——火把节和搓蛆舞传承人杜少权

传承人简介：杜少权，男，彝族，1955年5月生，盘州市淤泥乡麻郎垤村人。2009年由盘县人民政府公布为盘县首批非物质文化遗产县级代表性传承人。

第一次进入麻郎垤村是在一个暖意洋洋的冬日正午。颠簸一路，有些疲惫的我们在下车瞬间就被麻郎垤的美景吸引住了——那是一个规划有序、山水如屏的彝族村寨。从路边往下望去，一排排鳞次栉比的白墙灰瓦、颇有讲究的楼房。我们随着狭窄的水泥道往下走，俨然一幅"枯藤老树昏鸦，小桥流水人家"的美好景致。

进入村中，恰逢一户人家在广场办事，来来往往的村民看到我们这群拉着行李箱的陌生人，纷纷投来好奇的眼光。我们跟着文化站的工作人员默默地走过，一直走到村居委会大院。文化站的工作人员用彝语跟在场的人员打着招呼。不一会儿村里的支书、民兵连长等人来了。支书是一位面容慈善的老者，他招呼着我们把行李放下，就去帮忙安排住宿。后来我才知道，这位慈祥的老者，便是我们此行要访谈的对象，也是此行给予我们帮助和关照最多的人——杜少权。

待住地安顿好后，天已经不早了。大家约定明天跟他的访谈时间。他说因为现在年龄大了，身体不太好，村里的事情放手让年轻人去干了，所以能够抽出时间陪我们做访谈。第二天一大早，我们就到了村活动室，谁知他比我们到得更早，取暖器已经打开，他正在有条不紊地整理活动室的桌面。看见我们有人需要找电源插座，他又立马安排人到镇上去买了一个新的插板。

跟杜少权的对话从家常话题开始，他说话不急不缓，让人听着很舒服。反正你完全可以跟着他说话的节奏走，是属于最耐烦、热心的那种报道人。他说："我从20岁开始当村干部，在大队、村委会总共待了42年，其中村支书当了17年，我最开始干的是大队会计。"我们虽待在村委会不久，但能看出村民对于他的认可与赞誉。提起他，人们都是满满的敬重与仰慕，一位村民颇有感慨地说："要是没有他，麻郎垤不可能发展成今天这个样子；如果没有他，我们老百姓还会处于贫困的生活中走不出来。"他在村中是属于元老级别的，这肯定无疑了。凭借自己的努力和思路，硬是让麻郎垤从一个贫穷落后的小山村变成了一个生态宜居、人民和谐幸福的少数民族示范村。因此，他在村里德高望重，受人尊敬与爱戴。

在干好本职工作的同时，他十分重视彝族文化的保护与传承。他自小生在彝家，深受彝族文化的影响。因此，在年轻的时候，他就跟着家里的长辈们学习跳搓蛆舞，并决心把这一传统文化传承下去。当上村干后，他重视文化对于民心的凝聚与感染作用，因此，他利用每年火把节这一载体，把村民们组织起来，进行文艺活动，发展当地经济。

在杜少权的陈述中，我们深深体会到了麻郎垤村的艰难，这个有着丰厚彝家传统的村寨，克服了重重困难，一步一个台阶，才得以旧貌换新颜。他说，"以前的麻郎垤村实在很穷，都是土地陡坡，发展经济很困难，靠地吃饭完全是不可能的。2001年自己当上支书后，为了发展经济，在县里跑了很多部门，就开始实施退耕还林。2002年争取到了退耕还林的指标，现在剩下一半地貌比较好的耕地。原来村里是2400亩的耕地，退了1400亩的耕地，给农民减轻了负担；接着，老百姓去其他地方打工，搞劳务输出，有了较为可观的经济收入，条件大大改善。2000年以前女孩子不能读书，观念不开放的时代认为女孩子读书是无用的，所以我就先让自己的女儿破除旧例，读书学习科学文化知识，一直到高中毕业成了村里第一个学历较高的女性。到现在孩子们都接受教育，在大家的齐心协力下打破了以前重男轻女的观念，人人都能认识到教育的重要性。"

麻郎垤村村貌

2001年，村里搞了第一次火把节，并成立了文艺宣传队。2002年文艺宣传队参加贵州省彝族火把节得到好评，还找专职摄影师跟拍视频、做成光碟，送给各级领导，让他们加深对麻郎垤村的印象，为后续的发展带来可能。而这些光碟刻出来以后，又拿到市场上去卖，赚了一定的钱，更重要的是传播了彝族文化。之后又用赚的钱去购买了音响设备，用于村里的各类大型活动。并且，在他的筹备下，请村里60岁的老人外出旅游，外出旅游的钱由村委会和老人的家庭七三分配，这种方式大受好评。2003年，村里的路面硬化，村容村貌得到了很大改善，受到了相关部门的表彰，得到的钱又用来修建村里的球场。

在红白事务方面，改革、精简，压缩规模、节省开支，并且成立了红白理事会。红白理事会，是村里的红白事管理机构，村里有人家要办喜丧事，都要请求他们的帮助才能通过。这个组织的活动是义务的、无偿的。当时村里穷，但是彝族传统办酒席铺张浪费。2001年，杜少权组织村里有威望的老同志讨论成立了彝族文艺宣传队，红白理事会，村级精神文明领导小组。以前村里办酒五花八门都有，比如小孩剃头、开门、盖房子等都要办事，太频繁。以前转场要花费1万元左右，现在至少是5万元以上。大家把办红白喜事变成比赛竞技场，有一些家庭贫困的，难以承担这种天价数字，但是为了维持面子，又不得不跑去借高利贷，因此就会带来很多不和谐的问题。于是就在杜少权的牵头下改革了这种铺张浪费、面子大于天的形式，红白理事会的精简法为：谁家要办红白喜事，要向理事会汇报，经过同意了，把办事的时间公布出来，然后大家一起无偿帮忙。理事会成员由文书和村里面一些有威望的老同志构成。办红喜事，当事人家全程全部操作，理事会去帮忙记账，收钱，其他的不管。白喜事的话，只要村户有人家放炮，就表示有老人去世了。那么理事会就要有一个人去人家家与人商量，分工，把名单打出来后，公布在村里，让大家都知道。祭山也是在红白理事会的支持下来进行的。丧事的话，若一个家庭中两位老人有其中一位先去世的，搁置着不办，等第二个过世了一起办。这种方式，会给丧家节约10万元以上。就丧葬仪式来说，村里一年要少10场活动，减少的资金是50万元以上。这些节约下来的钱老百姓可以用于耕种、教育、医疗等其他方面。现在其他村子都向麻郎垤村学习经验。婚俗和丧俗改革的成功经验也传了出去，受到了好评。

近几年经济改善，淤泥乡财政收入节节攀升，火把节从民间组织到变成政府支持的行为，村寨的名声大增。然后又用火把节的收入把小球场扩建成了大广场。政府出钱，给村里人家统一规划盖房子，每一家房子都是他亲自设计把关的。现在麻郎垭村成了"国家级少数民族特色村寨""国家级少数民族团结村"，个人获得过"省劳动模范""优秀基层党组织书记"等荣誉称号。精准扶贫的政策下来，村里成立了合作社，有421亩地用于种刺梨，还有3155亩核桃基地，老百姓在合作社做工一天70元，土地流转费一亩500元。老百姓觉得很满意。现在村里有村民代表大会，这个代表大会是村民的民主机构，任何事情协商决定，公开透明。低保困难户，精准扶贫户等都是民主选出来的，通过这种形式，村里面的事情少了很多阻碍，也得到人们的支持。

麻郎垭村活动广场

文艺宣传队主要的工作是宣传政策，破除封建思想。破旧立新，宣传教育，宣传计划生育政策，大家自编自演，编创一些节目来教育村民。宣传队到县、市、省级单位演出，受到了好评。2002年火把节专唱彝族山歌，2003年搞彝族山歌大赛，世界各地华人和台湾同胞都来这儿旅游，也受到了好评。在文艺宣传队的带领下，每家每户都会跳搓蛆舞、广场舞、打踢舞、唱乌蒙山歌等，每家每户都积极参与，各级政府都非常关注。文艺宣传队有活动的时候，是无偿的、义务的。近两年来，由于政策开放，政府会给宣传队一些补助。

跟他聊了很久，时间不知不觉过去了。可以说，没有他，就没有今天的麻郎垭村；他是当之无愧的麻郎垭村的最佳代言人。从他平和的话语里，我们能感受到他作为领路人的魄力与勇气，也感受到了他敢为人先的实干精神。有的人，一辈子只做了一件事，就足够让人仰慕了。有的人，用一辈子在践行着共产党员的使命与担当。我们从他那里学到的，远远不止他陈述的那么低调与谦虚，做村干部要有耐性，有方法，软硬兼施；做人要诚心以待，真挚以往；他把老百姓当家人，老百姓把他当作遮风挡雨的大树。

后来，他又聊到了他作为两项非物质文化遗产传承人的事情，可见，不仅在施政方式上有自己的一套见解与方式，在对于文化传承与保护方面，更是想尽自己的力量做一点贡献。

他回忆道："小时候家里的彝族文化氛围很浓厚，在这种氛围的耳濡目染下，自己也喜欢上了民族的文化。并且在很年轻的时候，跟着长辈们学习跳搓蛆舞。现在老了，身体不太好，有时候精力不允许，亲自跳的机会越来越少，于是带了几个徒弟，手把手地教他们跳，直到他们掌握了精髓与整个仪式过程中要用到的地方，让年轻人把彝族的传统文化一代代地继承下去。"搓蛆舞是当地彝族同胞在举办丧事的过程中跳的一种舞蹈，用于民间祭祀亡灵之处。搓蛆舞这个环节在整个传神活动中要体现两次，第一次是开丧打羊时，第二次是在转场结束后。跳搓蛆舞时表演动作基本一样，不复杂，基本步调极似东北大秧歌，但是舞蹈动作要比秧歌慢得多。跳时站成横排，连说连唱而且脚部不停踩动表示搓蛆；全排的人手牵着手一起挥动，时唱时吼表示驱赶乌鸦，使它不要来吃掉亡者尸体上的蛆虫。当天的表演没有歌功和忏悔的内容，表演者为九名男性，唱腔哀伤，气氛凝重。在表演的同时，他们还要配以唢呐、鼓、钗、锣、大鼓、小鼓乐器。

据说在很久以前，一对彝族夫妇的四个儿子（彝族的祖先）在他们父亲死后，为了尽孝，便于工作，把父亲的遗体置于大树丫中。可是，数日之后，老鸹成群结队地想来啄父亲的尸体。他们在看守的过程中，互相探讨驱逐老鸹和蛆虫的方法，久而久之便创造了打老鸹搓蛆舞，这一舞蹈经过若干年的演变、加工，成了如今的搓蛆舞。

而他们现在在舞蹈的场面及形式上将其简单地分为打老鸹搓蛆和庆贺两个阶段；打老鸹搓蛆阶段主要表现热闹、繁忙的场景。搓蛆形式主要体现在脚上，双脚前后剧烈运动，将地下的蛆虫搓死。打老鸹主要体现在手上，手持铃铛、白绫，一方面铃铛发出的剧烈响声会使老鸹闻声而逃，另一方面白绫对老鸹有直接驱逐功能。

打老鸹搓蛆庆贺阶段主要表现出把老鸹和蛆虫驱逐完之后的欢腾和喜悦气氛，在这一阶段，形式丰富多彩，舞姿多种多样，舞者沉浸在欢快、祥和的气氛之中。虽然此舞蹈只有男孝子才能参加，但是由于长期生活在这种文化环境中，当地的女性也会唱、跳。然而随着时代的变迁，以及汉文化的影响，这一舞蹈早已逐渐简化。

而对于彝族特有的火把节，杜少权说："火把节是彝族人民情感沟通的桥梁，因为从火把节传递出来的那种热情、欢乐的信号，成了彝族内部凝聚力构建的媒介。"

杜少权教授徒弟们学习搓蛆舞（柳胜提供）

杜少权在村活动室与弟子们交流（柳胜提供）

传统舞蹈篇

杜少权组织麻郎垤村的火把节活动（柳胜提供）

　　火把节在每年农历的六月二十四日举行。相传火把节的来历有两个方面。一个是彝族有个祖先在前方打仗牺牲，所以要在六月二十日早上祭拜他，准备一只仔鸡（没有下蛋的），并且点上火把驱赶那些不好的东西。二是一年一季生产庄稼全部结束，庄稼里面会有各种虫害。因此要点起火把，且是用枯死的、干了的竹子绑在一起点，竹子就能产生爆炸；用这种方式来驱赶各种各样的昆虫和邪气，象征着彝族来年庄稼风调雨顺，人丁兴旺，健健康康。现在的火把节，形式丰富、内容多样。因为火把节篝火晚会一般在晚上进行，因而在白天还会举行斗牛、斗羊、斗鸡、摔跤、唱山歌等活动。篝火晚会要请毕摩先生来请火神，引出火种，祭拜火神，这是一道必要的程序。接下来由彝族的长老（他）组织大家一起围着篝火载歌载舞，感受节日的欢腾与热闹。现在淤泥乡的火把节很有名气，已经成为当地一张响亮的文化名片，每年都有上万人慕名而来。每年麻郎垤村的村民都会提前很久进行活动筹备，群众积极性很高。节日当天，彝族人民会穿上盛装，迎接八方宾朋，用彝家人的热情好客，带动宾客们进行一次几万人的集体狂欢。

　　民族的才是世界的，是永恒的。对于杜少权来说，这一生中最难忘的身份是彝族人。因为民族的血液和情感深深融入他的思想观念及行为方式之中，这是他最坚定而持续的力量源泉。当然，我们也看到，一位白发老人的辛勤坚守和庄严承诺，他来自这里，他对这片土地爱得深沉，他要把一生的时光和精力毫无保留地奉献在这里。

· 287 ·

（四）斗牛舞

斗牛舞简介[1]

主要流行于盘州市鸡场坪、松河等彝族乡，该舞蹈主要在丧祭、年节、婚礼仪式、寿辰等场合表演。2006年，斗牛舞（松河乡、四格乡、坪地乡等地）被列入首批县级非物质文化遗产名录。

---

[1] 《盘县文物与风情丛书》编委会. 盘县非物质文化遗产描述与研究[M]. 贵阳：贵州大学出版社，2009：279.

记录历史　传承文化——斗牛舞传承人张平文

传承人简介：张平文，男，彝族，1961年1月生，盘州市松河人。2009年由盘县人民政府公布为盘县首批非物质文化遗产县级代表性传承人。

斗牛是彝族人民在日常生活中非常喜爱的一项民俗活动，每逢过年、火把节或其他重要的节庆活动上，人们都会聚在一起进行斗牛、摔跤、对歌、跳舞、耍火把等活动，这在彝族的历史上，已经是一个延续了数千年的传统习俗。而彝族又是一个能歌善舞的民族，千百年来，人们一直保持着喜歌好舞、演奏乐器的传统。在情爱、婚丧、节日，以及孩童嬉戏等各个生活领域和民俗文化事项中，音乐和舞蹈无处不在。盘州市松河乡斗牛舞传承人张平文是彝族传统艺术文化的爱好者和传承者，他根据斗牛这一传统的民俗活动，把彝族人民在日常生活中的"斗牛"作为舞蹈元素，并结合彝族传统的舞蹈样式，对其进行加工和创作，将这一在生活中才能出现的场景搬上了舞台。2018年1月，我们前往盘州市鸡场坪镇专程拜访了斗牛舞传承人张平文。

张平文，57岁，家住鸡场坪镇松河果乐村，育有两个儿子，平时以务农为主，闲暇的时候就组织村民们参加文艺宣传，以丰富乡亲们的精神文化生活。现在在鸡场坪镇金芒果鞋业有限公司上班。

寒暄过后，张平文明白了我们此行的来意。他随即将自己在2002年贵州省少数民族体育运动会上，参加斗牛舞精彩的演出照片和获奖证书向我们展示，面对曾经通过努力而取得的成绩，他脸上露出了笑容，便将他与斗牛舞的故事向我们娓娓道来。

"青年时候的我就是一位文艺爱好者。上完中学后我没有继续上学，1979年参加了自卫反击战，在云南文山独立师三团（后改为250师750团）服役。服役期间，也经常教士兵们唱军歌，组织一些文艺活动，我还立过军功。退役后，主要是在家务农。但是，在我的记忆里，我的祖父，以及父亲等老一辈，非常喜欢和擅长唱彝族山歌、吹唢呐、弹月琴、吹笛子，逢年过节一定要开展

张平文等人表演斗牛舞

一些包括唱山歌在内的娱乐活动。彝族传统的文化和艺术给了我很多的滋养，尤其在我的成长过程中给我留下了深刻的印象。"

"同时，我作为一个地地道道的农民，通过在平时干活中的观察，我发现农村家家户户都有耕地的大水牛，虽然水牛生得很高大笨重，但走路的姿态和在田间劳作时的动作却很优美。而且在彝族的文化里，与斗牛相关的文化源远流长，彝族的老前辈就有很多关于斗牛的传说和故事。先民们喜欢吹拉弹唱，喜爱饲养肥壮的大水牛，在平时的田间地里，或是休闲的时候，老人们最喜欢放牛斗架，并掌握了很多斗牛的技巧。特别是在六月二十四火把节这天，彝族的男女老少都会赶着牛儿上山去，吹笛子，吹唢呐，唱山歌，进行斗牛比赛，他们跳的跳，唱的唱，场面热闹非凡，小伙子和姑娘们在一起对唱情歌，老人们则聚在一起，牵着各自的牛儿，在宽阔的草坪上展开一场场别开生面的斗牛角逐……所以，1983年我退役回地方后，出于对文艺的喜爱，加之国家政策好，当时恰逢国家大力扶持民族民间文化，开始进行非物质文化遗产的保护发展工作，我就决心要发掘彝族的传统艺术。我想，以我多年来对彝族歌舞文化的积淀，能不能在传统舞蹈的基础上，去模仿水牛的动作形态，再结合生活中、节庆上人们放牛、斗牛、耍牛的场景，用舞蹈的形式来还原斗牛时的场景呢？于是，在我的努力尝试和乡亲们的配合之下，我就创作出了现在的斗牛舞。"

在张平文的讲述中，我们深刻感受到，他是一个对传统文化极富热情的人，他有着自己的理想和执着的追求，他通过自己的方式来传递彝族艺术之美，同时也在无形当中保护和传承了彝族的传统。而我们在感叹他身上这种精

传统舞蹈篇 ♣

神的同时,也很好奇是怎样的生长环境造就了张平文对梦想的不懈追求。于是,在我们的追问下,张平文陷入了对自己家族历史的回忆。

张家原姓安,后改姓张。祖辈是彝族土司,也就是俗称的"黑官家"(黑彝),这在当时属于有钱有势的大户人家。可是后来,到了雍正年间,由于家族中有人与皇帝的政见不同,得罪了雍正皇帝,最后朝廷决定对他们整个家族斩草除根,为了躲避这场灾难,安家在当年的大年三十晚上举家逃亡,在躲避追杀的途中,逃到了某处森林中,因为在当时有一只"獐子"窜出来,安家的老人认为这有着特殊的寓意,同时为了在逃难中掩人耳目,于是安家就改为张姓。而在整个家族统一逃到云南纱卡后,就开始分支逃往各处,其中,有一支逃到了贵州盘县的毛寨,有一支在贵州盘县的洒基,还有部分支系现在已经不知去向,散落在全国各地。他们一支最终选择在偏远的鸡场坪镇松河果乐村落籍,从此,在这里开启了一段属于他们这一家族的新时光。据张平文介绍,在逃到松河乡果乐村后,当时这里就已经有了一家安姓,也是黑彝,虽然果乐村的安家并不知道他们家族的真实身份。但是在张家人看来,虽然自己改了姓氏,他们还是和安家属于同一个家族,因此,在果乐村,张、安两家是不能开亲的,甚至连对歌都不可以。

也许正是由于出生在这样一个很有文化底蕴的家庭里,张平文在成长的过程中受到了良好的教育,在祖辈们的影响下,他从小就会唱、会跳很多传统的彝族山歌和舞蹈,同时积累了很多的音乐、舞蹈素材,这为他日后的艺术创作奠定了一定的基础。

在谈到创作后将斗牛舞推向舞台时,张平文说,"一头水牛由两个人扮演,前面的一个人装牛头,后面一人装牛尾,装牛尾的这个人还要拿着牛的尾巴左右摇摆。两个牧童骑在牛背上,一个唱山歌,另一个吹笛子。舞台上同时还有4~5个人在对唱山歌,6个人敲锣打鼓(用于伴奏),10个人伴舞,1个放牛的老者。"但是说到这里时,张平文强调:"虽然在台下欣赏斗牛舞的时候,观众觉得整个表演会给人呈现出一种轻松、愉悦的状态,但是由于牛头是用铁丝编织的,牛的身体是用竹条编的,牛尾是真的牛尾巴,牛的身体用纸糊上,在表演时非常费力。"

表演时,两头水牛各从一边进入舞台,舞台的最后一排站着5个伴舞的女生,还配有6个锣鼓伴奏,伴奏节奏为:×× × × | ××× × | × ×× ×× | ××× |,节奏强弱有规律地交替进行。表演一共分为三段。第一段主要以对牛的姿态的模仿,比如:牛在吃草、抖毛、摇头、摇尾、掏耳

· 291 ·

朵、打苍蝇、打腻、舔毛等。表演过程当中可根据舞台的大小自由变换位置，等到转到舞台中央后开始做出吃草、掏耳朵、打蚊子、躺下洗澡等动作；第二段，表现两头牛初相见时的场景。这时，牛起身以后开始打水、舒展身体，在水中嬉戏，同时，两头牛互相看对方，决斗即将开始；第三段，开始斗牛，两头牛之间决斗精彩而激烈，并且伴有情歌对唱，演唱的是彝族情歌《放牛歌》，音调是彝族情歌中传统的音调，唱词可即兴发挥。这一段是整场演出的高潮；最后，演员谢幕，整场表演结束。

《放牛歌》歌词如下：

《放牛歌》

男唱：郎在高山打石头，妹在河边放水牛。
　　　石头落在牛背上，望妹抬头不抬头。
女回：妹在家中梳着头，郎在高山放水牛。
　　　妹在家中招招手，郎在高山顶顶头。

斗牛舞属于创作型舞蹈，是舞台化艺术。它的创作以模仿水牛动作姿态为基础，结合彝族传统的舞蹈样式，在表演过程中还原斗牛时的场景，并融入音乐（主要是唢呐和山歌）、道具、舞美等要素。而且，在实践过程中，张平文不断地丰富表演内容和形式，使斗牛舞从单一的舞蹈表演，发展到演唱一体的民间歌舞艺术形式，具有了一种综合性艺术的性质。现在张平文团队的表演人员接近20人，其中包括徒弟3人。他们曾多次到省内外参加比赛或演出活动，屡创佳绩，还深受群众的喜爱与好评，在2002年贵州省少数民族运动会上获得二等奖的好成绩。

张平文虽然已年过半百，但创作的激情不减，他热衷于投身到彝族音乐和舞蹈的编排和创作中，很多彝族古老的艺术样式都在他的努力之下踏上了舞台。交谈中我们得知，他计划在未来的两年内，将彝族的传统舞蹈——唢呐舞创作出来，让更多人可以欣到赏精彩的彝族传统舞蹈。

同时，为了更好地传承、发扬彝族传统文化，张平文也一直在努力。他说："我的家乡果乐村，在政府的支持下修建了文化广场。利用这个公共的文化空间，我就组织领导村民积极地参加文化娱乐活动，组建村寨的文艺宣传队，每逢佳节必定举行歌舞文艺晚会，丰富村民的精神文化生活，还带领这支文艺宣传队参加省市各级的比赛，让更多的人了解彝族的音乐和舞蹈。只要有足够的时间、经历和经济的支持，我就会一直坚持下去。"

除此之外，张平文还致力于家乡经济的发展。俗话说，要致富，先修路。张平文从部队回地方后，由于家乡的地理位置比较偏僻，交通极为不便，这严重影响了当地村民的出行和经济发展。张平文看到这样的情况，决心要为乡亲们做一点实事。于是，在他的号召和带领之下，他多方筹钱并组织大家一起开石、铺路，还修建了人畜饮水池，助力于果乐村走向致富的道路。可见，张平文的所作所为不正是家乡所需要的吗？不正是一个普通而又不平凡的非遗传承人所追崇的吗？我们为此向这位执着于发展民族经济、传承地方文化的传承人致敬。

小　结

　　盘州市传统舞蹈类非物质文化遗产有一个明显特征，那便是来源于生活、忠实于生活，并因为生活服务而搬上高于生活的舞台。其间又有一个十分值得注意的共同之处，即围绕丧葬仪式或祖先信仰之下的仪式类舞蹈占多数，如彝族的海马舞、搓蛆舞、跳脚舞、转场舞，以及水族的铜鼓舞。当然，也有围绕生产生活方式而产生的舞蹈，如布依族的织布谣、彝族的斗牛舞。还有产生于族群交往、交融之舞蹈，如汉族的羊皮鼓舞就深受当地彝族文化影响。

　　相较于其他非物质文化遗产，除了一些特殊舞蹈，各类民族舞蹈的传承人较多，这充分说明了产生于仪式活动或生活实践中的舞蹈因其实用性较强仍具有一定的影响力。但并不能因此而乐观，各类舞蹈的生境也在变化，人们观念的变化导致的彝族丧葬仪式的逐渐简化，对这些仪式性舞蹈产生了极为消极的影响。尽管随着政府部门的大力倡导及各类有利政策的刺激，产生了如斗牛舞一类的新兴舞蹈，仍难以改变传统民族民间非物质文化遗产传承过程中面临的困境现实。

传统音乐篇

一、彝族酒令

彝族酒令简介[1]

彝族酒歌分为酒礼歌和酒令两类。酒令多用于迎宾待客场合，常由歌郎和酒令婆领头，多人伴唱，有"盘歌""猜谜"等对唱形式，有时还伴以舞蹈，称为"跳酒令"。酒令内容庞杂，音调悠长婉转，音域宽广，形式活泼多样，较为流行的有盘县普古一带的《姑娘出嫁妈妈愁》。

---

[1] 六盘水地方志编纂委员会. 六盘水市志·文化志[M]. 贵阳：贵州人民出版社，2007：258.

天生歌唱家——普古乡酒令歌传承人甘进琴

传承人简介：甘进琴，女，彝族，1967年3月生，盘州市淤泥乡人。2009年由盘县人民政府公布为盘县首批非物质文化遗产县级代表性传承人。

甘进琴出生于盘州市淤泥乡，后来嫁到了普古乡舍烹村。其实，1992年以前行政规划上两地同属一个区，之后才分成现在的两个乡。舍烹村在六盘水的5A级景区娘娘山脚下，甘进琴从2008年开始担任舍烹村妇女主任，因此，我们有幸进入风景优美的景区直接对其进行访谈。

说起爱人，结婚多年的甘进琴脸上依然泛起甜蜜。甘进琴的爱人是布依族，而她是彝族，所以她结婚那天，在娘家是按照彝族的婚俗举行的，在舍烹村则是按照布依族的婚俗举行的。舍烹村，是彝族、苗族、布依族等多民族聚居的村落，每到六月二十四火把节，大家都会穿着自己民族的盛装一起参加。在盘州市，一般六月二十四庄稼刚种下，而收割庄稼则要等到十月初一（彝年）的时候。舍烹村过火把节之前三天，即六月二十一，家家户户就开始打扫房前房后的卫生，兄弟会去接已出嫁的姊妹回家来，全家团圆。六月二十四当天，每家每户宰牛宰羊宰鸡。六月二十四必吃牛肉。甘进琴说，"牛是彝族最崇拜的动物，彝族服饰上都离不开牛的图案，彝族还崇拜龙、虎，在服饰上也会体现出来。大家吃完饭之后全寨人就开始对歌，在舍烹村以前有块专门的对歌场地（一般在山上）。晚上就围着火把跳舞、对歌。现在每到过年的时候就会有几万人来到娘娘山脚下，唱山歌、跳舞，可谓人山人海。"

谈到舍烹村的发展，甘进琴很激动地告诉我们，"舍烹村以前很穷，很多村民都住在茅草棚里。2012年，舍烹村人陶正学决定回到家乡扶贫，他发起成立股本2000万元的普古乡银湖种植养殖农民专业合作社，并在2013年创办了贵州娘娘山高原湿地生态农业旅游开发有限公司和普古乡娘娘山八个村的联村党委，结合国家五A级风景区的优势，计划开发生态农业与休闲旅游。经过三年的努力，总投入资金10.32亿元，创造了如今园区建设与生态发展的绿色神话。到 2016 年娘娘山还建成了温泉小镇，四年来先后投资 5 亿多元，陶正学带领 8 个村的 2700 多户村民和娘娘山周边村寨的老百姓，走上了一条更宽更广的致富路。"

彝族《酒令歌》，用彝语说，就是 [lu^{214}zu^{51}]。甘进琴介绍，"《酒令歌》是盘州市普古、舍烹两区彝族婚嫁的仪式歌，其形式为男女多人对唱。歌台设在新娘家，接亲人马来到，由送亲女伴起唱，于是双方你来我往，歌声通宵达旦。《酒令歌》是叙事古歌，男女双方对唱需要两三个晚上才能唱完。"[1] 甘进琴说，"结婚时男方家派人去女方家接亲，在进门之前及之后唱的歌曲。男方派来的人首先是站在门外唱，女方家的人站在门内唱。男方家的人对歌对赢之后女方才开门让男方家的人进来，之后双方在堂屋里对歌。堂屋正中间大家还要用麻秆喝酒坛里的酒，叫咂酒。之后男方女方都会请很厉害的歌师来对唱，女方的伴娘也会跟着唱。不一样的酒令，声音、歌词、声调等都不一样。"

下面我们辑录了一些《酒令歌》开端的歌词。[2]

歌声开始了，
话从缅宝来——
就是九年前的今天，
她的辫子有九十九根，
一天要理九回辫。
缅宝啊，
穿九十九件衣，
穿九十九条裤，
穿九十九双鞋，
裹九十九层裹脚布，
一共裹了九丈布。
缅宝穿好身，
缅宝裹完脚，
她望山那边走去，
露水打湿了她的脚，
她去找她那棵梨柴树，

---

[1] 盘县文体广电旅游局. 盘县民间文学辑录 [M]. 北京：中国文联出版社，2012：148.
[2] 盘县文体广电旅游局. 盘县民间文学辑录 [M]. 北京：中国文联出版社，2012：148 – 149.

她要给它留下言：
　　缅宝要走了。
　　木杯做九个，
　　倒酒满九杯，
　　接亲进堂屋；
　　木杯做六个，
　　倒酒满六杯，
　　接亲进左屋；
　　木杯做三个，
　　倒酒满三杯，
　　接亲进花屋。
　　……

　　甘进琴说："虽然其他地方也有酒令歌，但是真正的酒令歌应该是发源于他们普古乡天生桥村。我的娘家在淤泥河（即淤泥乡），我12岁那年住在外婆家，有时候会帮外婆去山上割猪草。那时候，家里的长辈不允许唱山歌，只能唱革命歌曲，我就只能在割猪草时在山里偷偷地唱。长期在山上唱之后就有一个老师（当时的区干部）在河那边，听到了河这边她的歌声，这个老师感觉我的声音条件很好，就找到了我，之后就推荐我去参加歌唱比赛了。所以我从12岁就去参加了贵州省的音乐节，然后一直唱到现在，现在县里、省里有什么歌唱活动我也基本会去参加。"甘进琴嫁到普古乡之后，1994年开始跟着车秀花老师（酒令歌省级传承人，如今80多岁高龄，酒令歌的每一首她都烂熟于心）的徒弟学习演唱酒令歌。普古乡刚刚和淤泥乡分开建乡时，就在六月二十四日举办了一次火把节，政府组织很多节目，还把很多民间的歌师请过来表演。甘进琴就是在那个时候喜欢上了酒令歌并开始跟着他们学习的。

　　现在，甘进琴自己也带了10多个徒弟，平时带着她们到处参加比赛，黔东南、黔西南、省里面的比赛都会带她们去参加。她的徒弟都是普古乡各个村寨里的人，普古乡有19个村，她上班之后，为了发扬酒令歌文化，就从不同的村里选出来最优秀的、声音好的、长得又好看的女孩做她的徒弟。"出去参加比赛一般都不低于六七个人，这些女孩的声音都是纯天然、原生态、未经雕琢的。"

　　甘进琴说："酒令歌有二十四首不同的词，但是只有五种音调，每首词都有不同的名字，全部都是从以前传下来的，如果全部唱完需要70多个小时。

我全部都会唱,但是一时记不清这二十四首歌的完整名字了。有时候唱酒歌时还需要动作,就想办法把彝族的文化元素,编成舞蹈动作。"

据甘进琴介绍,《酒令歌》虽然是彝族人婚嫁时演唱的歌曲,但被列为非物质文化遗产之后,也会表演给外面来的游客、领导和专家学者们看。接着,她给我们讲述了彝族人从相识到婚嫁再到生孩子的整个过程。

20世纪二三十年代年轻人谈恋爱的时候就用四句歌来对歌,以歌传情。男方先和女方沟通好,用歌来定协议,女方如果对歌对不赢就要嫁给男方,即使不喜欢也要嫁。但是男方如果没唱赢,有时候就可以想方设法去赢女方,也可以耍赖。甘进琴说,"从这点上看,有点男女不平等"。男女双方如果情投意合了,女方会送给男方定情信物,一般是女方自己亲手绣的鞋垫,还有装佩刀的荷包等。

男女双方看上眼后,男方就要请家族里一个能说会道的人(一般是族长)和媒人❶,去女方家提亲,男子可以去也可以不去;然后提着酒(水拌酒、苞谷酒都可以)去女方家认识亲戚。征得女方家长辈们同意之后,就开始看日子,发八字。一般来说,族长如果同意了,就算订婚了。发八字就是双方长辈同意后,男方家、女方家根据两个年轻人的生辰八字,看哪天结婚合适。然后,男方家就把这个日子,告知女方家,去时,一定要送一只带有尾巴的火腿。

结婚时,接亲队会起很早,其中一个人背白酒坛。接亲队一般是新郎的兄弟,新郎自己也去。接亲队到女方家门口时,女方家就要准备泼水。其实,早在男方接亲队到来之前,女方家已在离门口10米左右的地方,放好水缸、装满了水。接亲那天,新娘的亲朋好友早已等候在水缸旁,专等接亲队的到来。接亲队一到水缸旁,那些等候已久的亲朋好友就开始往他们身上泼水。一般来说,一是水泼得越多,出嫁的场面越热闹;二是表示新郎新娘越恩爱;三是表示新郎马上要娶走她们最好的姐妹,就要狠狠地泼,这样也可以给他们留下深刻的印象,不能欺负自己的好姐妹。泼完水之后,就开始唱酒令了,男方请的人和女方请的人对歌,在大门口对,对上来了接亲队才能进门,进门后两方的歌师又在堂屋里面对歌,一直对到天亮,直到对方对不上来。

接了新娘回家时,新郎不骑马,新娘必须骑马。按照彝族的风俗,此时的伴娘必须是新娘的大姑妈或大妈,送亲的时候也要骑马,且走在新娘的前面,

---

❶ 请媒人的时候,要送给媒人几斤酒、四匹排骨作为报酬。

一直把新娘送到男方家。

进门前对唱　　　　　　　　男方家对歌对赢后女方家开门迎接

进到堂屋后男女双方请的歌师继续对唱❶

第二天一早，新娘最亲的人要给她换好嫁衣，还要请人帮她梳头发。边梳边唱，梳头发唱的也是二十四段《酒令歌》中的一段。之后女方这边的长辈，姑爹姑妈等就坐在堂屋，新娘新郎就跪别亲友，之后要自己的亲生兄弟背着上马，新郎不背，背时兄弟要用手撑着新娘的膝盖，新娘就屈着腿，背上马之后要帮着新娘牵马走去男方家。女方送亲队伍中，送亲婆最大。按照彝族风俗，送亲婆一般由姑妈充当，有时也会由女方大妈充当。男方接亲队接了新娘回家时，新郎不骑马，新娘必须骑马。按照彝族的规矩，女方的送亲婆骑马走在最

---

❶ 注：第三幅图中右一即为传承人甘进琴，右三即为车秀花老人，现80多岁。以上三张图片皆为采访时甘进琴带领大家现场表演彝族人结婚时唱酒令歌的情景。

前面，新娘骑马在第二，新郎则不能骑马，就跟着新娘后面；女方的送亲人员会一直把新娘送到男方家。

接亲队到了男方家门口，要举行"退喜神"仪式。接亲队颠簸、劳累了这么久，在新郎家大门口，要把一天中不吉利的东西在念经声中抛到九霄云外。快进男方家门时，新娘还戴着草帽，不让人看到面容。在新郎家门口退完喜神时，还会安排专门的人把新媳妇的草帽扔上堂屋屋顶，扔上去了，就表明新娘会在这家待得长长久久。之后，新娘要喝一口酒，喝完后将酒碗狠狠砸向身后，然后下马，表明退喜神完毕。新媳妇下马后，站在门口，沐浴主持结婚的先生经声，之后就可以进男方的家门了。此时，男方的堂屋门前早已准备好了一盆炭火。新娘要从火盆上踏过，表示把不吉利的东西全部烧掉、干干净净地进入婆家做个新人、好媳妇。彝族风俗里，新娘进堂屋后不举行拜堂仪式，而是直接进洞房，并且一整天都不能露面；新郎当天不能进入洞房，要由送亲婆陪新娘一整晚。

在这之前，新娘是要提前半年准备好自己的嫁妆、嫁衣。而作嫁衣的布料则是男方家在更早的时候送到女方家的，各种颜色的布都有，女方收到布料之后，就开始自己缝制嫁衣。此外，还要亲手做鞋子给婆婆、公公。

到男方家的第二天早上，要在堂屋认长辈亲戚。此时，新娘要把做好的鞋子送给公公、婆婆，表明从此以后就是这家的儿媳妇了。公公、婆婆则要拿红包给她作为"改口费"，即新娘接了公公、婆婆的红包以后，就必须改称公婆为爸妈，不能再按以前的叫法称呼公婆了。和汉族习俗不一样的是，新娘堂屋认完长辈亲戚之后，必须跟着送亲婆回娘家，男方也要跟着去女方家。之后，男方再选个好日子，找两个兄弟一起去新娘家，把新娘再从女方家接回，然后才同时进入洞房，两人过上幸福美满的生活。

我们问到拦路歌和酒令歌的区别，甘进琴说，"就我个人的理解，我认为拦路歌应该也是从酒令歌的基础上改变的，再经过文化包装推出去。拦路歌也是为了表示出少数民族的热情好客，其歌词很多也是从酒令歌的歌词中改编而成的。"

甘进琴作为舍烹村的妇女主任，时刻关注着妇女们的动态，维护着妇女们的权益。在我们采访时，她不止一次提到，国家虽然提倡男女平等，但在现实生活中，很多东西实在没法做到真正平等。比如前面提到的，在男女双方以歌定情的情况；再比如祭山仪式时，女人就是不能去祭山林等。而作为《酒令歌》的传承人，这么多年来她也一直在为《酒令歌》的传承和发展努力。在她心里，唱歌已是她生命的一部分，不能丢弃；保护和传承，是她肩负的责任，她愿意为之付出一生的努力。所以，她会去各个村寨寻找嗓音等条件好的女孩儿作为表演《酒令歌》的接班人，无条件地对她们进行系统培训，带她们参加各种比赛。这不仅锻炼了她们的能力，还能渐渐地将《酒令歌》传播到更远的地方。采访接近尾声，甘进琴说传承和发展文化还需要经济做基础，所以在传承文化的同时，还需要发展地方经济，这样才能双管齐下，才能有更加持续永久的发展。笔者相信，如果有更多像甘进琴这样不断为非物质文化遗产的传承和发展做出贡献的人，非物质文化遗产将会有更加灿烂的明天！

娘娘山的酒令歌者——谢小所

传承人简介：谢小所，女，彝族，1968年6月生。盘州市普古乡娘娘山人。2009年由盘县人民政府公布为盘县首批非物质文化遗产县级代表性传承人。

> 柳长水边近，杨柳水边生，
> 柳枝水上荫，柳条荫清水。
> 柳发时到呢，杨柳发芽时。
> 水望愁悠悠，望水悠悠愁。
> 莫忧水莫忧，劝水莫忧郁，
> 莫愁水莫愁，劝水莫忧伤。
> 柳不长在呢，只有不长柳，
> 柳不发没有，没不发芽柳。

悠扬的歌声在娘娘山的山峰间回响，循声望去，一个朴实的彝族妇女出现在我们眼前，这便是我们的访谈对象谢小所。

谢小所从十五六岁便开始跟随村里的车秀花（现在是省级彝族古歌传承人）学习《酒令歌》，那时谢小所经常约上几个好姐妹到老人家里去学习。结婚之后，爱人也鼓励她从中寻找乐趣。生孩子后，谢小所有时还背着娃娃去唱。谈及此，谢小所脸上露出了甜美的笑容，仿佛在述说属于他们那时的浪漫。一晃很多年过去了，在彝族《酒令歌》的陪伴下，她从少女变成了妻子、变成了母亲，可以说，《酒令歌》见证了她的成长与成熟。

在六盘水，彝族作为一个分布较广、人口较多的少数民族，特殊的生活空间、人文环境、民族混居、商业参与等因素都令其文化呈现出多元性和复杂性。此中，酒承担着重要角色，也发挥着重要作用，尤其在出生、结婚、去世这些极其重要的人生礼仪中，彝族人民都要借助酒来表达情感。酒与彝族人民的日常生活息息相关，有酒必然唱歌。作为一个能歌善舞的民族，酒文化似乎

谢小所及车秀华等人合影（右边第一个为谢小所）

与歌声如影相随，这一切为省级非物质文化遗产——彝族酒令的产生提供了天然的土壤。《酒令歌》多用于婚姻喜庆场合，悲喜结合的歌声，一方面表达姑娘和娘家依依难舍的心情，另一方面表达接亲时皆大欢喜的动人场面。彝族酒令歌，在彝族儿女一代代的传唱中，形成了诸多种类，主要有祭酒歌、敬酒歌、劝酒歌、猜拳调、留客调等。但不管哪一种酒歌，都具有句式短、篇幅长、曲调缓的特点，一般都是在宴席或者仪式上演唱。歌者可以借酒抒情，自由发挥。在我们访谈时，几个酒令歌的传承人携同徒弟们，陆续赶到现场。其中已有80多岁高龄的车秀花老人，被认为是酒令歌的权威，几乎所有的《酒令歌》她都会唱。传承人们兴致勃勃地为我们表演。谢小所等人在现场表演的一段酒令歌没有背景音乐，据她们介绍说以前《酒令歌》就是即兴表演的，即使到了当代，演唱者也会出现信口拈来与别人对歌的情况，生活的积累能够创造出最美好的音乐。只是当代社会，生活条件好了，出于观赏的需要，才增添了背景音乐、舞蹈动作。谢小所说，《酒令歌》演唱的形式也不单一，有单独唱的、有两个人或两帮人对唱、有大家一起唱等。

谢小所介绍，"彝族年轻男女的婚恋多是从对歌开始，一般发生在两帮人一起对歌的时候，对歌对上眼了才开始恋爱。彝族青年男女多为自由恋爱，也有些遵从父母的意愿，或者定了娃娃亲，我和爱人就是父母当年定下的娃娃亲。彝族的男孩、女孩长大了，就会和好姐妹或者好兄弟一起到山上对歌、一起聊天，但这并不代表彝族的女孩开放，彝族的女孩是非常保守的，并不经常出去，所以这也要讲场合和情况。恋爱中的彝家儿女，他们对待感情是真挚而热烈的，并不轻浮随便，在一起玩耍、聊天也不会做出出格的举动，所以谈情说爱这个事情对他们来说是非常严肃的。等到熟悉后，双方都认可，男方父母就会请媒人到女方家去说亲。"说成之后，就会择日举行迎亲仪式，在仪式上就会唱"哭嫁歌"，表示对父母的不舍。酒令歌里面都是故事，包含了当事人真实的情感，这也正是它充满魅力的地方。

此外，彝家还非常重视丧葬仪式。彝家人认为，人死后有三个灵魂，一个灵魂会在家里接受供奉，一般存在于祖灵筒里；第二个会在坟地上守护自己的房子（阴间的住宅），是为了保佑自己的后代子孙；第三个则会回到最开始祖先居住的地方。当然也有的人认为还有一个灵魂是人的阴暗面，是会在外面做坏事的鬼。如果人去世后，灵魂得不到供奉就会成为孤魂野鬼。而且，他们认为这些魂魄会以另外一种方式去接受人们供奉的食物，享受美酒佳肴。灵魂没有意识回到祖先居住的地方，所以在丧葬仪式中需要唱指路经、祭酒歌。

彝族也是火的民族，对人诚恳热情，只要有客人到来，就一定会用酒去招待，而有酒就一定有歌声。在彝家人心中，客来就是好事。谢小所说一般情况下，在客人来到这里的时候会准备三道酒。第一道是"拦门酒"，顾名思义就是在客人到来时，他们到门口迎接，这并不是他们要故意为难客人或者不允许客人进门，反之，是他们希望客人从进门的时候就感受到彝家人的热情。在迎接客人的时候会准备大碗的酒捧到客人手里，唱着优美动听的歌声，用以酒伴歌的形式欢迎客人的到来。第二道酒是祝福酒，祝福酒是在正规的酒宴上唱的。谢小所说："祝福酒也必须是用彝语唱，这样才能表达出主人家对客人到来的欢迎以及对客人最真挚的祝福。"谢小所现场为我们演唱了一段，声音高亢，这种酒令歌有传下来的歌词，也就是一般的祝福语；也有的歌词是演唱者根据客人身份即兴发挥的。第三道酒是留客酒。留客酒的调子没有祝福酒那么高亢，因为这类酒令不仅仅是演唱还要达意，客人要走了，必然要表达彝家人心里的挽留之意，所以就需要演唱留客酒。或许受旅游发展影响，格式化的演唱中多了些商业痕迹。

谢小所有两个儿子与两个女儿。在女儿嫁出去的时候，她家还请了大家来唱歌，她一直认为彝家的女儿就要按彝族的结婚仪式进行。她曾经希望自己的孩子能够学习酒令歌，但女儿们学了一段时间后，要结婚、生小孩，就没有那么多时间了。谢小所动员子女继续学，只要一有闲暇时间，就把她们、徒弟召集在一起学习。后来，只要有比赛，谢小所就教徒弟唱、参加比赛。谢小所还

· 307 ·

谢小所（右二）等人演唱《酒令歌》

在地方政府的支持下走进校园，教学校的孩子们唱歌。"歌声和酒是分不开的，歌声伴随着彝族人民的生活，而且也伴随着我。现在我仍然会在闲下来的时候和村里的朋友、徒弟一起唱歌，为的就是寄托一份情感，热爱唱歌，虽然现在唱酒令歌不怎么赚钱，但还是想一直唱下去，唱出彝族的故事。"她说："只要有一条路去传承这个文化，我就绝对会走下去，坚持下去。"

《酒令歌》是彝家儿女情感的表达，更是彝族人历史生活的反映。讲到这里，谢小所不好意思地用手捂着嘴笑了笑："事实上我尝试去改编酒令，后来改了几次唱出来还是不怎么好，于是就放弃了。"她说在日常生活中自己创作酒令已经不是一件稀奇的事情，而这些新的创作也不会影响原始的酒令，因为场景还是原来的场景，确实有些东西在改变，但是这种新的活力的注入在谢小所看来似乎是为了让彝族酒令更具有生命力。事实也是如此，传统文化之所以能够沿袭至今乃至流传千古，正在于其随时随地吸收着每一时代的精华，以及每一位参与人用心的创造与传承。

诲人不倦——酒令歌传承人毛小数

传承人简介：毛小数，女，彝族，1953年3月生，盘州市普古乡陈家寨村人。2013年8月由盘县人民政府公布为盘县第二批非物质文化遗产县级代表性传承人。

彝族是一个能歌善舞的民族，千百年来，一直保持着喜歌好舞、演奏乐器的传统，在彝家人情爱、婚丧、节日，以及孩童嬉戏等各个生活领域和民俗文化事项中，音乐无处不在；而音乐活动也作为人们传情达意、交流思想、增强群体意识的重要手段，在彝族人民的日常生活中发挥着重要作用。酒令歌是彝族最古老的歌曲之一，属于众多彝族民歌中的一种，它在婚礼仪式过程中，通过歌师的对唱或独唱来完成，是婚礼仪式中不可分割的重要组成部分。2018年1月，我们前往盘州市普古乡专程拜访了彝族酒令歌传承人毛小数老人。

毛小数，65岁，家住普古乡陈家寨，陈家寨彝语称为"崂五"。据毛小数介绍，陈家寨因陈姓是大姓，姓陈的人占大多数而得名。而在这之前，这个寨子叫苏家寨，因为苏姓是大姓。老人的娘家在天桥村，彝语称"娄嘿嘎"，就在娘娘山附近。她20岁时嫁到了这里（当时还叫苏家寨），爱人是当地有名的毕摩，他们一共养育了三个子女，目前，子女都在外打工。简单交谈过后，我们对她学歌、教歌的情况有了较为全面的了解。

"我的父亲是天桥村的掌坛歌师，我从很小的时候就跟随父亲学唱彝族古歌、山歌、情歌、酒令歌、丧祭歌等。在我的记忆里，儿时最大的欢乐就是和自己的姐妹们、伙伴们聚在一起唱歌、嬉戏。因为歌唱得好，我从15岁起就开始被乡亲、寨邻们邀请去唱酒令歌、哭孝歌、哭嫁歌等，也经常会在一些节日庆典和活动上一展歌喉。"

有这样一个与音乐相伴的成长环境，加之她对唱歌的浓厚兴趣。斗转星移，她不仅学会了父亲所教的所有彝族歌曲，更将父亲歌师的身份继承下来，成了当地新一辈颇有名望的彝族歌师。寨上的男女老幼都喜欢听她唱歌，只要不是农忙的季节，很多人都经常到她家里向她请教，甚至夜晚，大家还会围坐在火炉旁听她唱歌、"摆故事"，氛围很是温暖、惬意。

毛小数说，"以前教歌都是一句句、一首首地教，现在随着时代的进步，人人都有手机了，学歌的人只需用手机把歌曲录下来，回到家以后随时可以听，随时都可以学，不受场域和时间的限制，提高了教歌的效率。在我看来，可以教别人唱歌是一件很开心的事情，不需要任何的条件，只要学歌的人喜欢、想学都可以。"到目前为止，她已经教出了很多的徒弟，其中有五六个得意弟子，经常跟她去嫁姑娘的人家唱酒令歌。

毛小数的家乡位于盘州境内海拔较高、较偏僻的地方，在高速公路没有修好之前，当地的交通不是很便利，而陈家寨就更为偏僻，但这里却风光旖旎，彝族传统的生活习惯和民俗活动都保存得相对完好，尤其是在婚丧嫁娶这种重要的民族文化事项中，传统的歌舞活动更是一个必不可少的环节。酒令歌就是在彝族传统的婚礼仪式上，在一系列复杂的礼俗程序中，由男女双方家请来的歌师通过对唱或独唱的方式来完成。因此，酒令歌也被称为婚事歌，属于彝族的古民歌，在一代代彝家儿女的口耳相传中流传至今，演唱时有严格的规定，曲调、旋律、歌词不能任意改变。酒令歌的篇幅很长，有时几天几夜都唱不完，涉及的内容很丰富，有歌唱祖先历史、万物起源、传授知识、和睦孝顺、生产生活等。演唱时，歌台设在娘家，接亲人马到女方家里以后，由送亲女伴起唱，于是双方你来我往通宵达旦。

恰如毛小数所说，按照彝族传统的习俗，在嫁女儿那天，男方和女方家都要请人去唱酒令（歌），去唱酒令（歌）的人被称为酒令郎和酒令婆，他们分别要请两个酒令婆、两个酒令郎；去请时，还要给他们（歌师）准备 2～6 元的红封，带上酒等礼品，表示感谢，同时以表诚意。

在与毛小数的交谈中，我们得知当地普遍存在着订娃娃亲的情况。如果一家生了男孩，另一家生了女孩，两家都互相看中了双方的子女，那么被看重孩子的父母就会在他们很小的时候，口头上订下这门婚事，等到他们长大一点后，男方家就会找中间人（通常是媒人）去女方家说这门婚事。女方家长答应以后，就要把家族中的长辈和亲戚邀请到女方家吃一顿饭，意思是把这门婚事确定下来。等到男女双方到了适婚年龄，男方的父母再次请媒人到女方家去说亲，按照习俗，一般要去说三次才能成功。女方家正式答应之后，男方的父亲和媒人就要去女方家举行吃订婚酒的仪式，并且要带着一整套结婚时用的衣服给女方，同时还要准备首饰、纱帕、一只煮熟的整鸡、粑粑、水拌酒等必备的礼品。在这个仪式上女方会邀请寨上的男女老少来参加,尤其要邀请女方家族里德高望重的老人。仪式当晚,男方家还会把女方的生辰八字给要回去,之后就会请人来合男女双方的八字,看好良辰吉日,确定结婚日期。

结婚那天,男方家的伴郎(通常由新郎的弟弟或姐夫充当)要带着媒人、两个歌师等8人,还要带一匹马、两斤酒、粑粑、给新娘准备的套装(穿的衣服)等物品,到女方家去接亲。女方家的舅舅、姑妈、姨妈、女方父母、女方姐妹等一定要在场,寨邻、乡亲也要来祝贺、帮忙。男方家的接亲队伍到了女方家的寨门之后,伴郎、歌师等人要先与女方家的人对歌,直到女方家满意后才能进入寨门。但是接亲队伍到女方家后仍不能直接进门,到门前,女方家要把门抵上,双方的歌师要互相对唱《抵门酒令》,直到唱到女方家满意,才打开门,让接亲的队伍进来。进门后,新娘要对伴郎泼一碗水,寓意着把男方家一路上的晦气给洗干净。当天,女方家要在堂屋中间烧一笼火,接下来就是伴郎到女方家堂屋,给供奉的祖先磕头,之后男女双方家的歌师再进行一系列对歌,最后就是大家吃饭。饭后,新一轮对歌随即开始,持续到天亮,直至送走新娘后结束。但是晚饭后的对歌环节具有严格的程序性和仪式性。

"首先要唱《上头酒令》,在演唱这首酒令的同时,新娘的姑妈要把新娘的头发从原来的一股辫子分成两股辫子,还要向着新娘的额头象征性地点三滴水,这意味着新媳妇身份上的转变。这首酒令结束以后,接下来主人家就会把所有的客人叫过来在堂屋的火塘边坐下,这个时候新媳妇要跪在女方家请来的歌师面前,并且哭着请酒令婆唱《集中酒令》,还要倒酒给酒令婆喝。唱完以后,新媳妇要在堂屋里转几转,再请帮忙的人把姑妈和舅舅背来的水拌酒放在门背后,接着请歌师到门背后的附近坐下,开始唱《水拌酒酒令》。这首酒令唱的是挖地、种稻子、收稻子到最后制作水拌酒的过程。唱完之后,接着唱《礼物酒令》,这首酒令是由酒令婆和酒令郎通过一句句对唱的方式完成的,其内容是女方家问男方家带了什么东西给新媳妇,是否带了衣服(从头到脚)、鞋、首饰、帕子、脖圈等;男方要回答带了什么,如果回答得不好,就要一直对下去,直到女方家歌师满意。唱完这首歌以后开始唱《造天造地》,其内容讲述的是人类的起源,这首酒令在彝族人的心中占据着极其重要的位置,因为它述说了我们彝族人的历史起源、我们的祖先。接下来唱《成水酒令》,说水是如何发源的,在彝族的神话里,水是由融化的雪变来的。接下来又唱《造天造地》,这段唱人的居住地是怎么产生的。唱完后又唱第三段《造天造地》,唱的内容是山川草木大地是怎么来的。之后又唱《洪水淹天》酒令,《洪水淹天》这个酒令讲述的就是彝族兄妹成亲造人的故事,传说当年洪水淹天,所有人都在洪水中失去了生命,唯独剩下一对兄妹,他们成亲之后,生了十二个肉坨坨,即十二个人。他们挂在什么树上就姓什么,挂在柳树上的就姓柳,挂在李子树上的就姓李,挂在桃子树上的就姓陶……这个故事就是他们姓氏的来源。此外,酒令婆还要唱《造天造地》《成水酒令》《洪水淹天》等,通宵达旦。彝族的酒令数量非常多,通常三天三夜都唱不完。我们唱到第二天天亮,把《送亲歌》和《结束歌》唱完,新媳妇送走才结束,我们(酒令婆)就可以回家休息,但是酒令郎还要跟着接亲队伍回到男方家。"

酒令歌是一部部口耳相传的彝族史诗。千百年来,它在一代代勤劳智慧的彝族儿女的共同努力之下传唱至今,并焕发出新的生机与活力。相信在不久的未来,在所有人的期望与努力下,彝族酒令歌一定还能再创新的灿烂与辉煌。

虎斑霞绮,林籁泉韵——酒令歌传承人杜小兰

传承人简介:杜小兰,女,彝族,1967年5月生,盘州市普古乡人。2013年8月由盘县人民政府公布为盘县第二批非物质文化遗产县级代表性传承人。

初见杜小兰是在风景如画的娘娘山景区内,简单交谈后她便明白了我们的来意,随即向我们一展歌喉。她的歌声清澈婉转,音色清脆明亮,情绪也随着音乐的变化而变化,使得她的演唱极富表现力和感染力。虽然,在现有的彝族歌师中,杜小兰还较为年轻,但是她天籁般的歌声却没有因此而显得逊色,反而更加独具魅力,在当地杜小兰已享有一定的名气,她经常被邀请到周围各地区唱歌或作为代表参加比赛。除此之外,平时空闲的时候,杜小兰还会和家人在娘娘山附近做一点小生意,以增加家庭的经济收入。

"我从小就非常喜欢唱歌,很小的时候就开始跟随寨中的歌师和老人学唱彝族不同种类的传统歌曲。在很小的时候,我便会吟唱很多彝族歌曲,比如彝族酒令歌、山歌、情歌、丧祭歌等,老人们都说我有音乐天赋。我10多岁就当了歌师,我(唱)的歌得到同村人的认同,很多喜爱唱彝族歌曲的人都会来找我学歌。现在,除了本地人请我唱酒令歌外,很多其他地方,比如说鸡场坪、淤泥乡等地,这些地方也会请我去唱(唱歌)。我的丈夫也是歌师,他也会唱很多歌,我们两个经常一起被人家请去唱歌。现在我通过口传心授的方式也把我会唱的歌交给我的徒弟和那些喜欢唱歌的人,我的儿子、女儿在我的熏陶、影响之下也学会了很多彝族的歌曲。"

彝族是一个重视生命的开始和结束的民族,婚礼作为人生命中一个非常重要的中间环节,其意义也非比寻常。在过去生产力水平相对低下的时代,一个部落与另一部落中的青年男女以婚约的形式相结合,这成为这两个部落增强自身实力的一种方式。因此,结婚意味着两个部落之间的联合,这不仅是个人、家庭中的一件大事,也成了部落当中一件相当重要的事。在婚礼当中形成了一

系列复杂而烦琐的礼俗仪式一直延续至今,酒令歌就是在这一系列礼俗仪式中所演唱的一种歌曲,贯穿在婚礼仪式的整个过程中,由男女双方家请来的歌师通过独唱或对唱的方式来完成,演唱时场面非常的热闹,但在婚礼仪式中,对于酒令歌的演唱者、参与者,以及演唱的曲目和曲目顺序等都有严格的规定和要求。

酒令歌也被称为婚事歌,演唱时,歌台设在娘家,结亲人马来时,由送亲女伴起唱,接亲人马在女方家与女方的歌师通过对歌一竞高低,双方在你来我往中,通宵达旦,把婚庆气氛推向一个个高潮。唱酒令歌不仅表达着对新人美好祝愿,同时也通过这样的形式来教育即将出嫁的女儿,嫁到夫家之后要与丈夫和睦相处、孝敬长辈等。因此,唱酒令歌在彝族的婚俗仪式当中发挥着特殊而又重要的作用,成为婚事当中一个必不可少的环节。作为酒令歌的传承人,杜小兰不仅会唱非常多的酒令,还对于婚礼仪式上演唱酒令的规矩了然于心。

"在婚礼当天,女方家要请两个歌师,男方家来接媳妇的时候也要带两个歌师,共凑成两队歌师(寓意着好事成双),我们把男歌师叫酒令郎,女歌师叫酒令婆。酒令歌的篇幅很长,由24段组成,在过去,要连续唱几天几夜才能唱得完。现在去唱,只要唱到第二天天亮,送走接亲队伍就可以结束了,我们也不用再跟着去男方家。酒令歌的歌词涉及的内容很丰富,有歌唱祖先历史、万物起源、传授知识、和睦孝顺、生产生活等。通常要唱《上头酒令》《集中酒令》《水拌酒酒令》《造天造地》《成水酒令》《洪水淹天》等。等到天一亮,最后就用《总结酒令》和《送亲酒令》来结束整个仪式。在我们彝族(人)结婚的时候,唱酒令是必需的,也是非常重要的。"

除了擅长演唱酒令歌以外,杜小兰还对彝族民间故事非常熟悉,据她介绍,在她小的时候,吃完饭坐在火笼边,就经常听老人们说起古老的彝族传说和故事。在我们的追问下,杜小兰与我们分享了一个她儿时听过的故事。

"传说,古时候有一个彝族姑娘长得十分漂亮,据说她的头发有十二'拃'(尺),又长又密。嫁给当地的一个小伙子,生育了一个女儿。家庭很幸福,每天晚上她的丈夫都枕着她的头发睡觉。这个姑娘还有一个亲妹妹,和自己长得十分相像,她也想嫁给自己的姐夫,并取代姐姐成为男人的妻子。有一天晚上,妹妹去姐姐家做客,吃完饭姐姐送妹妹回家,在路上,妹妹就设计把姐姐给杀死了。还换上了姐姐的衣服,回到了姐姐的家中假扮姐姐和姐夫生活在一起。因为妹妹的头发没有姐姐的长,每当到了晚上,姐夫发现自己妻子的头发变短了,就问她你的头发为什么变短了?妹妹回答说:我把头发剪短了,你怎么不记得了？姐夫被妹妹所迷惑没有发现真相，就和妹妹生活在一起，他们又生了一个女儿。

　　妹妹对自己生的女儿很好，对姐姐生的女儿冷落、不闻不问。有一天，从天上飞来一只鸟，这只鸟非常漂亮，也很温顺，总喜欢停在男人的肩上。这个男人就喜欢上了这只鸟，于是，就把它带到家里来喂养，带回家以后，这只鸟每天早上都会来到大女儿的房间去给她洗脸。当这只鸟看到妹妹对自己的女儿不好后，就把妹妹所生女儿的眼睛给啄瞎了，其实，这只鸟就是姐姐的鬼魂所变的。男人一气之下就把鸟给杀死了，杀死以后，就把鸟的肉给吃了，鸟骨头拿到河边烧了。

　　烧掉的骨头被当作灰给倒掉，分成了3块。其中一块被附近村里的老妇人捡回家中，放到了柜子里。慢慢地，这个骨头就变成了人，姐姐就复活了，变回了人，但是只有特定的时间内才能恢复人形。而且每天早上这个老妇人去上山砍柴的时候，她都会给老妇人把早饭做好，做好饭之后，又变回原来的骨头。做了很多天的饭之后，老妇人很高兴，她还以为是村上哪一家好心人来给她做的饭，就跑出去感谢别人。但是没有一个人说是自己做的。

　　在这之后的第二天，老妇人依旧如常上山去砍柴，她的隔壁邻居都很好奇是谁给她做的饭，就偷偷跑去她家观察，结果发现是一个生得十分漂亮的姑娘在那儿做饭。等这个老妇人回家以后，邻居就告诉她：你们家来了一个漂亮的姑娘，是她每日给你做饭。告诫老妇人要把家里的东西封严实，姑娘就不会出来了。但是老妇人并没有这样做，而是静静等待姑娘的出现，暗中观察，最后被姑娘的所作所为感动，姑娘在见到老妇人后，把自己的经历和故事告诉了她，接下来姑娘认老妇人为母亲，她们过起了相依为命的生活。"

　　其实，在还没有电视、广播、手机等现代传媒的时代，听老人们讲故事就是当地彝族人日常生活中一种重要的娱乐方式。这些民间故事属于民间口传文学的范畴，通过一代代人口耳相传的方式保留下来、流传至今，成为其传统文化的一个组成部分。同时，对于文字并没有普及的彝族来说，在当下，这些民间的口传故事也是我们去认识和了解彝族的历史、文化的一个重要渠道，具有较高的学术研究价值。

二、其他

(一) 大筒箫

大筒箫简介

大筒箫苗语称"江不独",是贵州省盘县马场乡滑石板村苗族的一种传统吹奏乐器,其口、手、脚并用的演奏方式独特罕见,被喻为民族乐器的活化石。不仅能独奏,还可以与其他乐器合奏。20世纪50年代,技艺超群的是苗族民间艺人王连新,是大筒箫的发明者和演奏者。他在盘县、六枝、水城、郎岱一带吹奏、演出,产生很大的反响。他的部分曲目已载入《贵州省民族民间器乐集成》。由于大筒箫在技艺上的要求颇高,现在能吹奏的人极少。陶春学继承了王连兴老人的一些演奏方法。大筒箫由一截长约130厘米的竹筒制成。上凿6个音孔,音孔错开,不在一条直线上,方向不同、距离各异,分立式手按和坐式手脚并用两种类型。立式大筒箫和直箫类似,演奏时用双手食指、中指和无名指分别按孔,多与直箫合奏,俗称"公母箫"。坐式大筒箫更为粗大,演奏者取坐式,大筒箫置于地面,用左脚拇指按第一音孔,右脚拇指按第二音孔,左手拇指按第四音孔,无名指按第三音孔,右手无名指按第五音孔,拇指按第六音孔,演奏方式奇特。大筒箫管粗孔远,用气量大,演奏时讲究腹腔运气和肺喉对气息的合理控制,以及手脚指法的灵巧配合,吹奏难度较大。大筒箫低音沉闷,略带沙哑;中音坚实浑厚,柔和宽广;高音比较欢快响亮。其代表曲目由《山歌悲调》《孤儿》《女择男》等[1]。2005年,苗族大筒箫

---

[1] 六盘水地方志编纂委员会. 六盘水市志·文化志 [M]. 贵阳:贵州大学出版社,2007:262.

制作与演奏（马场乡）被列入第一批市级非物质文化遗产名录，同年 12 月 29 日，被列入第一批省级非物质文化遗产名录，2006 年被列入第一批县级非物质文化遗产名录。

大筒箫的制作工具主要有镰刀、钻子、锯片、刻刀等，其制作程序大致如下：一是选材。选取一根长 1.1～1.3 米，外直径约 6 厘米、内直径约 4.5 厘米的水金竹，大体修正后将其架在猛火上烘烤至九成干，再放置阴凉避风处自然风干；二是钻孔。在风干的竹筒顶端钻一个长约 1.5 厘米，宽约 2 毫米的吹气孔，再在距最顶端约 5 厘米处刻出一个长约 3 厘米、宽约 1 厘米的但实际只有靠上的 1.5 厘米的位置是空的出气孔，之后用钻子等将除顶端竹节外的其他竹节掏空，在相应位置钻孔，第一个孔距离顶端 40 厘米，其余五孔依次往下相隔 10 厘米，最后一个孔离地段约 18 厘米，六个孔不能在一条直线上；三是修整。钻好孔后，进行修整、擦抹等善后处理，制作完成❶。

大筒箫是由墨竹精制制成，现仅存制品不多，一支保留在中国农业展览馆，一支保留在陶春学手中，另三支保留在王咏、杨兴娅、杨兴惠手中。大筒箫由于在技艺上的要求颇高，困难很大。因此，在传承上还保留着师傅传徒弟的传统模式。现只有 30 多岁的马场乡滑石板村村支书陶春学继承了老艺人王连兴的制作与演奏技艺。其他几人在陶春学的传教和影响下掌握了一些基本演奏技巧。随着许多年轻人外出务工，传统技艺无法得到传承。如今，大筒箫独特的技艺和幽婉低沉的乐曲也只有在马场乡才能看得到、听得着。大筒箫的制作与演奏正处于濒临失传的状态❷。

---

❶ 《盘县文物与风情丛书》编委会. 盘县非物质文化遗产描述与研究 [M]. 贵阳：贵州大学出版社，2009：362-363.

❷ 《苗族大筒箫的制作与演奏》，贵州百科信息网，http：//gz.zwbk.org/MyLemmaShow.aspx?lid=12902.

余音袅袅，箫声传九州
——大筒箫传承人陶春学

传承人简介：陶春学，男，苗族，1975年12月生，盘州市英武镇马场滑石板村人。2012年12月28日由贵州省文化厅公布为第三批省级非物质文化遗产传承人。

出生于1975年的陶春学，是盘州市英武镇马场滑石板村村支书，也是大筒箫制作与演奏传承人。陶春学年少时，家里在村里面属于是最早的一批千元户。1982年前后陶春学家买来了第一台收音机，由于当时的收音机能收听到云南文山广播电台信号，所以陶春学经常可以在这两个广播频道上收听苗歌。1985—1988年陶春学家购买了收音机买磁带来听歌。1992年陶春学家购买了第一台电视机，是21英寸的长虹牌电视机，时价1000多元，用来看电视剧、演唱会。或许正是因为陶春学对音乐的喜爱成就了他后来与大筒箫的缘分。

大筒箫在滑石板村的历史最早可追溯到大筒箫第一人杨林方。根据陶春学介绍，杨林方很热爱民族风俗、音乐，但他在制作出大筒箫后却无法演奏出音乐。后来大筒箫又辗转流传至杨林方的侄子王义方，以及王义发的孙子王连兴处，但这几位艺人仍然没有办法用大筒箫演奏出音乐。2000年，陶春学作为一个拥有高中学历的人，属于村里面的大知识分子，加上他自己有笛子、直箫的音乐基础，也曾见过大筒箫，于是完成了大筒箫从只能发声到可以奏出音乐的飞跃。

大筒箫的吹气孔和出音孔并称为"龙口"，用苗语说就是"就嚷"，中间部分则用左右手操作，右手拇指和中（或食）指操作右边，左手拇指和中（或食）指操作左边，最下方的两个孔，分别由左右脚来操作。由于大筒箫中间失传过，重新制作出来的历史较短，所以对于大筒箫的乐理和一些相关知识也不怎么了解，大筒箫上的发音孔和拨音孔都没有名字，依照拨音孔由上往下顺序分为1、2、3、4、5、6音孔。6音孔为定调孔，至今还未运用过，对于它的运用手法，还在探究中。陶春学为我们详细介绍了大筒箫的发音手法：

"Do：1、2、3、4、5个孔全部蒙住；Re：放开第5个孔；Mi：同时放开4、5孔；Fa：同时放开3、4、5孔；So：同时放开2、3、4、5孔；La：放开所有孔。"

"大筒箫的吹奏技法包括单吐、双吐、三吐、花舌等技巧，我制作的大筒箫器形高度在1.1～1.3米。大筒箫虽被称为'世界倍低音管型器乐'，但正是由于大筒箫音量低的特色，使其在演奏时十分容易受外界环境影响。所以，陶春学说大筒箫不适合在室外吹奏，也不适用于在节日时使用；加上现在娱乐方式的多样化，使得大筒箫在日常生活中的使用频率更低了。"

陶春学作为大筒箫传承人，到现在为止一共收了3批徒弟。平常陶春学不会集中教学，只是把一些原理解释后，由学徒进行自学，只有在进行大型演出前3天左右才会进行集中训练。作为大筒箫非物质文化遗产继承人，陶春学经常参加各种演出，并获得了外界的认可。

在众多的演出经历中，陶春学印象最深刻的是2010年8月到上海世博园宝钢小舞台贵州文化宣传活动演出一个星期。陶春学说由于大筒箫独特的手足并用的演出方式，所以在世博园演出的时候吸引了很多人，大家都在问"那是什么东西？那是什么东西？"我问陶春学，有没有向别人解释。陶春学笑着说："哪有时间哦，这一拨人来了，我们就演奏。等演奏完一首，还没喘过气，座位上又满了。和我一起去演出的另外3个人也觉得辛苦，因为吹大筒箫要手脚并用，而且还要气足，所以当时我们都觉得很累。但是听到那些在看我们的人一直在下面问'这是什么？这是什么？……'而且还觉得很好听的时候，我们觉得再辛苦也值得了。"除了这次演出外，在2016年6月，陶春学一行人等还到俄罗斯参加中俄第二届中小企业实业论坛宣传演出，外国人对大筒箫也非常好奇，很多人都来拍照，观看演奏。但因为语言不通，所以并未交流多少，但是那一次，陶春学深刻知道了自豪的感觉是什么样的！因为那一刻，他觉得自己就是在宣传自己本民族，以及国家的优秀文化，能得到外国友人的认可他很开心。

大筒箫外出演出效果最好的一次是2017年6月，去海南参加民族民间器乐组合展演，陶春学说："这次的影响效果太好了，从来没有哪一次演奏效果这样好过，当时我们的那个节目是由大筒箫、姊妹箫、羊皮鼓打击乐器演奏，我们一上场之后，全现场的人都鸦雀无声，开始演奏后，整个大厅里就只听到大筒箫的声音，并且那种声音是带着悲伤的情调在里面，下面的人都惊讶了，引起了两三次的掌声。"

　　陶春学因为爱音乐所以也爱上了大筒箫,他用自己的喜爱把大筒箫从无法发声变为一种新的乐器,从滑石板村独有的乐器,变为可以为光大中国文化、让外国友人都能知晓的乐器。

纤手弄"苗"音——大筒箫制作传承人杨兴娅

传承人简介：杨兴娅，苗族，1989年2月生，马场乡人。2009年由盘县人民政府公布为盘县首批非物质文化遗产县级代表性传承人。

相约之前，虽然看过材料，我们还是没有办法将年轻的杨兴娅与大筒箫制作传承人这样的角色联系在一起。按照之前采访的经验，像这类民族传统乐器的制作者，至少也是一位经验丰富、上了年纪的老人，而且很有可能还是男性。但事实并非如此，杨兴娅，一个年轻、靓丽的苗家女孩（尽管她三个月前刚当上母亲），那一脸灿烂、纯真的笑容仍让我们难以置信她居然是苗家大筒箫制作传承人。

为了与我们的见面，杨兴娅特意穿了一身大花苗盛装，图案丰富多彩，服饰花色多以红、黄、白三色相间，色彩醒目，对比强烈，很是精美。"在以前每家的姑娘都会自己做衣裳给自己穿，那时候把这衣裳穿出去大家心里就会暗自比较谁家的手艺好，谁家绣的衣服精美；而现在社会发展太快，很多年轻人都没有耐心做一件这么复杂的衣裳，会绣衣裳的人也越来越少了。"据杨兴娅介绍，她身上穿的衣服是家人一针一线绣出来的，就上衣而言，连续不停要绣上两三个月。如果在以前，女人还要帮忙做农活的话，绣这样一套衣裳，要绣上两三年的时间才可以完成上衣，如果算上下半身的百褶裙就更费时，因为制作极为不容易，结婚庆典及重大节庆她们才拿出穿戴，而且在穿戴中都会特别注意，生怕剐蹭坏了。

出于我们对她制作大筒箫的疑惑，杨兴娅开始讲述她接触、学习制作大筒箫的故事：

"老人家（王连兴）❶ 在我出生那时候就过世了，也是因为他，我才接触

---

❶ 箫是苗族的吹奏乐器之一，在苗族有夜箫、筒箫和直箫。直箫又可以分为"小箫筒"（苗语称"奖"）和"大筒箫"（苗语称"奖不都"）。盘县大筒箫主要分布在马场。大筒箫，声音比较低沉，属于手脚并用的一项乐器。箫体有六个孔，上面两个孔是大拇指和食指摁，由五个音组成，中国传统五声1、2、3、5、6。把大筒箫发展成苗族音乐中器乐演奏水平最高的是王连兴老人，在《中国器乐集成·贵州卷》中有他的传记。

了这门乐器。那时候女孩子不能接触，就是根深蒂固的思想，苗族女孩学习刺绣、唱歌，男孩学习吹芦笙。当时六盘水的'朝霞工程'来找他的后人，我就在旁边。就是这样我接触了'朝霞工程'。这个'朝霞工程'有点像希望工程，是为了能够将偏远地区的孩子带出村里，培养出来。他的孙子跟我们一辈，去打工（王祥永）就没有再回来了。'朝霞工程'在滑石板收了我、杨兴会、杨振英等人去学习，盘县当时一共有20多个人去学习，各民族去学习各民族的乐器，必须学习少数民族的技能，现在发扬这个文化技能的没有多少，水城的小花苗学习芦笙舞，六枝的长角苗学习三眼箫等。我刚好毕业，滑石板开了一个少数民族技能班，我就去学大筒箫。"

"当然，除此之外，我之前也有些经历"，杨兴娅讲道："我跟二姨爹（王连兴的儿子）学习，在这之前王咏的爸爸就教过我们学吹大筒箫。我就利用假期，学习简谱，学了一年左右，我自己经常去二姨爹家，他知道我喜欢学，有空就教我，没有固定的时间。我们看的是简谱，大筒箫没有专门的谱子，大筒箫的学习和其他乐器不一样，是根据自己少数民族的歌曲先学会唱，最起码要会听，然后才能吹出来。"学习大筒箫必须先学会基本的乐理知识，将乐理知识与大筒箫融会贯通才能吹得一曲妙音，在苗家人眼中，完全学会大筒箫也是有要求的。

"要学习曲子，前提就是会看谱子。教乐器，（学生）要一个一个地去指点，不仅要求老师严格教，也需要学生坚持不懈地练习。当学生学会基础的音乐知识，那么他感兴趣会看一些简单的谱子自己学习。如果是学习少数民族的歌曲，难度更加大，适合年龄大一点的孩子，孩子知道怎么唱的，才能吹出来。大筒箫只能吹中国的五声调式，只能吹基本的调子，不能吹流行音乐，直箫的话，就是轻轻按一下那几个孔，就会发出那种音调，就像古筝一样。"

杨兴娅说："大筒箫最快一天可以制作出来，以竹子为原材料，制作也十分注意细节。材料要选在刮完春风以后的竹子，若选用未刮春风之前的竹子，后续制作中容易开裂。一般选比较直的竹子，拿去烘烤，待其自然风干；等到竹子完全风干后要进行吹气孔的钻孔，用刀片钻，一点不能马虎，要是在钻孔过程中导致箫体本身开裂，就前功尽弃；重要步骤完成，最后进行修整，做善后处理。做好的大筒箫平时摆放的位置要注意，不能吹风，吹风就会开裂，为防止吹风要自己做一个布袋，去保护大筒箫。制作好的大筒箫一般可以用几年，主要看主人家保管的程度。"

大筒箫虽然身粗，但却娇嫩。"如果有半个月没吹大筒箫，它就会变音。

要经常'润',就是多吹。和芦笙一样,有的用酒或者是水去润,等管子湿润了以后再把酒倒出,但是大筒箫不能灌酒,以前练习的时候就是经常吹,里面都是口水,倒掉口水,休息一会儿继续吹,否则大筒箫会开裂。"

关于这项非遗技艺,杨兴娅说:"当时我们去参加比赛,在火车上遇到一个彝族的山歌王,说他们的政府很支持他们,羊场那边也很支持布依族盘歌,我去羊场的时候看他们还在组织排练,我们这边就不太重视。我希望有领导能重视我们这一块的文化传承。因为这项乐器的传承效益不是太高,导致没有太多人愿意去学习。尽管大筒箫造价不是很高,但是现在没有人学习。"正如杨兴娅所说,希望地方政府更为重视,将本地区民族的特色技艺列为文化工作的重点,一方面可以调动老百姓的积极性,让更多人意识到这些传统技艺的重要性;另一方面也有利于地方特色文化的进一步推广,为地区发展旅游提供文化前提。

(二) 直箫

> 直箫简介

据《六盘水市志·文化志》介绍，直箫类箫筒为气鸣栓塞竹管乐器。直箫演奏较为普遍，各民族中曲调各异，以盘州市马场一带的苗族吹奏最有特色。直箫曲调结构多变。短者为一段式，一气呵成；长者有三段式、回旋式或连缀式等多段体。一首乐曲可以有数次转调，有的为调式、调性分别转换或二者同时转换。更有在一个乐句中不同调高的综合调式，具有别具一格的调及调式色彩，无衡定节拍。直箫曲调旋律流畅，感情丰富，有的欢快明亮、热情奔放；有的浑沉婉转、细腻动人；有的质朴淳厚。其代表性曲调有《接亲曲》《敬亲曲》《离娘调》《劝妈调》《过街调》《童男金女》《婆婆带不着媳妇》等[1]。2009年，苗族直箫乐（马场乡）由贵州省人民政府公布，被列入贵州省第三批省级非物质文化遗产名录。

---

[1] 六盘水地方志编纂委员会. 六盘水市志·文化志 [M]. 贵阳：贵州大学出版社，2007：262.

孤独的守望者——苗家直箫传承人杨其祥

传承人简介：杨其祥，男，苗族，1961年5月生，马场乡滑石板村人。2009年由盘县人民政府公布为盘县首批非物质文化遗产县级代表性传承人。

苗族芦笙乐舞举世闻名，其乐舞并蓄。而芦笙乐舞的姊妹品种——直箫，虽仅是单纯的音乐、没有舞蹈，但其所承载社会功能同样在苗族社会中发挥着重要作用。随着社会经济生活的变化，近年来，直箫技艺趋于失传。2018年3月，我们拜访了滑石板村直箫传承人杨其祥先生。

2018年3月17日下午六点我们到达滑石板村，当时陶支书非常热情地招待了我们，得知这次传承人的访谈材料尤为重要，陶支书马上发挥他时不我待的精神，帮我们联系起传承人来。运气还算好，杨其祥先生在寨子的小卖部摆龙门阵，因是周末，本在英武工作的传承人王有光先生今日也回家了。陶支书说："那我就带大家去找，'挑水带菜'，两个可以一起访了！"来到小卖部，几位村民聚在这里，大家知晓我们的来意之后，就你一句我一句，介绍哪一位是杨其祥，夸赞他的直箫吹得如何好。我们与大家打了招呼，杨其祥话很少，但一直面带笑容，我们开始聊起来，问一句答一句，没有太多话语。当问到他和妻子怎么相识的时候，这位老实忠厚的中年人显得比较害羞。

大约过了五分钟，杨其祥的妻子拿着一只直箫过来了，微笑着递给丈夫，便默默坐下来，大家都非常期待。接过妻子送过来的直箫，吹了两声便停了下来，在场的几位笑着说是因为没喝酒润喉咙，所以吹不出来❶。杨其祥调整了一下，便投入自己的曲子中，天渐渐暗下来，那箫声并不是想象中的珠圆玉润，但那股古朴气息瞬间可以让浮躁的心安静下来，自有一种妙不可言的味道。箫声时而高昂，时而低沉。忽而广播声响，打破了箫声，这时，陶支书

---

❶ 开始我还认为这是一句玩笑话，后来在陶支书家听其吹奏竹笛和箫时，陶支书说需要润一下，用酒润喉咙确有其事，以前老人们在吹撒拉时，都要先喝酒。

说：" 我马上打电话，暂时不要放广播了！"（村里对这项工作的支持，让我们甚为感激）广播停下来，大家又继续欣赏箫曲。杨其祥的妻子静静坐在他旁边，不时温柔地看丈夫一眼，眼神里满是欣赏和爱意。他本人面对大家的录像倒是不惊不喜，仍安静吹奏着自己的心事，一双粗糙的大手灵活地掌握自己心爱的直箫，很是沉醉。这箫声正如苏轼描述的，"客有吹洞箫者，其声呜呜然，如怨如慕，如泣如诉。"一曲结束，杨其祥介绍这首曲子叫"路独声"，也就是《孤儿泪》。

说到此曲，他介绍，以前只有王连兴老人会，王连兴老人去世后，寨子里只有杨其祥会完整的曲子《孤儿泪》，后来才传开。"最可惜的是王连兴老人吹的大筒箫，后来被外国人用 200 元钱买了，说是拿去展览，但一直没有还回来了。用蛇皮包着的，很光滑，比较大，那只声音很好"。《孤儿泪》为王连兴老人根据传统曲子改编，"以前就有这个曲子，但是经他老人改编以后，更悲伤也更好听了。"因演奏技巧要求颇高，现只有杨其祥和陶春学两位直箫艺人能够演奏。陶春学先生不忍民族传统音乐就此失传，故抽时间与杨其祥在晚上饮酒学曲。学者舒宝琴认为，《孤儿泪》不仅是一首艺术水平很高的乐曲，同时也是一首内涵十分深刻的乐曲。它通过王连兴自身悲惨少年的生活侧面，揭示了在国民党反动派统治的黑暗年代穷苦苗胞的苦难生活，对于被剥夺了马克思认为人类生产中两大支柱的人的生产的权利的愤怒；同时也表达了苗族人民对于爱情、婚姻的自由幸福，对于人的生产权利的展望与追求。从这个侧面反映了那个时代的苗族历史和苗族社会[1]。一开始的曲谱，宽达十度的大幅度行腔，急促的三十二分音长与二分音符的交叉进行，以及微降变宫音的下滑演奏，再加之全乐句从高到低的旋律走向，它好像是对命运的呼唤，对被压迫被剥削的悲惨生活的哀叹，对封建制度的控诉感人心扉。

杨其祥虽不像王连兴老人一样生活在旧社会，但小时候家庭贫苦的经历加深了他对《孤儿泪》的情感理解。小时候母亲卖药，农闲时间，吃完早餐之后就去外面找草药，有时候走二三十里路，只吃一顿饭，到晚上回家才吃饭。因家庭困难，16 岁才读一年级。19 岁生病，肚子胀，不知何种病，到普安、青山检查都没有治好。后来用寨子的苗药治疗好的，因吃的草药比较多，具体不知是什么药治疗好的，病了六年才康复。了解杨其祥情况的 40 岁的邻居说：

---

[1] 舒宝琴. 空山百鸟散还合，万里浮云阴且晴——论王连兴的直箫艺术 [J]. 音乐探索·四川音乐学院学报，1995（2）：24.

"我记事的时候,我们寨上每到晚上,年轻的小伙子都会去逗小姑娘,有的吹笛子,有的吹芦笙,各种样式的乐器都有。大家在一个院坝里面唱歌、跳舞。我记忆中杨其祥家条件特别差,很难讨媳妇,他为了讨媳妇,也为了有一技之长,才去学直箫。他学会了之后,机缘巧合之下,他在广西打工的哥哥带回来一根竹子[1],他用阿登制作了直箫。后来半夜三更的时候就会听到他在对面吹直箫,有时候听到他吹《孤儿泪》会自然从床上坐起来听,听到不吹为止。他因为家庭条件不好,有点自卑,不去逗小姑娘,只是晚上半夜三更时吹直箫。他的直箫是用蛇皮包的,箫声特别响,很远的人都能听到这个箫声,听着很舒服,但是又很伤心。他很少说话,经常以箫声传递心声。"

音乐制造气氛,直箫与其他乐器一样,是避免生人相见尴尬的工具,也是男女交流的媒介,为青年男女创造了交流的机会。同时,直箫还作为男性展现自身魅力和修养的载体,吹奏技艺的优劣在一定程度上决定了男性受欢迎的程度。"学会吹箫之后得到了一段好姻缘。"无疑,杨其祥在这方面下了苦功夫并得到了认可。直箫和爱情紧密相连。憨厚老实的杨其祥因为直箫娶上了媳妇,不善言辞的他用直箫把孤儿的悲苦之情表达,两人在一起过着平静而幸福的生活。两家的家庭状况都不好,他比妻子大十多岁,"她喜欢我吹直箫和大筒箫"。当地流传的《直箫的由来》也是关于爱情的故事:一位苗族青年不会吹直箫,姑娘离他而去,后来得到已故亡友的帮助,暗中(以阴魂传授)教他学会了吹直箫,才找到了中意的伴侣,从此直箫便成了苗族青年男女爱情生活中的媒介和信物。1999年,杨其祥被推荐参加省里的民族民间文艺会演并获奖。2002年,贵州电视台《发现贵州》栏目前来拍摄大筒箫时,由于当时自家的房屋不好,杨其祥到堂哥家房屋进行拍摄。他吹箫,妻子推磨,拍摄节目。杨其祥说自己保留着大筒箫、直箫只是为了娱乐。在申报了县级"非遗"传承人之后,2015年开始每年有3000元的补贴。2017年出去打工,回来后听别人说工作人员在山上进行土地丈量的时候,妻子在放以前录的丈夫吹的大筒箫、直箫吹奏音频,当工作人员问杨叔叔的媳妇,是不是想自己的丈夫了?她的回答是肯定的。

寨邻说小时候半夜听到杨其祥吹箫,在床上立马起来坐着听,平时大家也都喜欢听。"以前,晚上的时候经常有亲戚、朋友来家里'摆白'(聊天),围

---

[1] 这种竹子苗语称为"阿登",广西所产,平均竹节长比其他竹子长。直箫与其他地方的箫不一样,它只用一个竹节制作,如今已很难找到这种竹子了。

着柴火坐一圈，他就在柴火旁吹箫，以箫声传递心声，会吹箫的人轮流一人吹一曲，不会的就在旁边学动作、技巧等，每天晚上热闹得很。现在老了，不怎么吹了。2017年年底他老父亲过世，守夜期间半夜喝点酒就开始吹箫，表达对父亲的哀悼之情。由于是腊月底，天气不好，很冷，守夜期间又不能没有人，所以吹箫能让更多的人留下来，这样就热闹了。当时在院坝里烧了一大笼火，老老少少围着火坐下来，到半夜，他也喝了点酒，就吹直箫，吹得特别投入，特别好，那种感情都在箫声里面，又好听又悲伤。"

杨其祥最先教的是小科、小雅和小凤三个女孩子，后来三个女孩都成家了，成家后都出去打工了，是不是还吹直箫，不太清楚了。杨其祥说："哪个学我都教，但是他们有文化，我没有文化。不用喝拜师酒什么的，想学就直接学。"说到现在的生活时，杨其祥笑眯眯地说现在比以前好，以前住在老房子里，里面住着几家人，有20多口人，生活很苦。但是晚上的时候生着一大炉柴火，20多人围在一起摆白、吹箫、吹芦笙，很热闹。当问到什么时候最开心的时候，他的回答是："我们和老人在一起的时候造孽（困难），我们成家以后也还是造孽，没得哪样开心的事情。"回答令人心酸，但他脸上始终保持着憨厚的笑容。问及外人想学箫他老人家是否愿意教导，他说："会的啊，有人想学，我就教嘛！可惜现在没得人学了。"杨其祥对于现在没有人学吹箫这个情况想不通，也痛心，他担心这项技艺会失传。

《说文·音部》中说："音，声也。生于心，有节于外谓之音。"杨其祥不善言辞，他的箫声"生于心"，在面对人生的困苦时，平静而乐观，他的幸福就像他的箫声一样，低调、深沉。邻居说，"他们夫妇最幸福的事情就是每天早上起来整点东西吃，然后你扛着你的锄头，我扛着我的锄头，一起到地里干活，太阳下山就回家吃晚饭，晚上杨其祥吹直箫，老婆在一旁听，这就是他们的幸福。"

归去来兮，箫声依旧——王有光

传承人简介：王有光，苗族，1965年8月生，盘州市马场乡人，传承的技艺有直箫、芦笙、笛子、木叶等。2015年5月由六盘水市人民政府公布为第二批市级非物质文化遗产传承人。

到达滑石板村的当天晚上，我们就通过村支书陶春学和王有光取得了联系，当时他正和朋友们小聚，得知我们的来意之后，他随即赶了过来。

王有光的母亲生了四个儿子，王有光是老大，家庭经济来源主要靠大姐到各地卖苗药获得的。那时他家是寨子里最宽裕的，大姐跟一个卖苗药的妇人关系比较好，从而介绍了这位妇人的女儿做王有光的妻子。王有光生了一双儿女。后来由于他与妻子性格不合，娃娃还小时两人就分居了，现已离婚。他现在英武镇从事民政工作，主要负责婚姻登记，常住英武，每周回老家一趟看望母亲，但由于工作忙，没多少时间陪家人。言谈间我们能够感受到他对母亲及家人的愧疚之情。

我们问到他小时候的事情时，他陷入了深深的回忆：小时候没有电，烧柴火。父亲晚上点着煤油灯摆故事，讲的故事主要有苗家是怎么来的，芦笙、直箫是怎么来的，以及与苗家相关的神话传说。后来自己读了书，受到村里有技艺的文化人的熏陶，对民族文化产生了浓厚兴趣，所以开始学直箫、芦笙，以及笛子和木叶等。以前读书的人特别少，晚上读夜校、白天搞劳动生产。大概1981年的时候，改革开放刚开始，政府号召重拾传统，大家积极性非常高，都想上舞台展现自己。他还没工作的时候，就参加过一些民族活动，并经常教村里的小姑娘、小伙子们学民族舞蹈、现代舞，以及民族文化。

当问到他的学艺经历及缘由时，他娓娓道来："自学的芦笙与笛子。生活在我们那个时代，必须要有一技之长。如果乐器一样都不会，游方的时候就融不到集体中去。后期学吹木叶，木叶吹得好，得到了别人的认可。在苗家人的观念里，男孩子要吹芦笙、吹直箫，女孩子要吹口弦，会吹才算是真正的男孩子、女孩子。大筒箫代表男人，直箫代表女人，大筒箫声音低沉，直箫声音悠扬，两者相匹配。"

"我的直箫是跟舅舅杨政云学的"，王有光说当地有句"天上只有星宿新，地上只有郎舅亲"的谚语，"舅舅直箫吹得很好。他对苗族文化非常了解，因此经常去他家，听他讲我们节日的由来，包括采花节以及采花树的来历。这或许是我能够学会直箫的关键原因"。我们现在把采花节当日吹的直箫曲《知马拿，知马智》，译为《没有爹，没有妈》❶，是我们这里的王连兴老人创作并传下来的。大意如下：

> 第一段：大年春节，人家个个穿着新衣去采花，自己没爹没娘，没好衣穿，不好意思，去了又转来。有个小妹也不能去爱，没有女友，就没有人送包头、送飘带，真可怜！

> 第二段：本来穷，衣服油腻没法换，有了女友，她可拿去洗，拿去漂；没爹又没娘，没有哪个人拿我的脏衣去洗、拿去漂。

> 第三段：衣服烂了，通了洞，有爹有娘，就有女友拿去粘、拿去补；没爹没娘，就没有女朋友，没有人帮你烫、帮你补。

> 第四段：女朋友说，只要你有这情意，我的妈也是你的妈，我的爹也是你的爹，我也可以给你飘带，我也可以帮你补衣服。

"以前马场没有文化站，舅舅杨政云带着年轻小伙子、小姑娘发展当地苗族音乐和舞蹈，县里面知晓后决定在马场乡成立文化站。"关于舞蹈，他提到了"达体舞"，据说这一舞蹈是老人们去四川凉山学习、改编并逐渐传下来的，融入了现代元素，越跳越好。王有光年轻时非常喜欢苗族歌舞，跟舅舅杨政云学习，杨政云在世时曾编有《蚂蚁搬家》等舞蹈，这一系列舞蹈王有光都会。谈到《蚂蚁搬家》，王有光提到了创作背景，寨上到了三月，人们一起背粪上山，少则七八个，多则20个，像蚂蚁搬家一样，其舅舅据此编了舞蹈，边唱边跳，用芦笙伴奏。歌词大意为"十只小蚂蚁，叫得叫咪咪，摇摇摆摆走得慢，走呀嘛走得慢，啊呀呀哟，啊呀呀哟，背咪背咪背背咪"。由于王有光是文化传承的青年骨干，经常参加演出、编排苗族传统舞蹈，杨政云生病后，基层文化服务部门急需人才。因此，其被聘为马场乡文化站站长并担负起传承当地民族文化的重任。

---

❶ 应该是王连兴老人创作的著名的《孤儿泪》。

据王有光的邻居说:"原来的小学就在村里面,是木房子,我跟他一起(参加民族文化活动)的时候,他已经是文化站站长了,虽然有工资,但是在家里面工作。当时文化部门送了许多图书给他,给他管理,别人借书要得到他的允许。"王有光1985年参加工作之后就着手做民族文化,由他带领民族文化爱好者创新、发展、保存苗族文化,在马场文化站任职10多年,专门培养人才参与演出,后由于资金不到位、职位变动等原因,就转岗了。

王有光说:"在职文化站站长期间,做了许多有利于民族文化传播的工作,如收集、整理本寨子里的民族艺术、编排民族舞蹈,以及作词作曲等。我曾写过两首曲子,分别是《敬酒歌》和《拦路歌》,存于盘县苗协会。1989年的时候,市民委需要找几个苗族同胞参加六盘水市的演出,当时王连兴老人建议我参加。"龙家大院(即现在的马场博物馆)是在他的带领下花了6年时间修葺完善的。提到龙家大院的完善工作,王有光感慨良多:"第一年搜集民族文化资料的时候,老年人不愿意把自己的文化传扬出去,有点故步自封,经过多番交流、沟通,老人们才逐渐理解,民族文化搜集、整理的障碍才逐渐消除。2007年,马场乡政府大楼竣工并正式启用,龙家大院(此前是马场乡乡政府办公地点)由此转变成了我们当地的民族博物馆。"

2006年,盘县县政府拨款筹备采花节,排练时间为10多天,当时参与演出的每人每天可拿到50元补助和三对电池。这次采花节为政府牵头的大型活动,王有光带队编写了《敬酒歌》,以表示对宾客的欢迎之情,参与编写的人还有陶春学、罗永光、杨少奎三人。"白天忙于搞生产,晚上我们到学校去练习,当时的学校也就是现在的村卫生室。在练习过程中,大家也都吃了很多苦。从晚上八点过开始练习,有时候练习到晚上十二点甚至凌晨一点钟。其他人员回去后,我和陶春学、罗永光、杨少奎还要商讨并安排第二天练习的事情。当时编《敬酒歌》的时候得不到老年人的支持,后编写出来比较精彩,从而征服了老年人。杨少奎认为我编的《敬酒歌》歌谱不够豪放,我们四人又花了十多个夜晚推敲斟酌,最终完成了这首歌。虽然编写过程中大家有争论,但对发扬传承民族文化的感情是一致的。那年之后,采花节被列为非物质文化遗产,我们很开心,因为我们的文化得到了认可,我们感到很光荣。"

从王有光的讲述中,我们了解到他的演出团队是经过他精挑细选的,他成为文化站站长之后,组织了一批对民族歌舞感兴趣的人,并对他们进行系统的引导和培训,这些后来就是他的艺术团队成员。平时王有光也编舞蹈,因其受到杨政云老人的培养,有舞蹈基础,他参加过的大小演出有30余场。后来因为职位变动，他便建议村里的年轻人自己组织起来，但由于各方面的因素，团队最终解散了。为响应国家政策的号召，王有光参与了非物质文化遗产传承人工作以保存当地民族文化。受访村民评价王有光说："他也付出好多嘞，他也好这块。"

据王有光的一个学生说："马场龙家大院是以前的马场政府，以前我们经常在那儿唱歌、跳舞。他那时教我们跳交谊舞。年轻人灵活一点，老年人不活动，他一遍一遍教我们，耐心十足。他对民族文化这一块的贡献很大，家里面除了他妻子以外，都支持他的工作，由于他母亲眼睛不好，他相当于是由姐姐带大的。后来姐姐生病了，他是家中长子，便担负起了家庭重任。"

王有光认为要把民族文化传承下去，就要把文化与经济市场结合起来，他的解释如下："因为老师要收到徒弟，徒弟能够生存了，才有精力学习民族文化，老师才可以把民族文化传承下去。如苗族直箫和锣融合在一起，但是没有人学，就不能传承。民族文化受到国家经济发展浪潮的冲击，若是不收集、整理，就会失传。有的时候为了方便，民族文化改变了很多，如婚姻、丧葬的仪式和内容都改变了太多，老辈人传承下来的东西已经丢失了很多。再随着国家的发展，现在没有了茅草房和瓦房，只有平房，没有民族原生态的东西了"。

访谈到晚上十一点多时，由于王有光有急事，深夜还得赶回英武，我们不得不遗憾结束。两个多小时的谈话，使我们了解到了王有光不仅才华横溢，还是一位非常优秀、心系民族文化的传播者，他传承民族文化的经历丰富多彩，尽职尽责，为当地民族文化的发展做出了较大贡献。

小 结

  整体来看,彝族酒令歌的传承人均为女性,也即彝语所谓的酒令婆,这些生于斯长于斯的女性从少女时的耳濡目染到成年后的信手拈来,早已成为彝族酒令歌之于当地生活的代表部分,不同年龄阶段的传承人聚集一处,彼此交流、彼此学习,从那些自信且快乐的脸上我们可以看到演唱带给她们的不再是周围小圈子的满足,还有因为旅游发展带来的宣传本民族文化乃至为本民族本地区旅游发展贡献了一己之力的自豪。或许,这也是民族文化拥有持久生命力的另一条有效途径。

  相对来说,盘州市的苗族乐器演奏与制作因其专业性更强使得参与者寥寥无几,尽管借助外出演奏的机会使得越来越多人认可并尊崇这些民族民间艺术,却仍面临青黄不接的窘境。无论是大筒箫的独一无二,抑或是直箫的历史悠久,都在城镇化速度加快的今天,因乡村本身的没落冲击着这些乐器原有的文化生境。即使政府大力支持、个别艺术家孜孜以求,仍难以改变传习者不多、制作者难寻的发展现状。

  尽管如此,盘州市传统民族民间音乐的发展现状相较于其他非物质文化遗产而言,借着旅游发展的春风,似乎更具生命力,也获得了更多认可。我们也有理由相信,恰如一些传承人所意识到的,随着文化旅游的发展,只要将经济与传承挂钩,让学徒们切实体会到了传承本民族文化的好处,主动学习者自然会增加,非遗传承现状也自然会得到改善。只是,希望这天到来得越早越好。

民俗篇

一、彝族毕摩文化

彝族毕摩文化简介[1]

毕摩是彝语音译,又称西波、西坡、鬼师、白马、鬼主等,彝语中有经师、教师之意。毕摩认识传统彝文,通晓彝文经书,识掌故,拥有彝文典籍。在彝族人民的心目中,毕摩能"通神""通鬼",能占卜、画符、咒鬼、驱鬼、神判等。毕摩不仅仅是彝族文化的传播者,有的毕摩还能治病。在彝族文化中,毕摩文化是古老而辉煌的,它是彝族人一种古老的信仰文化。在毕摩文化形成之前,彝族先民的信仰处于一种"多灵"信仰状态,没有形成一定中心。在毕摩作为一个阶层出现之后,彝族以祖灵信仰为中心的多灵信仰才形成。在彝族中,毕摩文化是一个特殊的文化概念,因为其在毕摩文化形成之后,就一直居于彝族文化的中心,对其后来的彝族文化发展变化发挥着主导地位的作用。2005年12月29日,贵州省人民政府公布,彝族毕摩文化(坪地乡、淤泥乡、四格乡、洒基镇、红果镇等彝族聚居区)被列入第一批省级非物质文化遗产名录。

---

[1] 《盘县文物与风情丛书》编委会. 盘县非物质文化遗产描述与研究[M]. 贵阳:贵州大学出版社,2009:209–211.

毕摩文化传承人孔小富

传承人简介：孔小富，男，彝族，1955年8月生，盘州市坪地乡包包村人。2009年由盘县人民政府公布为盘县首批非物质文化遗产县级代表性传承人。

毕摩文化是一种信仰文化，毕摩一词是彝族音译，"毕"是"念诵"之意，"摩"意为"长者，有知识的人"，毕摩即"念诵经书的长者"。毕摩文化是毕摩群体所创造和传承的以经书、法具和法事祭祀活动为载体，以祖灵祭祀及各种祭祀仪式为核心，同时包含了彝族哲学思想、历史地理、医药卫生等内容的一种宗教文化。在彝族发展的历史过程中，懂得彝文的只是"毕摩"等少数阶层，由掌握文字的毕摩为中心延伸出来的毕摩文化，是彝族文化的核心文化。在彝族社会中，毕摩一直担任着传达知识、规范行为、讲述历史等多重社会文化教育角色，在社会中享有崇高的地位。2018年1月，我们拜访了坪地乡包包寨的毕摩文化传承人孔小富先生。

孔小富人不高，黝黑发亮的皮肤下留有几道深深的皱纹，他戴着顶黑色的毛呢帽子，身穿黑色外衣，但人格外精神。孔小富说他的学名叫孔令鹏，但是左邻右舍多叫他小富。他告诉我们，之所以叫包包寨，是因为山包包特别多，整个寨子都被山包包给围住了。寨子里几乎都是白彝，白彝跟其他两个支系的彝族还是有挺多不一样的地方，黑彝以前是土官家，接受汉族生活方式比较多。而他们白彝，相对来说还是保留有很多自己的东西，老一点的人不会说汉话，跟外界的沟通就没那么顺畅。

相较于同龄人，孔小富受过良好教育，初中文化水平的他平常喜爱看书，研究历史的东西，对彝族文化也有自己的理解与看法。他从学校毕业之后就出来工作，分配到村里的会计组，管账务、管粮食、计厘米、记账。"其实那时候最主要就几项支出，比如说妇联支出多少，农联支出多少。这些记了之后都要到大队上公布出来的"。我问他，这都是群众实在的利益问题，有没有人不服找你闹过的？孔小富淡然一笑，说："算是没有吧，我干事比较认真，每一项支出都会有详细记录，让人们没有闹的理由。而且我自己也是农民出身，深知大家的不容易，在关于利益分配的问题上就会考虑得尽量细致与公平，让别人无刺可挑。"后来他又当村里的文书，工作内容比单纯的记账员要复杂和细致一些。"但是我在村里面干活的几十年中，老百姓对我还是很满意的。我这人是个老实人，认准一件事就要踏踏实实去干，对得起别人对我们的信任。而且我这人不喜欢斤斤计较，干脆利落一点会少很多麻烦。我59岁的时候从村里面退休了，人老了精力没那么旺盛，让年轻人们去锻炼吧，今后的事情总归要交给他们干。我侄儿现在是村里的民兵连长，小儿媳是村妇女主任。他们都是自己主动去竞选的，想干些事情"。我问孔小富有没有给年轻人传授些工作经验。他说："其实经验也谈不上，现在时代变化太快了，像我就始终不会用电脑，可能工作方式是在变化的。但是我总是提醒他们说，既然你选择了这份工作，就要踏踏实实干下去，要能忍耐，能吃苦，不要带着情绪去工作。"

孔小富现在就是跟老伴在家带带孙子们，享受天伦之乐。说起他的下一辈，他露出了欣喜的笑容。大儿子在云南打工，有一男一女两个孩子。孙女小学在村里上的，成绩总是班级的一二名，现在在镇上读初中竞争要大些，但成绩也能保持在10名以内，孙子是小的，成绩也还不错；二儿子也是在云南打工，生了两个女娃娃，乖巧可爱体贴人；三儿子大学毕业之后就在天柱县的烟草公司工作，是他的儿子中唯一有正式工作的；小儿子在煤矿打工，生有两个小孙子，现在是孔小富老两口帮着带。他说："儿子们都很孝顺，我们省心。平时除了带带孙子，还会去种种地。现在家里的耕地都种有土豆、玉米、黄豆等作物，自己吃不了那么多，但是地荒着又很浪费，所以就当锻炼了。"

问到孔小富什么时候开始学习毕摩文化的，他说在很年轻的时候，大概是20岁，宗族内的一个堂哥传给他的。"学习这个比较辛苦，还需要具有一定的天赋。我们每天有大本大本的经书要背诵，不仅要背，对其中的有些东西要真正理解。能背了之后，要跟着已经出师的堂哥们亲自到仪式场地观摩，把握每一个细节，讲究多得很。我是5年之后才能正式去做一个仪式的，除了丧葬场合，还有一些场合也会请我们去。其实学习毕摩这套东西还是很好的，知道人怎么死，才能更好地生活。"

接着，孔小富给我们说了一场丧葬仪式的大致过程。"过去老人死，等要落气之时，其后辈按照字辈年龄的排序站着。家里人要准备白纸去煮，然后用白纸煮的水给亡人洗澡。全身擦拭干净后，大儿子把亡人抱在椅子上。用四四方方的斗装粮食（玉米），把亡人的腿并拢放在玉米上踩着；家里人用手捧着亡人的下巴，防止亡人死相太难看；两只手要撑平，以免人落气后双臂僵硬了。要在棺材底下铺上白纸，三层、五层、七层都可（单数层即可），再用蓝布盖住亡人的尸体。之后，把尸体放在木板上抬到堂屋中间，头朝外（脸朝外）。亡人只能穿没有扣子的衣服，按照风俗，右手边为大。这时候家人要供饭，作揖，上一炷香；再作揖，再上一炷香；最后作揖，最后上一炷香。同时要倒上三杯酒供着。亡人落气就开始放炮，听到炮响，大家知道有人死了，自动会聚拢来。如果亡人当天死的话，距离近的能够当天回来的当天去报信。到姑娘家报信的时候，报信人要去舀水，烧三张钱纸，喊亡人名字，叫亡人来领钱。同时，亡人家请两个村里的人去毕摩家报信，去毕摩家报信需要看日子。报信人要带一斤老白干，瓶子酒（价钱不等），红封（条件不好的千八百元，一般中等家庭 1200 元，条件好的 2500 元或 3500 元）等，做仪式看经济能力而定。"

问到他们作为毕摩要具体怎么做，孔小富慢慢道来："我们毕摩是开丧当天来的，开丧人要和主家一起迎接毕摩。迎接完毕，再转回丧堂来，毕摩献酒念咒。查摩（毕摩的助手）接着献水，休息片刻，再让开丧之人拉来山羊（彝族人认为羊是最重要的动物，代表着跪乳之恩，因而彝族的丧葬中少不了羊），把羊交接完之后，羊舌头割下，查摩取斋饭来供饭，吃完饭以后，毕摩查摩再去做一些法术。念经书超度，基本十二点就可以休息。帮忙人要在查摩的安排下做鬼房（也称噶房，实则是灵堂），鬼房 2 米左右高，4 米左右长，能放下棺材。鬼房是用五棵小杉树搭成的，其中中柱要高些，边柱要矮些。柱子要有尖子（意即削尖），再用两棵树相互交叉来稳固。鬼房的框架出来之后，用果藤和杉树枝来搭在房顶和侧边，鬼房就建造完成了。灵房都是用纸糊的，里面放有绣花鞋，纸做的童子等，灵房放在鬼房里面，且就在棺材的右侧方。鬼房做好以后，孝子们从丧堂出来，在查摩的带领下身带着弩刀和指路牌，从左到右转三圈，抓一把刺放在鬼房中间，再扛着刀弩转回丧堂，这叫作扛弩进堂。同时，毕摩要制作祖灵筒，祖灵筒相传是来源于西南三省彝族的一个传统，旧时在成都发大水，淹死了很多人，这时突然从水上漂来了很多刺竹，解救了彝族皇帝。皇帝认为竹子是他的吉祥物，所以就把其赋予很高的地位，因此就把用竹子制作祖灵筒的方式传承到了至今。制作祖灵筒，要找质地好的竹子，要将其砍成两节，每节 14 厘米或 15 厘米。拿来一个盛干净水的盆，用香皂将外身涂抹，洗净，然后用米和花生垫底，插上一缕山羊的毛，之后由一位男子将其挂在堂屋神龛右上方。这是因为祖灵筒是神圣之物，是容纳亡人灵魂的器物。第二天，把棺材抬到灵堂外，亲戚打扫灵堂，毕摩念经，孝子和亲戚们围着灵魂出去的路线走，毕摩跟在后面。查摩捆一把草，然后在装着水的上面放一把草，走在前面。另一个查摩抬着放有玉米的筛子走在第二位。第三个人牵着山羊，第四个人牵着猪，第五个人抱着鸡。后面按照由大到小的顺序排孝子。还得用猪牛羊举行祭牲仪式，做完以后，把猪牛羊拉走杀掉。帮忙的人，孝子用弩刀沾血，取血煮熟以后，供奉在棺材大头边。在鬼房的外面，要用三根松树枝搭建成一个简易的经房，毕摩戴上羊毛制法帽，一位查摩在旁给其撑伞，毕摩念经。这时孝子们要围着鬼房转场，而孝子的媳妇要撑伞站在一边。打伞是为了顶住那些不吉之物。之后，孝子要去供饭，一边挑饭，一边奠酒。同时孝子要念叨一套经，大意是亡灵以后是人间的保护神，人间都在供祭亡灵，也恳求亡灵庇佑人间。最后由8个身强力壮的人把棺材抬起送往葬地。抬之前要仔细检查，因为一旦落地，就只能把亡者葬在那里。棺材抬到坟前，孝子孝女要下跪，亡者的儿女把孝帕铺在地下让棺材落在上面。毕摩拿出罗盘，检查，看看是否与预定方位成一条直线，然后摆八卦图，拎一只母鸡在棺材上方绕三圈，意为驱邪。由下棺人把棺材按线条的位置缓慢放下，此时孝子孝女们要放声大哭。最后，毕摩念经，内容大概是祈求亡人家会越来越好，整个仪式结束。"

问到对于非正常死亡的人在法事上有什么区别时，他说："非正常死亡的，确实是不一样的。如果是吊死的，必须把吊逝者踩过的楼梯或者一些他接触过的物品丢掉，用不同的经书来超度。如果是女人难产死的，就要用《血盆经》来超度。如果小孩死亡的话，要用把小孩的尸体放到粪基里面直接丢到山上去，一般是稍微年老的人帮忙扔，并且要清扫下小孩生前居住的屋子，扫去邪气。对于30岁以上非正常死亡者，如果家里条件允许的话，就要请先生来解结。"

孔小富十分熟络地给我们捋了一整套流程，对于其中的每一个细节，他都如数家珍。对于孔小富类的毕摩来说，"不知生焉知死"，死可能是一道门，逝去并不是终结，而是超越，走向下一程。而他们就是那个摆渡人，让生者坚强，让逝者安详。在当下对职业讨论越来越激烈的今天，有一种观点叫作"爱一行干一行"，可从孔小富这里看到的几十年如一日地坚守，是"干一行爱一行"的生动典范。或许他有别的选择，或者他可以去感受不一样的人生。但是正如他自己说的，有些事情没有为什么，是需要人来守护的。他用自己的能力，服务一方百姓，抚慰逝者的灵魂，让他们有尊严地来，又有尊严地走。对待死的敬意，犹如对待生的真诚。这或许就是毕摩信仰的本质所在。

守护最温存的彝家记忆——李德胜

传承人简介：李德胜，男，彝族，1981年生，盘州市坪地彝族乡人。2009年由盘县人民政府公布为盘县首批非物质文化遗产县级代表性传承人。

李德胜除了作为毕摩主持仪式外，还和别人合伙开了家"乌蒙瀑布观景餐厅"。趁着李德胜给餐厅送菜的工夫，我们搭车前往，在餐厅里开始了对其的访谈。

访谈中我们得知，他2013年的腊月才结婚，和妻子是亲戚介绍认识的，妻子是他大姑父的侄女，也是彝族，但不会讲彝话。妻子现在帮忙管理餐厅，只要上班就会穿着他要求的工作服（彝族服饰）。由于村里工作忙，两边距离远，他很少到餐厅，没菜时送菜过来，平常不用过问。餐厅的事被妻子打理得井井有条，李德胜说："她也很辛苦，每次有大的旅游团队来，我们就举行一次篝火晚会，六点多就要起床，晚上十一二点才能休息，有时候忙起来饭都顾不得吃，但她从不抱怨。"他打算跟旅游公司的领导商量在旅游景区举办一次大型的彝族火把节（农历六月二十四日），同时也准备写一份大型彝族火把节的实施方案以期得到旅游公司领导的支持。

"我以前在村里读小学，小时候不懂事，才开始上学的时候经常和小伙伴一起逃课到牛棚梁子（乌蒙大草原）去烧洋芋吃。有时候晚上还到山洞里面睡觉，那时候很大胆，也不担心哪样。小时候家庭条件差，家里姊妹6个，我排行老二，那时候吃苞谷饭，要煮一大锅才够吃。小时候比较喜欢彝文化，加之父亲以前是小学老师，受到一定的熏陶。我在包包村民族小学读书的时候学的是彝文，但只学了一、二、三册。以前，村里的一个老师，也是彝族人，从事毕摩祭活动（现已过世），走的地方多了，见识比较广，威望也高，全村老少都听他的。我从小跟着他学习毕摩祭知识，深受他的影响。"

李德胜告诉我们，毕摩是彝族文化的传承者，也是创造者。毕摩文化是彝族传统文化的重要组成部分，它涉及彝族社会的政治、经济、文化、教育、哲学、医学、伦理道德、科技、风俗、礼仪等诸多方面。毕摩在彝族人生活中的地位极高，他们承担着多种角色，这些角色又和彝族人生活息息相关。毕摩一般担任着教师、祭师、医生等角色，既要会唱，又要会跳，是知识渊博的一类人。他1999年当上村里的团支部书记，现为村支书。由于特别喜欢民族文化，因此经常组织与彝族有关的活动。他说："刚开始组织火把节时，我经常会问寨子里的老人关于火把节的来历，以及各种歌舞代表的含义和由来。不懂就要问，不然没有彝族的文化内涵，就不是我们彝族的东西了。我们彝族男女老少都很喜欢唱歌跳舞，但现在对本民族文化的喜爱程度已经很微弱了。"谈及此，他随即说："现在我对我姑娘的想法就是等她上小学时教她学彝文音标和彝文文字，如果她不喜欢的话，就送她去她小姑妈在坪地文化中心开的舞蹈学校，让她小姑妈来感化她，带动她，让她回到彝族文化氛围中去。"李德胜认为彝族文化的未来在年青一代的手里，而年青一代对民族文化的感知、认可和接受需要从小培养。

李德胜对自己民族文化极其自信："彝族的十月太阳历比我们现在用的农历先进，记载在一本我们称之为毕摩的书里❶，用彝族的太阳历❷算，一年有10个月，每个月36天，有5个季度，每个季度包含两个月，这样算下来，剩余的五天或六天就是彝族节日的时间，一个是火把节（三天），一个是彝族年（三天或两天），这五六天不算到彝族太阳历里面。太阳历的十个月总共360天，而节日的时间为五天或六天，这样就正好365天或366天，这是很精确的。"这是他喜爱自己民族文化的一个重要原因，他觉得彝族文化丰富多彩，非常值得学习。他说："小时候家里面有火塘，靠门边的是主位，是长辈的位置，家中其他人不能坐在这个位置上，这也是对老人的尊重。比如，他们姊妹

---

❶ 在贵州省毕节地区，毕摩经书被称为帛摩文。

❷ 十月太阳历，是彝族祖先创制的一种特殊的历法，通用于云贵高原的彝族、白族、哈尼族地区。彝族太阳历只用十二属相（虎、兔、龙、蛇、马、羊、猴、鸡、犬、猪、鼠、牛）轮回纪日，一个属相周为十二日，轮回三次为一个月，轮回三十次为一年。即每年十个月，每月36天，共360天。余下5天或6天周天数置于岁末，不称月，而作为过年日，正好供大家"欢天喜地过新年"，过完这几天后新的一年就开始了。通常的"过年日"是五天，每到第四年时的"过年日"闰作六天，用这样的历法，每月的天数稳定为36天，通常年是365日，逢闰年是366天，四年平均，每年的天数是365.25天，既方便记忆，又与回归数值有相当高的重合度，这在古代完全算得上科学实用了。

几个围坐在火塘[1]边,老人回来时,他们会不约而同站起来;他们小时候坐的凳子是折叠式的,如有长辈在场,小孩子坐的凳子要叠起来,凳子不能与老人坐的一样高;有老人在场的时候,他们也不能跷脚,跷脚是非常不礼貌的行为。看多了这些正确的行为之后,自然而然形成了一种意识。小时候他们住的是瓦房,楼上经常放苞谷、洋芋等,如果有老人在家,其他人不能上楼。当老人意识到有人要上楼时,他们会主动避开,给其他人上楼的机会。记得大妈有一次要上楼拿东西,由于爷爷在楼下,大妈就不敢上去,所以让我堂妹帮忙上楼去拿,但是我堂妹不晓得这个道理,死活不去,甚至还说'你自己去拿,我不去'。大妈最后没办法才说:'你爷爷在这儿,我才不敢上去,不是我不去拿。'如果我堂妹去拿了,老人们只会觉得小孩不懂事,不会怪罪。"

说起自己的经历,他很高兴,也很骄傲。"2003年时六盘水市的一位领导要求我们把毕摩文化搬上舞台,后来我和孔老师的两个儿子一起把毕摩经书中的文化理解透之后分成6个环节进行表演。我们以此节目参加了'凉都六盘水首届文化节'活动。那时候在红果培训,我的要求非常严格,要求参演的演员,不管男女老少,必须学会。学习时间为每天早上八点至十二点、下午两点至六点、晚上八点至十点,天晴下雨都要学,在此期间我一直教他们。当时我们围着一个大圆圈练习,我站在中间教他们,有的人因为不满我的安排,下大雨的时候,会加大脚上的动作,把水踢到我身上。"说到这里李德胜笑眯眯的,他觉得这是一次难忘、有趣的经历,也颇有成就感,因为这次他们的毕摩文化获得了观众,以及评委们的认可。2009年他组织参加了六盘水少数民族舞蹈大赛,获得了第二名;2010年去云南省参加首届彝族歌舞友情赛,得到了传承奖;之后他也到过广西、四川凉山等地参加少数民族舞蹈大赛。

讲到这里,李德胜介绍自己的家乡是景区,他说:"风景好是一个景区的基本条件,但是也要有文化支撑,景区没有文化就没有灵魂。"2017年10月,

---

[1] 在中国南方地区的少数民族家庭中通常都有一个或几个火塘,成为人们在家中取暖、照明、做饭、睡卧乃至进行人际交往、聚会议事、祭祀神灵的重要场所。有的学者认为,"火塘分别是家庭、家族关系、生计和性别的象征。……由于人们尊重火塘神,认为火塘的神灵能左右人们的生计与生殖,因此火塘在人们的心目中具有了作为生计与生殖的象征意义。在某些民族的家庭中,火塘分别有男火塘和女火塘,于是火塘又具有性别的象征。……在有的少数民族中,火塘是祖宗神灵的化身,祭火塘成了家人祭祀祖宗的重要仪式。火就是神,神即是火。"这是彝族人民反映在其原始宗教中对于火的崇拜和敬畏。"如人和影子,不可来分开。"这又是彝族儿女在日常生产生活中融于火的挚情眷恋。正是这人与火的相濡以沫的情愫,使得这里的彝民对待火的态度,时时处处恭恭敬敬,严严肃肃,彬彬有礼。彝家儿女如是信奉和依赖火,似乎把一生追求殷实幸福生活的美好愿望都寄予了火塘融入了火,因此,这里的彝族家家户户都有一个长年四季昼夜燃烧不息的火塘。摘自百度百科"火塘"。

他和几个志同道合的朋友在牛棚梁子民族文化旅游开发公司的带领下开了"乌蒙瀑布观景餐厅",他入股餐厅的资金为国家贷款,以及来自亲戚朋友的支持。因为这个地方是彝族聚居区,景区就要打出彝族文化,他要求餐厅的工作人员上班要穿彝族服装,包括他自己也一样,有活动的时候穿着彝族服装。当旅游旺季来临时,游客特别多,他们就在餐厅外举行篝火晚会,表演彝族歌舞,把他们的彝族文化呈现给观众。他们利用旅游公司的平台传播彝族文化,他做过多次类似的事情,借助各种平台传承民族文化,他不仅传承毕摩文化,还传承彝族的先进文化。2015 年,李德胜还在各级领导的支持下成立了"乌蒙大草原彝族文化传媒有限公司",可惜后来因为经费问题没能继续运营下去。

从谈话中我们还了解到他和高忠明等几个友人一道收集彝族文化,他和高是特别好的搭档。例如,2017 年 7 月,他们在盘县文化局的大力支持下,组织了 1000 人在旅游景区进行彝族祭山活动。李德胜说:"我们一直在思考一个问题,那就是要如何传递原汁原味的彝族文化。我们想过收集当地已经失传的彝族歌舞并编书出版,给喜欢彝族文化的年轻人提供学习的机会;想过要把当地的彝族歌舞集中起来,打造出具有当地特色的彝族文化品牌,使其像四川凉山达体舞、红河猪脚舞一样闻名遐迩。我甚至想把几个餐厅的员工组织起来学习彝族歌舞。"

李德胜认为传承当地彝族文化存在两个难点,一个是经费问题,另一个则是人们的文化意识淡薄。"最主要的原因还是意识淡薄问题,如果每个人都像我们一样喜爱民族文化就好了,这样有什么活动我们才能够一呼百应。"这是他访谈结束时的感慨,也是一种心有余而力不足的无奈。

世代承接　尊崇传统——彝族毕摩杜进福

传承人简介：杜进福，男，彝族，1963年11月生，盘州市松河乡埕坞村人。2014年被盘县人民政府公布为第三批县级非物质文化遗产县级传承人。

毕摩在彝族社会中发挥着无以替代的社会职能。彝谚称："毕是讲道理、明是非的，是为人与鬼神通达关系，是教人做人的师者。"毕摩在彝族氏族社会时代已存在，彝人社区传说毕摩最早可上溯到母系氏族社会，甚至有人类就有毕摩。在彝族人民的眼中，毕摩就是祭司，一定程度上也可以视作他们在精神上的统治者，能够决定一个家庭的计划、一个族群的策略。从以前到现在，彝族人民都将毕摩看作文化的承载者，是智慧的化身，他们是民族的知识精英。彝谚有云："调解人的知识上百，兹莫（土司）的知识上千，毕摩的知识无数计。"毕摩一般由男性担任，平时专司念经、杀牲和负责招运魂和祭鬼。杜进福，就是这样一位毕摩祭祀文化传承人。

杜进福家里条件不太好，他小时候只读到小学三年级便辍学回家。杜进福告诉我们，按照彝族的太阳历[1]来计算他已经56岁了，他说："太阳历将一年分成10个月，每月分为36天整，不分大月小月，过完10个月后的5~6天，称为'过年日'。"

杜进福是一位老毕摩师傅，他父亲年轻时因为在西藏当兵，没法跟随爷爷传承毕摩这一古老的文化。"我从15岁便开始跟爷爷学毕摩，我家里共有6个兄弟，都跟爷爷学了一段时间，后来坚持下来的就只有我自己。""其实学习

---

[1] 据现代学者研究，彝历中纪日的十二属相（生肖）起源于原始图腾崇拜，因而彝历有万年以上的历史。彝历与汉族先民的早期方法，如《夏历》，同源同系统，是不同支系的羌戎所使用的历法，在空间和时间上都不存在谁出自谁的问题。而且彝历中1个月36天，一季72天的概念对中国传统文化影响甚大，道家、儒家、阴阳家的神秘数字"36""72"实源于彝历。如道家所说："十大洞天，三十六小洞天，七十二福地"，渊源于彝历中"一年10个月，每月36天"，每季72天。若此说成立，恰好可证明：中华民族的各种文化都是互相交融、沟通的。

民俗篇

毕摩不难，倒是学汉语让我有时很着急，我没法将自己最想表达的意思表达给对方，特别是一些彝族的仪式、经书的翻译"。在他身上，我们看到了一位彝族老人抢救民族文化的急切之心，"我知道彝族文化的历史很长，但是文化程度有限，没法把毕摩里面的内容用汉话讲述出来，我担心，时间久了，懂的人会越来越少"，这也让他感到很懊恼。

杜进福家中保存的照片

一进屋，杜进福便一边介绍一边请出毕摩经书❶。他告诉我们："祖传毕摩文化传到自己手中已经第六代了❷，所以经书其实是自己抄写下来的，而且也只有办丧事的书被保留下来了。原来的老经书一部分在爷爷那辈家中发生大火烧去了，一部分被保留下来，保留的部分现在也交到了民宗局。"看着杜进福虔诚地请出经书，我们不敢贸然触碰，生怕一不小心破坏了老人对经书的崇敬。他"请"出了一本经书，刚打开就令我们眼前一亮，原来第一页上面布满了鸡毛，而且还有一个八卦图，见我们十分吃惊，杜进福笑着说："这个就是我们毕摩入门的时候拜师用的，也就是供书神。供书神的时候，要将经书放在堂屋的神坛上，打开有八卦的那一页，然后桌子上放三个碗，在每个碗里面倒三回酒，杀一只公鸡，将鸡冠血滴在酒里，学徒与师傅一人一杯喝掉，烧

---

❶ 在彝族人的心中，毕摩经书是很神圣的，每次从专门保存经书的箱柜中拿出经书，一定要用"请"字，这样才能显示自己对经书的崇敬。每次"请"经都要举行一次简单而神圣的仪式。

❷ 在盘州市，彝族毕摩经书内容的传承一般是家传，很少外传。

· 347 ·

香、烧纸钱之后便可以开始学毕摩经书和跟随师傅学习法事。""在学习的过程中没有捷径，我就是由爷爷按照经书上一个字一个字地教，加上爷爷经常带着我去现场跟着做事、学习，经过三年时间，我才开始去做法事"。"学完出师，要喝出师酒，之后才可以出门帮人家办事。"难以想象，仅有小学三年级学历的老人在三年里不只是将一本本厚厚的经书烂熟于心，还开始给人家做法事，或许正如杜进福自己所说，是爷爷耐心地培育，也与自己刻苦勤奋密不可分。

毕摩入门，要拜师的时候供书神　　杜进福家被评为民族古籍传承之家

彝家人去世时，必须举办毕摩祭祀仪式。毕摩在念经时使用的东西有经书、牛角、法帽、法衣。他们驱邪请神一般也只是帮彝族人，一般不会为汉人做，因为使用的语言不一样，无法用汉文翻译了念诵。毕摩是替人超度的，那么毕摩自己呢？过世时候是否有什么特殊之处？面对我们的疑问，老人也不避讳："毕摩死后要比别人多念一段经书。这是因为毕摩常年在外帮别人做事，生怕有哪一场没做好，招来别人的记恨得罪了人家，所以要多念一段——解结。"

杜进福讲："彝族丧葬祭祀仪式第一项为入材，第二项看地，第三项开丧，第四项进场，第五项接客，第六项念书，第七项转八卦，第八项用牛献牲，第九项洒水，第十项指路，第十一项抬上山，第十二项解结，第十三项接圣筒；十三项下来最少要5天才能完成，而且没有一项是可以离开毕摩的。"

毕摩的角色是多元的，老师、祭师、医生、艺术家、律师等多种身份融为一体。老人向我们谈论这些时，我们提出让老人扮演一下艺术家的身份。老人拿出最开始拜师的那本书，打开第一页指着书中的彝文为我们唱了起来，老人为了让我们知晓他唱到了哪里，特意用手指着，其实所有内容他早已熟记于心了。

在古代彝族"君、臣、师"的等级结构中,毕摩就扮演着"师"的职责。这种责任感就如同融入了每个毕摩的血液中一样。面对自然界中的不解之谜,彝族的先民认为万物皆有灵,且各佑一方,不论是灾难还是喜事都来自神灵的主宰。包括人死后的灵魂去处都被赋予了守护、福泽和阴暗的意义。所以与我们现代社会对知识分子的认知不同,毕摩是彝族名副其实的古代社会知识分子。毕摩作为彝族宗教文化的代表,作为宗教职业,掌管了彝族的文书和典籍,在彝族文化的传承与发展方面有着极其重要的作用,甚至还有"君临毕不让"的说法。毕摩为什么会充满神秘的色彩呢?毕摩在彝族中更多的是帮人操办丧葬祭祀仪式、哪家遇到不好的事情时才出现的人物。当发生那些不好而人力又无法去改变的事情的时候,人们就希望能窥探出天机或者能得到神灵的帮助,而毕摩就是那个帮助他们沟通的角色,他们是人与天地、神鬼、生灵沟通的媒介,具有一定的神权。在很久以前,这个神权甚至有可能超过皇权。在广大的彝族地区,不论是有名的土司还是庶民,在丧事活动中,无论是谁,毕摩最尊。毕摩的地位如此之高,这里面最重要的因素是:毕摩精通彝族文字,可以用彝文著书立说记录历史重大事件、占卜吉凶,解阴阳、敬鬼神。在长期的积累中,毕摩彝族宗教经籍主要有《祭祀经》《招魂经》《解辩经》《指路经》《献衣经》等。

毕摩使用的道具

在松河娃都村,杜进福算是一个"名人",村里人都知道他,这与他在村里长期从事毕摩职业、广结善缘是分不开的。虽然说在彝族人民心中毕摩很受尊重,但是在交谈中杜进福一直强调"不论别人怎么样,自己一定要谦虚"。"平时我也经常无偿地帮别人做事,但是没有哪一场是乱办的,感觉都要从良心上去对待别人。"当然,每办一次事情都要耽误他的很多时间、精力,他也会收点费用，毕竟人是要生存的。采访中，我们听到的、看到的都和他讲述的一样。

近年来，国家关注少数民族文化，保护少数民族文化，政府多次来给杜进福做工作，让他也带些非自家的徒弟，所以现在外来的只要愿意学习，他都非常欢迎。说到这时，老人略有哽咽，感叹道："现在家里的几个女儿都有家庭，不愿意学习，年轻人都外出务工，有时候拿钱给别人请他们学，他们都不愿意，再过不久，我真的怕这个文化会消失。"看着放在不远处的一大摞经书，我们不禁自问：现在有多少人能安静地坐下来背诵和学习这些枯燥的经书？从杜进福瘦弱、苍老的身形上，我们突然有种莫名的悲凉。

彝族传统文化是博大精深的中国文化的重要组成部分，其中毕摩文化更是一颗璀璨的明珠。毕摩作为毕摩文化的传承者，在彝族社会中受人尊重而且地位很高，他们承载着彝族的传统知识，并一代代地传承下去。毕摩识得彝族文字，在中华人民共和国成立后他们也积极学习汉文化，习汉语、识汉字，所以除了在自己本民族中承担的使命，作为像杜进福这样的老人，因处于特殊的时代，他们身上还具有时代的使命，是汉文化与彝族文化的沟通者和桥梁。

可以说，毕摩这个职业之所以能长久保存和发展，正因为有无数像杜进福老人这样的传承人的信仰依托，支撑着他们学习和传承。他们对彝族文化的社会价值有充分的认识，他们热爱彝族文化，也不愿丢弃这份先民的智慧。真希望这份坚守与执着能在现代化的今天依旧成为彝家人的依托、彝族文化的依托。

二、苗族采花节

苗族采花节简介[1]

采花节是盘州市苗族的传统节日，是一项别具民族特色的节庆活动，它是融祈祷祭祀、欢庆节日、谈情说爱于一体的古老民间习俗。每年的农历正月初一到十五，当地的苗族同胞，不分男女老少，聚集到滑石板村采花洞举行欢庆活动。采花节大致可分为"寻花树""扎花"和"庆祝"三个部分，寻花树主要是祭祀活动，"扎花"和"庆祝"是民族歌舞结合的庆祝活动。节前，由村里寨老（苗语：又子凹）带领村里青年上山寻花树。花树一般是要枝叶繁茂、长势良好且是独棵生长的绿木姜子树或杉树（四季常青）；象征着长年顺利，万事如意、夫妻恩爱、感情长久、子孙昌盛、花茂果密；然后，由女孩子在树上扎上36朵纸花，由寨老主持祭祀活动，祭祀活动严肃而庄重，祭祀结束后将花树立于采花洞前，数十对芦笙手开始绕花树跳芦笙舞（苗语叫"里印搓"）。采花节时，村寨四周的苗族青年男女身着盛装赶来，一个个身着苗族传统服装、清新自然的苗家姑娘，在青翠的山岭中添加了绚丽的色彩。男女老少欢聚于采花洞，男女青年唱起情歌、吹起芦笙、跳起苗家的舞蹈，节庆时间一直持续到正月十五，整个苗族村寨都被一片欢声笑语围绕。2007年5月29日，经贵州省人民政府批准公布，苗族采花节（马场乡）被列入第二批省级非物质文化遗产名录。

---

[1] 盘县英武镇春节期间举行苗族采花节活动［EB/OL］.（2016-02-16）［2017-11-12］. http://leaders.people.com.cn/n1/2016/0216/c366944-28127792.html.

待到归来时，把酒祝东风
——采花节传承人熊大方

传承人简介：熊大方，男，苗族，1931年1月生，马场乡滑石板村人。2009年7月27日，由六盘水市人民政府公布为第一批市级非物质文化遗产苗族采花节市级传承人。

滑石板苗族正月初一的采花节是集祭祀、娱乐为一体的仪式活动。以祭祀场域为中心的民间信仰，能为村落社会的文化成员提供统一的精神纽带，形成村落社会的共同体。采花节，苗音"沃到贾"，为"赶场、赶过年"之意。采花节传承人解释道："采花节就是送走老年，接新年来发展，唱歌、跳舞、喝酒、采花，才能够风调雨顺，每年一次。"他又补充道："现在好多年轻人都在外打工，过年回来，初一采花节，大家在一起老老小小热闹。"真可谓待到寨人归来时，"把酒祝东风"！

熊大方，苗名"骠"，苗族，苗语、汉语都会说。熊家传承采花节的祭祀主持已有五代。第一次拜访熊大方是2018年元月，时值冬季，但因有了阳光，甚是暖和。下午两点左右，滑石板村陶支书带我们前往熊大方他家，刚接近楼梯，两条大黑狗就狂吠起来，后来才知道大一点的黑狗叫小叮当，小的叫小黑，另外还有一只小黑猫。它俩看家，倒是挺给力。年轻人都已外出打工，屋里只有两位老人，他正在照顾感冒的老伴输液，听到狗吠，熊大方从家里出来将狗控制住，把我们带到屋内倒茶招待。我们赶紧说，既然他忙于照顾老伴，改日再来。他忙说，只要看好时间，记得提醒他过去换吊瓶就可以了。我们去看了正在打点滴的婆婆，她对我们的到来很是高兴："我没得事的，有哪样要问老者（对自己老伴的称呼）你们就问，只是我整不到饭给你们吃了。"她的热情让我们心中实在不是滋味。但因工作时间太紧，我们还是决定留下来打搅他。

在问及之前访谈的几位传承人关于村落的故事时，大家都说自己不是很了解,熊大方对这方面应该清楚。果然,他讲出了关于滑石板的故事:滑石板,全称为"诺牯滑石板",以前滑石板都是深山老林的一部分。祖先来这里,砍地(刀耕火种)种粮食。当时寨里有瓜,据说瓜可能有一个石碓那么大,可装几袋粮食。有一头母猪,老母猪带一窝猪儿在瓜里面吃了一顿,还可以在里头睡觉。祖先种麻织布,麻秆有一抱大,爬到麻秆上,可以看到盘州和普安。祖先认为这是个好地方,所以定居于此,并在年初找出花树,祭祀、采花。以求"有猪有牛,有吃有穿,发财发富"。

作为花苗的熊姓家族记忆印证了乾隆年间《皇清职贡图》中提到的"花苗……向无上司,自明时隶之贵阳、大定遵义等府"的说法。滑石板姓氏包括杨、王、李、罗、陶、熊等。熊家到滑石板已十余代。"从黔西大定来,吹萨拉,吹芦笙,吹箫,我们熊家在黔西大店那个大坝子好得很,那个田好得很,但是天天和人家吹萨拉,吹芦笙,就没得时间种这块田。周围被别人的秧田给封路了,赶牛从人家田埂踩过,人家不饶你,从人家秧地头过,人家秧绊倒了。有个老祖就把牛扛到田头,又回来扛耙和犁,把这块田种好了,又把牛扛出来,把耙和犁扛出来,人家的秧没有被碰着。我们家给他取了一个名字叫熊牯牛,他力气很大,他抬进去又抬出来。后来,那边拉兵派款,派款又没得款,拉人去,因为是一个独儿子,拉去当兵不行,就迁到这里来了。到滑石板定居的第一个老祖叫尤麻喽❶。"

谈话间,熊大方不经意聊到他儿时的艰难。他父亲1949年去世,母亲自己带着四个孩子,卖药,换粮食。他母亲去山上找药材,拿到周围卖。母亲亲自挖药,懂得药的毒性,自己试验,没有毒性的才拿出去卖。四个姊妹一起跟着去挖,母亲教给孩子们:什么药材生在岩石上,什么药材生在沙土上,什么药生在沟边。如血藤、岩穿胸等生在岩石上,慢慢找路,很危险。血藤有大血藤和小血藤,以及五香血藤,可以养血活血。岩穿胸止咳化痰。沙土上的有朝天望,这种比较便宜,朝天望是治疗妇科的药,现在外面也来收过去制造药品。沟边的有一党草等,一党草用于治疗咳嗽。早上起来,母亲做苞谷饭给大家吃,饭后,背着背箩、锄头、镰刀出发,有时候到普安交界、晴隆挖药,有时候自己带有饭菜,有时候在亲戚家吃饭。在近处的只去一天就回来了,远处的要去两三天,没有车,背着药材走路。挖回家该洗的洗,该切的切,晒干,母亲带着药去赶转转场。有一次,去挖药,在岩石上,看到大千藤长得很好,

---

❶ 尤麻喽,曾祖及曾祖以上的所有男性祖先的统称。

就使劲拔，最后遇到大猫（吃大千藤的一种凶猛动物），被吓够了，跟姐姐一起才回了家。有一次两老表去岩子上找'岩穿胸'，脚被卡在石头里，费好大劲才拔出来了，很危险的。因自己有风湿，自己用中药，泡酒和煮水效果不一样，试验好了，才拿出去卖。"卖药的时候要小心负责，交代别人要忌口。一个人一条命，一定要小心，好了人家帮你传开来，吃得好，人家也舍得给钱。"

作为采花节的祭祀主持，熊大方没有特别学习过，就是平时看着自家老祖主持采花节祭祀，用心记流程和吉利语，时间长了自然全部掌握。"一年一度，举行的时候，看着他在念，就会了。后来老祖年纪大了，就由我来组织了。"采花节一直没有间断过。采花节为大年初一开始过，年前，他上山挑选"能贾"❶。清晨，老伴精心为其准备早餐，他穿上传统的长衣服，扎花飘带，带上三张钱纸、三炷香，到公山里看，若是公山没有合适的树，才到私人山里找。大年初一，把花树栽起来，杀鸡点地脉龙神，不用点地名，直接点采花树、点树根和树尖，树代表地脉龙神。通过各种仪式的展演，一种对祭祀的认同，进而对村落的认同被创造出来。在这种潜移默化的文化承袭中，村落共同体在现代社会中得到延续。

他在采花节中念诵的口语翻译大意如下："老年过了，有病灾，有口舌是非，有其他什么不好的，送给老年去，老年过去了，送给老年，那些病灾跟着老年去……过新年了，新年来了，风调雨顺，今年喂牲口还有种庄稼，要顺利。……生儿生女，发财发富，还有养牛养马养猪，繁盛长旺。有儿子，步步登高，有姑娘，步步登高。……喂牛喂马喂猪喂羊，这个猪，老母猪个个都是带芽猪，不准带草猪。喂牛，就是牦子，喂马要带骡子，这样才能够发展。"从口语中，我们可以看到，仪式展演背后，都有着一套趋利避害的意义体系。采花节是全部村民实践所及，是重要的、根深蒂固的文化承袭。在展演的过程中，家庭之间、宗族之间的边界被弱化，取而代之是一种对地缘的认同，是一个杂姓村落共同体产生并延续的历史进程。从信仰的社会性来看，祭祀圈与其说是人们出于自保需求的一种利益协调，倒不如说是人们在理性驱动下的，对集体力量的信仰。

熊大方说："采花节之前，要做几大坛'酒醅'（泡酒）。老伴会提前将苞谷米煮熟，捂半个月就可以食用。在采花节那天，把十几根竹管（用棕叶子将接近酒的一端包好，以免酒糟进入酒管）放进酒坛子，参加节日的人对着

---

❶ 用汉话讲，就是"花树"，采花节上所用的"花树"即枝叶繁茂不断尖的杉树。

竹管喝酒，男女合心的就约着一起去喝酒，男先喝，女后喝。男喝过的管子，若是女不喝，代表不合，觉得合心的朋友也可以去喝。之所以将酒放在酒坛里不放在碗中，就是要表达一种你不嫌弃我不嫌弃你，大家都合心的寓意。酒糟（五六十斤的苞谷）在酒坛里面，喝完就加水，搅拌就能成酒，可以加到十道左右（最好喝），淡了之后就换。"过年的时候，两位老人都很高兴，爱人高高兴兴为丈夫准备食物，换上传统服装，一家子都一起送老人去砍树。"一年一度的采花节，欢送老年，祝贺新年万事如意，整个寨子都要好，老老小小都好，村里面样样都如意，风调雨顺，五谷丰登、人畜兴旺，不是只有一家好，要家家都好。"熊大方及老伴的一番话恰恰体现了村落共同体各成员那种高于个人层次的集体认同感以及这种认同感下对于个人利益的有意忽视。

现在他把采花节的口语教给了自己侄儿媳妇，因自己儿子、媳妇都常年在外打工。"侄儿媳妇一直在跟着，整个过程她都跟着，就学会了。这个不会失传，虽然有些人不喜欢，但是这个采花节是一年一度必须过的节日，不会失传。"问及现在生活上有什么困难，他说："困难过去了，现在国家有医保、养老金，娃娃打工，吃完了，他们拿来。现在国家政策好。"现在两个老人自己在家里，土地大多是窝坑，被承包了。两家儿子的，把8亩土地承包出去栽种刺梨，留有一小片种植豆类及蔬菜等。熊大方认为最开心的事情是过年的时候一家老小团聚，一起吃团圆饭。两个儿子的家庭一起和老人吃饭。"我老了，我不煮了，你们回来煮两顿给我吃。你们出去了，我病死病活还是自己起来煮。身体不好喊他们回来，身体好，就让他们在外面。我的小重孙，才两岁，他说'祖祖，不要寒心，我们去外面，你不要挂我，我出去了到年就会回来，买糖给你吃'。""等你的钱我都死了。""不死不死。""他才有两岁半，懂事得很。我家的两个媳妇对老人很好，她们说有老人才好，有老人在守屋，房子打扫得干干净净的。别家不要老人住平房，我们家的说不要老人住平房，盖房子来搞哪样。现在有吃有穿，想吃什么，场上也有，也有钱去买。"孩子们交代："老爹你少吃（喝）点酒，吃多了伤身体。""我只有在遇到好的那几个伙伴，我才吃，一般也不吃。"有一次，他在马场喝酒醉了，老伴费了好大劲才把老人接回家来，老伴说："现在生活好了，不要喝酒了，要吃就吃点有营养的东西。现在是老来福。各人保护各人身体，现在大我们的，都去世了，我们是老来福，吃的也有吃，穿的也有穿，样样都有，老来福。娃娃媳妇都在照管，不用去讨生活。已经很好了。"

熊大方及老伴

　　熊大方丰富的采花节主持阅历、人生经历，让我们看到了苗族采花节这一传统节日的传承的希望。祝福老人夫妻身体安康，也祝愿采花节代代有人传承。

日月生辉唯仁者寿——采花节传承人李兴仁

传承人简介：李兴仁，男，苗族，1952年9月生，盘州市马场乡马场村人。2009年7月27日由六盘水市人民政府公布为第一批市级非物质文化遗产苗族采花节市级传承人。

第一次拜访采花节传承人李兴仁是在2018年1月。知道我们的来意之后，他把我们引到"焖爪"❶坐下烤火。老人叫我们等他一下，大概五分钟后，他再出现在"焖爪"时，已经换上了传统的青布服装，手里拿着芦笙，为我们吹奏了一曲采花节的芦笙调。

李兴仁，小名"多诺"，意为小牛，育有三儿两女。他告诉我们，岩脚杨家和滑石板李家、熊家、罗家三个都是从黔西大定那边过来的，住在"思依罗贾"（欢坝乡）。那里有一个坝子，山环水绕，只有一条专门驮盐巴的路进去。主寨位于岔路底下，共有18个寨子。寨子里有田，住的是草房和吊脚楼。李兴仁1964年成家，他与妻子从小就认识。"她家住在滑石板村，家里只有一个小弟弟，就没有其他娃娃了。所以最开始的时候我是先上门招亲，当时家里面兄弟姐妹比较多，就没有什么介不介意的。"夫妻两人婚后一直住在滑石板，小舅子长大成人，夫妻搬回岩脚（岩脚，地名，当地人苗语称"冈爪"，意为岩子的底）。他说："我们那时候过的节日就是采花节，采花节是我们苗族最盛大的节日，就跟汉族的过年一样，过采花节就是过年。我们以前过这个采花节有意思得很。"有很多地方都来这里过采花节，岩脚有30多家，滑石板有200多家，火石山（普安县青山镇博上村）四五十家、青山（普安县青山镇青山村）十几家，还有六斗种和二道庆（三板桥镇蚂蚁翅村）。六斗种和旧屋脊都是一个村子的，在青山镇德衣村，两个地方的人合起来总共五六十家。7个地方的苗族都是"蒙究"（小花苗）。"到采花节的时候，大家都来这里

---

❶ 当地苗族家屋中设有火塘的那间，平时用于取暖、烹煮食物、进餐与待客的地方。

耍、这里玩。找不到媳妇的、嫁不出去的,还有老人呀,也可以来这里,有些老人还会背着孙子啊到山上找人聊天。"最开始办采花节不是在采花洞里面,而是在采花地里。原始的采花地是在庆丫口,那里是岩脚和滑石板的交界处,地形环境好,特别合适打"土电话",一个在这边问,另一个在那边答,在那里采花采了几十年。"但是庆丫口附近有地主,我听说好像是中华人民共和国成立前的时候,我们苗族办采花节的时候,地主家的狗腿子会过来吓唬我们苗族小姑娘,之后就搬到赵家屋脊(现位于滑石板村开沙厂的地方)。在那里跳了三四年后,地主家的狗腿子也还是经常来。所以,最后搬到采花洞。采花洞处于马场和滑石板交界处,去往采花洞的地方没有公路,人们在那里唱歌聊天玩耍,地主的狗腿子一来,人们就可以进洞躲着,再一个就是,山洞更合适年轻娃娃们玩耍嘛。因为白天的时候可能会容易害羞,不好意思在一起说话,在山洞里面就好点了嘛。"

说到苗族阿哥阿妹谈恋爱的时候,李兴仁还比较害羞,等我们一再请求他给我们还原那段充满着神秘而有趣的历史时,他就和我们娓娓道来:"其实,最原始的采花并不是每年都过,而是有事才过。是那种命不好的人来主持过的。以前如果哪家没有儿子或者是没有孩子,主家就会到山上去栽棵树,我们喊这棵树叫'花树',然后,请别人来栽花树的地方吃饭,算是求个男娃娃。之后,人们又在这个节日上比赛,男娃娃会在这里比自己家过得好不好,女娃娃则是比灵不灵巧,老年人也会来这里聊天。老年人找人聊天嘛,都是找以前喜欢的人嘛。以前我们苗家的小伙子和小姑娘互相喜欢,但家里面不同意,不能在一起的,如果各自嫁人了之后,还想晓得对方过得好不好,那在采花节这天,就可以来聊一聊,谁都不会限制的。但现在不一样喽,现在去过采花节的大多是年轻人,很少有老年人去了,而且以前是从初一过到十五,采花节才算完,但现在只有三天,也没有以前热闹了。还有一个呢,就是以前主持这个采花节的人都是我们大家选出来的寨主寨老,我记得有王灵兴、杨震江几个,都是比较会为人处世的,心也好,也热心肠,还会帮大家办事情。现在都是由村里面的支书来办。"

李兴仁继续向我们介绍采花节的准备:"腊月二十几的时候,砍花树,就搬树到采花地去。初一那天开始。大家早上吃完早饭,就去采花地,'藏呈'意为祭花树。我在这个时候要念诵'这棵树是什么树?这棵树是苗家采花树。敬你一杯酒,寨邻老幼样样有。敬你二杯酒,青年团结样样有。敬你三杯酒,寨邻老幼永长久'。一边杀鸡一边念诵,老人用血淋在花树上,左三转右三转后,就把鸡丢开。接下来是'滋恩凼'意为立花树。老人念诵'抽得好抽得好，儿孙代代满堂好。抽得吉抽得吉，好男好女做贵客。抽得欢抽得欢，好儿生五对，好女生五双。找命好的人（子女多的人家）将树抽起来（扶直）'，接下来芦笙头领队吹芦笙。芦笙头，当地人用苗语称'知给'。先吹芦笙，围着花树转一圈。吹奏的歌曲是采花调，当地人用苗语称'更施都到'，意思是转花舞。在吹芦笙的同时，还伴随打鼓，鼓音给芦笙配音。吹完芦笙的，小伙子们或者是想吹芦笙的、觉得自己吹的好的就可以出来吹芦笙了。围着花树的姑娘们，如果看中哪一个小伙子，小姑娘就会围着小伙子跳舞。小伙子在吹芦笙的时候，会边吹边瞥站在外边的小姑娘，如果有看中的小姑娘，就会让亲戚告诉那个小姑娘，然后放下芦笙，去打'土电话'。"

"土电话"是把"将心"两边切开，用鸡胃的那层皮或蛇皮，里面穿个小孔，麻线连接，百米之内，说话都是清楚的，通常打"土电话"的时候，男女之间离二三十米远。打"土电话"的原意是，合心意男女因为害羞不好意思直接说话，就通过"土电话"来认识对方，诉说情意。男孩说，我认得你是哪家亲戚，这个电话给你。女孩若是觉得合心，就会接受。比如说，李兴仁给我们讲了一个例子。这是唱着讲：

（比喻动物）男：鸡吃哪样鸡会生蛋，蛋吃哪样会生儿。你的爹娘生你拿什么给你吃，你的嘴呀甜得像绸缎。

女：鸡吃哪样鸡会生蛋，蛋吃哪样会生儿。我爹我妈吃酸菜生我，白天饿到晚上，晚上饿到白天。

（比喻植物）男或女：风来刮稻子，倒来是一堆，曾经你我一个得不到一个，死在阴间慢慢来活。

采花节的时节，第一天认识，第二天之后就可以约着去其他地方玩了，第三天就可以带回家。

正月十五放花树。放花树，当地人用苗语称"空呈"，搬倒的意思。他要念诵"放得好，寨邻老少多多安好。保佑年青一代生儿育女，发财展旺"。❶

砍花树的时候，锯根筒"嘎索"，"索"是根筒的意思，就是花树的根根，要砍3~7个，用背笼背根筒，代表儿子，送到求子的人家（事先说好的）。收花，当地人用苗语称"赞呈"，意思是接花，花代表儿女，财富。背花背到房间，要放在房间里面。

---

❶ 命好的人去放，要放到没有男孩子的人家。送花树，意思是送儿送女送财富。

主家：你们是哪个锯托给你们送的？

送花人：是你家三代祖公差遣我们花神送给你家。插在田里它会发，插在地里它会长。嫩幽幽像青林，稳重像岩石，儿子也多，女子也多。送花人将根筒放在主家房间，在主家吃完饭就回家。

至此，采花节结束。

李兴仁除了在采花节做仪式外，在丧葬仪式中也要做"毕摩"（他说他们这里的先生也叫毕摩）。以前跟着老辈杨炳胜学毕摩，寨上老人过世时候，都是杨去做法事。"我们先学口音，再学段数，用笔记，学了之后，自己到山上去背，不能在家里面背，说的时候就记下来，自己下来慢慢练习。"

现在，李兴仁把这一套交给自己的二儿子，2018年年初，由于李兴仁年纪大了，出去不方便，二儿子就说让他在家里，自己去做，也得到大家的认可。

李兴仁年轻时候吹芦笙，四五十岁也还吹，还交给子孙，现在60多岁了，很少吹了。但我们去的时候，他还是很高兴地来了一段。"吹芦笙是开心的。我们大寨子以前晚上没有电灯，人多了，也是好玩得很，那时候有老的负责家头，我们出去也是开心。"谁家有白喜事，人家请去吹，吹多了就习惯了，用酒请，白天晚上都可以吹。他说："原来生活很苦，4岁母亲过世，和老祖一家人住。那时候没有牛没有田，叔叔们给别人家当长工，维持生活，中华人民共和国成立后有土地，生活渐渐好了。1966年，家里的房子被大火所毁，后来自己出去卖药维持两家的生活，坚持把房子做好了。两三年以后，岳父家要盖房子，房子还没有盖，岳父病了，生活更是困难。1971年的时候，因自己有两个儿子，老岳父怕分家产，就不要我们在那里住了，才上来盖房子，只有两间，定居在现在住的地方。老岳父去世后，把岳母接过来住，帮小舅（妻子的弟弟）在滑石板盖了一栋房子，小舅才回滑石板住。岳母死后，买棺木、牛把老人的丧事安排了。之后，老二要娶媳妇，家里只有一头牛，把牛卖了，给儿子盖了一栋房子，才接媳妇。2005年，大儿子过世，对他打击很大，后来也都在家里，不出门了。"

关于采花节和芦笙，李兴仁说："继续教，但是年轻人不愿意学。"他用苗语记下来，只要会苗语，就可以吹得出来。教了五六个人，都学会了。"不论是不是家族里的人，都教，只要他愿意学，都可以教。毕摩只教基本知识，若是有心境，喜欢，再继续教。芦笙要两三年，可能都还学不会，毕摩学得比较快。"

盘州市的采花节是本无字之书，但有着鲜活的形式，并通过代代儿女，传承和发展着花苗人家的历史文化。盘州市的采花节对人类学、民族学、民俗学的研究具有很重要的价值。它所倡导的尊老爱幼、夫妻恩爱、邻里和睦、勤劳善良、相互依存、人与自然和谐相处等理念已成为"花苗"支系的文化标识，同时对加强民族团结，构建和谐社会起到重要的积极作用。采花节所展现的苗族舞蹈、歌曲、器乐等也都具有很高的艺术价值和研究价值。

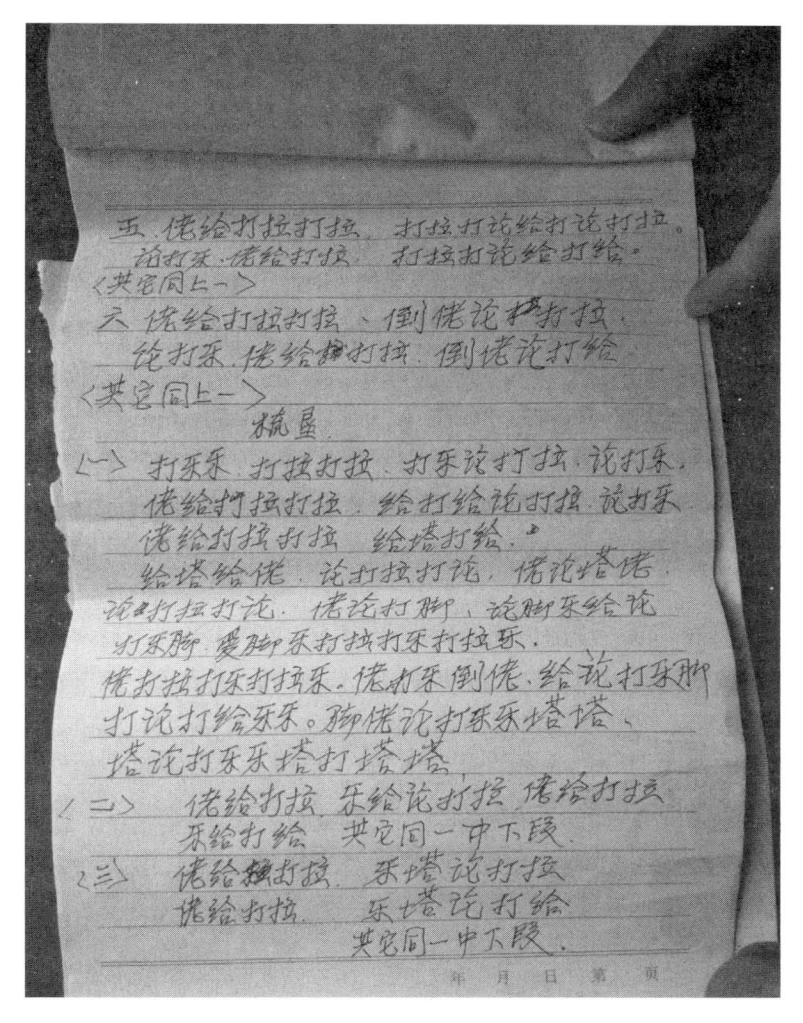

李兴仁用苗音记录的芦笙调

与芦笙相伴一生的热心人——李丙荣

传承人简介：李丙荣，男，苗族，1931年10月生，盘州市马场乡滑石板村人。2009年由盘县人民政府公布为盘县首批非物质文化遗产苗族采花节县级代表性传承人。

苗族民间有句俗话："苗家不吹笙，众人不安心。"在传统苗族社会中，男子须学习吹芦笙，不仅因为在求偶、婚嫁、节庆等场合都要使用芦笙❶，特别在祭祀场合上，芦笙不可或缺。2018年3月，我们拜访了盘州市滑石板村芦笙传承人李丙荣先生。

李丙荣，苗名李八宝，86岁的老人，身体状况看上去还很好。他有四子一女，女儿已出嫁，四个儿子及儿媳都在外打工，孙子跟着父母在外面，只有老人自己在家。得知我们的来意，他非常高兴，简单聊了几句之后，就到隔壁房间拿出自己心爱的芦笙，没有试音，拿起来就直接熟练地吹奏了两段曲子，只有一人居住的家屋在芦笙乐的环绕下，不再显得孤独。他的这支芦笙是从安顺买回来的，由笙斗、笙管、簧片和共鸣管构成，装有笙管六根，外侧开有按音孔，下端装置铜簧，插入一长形木斗内，每管一音。从光滑得发亮的芦笙表面可以看得出来，这支芦笙已经与他为伴多年。

说到小时候的生活，李丙荣说："以前住草房，吃穿不足，虽然苦，但很快乐，那时的生活，他依旧历历在目。以前种玉米，早上六点左右吃早餐，早餐一般是苞谷饭，配以青菜、豆类，其母亲喂牲畜，然后一起出门。到'托

---

❶ 芦笙是苗族文化的一种象征，苗族芦笙在表演吹奏方面把词、曲、舞三者融为一体，保持了苗族历史文化艺术的原始性、古朴性。据文献记载，芦笙已有3000多年的历史。远在唐代，宫廷就有了芦笙的演奏。当时芦笙被称为"瓢笙"。清人陆次云在《峒溪纤志》一书中，对芦笙的形制和苗族男女"跳月"时演奏芦笙的情景作了具体的描绘："（男）执芦笙。笙六管，作二尺。……笙节参差，吹且歌，手则翔矣，足则扬矣，睐转肢回，旋神荡矣。初则欲接还离，少且酣飞扬舞，交驰迅速逐矣。"由此可以看到清代时，苗族的芦笙吹奏技巧和芦笙舞蹈动作极其精彩，以及芦笙在古代苗族人民生活中的作用和地位。

巴谷'去种苞谷，走路 10 多分钟，若是背粪，需要 20 多分钟，一早上背三次就到了午饭时间。托巴谷为黄土，在山脚。那时一年收三四千斤，最多的时候可以收 1 万斤。家里有三人，一天消耗大约 9 斤苞谷，一年大概需要消耗 3285 斤，年均口粮不足。此外，还种荞子、洋芋等，荞子种得少，撒一斗，也就是 30 多斤种子，收成好的时候可以收到几百斤。我 7 岁开始放牛，一直放到十五六岁。当地没有水，只是养黄牛、马、羊等。放牛要有伴，早上 7 点左右吃早餐，七八个男孩、女孩一起去放牛，现在这些小伙伴都不在了。"说到此，他神色黯然。几秒钟后，又继续说："赶牛到坡上，要注意不让牛吃到人家的庄稼，穿着牛鼻子，以便于控制。牛喜欢吃的草非常多，如'斯鸟白花郎'，春季长得旺盛，大概有 30 厘米。现在牛比较少，这种草已经长得比人还要高，生长在山腰上。小伙伴们去割草、玩游戏，如'抓沙子'，抓输的，被弹一下手，以示惩罚。"

十五六岁时，李丙荣开始学芦笙。芦笙传习形式为口传心记。通过学芦笙，念唱芦笙歌，背记芦笙词，了解民族迁徙的历史，获取为当地社会认可的历史知识、信仰，并在学习过程中形成特定的行为模式和交流方式。在繁重的农业生产之余，以吹芦笙调节生活。相传，当地苗族过去以打猎为生，四海为家，哪里有猎物，就在哪里安家。在打猎过程中，有位猎人的妻子死后，为了纪念爱人，他常常吹木叶。有一天，猎人发现高粱秆子有响声，又发现治疗风湿的一种树，树根是空的，就把竹子、高粱秆和这种树进行加工处理，再把铜片也加入进去，吹出来的声音呦呦呜呜。猎人一想到自己的爱人就吹这种乐器。其他男人知道后，也吹芦笙表达对自己妻子的爱和思念。后来，有老年人过世，也一定要吹芦笙悼念。

前两年采花节，李丙荣抱着自己的芦笙跟几位老伙伴坐在草堆里一起吹奏，罗永光先生用手机拍了下来。他由于年纪大了，无法展现芦笙的"三位一体"，但他对芦笙的热情一点没减。芦笙在丧葬仪式上成为一种人化的神器。各民族的祭祀典仪中，乐器通常是营造庄重肃穆的气氛，建构"祭"的文化物。芦笙在祭祀活动中，角色不仅是乐器，还是具有"通灵"功能的"法器"，且是有别于其他法器、拟人化了的"神器"。以芦笙为媒介，完成了生者与亡灵直接对话的祭祀。李丙荣吹芦笙得到大家的认可，并未因此"翘势"（傲气），还是愿意不计报酬沟通生者与亡灵，为社区仪式服务。他对乡邻的热心在此可见一斑。

李丙荣容易知足，对现在的生活很是满意。他的四个儿子在今年正月初十，带着儿媳外出打工了。老大李兴男在大理，搞建筑，一年有几万元收入。

其妻儿也在大理，育有一子一女。儿媳娘家在火石山，两人是"舅表"。老二李兴百，在广东打工，栽树木，一年大概有几万元收入。老二的媳妇为同寨王家，育有两子，也在广东。老三李兴林，在大理搞建筑，打零工。其妻为湾子头杨家女，有三个小孩，一个男孩两个女孩。李丙荣和未婚的小儿子居住在一起，"原来是住在烂瓦房里，2014—2015年政府实行危房改造的时候，才建了新房子。"小儿子30多岁，在浙江打工，还没有成家，大年初四就出发了。"以前我还种地，现在老了，种不动了。他们叫我看家就可以了，不用种了。现在的土地拿去种刺梨、中药去了。一亩地承包出去就是一年几十元钱。"有一些土地，退耕还林的时候，一年可拿到1000多元。现在自己在家里面，起来做点东西吃，平时不吹芦笙，有活动的时候才吹。"现在我很开心，我儿子有钱，我只考虑我的身体好不好，四个儿子每年每人拿1000元给我，我还有低保、养老金、传承人补贴。低保一次领200～300元，也够了，搞点生活，也不做什么。养老金是满60岁之后就可以领了，一个月200～300元。赶集的时候，背着背篓到2000米外的马场街上购买生活用品。三个月吃两包盐巴，一天半斤酒。早上不吃酒，晚上喝一点，我老了，爱喝点酒。一天需要半斤多米。我们只是砍肉熬油，不喜吃其他油。"距离家屋两分钟的地方，有30平方米的一块菜地，自己种菜，菜类有白菜、青菜、连花白、洋芋，以及香料等。"我走不起了，我走得起就走了，不在屋里了。我儿子叫我跟他们一起去，我去了没人看房子。我就在家看房子。"平时吃饭之后到卫生室跟他们那里的人（一般指老人，和年轻人说不来）吹牛、聊天，相互问候大家的生活情况。老人说："现在房子做得好，不喂狗了。"

李丙荣教过李文得、杨正囊、李兴志等人。想学的小伙子拿着芦笙到家里来，老人吹，他们就在后面跟着，跟错的地方，他就停下来指导。不用收学费，学在心头，有事情的时候，比如"老老人"（老人过世）的时候，留个调，这个是传统，要吹芦笙。芦笙至今仍是苗族人民传统文化生活中的重要组成部分，他虽然不说，但他对芦笙的感情是可以看出来的。

乐与器是共生体，乐生发于器，器立意于乐。所以，具有多功能的文化复合体的芦笙，其音乐并非都是纯粹意义上的"乐"。它是一种集歌、乐、舞为一体的文化形态。这种"三位一体"的关系，可概括为：调生于歌（这是芦笙生乐的原则），乐成于器（这是芦笙按审美需要成乐的主要手法），行乐必舞（这是芦笙的传统表现形式）。李丙荣用几十年的时间诠释了，并将继续诠释芦笙这一文化复合体。

三、其 他

（一）彝族婚嫁习俗

彝族婚嫁习俗简介[1]

盘州市彝族遵循一夫一妻制，中华人民共和国成立前也存在一夫多妻现象，但一般只在少数富人或统治阶层流行。普通百姓中出现这种情况，主要是彝族婚姻习俗规范的结果。彝族有转房规矩，即丧夫的寡妇必须转嫁给亡夫的亲人（"兄终弟继"或"弟死兄接"，甚至改嫁给亡夫三代以内的长辈或晚辈），由于转房对象多已娶妻，转房寡妇便成为第二妻，形成一夫多妻。同时，由于家族继嗣上的原因，原配夫妻如无子，还可以纳妾来传宗接代。中华人民共和国成立前，彝族社会经济是以血缘家支为基本单位的自给自足的村寨经济。故此，彝族婚姻组建形成同族内婚、等级内婚、家支外婚、姑舅表优先婚和包办婚等婚姻制度，并辅之以一定习惯法防范和控制。2005年12月30日，经六盘水市人民政府公布，彝族婚嫁习俗（坪地乡）被列入第一批市级非物质文化遗产名录；2007年5月29日，由贵州省人民政府公布，被列入第二批省级非物质文化遗产名录。

---

[1]《盘县文物与风情丛书》编委会. 盘县非物质文化遗产描述与研究［M］. 贵阳：贵州大学出版社，2009：221 - 224.

彝家"月老"——彝族婚嫁民俗传承者吴大荣

传承人简介：吴大荣，男，彝族，1954年1月生，坪地彝族乡莫西里村人。2009年由六盘水市人民政府公布为第一批市级非物质文化遗产彝族婚嫁习俗市级传承人。

婚姻，是人生礼仪中的重要环节。它意味着身份的转变，也代表着更多的责任。俗话说："一方水土养一方人"，而一方人也创造着一方文化。吴大荣是坪地彝族乡婚嫁民俗传承人，家在坪地乡莫西里村，访谈的晚上，吴大荣热情地接待了我们。古朴的房子，昏暗的灯光，烧得极旺的火炉上水壶"噗噗"冒着的热气，头顶上香气四溢的香肠、腊肉，还有他到处跑着的小孙子"咯咯咯"的笑声……无不散发着家的温馨。

吴大荣说："莫西里村全村有920多人，有两个仡佬族人，都是从水城迁来的，其余全为彝族。吴家是在1381年（明洪武十四年）从江苏迁来的，祖先们从江苏经过文山到今昆明北京路，再经过四代人之后又到沾益州，融入当地的彝族。清朝康熙年间，有德祖（吴家祖先）和土司共同治理沾益州（宣威县前身）。1726年鄂尔泰改土归流。有德祖共有四个儿子，大房吴继唐，二房吴继尧，三房吴继舜，四房吴继周，他就是二房吴继尧的后人。后来各房后代都散居在贵州、云南各处。"

吴大荣说："这个地方之所以叫莫西里，是因为在300多年前，在这座山上的入口处，彝族祖先在此开荒。然后这一家是最早来到此处的一家，叫'阿顾'（彝语音译）家。'阿顾'家在此处搞养殖业，养羊等，后来因为技术不发达等原因牲口全部死掉之后，就全部搬下山到坝子里。到坝子里后开始从事撒麻，撒麻彝语叫［$mo^{214}si^{51}$］，其实意思就是叫'阿顾家撒麻的地方'，音译就是莫西里村，也就是这个村子名称的由来。而之前山上的那个入口处就是现在的'旧屋基'。随后来的第二户人家是'阿萨'家，后来这家人迁到了包包寨。'阿萨'家的后裔叫'郭毕'，迁到了现在包包寨这个地方以后，所处的这个地方就叫'郭毕卡',意思就是这家人所建的寨子。而此处又是一个很圆的山包包,所以译成汉文就是包包寨,后来'郭毕卡'家的后裔搬到了水城,汉姓洒。"

说起彝族的婚嫁习俗,吴大荣可以说是了然于胸,遂向我们娓娓道来。他说:"在以前,彝族和其他民族是不能开亲的,直到近代才可以❶。"彝族有着一整套复杂而充满文化内涵的婚嫁仪式。❷ 盘县彝族婚嫁习俗主要由对歌相识、请媒说亲、吃定亲酒、嫁娶四个部分组成。

吴大荣介绍:"彝族男女青年一般到17周岁左右就开始恋爱,通常男女双方在逢年过节或适当的场合互相认识,然后通过对歌和长期来往得以定下自己喜欢的伴侣。"对歌相识,是婚恋的第一个环节,也是双方相互认识的主要方式。传统上男女青年不能在家内对唱情歌,一定要选择离家有点距离、有一定隐蔽性的山坡洼地来对唱。双方通过这种方式表情达意,对唱的歌曲多为即兴演唱,只要能表达爱意就行。在古代时候,女孩会送给自己心爱的男孩鞋子、鞋垫、手工制作的帕子等,以表达自己的心意。男孩则会送给女孩戒指(彝语叫[na^{35}di^{55}],[na^{35}]代表手,[di^{55}]代表戒指、手镯等。待双方正式确立关系后,双方才向自己的父母请示并征求意见,双方父母基本同意时,男方家便请一个媒人到女方家去提亲,然后男女都到对方家去了解情况,来来往往,才订下终身。

正式订婚,彝语叫"尼阿克",由媒人带领一行人到女方家去,人员由男青年和他父亲或母亲、弟弟,以及一个姐夫或表兄弟组成,所带的礼物有酒、火腿一只、红公鸡一只、香、纸、烛、米、礼币、布和衣物等。到了女方家以后,女方家要准备一些饭菜,首先将男方带去的物品做熟,抱出一只母鸡和男方家抱去的公鸡一同在祖宗灵位前杀之,作为主祭品。再用酒和饭供奉祖先,男青年要在女方家的祖宗灵前磕头拜祭,表示已经成为他们家的门客(女婿

---

❶ 以前,彝族婚姻基本是一夫一妻制,通婚范围有严格的规定或限制,即同姓(或同宗)不通婚,一般与其他民族不通婚,本民族内不同自称的支系间不通婚,同支系中不同等级也不通婚,等等。这些规定和限制确定了婚姻中的各种关系,从古至今,这些关系约定俗成,即便现在仍或多或少地发挥着作用。与其他民族不通婚,实际上也不是绝对的。比如,从前的土司、土目,他们就常与汉族通婚。究其原因,还在于自身内部等级制度的束缚。引自周真刚. 秩序重构的演绎——韭菜坪彝族传统婚俗[J]. 黑龙江民族丛刊(双月刊),2011(6):157.

❷ 盘州市彝族婚嫁习俗的形成有其独特的历史渊源及成因。据相关史料记载,彝族婚俗大致形成于彝族东进贵州、游牧文化向农耕文化过渡时期,是在千余年不断发生的民族文化震荡、整合和认同之后逐步形成的。现今,由于受到了汉文化的影响,其婚姻礼仪、观念均发生了不少变化。

之意），同时将衣物交给女青年。礼币交给女方的父母，意在报答女方父母对女方的养育之恩。双方老人在媒人的撮合中统一意见，定下婚嫁的具体时间，以及有关事宜，完事后就摆席吃饭。客人一般都是女方的直系亲戚和寨中的老年人，席间就会告诉大家，本姑娘已经许配给予某地某某青年了。然后等到第二天用过早饭后，男方家一行人便可以返程了。在此期间，两家中的相关事务皆由媒人相互联络。

到了结婚的时候，彝语中男方叫作"且克"，女方叫作"阿媒且"。男方家要组织两个"措说"（新郎的姐夫或表兄弟）、一个新郎的弟弟或侄儿为新娘拉马，其余数青年做伴，背着礼物、酒、肉、米（数量不限）、新娘的衣物及供奉祖宗的祭祀品。在启程去接新娘前，由拉马人把马拉到堂屋内，新郎用一个盘子端着粮食喂马，之后绕火塘三圈再出门，出门后新郎亲自上马走出一程后，把马交予接亲队伍便返回（新郎不会去接亲）。

快到女方家门口时，伴娘（阿媒措）们就会站立两旁，用洁净的盆端着水，拿着青竹叶把水洒向接亲的队员们，表示为他们接风洗尘。两个"措说"进门槛时，新娘要用自己的嫁妆新盆端着水迎面泼出，意思是你们进门的时候我就是泼出去的水了。"措说"进门后先要给女方家的祖宗磕三个头，此时任何人不准逗闹，否则就是对祖宗的不尊敬。随后，放好行李给"措说"们赐坐，"措说"们听从主事人的安排吃饭。饭后，由主事人安排，把各位长辈聚集于堂屋就座，"措说"提着带去的离娘酒"木呕之"敬奉长辈们，同时按新娘对长辈的称呼，一一介绍。并由拉马的这个人向女方的每位长辈磕头表示敬意，就在这时，屋外新娘和伴娘们已经在外面唱起了酒令歌"措说诛"。其内容大概是述说新娘劳织耕作，将要离开这个家了，对家人依依不舍的情怀。有时候也会跳撒麻舞，表达新娘是多么勤劳。（撒麻舞）

  迎亲队：新娘去哪了？
  女 方：新娘去挖地了。
  迎亲队：挖地我去看了，已经挖完了呀。
  女 方：新娘去扫地了。
  ……

然后从新娘去撒麻、剪麻、砍麻、晒干、泡、剥、齐、捻、纺、煮、吃等步骤来唱跳，并问多少布可以做衣服，从1寸问到12寸，问新娘够不够穿，以此来表达的就是新娘劳动的过程。伴娘们有时也会故作生气地斥责"措说",意思是我们和新娘从小一起长大,情深意长,今天你们就要把我们分开了,是多么狠心,对此表达各种不同的感受;还安慰新娘,祝福她今后的日子将会更美好、更幸福,同时共同跳起舞、唱起歌,尽情地欢快娱乐到深夜。

第二天,按定好的时辰,请属命相合、寿元好、福气好的老人为新娘梳妆打扮,准备启程,同伴由主事人安排。之后新娘的父亲在祖宗灵位前点上灯烛,供上酒饭菜等,完后再安排客人吃饭。吃完饭就安排送客了,新娘出门时,在祖宗灵位前磕头,向祖宗拜别,再向就座的各位长辈告别行礼,由自己的哥哥背着出门,到门前扶上马,走上一程,再交给接亲的搀扶(接亲的两个"措说"已在新娘出门前就在堂前磕头拜别,然后来到路上等候)。

新娘这边组织好的送亲队伍也随之护送,送亲的人员一般是新娘的舅舅(彝语"欧尼")、大爹或叔叔(彝语"欧模")、兄或弟一个(彝语"阿欧")、姑母(彝语叫"阿谋木")、伴娘"阿谋措"数人组成。除了新娘,姑母也必须骑马,且走在新娘的前面。

一行人到了男方家时,由主人和毕摩安排,在村寨门口退喜神,彝语叫"色喽"。意思是把路上的凶气邪神退回去,具体做法是用两布条,化些香纸,奠上酒,用一只小鸡仔或一枚鸡蛋,毕摩念些咒语以退之,青竹门内只许新娘的人、马钻过,其余人员要绕道而行。

进门后,行至门前,"措说"中的一个把新娘从马上抱下,然后另外一个背上新娘、扶着进门。第一步跨门槛,务必要将放在门脚下的一个碗,一只木勺踩烂,此意是把碗、勺踩烂后,新娘会慢慢地忘了对家乡的思念,专心建立这个新的家庭,之后将新娘背入洞房。接着由伴娘(新郎的伯父、伯母或叔、婶担任)搀扶到屋外,找一个果树或常青树,在其脚下拜过天地,然后钩顶帕,其具体做法是:在树脚安放一张桌子,点上蜡烛香灯,摆上以娘家备好带来的一半猪头和酒,新娘面向东方跪下,毕摩念词后,用平钩把头顶上的盖头钩起,此意是拜过天地后,一对新人的配合如日月相交,地久天长。做完后,伴娘会带着新娘回到堂屋和由伴郎陪同的新郎拜过祖宗,新郎新娘向各位长辈一一拜过之后,就送入洞房,礼节结束,主事人就安排开席(吃饭)。

婚礼之后新娘在男方家住上两天,待到第三天早上,主事人把父母和各位长辈请到堂屋坐定,新娘便把早已经做好的鞋发给各位长辈,一是为了展现自己的针线本事,二是给长辈们的见面礼,同时长辈们也会回赠一些钱当作见面礼,给予这对新人祝福。

在古时候,新郎新娘婚期内不同床,不入洞房,新娘一个人住新房。新郎家办 3 天酒，之后新娘回娘家，新郎不送，新郎的姐姐或妹妹送，还要带去烟、酒……新娘父母一方再把新娘送回，最后才能同房。

现在普遍的情况是，第二天吃完早饭后，送亲的队伍就要回程，新郎家要拿出一大块猪肉（必须是猪的前半截，头连着前脚），此意是要款待、感谢为此婚事尽力帮忙的村邻们，之后新郎要和送亲的队伍一道过去新娘家那边。住上一天后，新娘父母（其中一人）亲自送女儿和新郎一道回新郎家，住上数天，之后算是把女儿托付给了这个家庭便回去了，整个婚嫁程序全部结束，这一对新人将要开始他们新的生活。

从这一系列的程序来看，彝族婚嫁习俗同丧葬仪式一样程式复杂，这也让我们体会到了彝族祖先的智慧，用这些文化习俗提升了彝族人民的民族凝聚力，同时让其也成了彝族所特有的东西。但是这些文化也在渐渐消亡，如此丰富又有文化内涵的婚嫁习俗，现在已经精简了很多。吴大荣说，现在大部分彝族人结婚的时候有的只是选取其中一小部分来举行，有的甚至越简单越好，或者直接受汉文化影响，采取了汉族的结婚方式。基本上全套礼仪按照这种习俗举办的现在已经不多了。或许在不久的将来，等到能完全掌握这一整套婚嫁习俗的老人们百年之后，这一套文化也会随之消失。吴大荣也说，现在没有了现实的依据，这些文化将会变得更抽象，更难传承。他现在也会时不时告诉自己的儿子这些关于传统婚嫁的东西，他也在想尽办法将这些文化传承下去，不让这些文化就这么丢失了，但是之后的路会更难走，他也在为未来的文化传承之路忧心不已。

其实，还有很多的传统文化像彝族婚嫁习俗一样，随着经济全球化、社会的不断发展、人们思想观念的改变等因素的影响，这些文化在渐渐失去它们生存的土壤。没有了生存的文化空间，即使有人，也很难传承下去。所以在今后的非物质文化遗产保护和传承的过程中，除了关注人的传承，还应该关注文化本身所赖以生存的空间。保护和传承文化的同时，还应该注意保护给予其养分的土壤，只有这样，这些传统才能茁壮成长！

(二)古尔邦节

古尔邦节简介

意译为宰牲节,又称"大节",是伊斯兰教重要节日之一。在伊斯兰历每年的十二月十日,麦加朝圣过后。据古兰经记载,即先知易卜拉欣直到晚年也没有儿子。他祈求真主安拉赐给他一个儿子。不久,易卜拉欣果然有了儿子,他衷心感谢真主的恩赐,精心抚养幼子。十几年后的一天夜里,易卜拉欣做了一个梦,梦见真主安拉命令他把心爱的儿子宰掉献祭以考验他的诚心。易卜拉欣唯命是从毫无迟疑,他懂事的儿子也毫无惧色并鼓励父亲宰己献祭。于是,易卜拉欣做着宰子的准备。易卜拉欣把刀磨得闪闪发光,非常锋利。当易斯玛仪侧卧后,他把刀架在儿子的喉头上。这时他伤心痛哭,泪如溪流。第一刀下去只在儿子的脖子上留下了一个白印印,第二刀下去刮破了一点皮。伊斯玛仪说:"我的父啊,你把我翻个身,让我匍匐而卧,这样你就下决心吧,顺从真主的命令。"易卜拉欣听了儿子的劝言,把他翻了个身,然后解下刀子使劲宰时,真主让易卜拉欣刀下留人,派天仙吉卜热依勒背来一只黑头羝羊作为祭献,代替了易斯玛仪。这时易卜拉欣拿起刀子,按住羊的喉头一宰,羊便倒了。当伊斯兰教创立后,穆斯林们承认易卜拉欣并尊为圣祖,每年的这一天,便形成了宰牲献祭的习俗沿袭至今,成为所有信伊斯兰教(安拉)的人们的传统节日之一(《阿拉伯语词典》)。2007年4月29日,回族古尔邦节(普田乡)经六盘水市人民政府公布,被列入第二批市级非物质文化遗产名录。

行走在古尔邦节的穆斯林——丁修和

传承人简介：丁修和，男，回族，1943年9月生，盘州市普田乡人。现任盘州市伊斯兰教协会副会长兼秘书长、六盘水市回族学会副会长。2009年由盘县人民政府公布为盘县首批非物质文化遗产古尔邦节县级代表性传承人。

调到普田工作之前，丁修和在白马公社任教，该地属于少数民族聚居地区，主要有布依族、黎族、回族、彝族等，白马公社及当地群众对他非常认可。1982年因工作需要，丁修和来到了普田乡。回到家乡普田后，他除了本职的教育工作，更是在民族宗教工作上尽心尽力。1983年，在盘县特区宗教科、特区民委和特区民政局的指导下，他组建了盘县特区伊斯兰教协会。丁修和为伊斯兰教协会的成立做了很多努力，当时成立伊始，需要一批能干事的人担当重任，其中秘书长就是个非常重要的职位，他的能力得到各领导的认可，从1983年开始至今都是伊斯兰教协会副会长兼任秘书长，不知不觉已过30余年。

丁修和说，回族主要有三个传统节日——开斋节、古尔邦节、圣纪节，并重点介绍了古尔邦节。

"古尔邦节"又名"小斋月"，关于古尔邦节的由来，丁修和说道："古尔邦节在阿拉伯文中，意为'奉献、献牲'，就是把自己心爱之物献于主道。古尔邦节有几千年历史，源于4000年前的先知易卜拉欣父子遵从主命而做出惊天动地的牺牲，这种壮举一直教育着世世代代的穆斯林，并一直沿袭着这一民族纪念节日。"他还给我们讲了先知易卜拉欣的故事。

"古尔邦节"当天的晨晓，家家户户的穆斯林，都要早早起来，沐浴身体，打扫庭院，到处干干净净，东西堆放井然有序。回族家中没有祖先牌位，一般都置放有一个小香炉，点上清真香。这天男女老少会换上节日服装，戴上白帽或盖头，显现了古朴浓郁的穆斯林风情。

各家各户还要请有经验的老人做油香，老人在做油香之前要换水（就是沐浴身体），有小洗和大洗，小洗具体步骤是先举意，就是说为什么换水，先洗下，然后分别洗手漱口三次，呛鼻三次，洗脸、洗胳膊及耳三次，再洗脚的下部，从右到左洗脚趾头。大洗是经小洗后从右到左，从上到下冲洗干净。

　　油香是请有经验的穆斯林制作，用糯米面或小麦面等，加水糅合，制成大小一样的圆体放入油锅内炸。炸好后选出最好的十余个装入盘内，其余收好。早晨九点左右，全家老幼就一起进清真寺过节，并将选好的油香抬入寺内集中。十点左右，阿訇（即主教）及乡老在寺内正殿里举行会礼，颂《古兰经》。会礼结束，举行会议，阿訇宣讲教义。会议结束，先请参加会礼的阿訇、乡老"口到"油香，然后将所集中起来的油香传给参加节日的回民"口到"。同时也有其他民族前来参加节日活动，寺民管会热诚欢迎，并给予特殊接待。

　　节日这天清晨到清真寺仪式结束之前，全体回民一律斋戒（不吃任何食品），直到仪式结束，才能享用寺内所发给及原收好的油香，并共进丰盛的午餐。下午访亲问友，馈赠油香，相互登门祝贺。

　　回族人民过"古尔邦节"有悠久的历史。特别是党的十一届三中全会以来，各级党政领导对盘县各地回民过节十分关心，特别是古尔邦节，有关领导亲临参加指导祝贺。如盘州市大木桥清真寺从康熙五十六年建寺以来，一直举办"古尔邦节"，从未间断。改革开放后，更加得到各级领导的重视，使该坊穆斯林更能欢度"古尔邦节"。

　　由于年代久远，大木桥清真寺已成危房，清真寺已经残朽不堪。1982年，丁修和开始着手筹备维修大木桥清真寺的相关事宜，经盘县特区伊斯兰教协会向各级请示，省宗教局、省伊斯兰教协会、市民宗委、特区民宗局，以及忠义区公所、普田回族乡政府分别批拨维修款项。他还去了各个煤矿，给回族同胞发捐款单，各地穆斯林及关心伊斯兰教的各界仁人志士踊跃捐资，共筹集资金12万元，维修了清真寺。谈到现在的困境，丁修和想了想说："盘州市沙坡（原大坡坡），原是回族聚居之地，后因咸同年间，回族起义，回族被迫南迁，至今仅保留了600余年的窑窝碑。现随着盘州市快速发展，迁居于红果城区居住的穆斯林近800人，加之北来南往、东来西去经商的穆斯林人逐步增多，特别是东盟十国等国家多次来盘州市开展经济研讨会，来参会的又多数是伊斯兰教国家，对他们而言，举行宗教仪式存在很大的困难。"所以，为了保护与传承盘州的伊斯兰文化，丁修和非常希望能有一个契机恢复重建红果清真寺。

　　"古尔邦节"期间，各清真寺都要举办这一民族节日活动。1984年11月30日，在各级政府的关怀重视下，盘县举办了隆重的"古尔邦节"民族节日活动。借此节日之机，宣布盘县特区伊斯兰教协会成立，民政局领导宣读了批文，此外还对大木桥清真寺经学堂里通过了经典、业务及品德考核，达到初等毕业水平的张安学、张大军两位学员举行了"穿衣"仪式。

1991年4月16日，大木桥清真寺举行隆重的"古尔邦节"民族节日活动暨清真寺维修竣工典礼。贵州省民委、宗教局、贵州省伊斯兰教协会及六盘水市等有关领导前来参加竣工典礼。

2000年年初，六盘水市政府、盘县政府分别批拨款项又对大木桥清真寺进行重新装饰。由盘县政府牵头，成立了"盘县古尔邦节"民族节日活动筹备领导小组，经过数月筹备，又得到市、县及有关单位的资助，使"盘县古尔邦节"民族节日活动于2000年3月18日在普田回族乡顺利举行，此次"古尔邦节"是盘县举办民族节日以来最隆重盛大的一次节日活动。

隆重庆祝古尔邦节

节日当天，庆祝活动主要分两步进行，除在清真寺举行会礼外，还在普田中学操场举行了隆重的活动仪式，不光有回民参加庆祝活动，周边的布依族、彝族、汉族等都前来庆祝。原六盘水市委常委、盘县县委万晓流书记宣布开幕，顿时，鞭炮齐鸣、彩球高飞，万余群众齐聚一起，欢欣鼓舞，使节日活动的气氛达到了高潮。盘县杨兴光县长及普田回族乡丁修忠乡长在讲话中感谢各级领导对"盘县古尔邦节"民族节日活动的关心。随后举行了具有民族特色的文艺会演。

此次活动进一步增进了民族团结，对民族地区社会和谐、经济发展起到了很好的促进作用。并给全县穆斯林的传统节日"古尔邦节"更增添了新的光彩。

2006年元月的"古尔邦节"在普田回族乡大木桥清真寺举行，丁修和回忆道："因为文化保护单位要揭牌，这次民族活动是与揭牌仪式一起进行的。所以这次活动是'古尔邦节'民族活动暨'县级文物保护单位揭牌仪式'活动。"这次活动促进了回族文化发展，增强了民族团结，鼓舞了回族群众致富奔小康、建设民族新农村的决心。

2014年，因大木桥清真寺主持着6000余穆斯林的宗教事务，每逢民族节日活动，全体穆斯林都要赴寺参加，同时也欢迎其他民族同胞前来参加活动。但活动场地极窄，加之两侧的耳房将成危房。经多次请示，并在两会提交提案，得到了相关部门的关心、重视，有关领导多次亲临察看。盘县人民政府批准大木桥清真寺改、扩、建，盘县发改局行文并批拨款项，盘县建设局进行了招投标承包了工程，由普田回族乡政府实施。省宗教局批拨了10万元，市民宗局批拨了5万元为启动资金。普田回族乡成立了清真寺改、扩、建领导小组，负责清真寺改、扩、建工作。拆除原寺，扩购地面，按图施工。由于各级领导的关心，普田回族乡党政领导的重视，清真寺改、扩、建现已竣工。经向贵州省、市、县申报批准，于2016年5月1日在新建的大木桥清真寺内举办了隆重的"古尔邦节"民族节日活动暨清真寺改、扩、建竣工典礼。现清真寺已投入使用，共投入经费630万元。体现了各级党政对盘县伊斯兰教的关心。

近两年"古尔邦节"来临之际，盘县相关部门领导亲临各清真寺召开座谈会，一是慰问宗教界人士，二是祝贺全县穆斯林"古尔邦节"过节愉快，三是共同探讨"建设美丽乡村、脱贫致富"的方法，使回族农村建设得更美好。丁修和谈及此，满脸笑容，眼神中充满了期许和希望。

（三）火把节

火把节简介

火把节是彝族、白族、纳西族、基诺族、拉祜族等民族的古老传统节日，有着深厚的民俗文化内涵，被称为"东方的狂欢节"。不同的民族举行火把节的时间也不同，大多是在农历的六月二十四，主要活动有斗牛、斗羊、斗鸡、赛马、摔跤、歌舞表演、选美等。在新时代，火把节被赋予了新的民俗功能，产生了新的形式。火把节（坪地乡、淤泥乡、四格乡等彝族聚居区），于2006年被列入首批县级非物质文化遗产名录；2007年被列入第二批市级非物质文化遗产名录。

彝家巾帼 多彩人生——火把节传承人甘小巧

传承人简介：甘小巧，女，彝族，1966年8月生，淤泥乡麻郎垤村人。2009年由盘县人民政府公布为盘县首批非物质文化遗产彝族火把节县级代表性传承人。

火把节是彝族文化的重要载体，以祭神祭天、祈求丰收、驱邪驱鬼为主要的风俗内容。蕴含有彝族祈求农作丰收、施行礼德教育、传承民间文艺和整合社会的文化意义。

2018年1月，我们有幸拜访了淤泥乡火把节传承人甘小巧老师。见甘小巧的第一面是在文化站的办公室，我们低着头在准备访谈的工具。她缓缓从门外走进去，脸上泛着盈盈笑意，轻柔地问："请问访谈是在这里进行吗？"我们连连点头。甘小巧稍微黝黑的皮肤下映衬出她饱满的精神，一头干练的短发更让人觉得她身上带有雷厉风行的特质。后面的访谈也印证了我们的直觉。

甘小巧说："她们家是从云南迁移过来的，以前姓金。但是因为旧时家里非常穷，势单力薄，难以在地方上生存，所以就进了当地比较有财力和势力的甘家门，吃甘家饭长大。由此弃金就甘，改为甘姓。但是按照风俗，这个姓氏三代以后要还宗❶，我们家搬来这里已经发迹至第四代了，所以现在家里的第四代人又改回为金姓了。我们这边改姓的情况非常普遍，你们有兴趣的话可以深入研究一下。"

甘小巧受过良好的教育，跟别的彝族人家不同，她们家十分看重学校教育、文化知识和自己的民族文化。因此，她接受了系统的学校教育，后来还考上了大学，成为村里屈指可数的女大学生之一。大学毕业之后，她回到了家乡工作，服务一方百姓。30年的时光，她差不多都是从事妇女工作，一直担任

---

❶ 三代还宗是云贵地区较为流行的一个习俗，即一个男的入赘到女方，就要改姓女方的姓，然后到第三代出生的孩子又要改为爷爷原来的姓。当然，这种习俗在中国其他地方也有。

淤泥乡妇联主任，3 年前退休了。说起老本职工作，她颇有感慨："20 世纪八九十年代，彝族的这些村寨都还非常不开放，男人们认为妇女的任务就是照顾家庭，其他的事情由男人来负责就好了，这样就把广大妇女禁锢在家庭里。她们对自我的认知度也不高，我们做工作的时候，对她们宣传说妇女同志应该有自己的一番事情、要走出（家庭）去见见世面，没有人真正理会的。我们去宣传一些政策，还要遭到别人的误解与冷眼。2000 年以后，新的观念进入了，可引发的家庭问题也不少。比如，被丈夫家暴的，我们要去调解；家里关系不和谐的，我们得做思想工作。必要时候我们还要动员广大的妇女同志有自己的生活圈子，不能老围着自己的家庭踏步。虽说有时候老一辈的人不理解，但是年轻一点的妇女同志都慢慢在接受了。几年前，为了宣传我们的彝族文化、搞活妇女工作，我们在乡里选拔了一批妇女作为我们文艺宣传队的成员，让她们在业余时间聚在一起根据党和国家的政策排节目、用老百姓喜闻乐见的方式呈现出来，取得了很不错的反响。妇女们的精神生活丰富了，党和国家的政策用她们自己的方式宣传下去了，老百姓也得到了学习与放松。虽说我们这工作比较辛苦，担子和任务都不小，也难以抽出较多的时间照顾家庭，但是乐在其中呢！看到越来越多的农村妇女能享受她们的生活，找准自己的角色定位，这是我们干妇女工作最大的成就了。"甘小巧乐呵呵地接着说道："其实淤泥乡是一个文化底蕴特别深厚的乡镇，但是因为以前都忙着发展经济，老百姓忙着生产生活，没有时间在意文化上的事情。现在不一样了，生活条件好了，大家对于精神生活的要求高了，所以也自觉、主动、有意识地用文化来丰富生活，且想着用文化去带动家乡经济的发展。早些时候，也就是 1986 年淤泥乡就举办了第一届火把节。那时候，火把节的成功举办在周边乡镇引起了轰动，为以后淤泥乡火把节的好名声打下了基础。由于受家乡文化氛围的感染和熏陶、身边同学的影响带动，还有自己对于民族文化的兴趣，我从 1987 年上大学开始，就自觉、主动学习唱歌跳舞。那时候也没有什么专业的训练队，娱乐活动也不丰富。除了上课外，大家课余时间就聚在一起琢磨跳舞。想起来那段日子，感觉很充实、很快乐。从 1992 年当上妇联主任开始，我就组织乡里的妇女参加各类民族文化活动，这种活动大多得到乡亲们的支持与配合。也正是在这种条件下，淤泥乡的文化越来越繁荣，不管男女老少，都加入文艺的热潮中。"

火把节一般历时三天三夜，第一天为"都载"，意为迎火。这一天，村村寨寨都会打牛宰羊杀猪，以酒肉迎接火神、祭祖，妇女还要赶制荞馍、糌粑面；在外的人都要回家吃团圆饭，一起围着火塘喝自酿的酒，吃坨坨肉，共同分享欢乐和幸福。夜幕降临时，临近村寨的人们会在老人选定的地点搭建祭台，以传统方式击打燧石点燃圣火，由毕摩（即祭司）诵经祭火。然后，家家户户，由家庭老人从火塘里接点用蒿杆扎成的火把，让儿孙们从老人手里接过火把，先照遍屋里的每个角落，再田边地角、漫山遍野地走过来，用火光来驱除病魔灾难。最后集聚在山坡上，游玩火把，唱歌跳舞，做各种游戏。

盘州市彝族火把节盛大的场景

火把节第二天为"都格"，意为颂火、赞火，是火把节的高潮。天刚亮，男女老少都穿上节日的盛装，带上煮熟的坨坨肉、荞馍，聚集在祭台圣火下，参加各式各样的传统节日活动。成千上万的人聚集在一起，组织摔跤、唱歌、选美、爬杆、射击、斗牛、斗羊、斗鸡等活动。姑娘们身着美丽的衣裳，跳起"朵洛荷"。在这一天，最重要的活动莫过于彝家的选美了。年长的老人们要按照传说中黑体拉巴勤劳勇敢、英俊潇洒的形象选出美男子，选出像妮璋阿芝那样善良聪慧、美丽大方的美女。当傍晚来临的时候，上千上万的火把，形成一条条的火龙，从四面八方涌向同一个地方，最后形成无数的篝火，火光映红了天空。人们围着篝火尽情地跳啊唱啊，一直闹到深夜，场面盛大，喜气浓烈，因此享有"东方狂欢节"的美誉。当篝火要熄灭的时候，一对对有情男女青年悄然走进山坡，走进树丛，在黄色的油伞下，拨动月琴，弹响口弦，互诉相思。因此，也有人将彝族火把节称作"东方的情人节"。

火把节的第三天，彝语叫"朵哈"或"都沙"，意思是送火。这是整个彝族火把节的尾声。这天夜幕降临时，祭过火神吃罢晚饭，各家各户陆续点燃火把，手持火把，走到约定的地方，聚在一起，搭设祭火台，举行送火仪式，念经祈祷火神，祈求祖先和菩萨，赐给子孙安康和幸福，赐给人间丰收和欢乐。

人们舞着火把念唱祝词"烧死瘟疫，烧死饥饿，烧死病魔，烧出安乐丰收年。"以祈求家宅平安、六畜兴旺。这时还要带着第一天宰杀的鸡翅鸡羽等一起焚烧，象征邪恶的精灵和病魔瘟神也随之焚毁了。然后找一块较大的石头，把点燃的火把、鸡毛等一起压在石头下面，喻示压住魔鬼，保全家人丁兴旺、五谷丰登、牛羊肥壮。最后，山上山下各村各寨游龙似的火把聚在一起，燃成一堆大篝火，以示众人团结一心，共同防御自然灾害。

甘小巧说："火把节是彝族小年的一个传统习俗，流传至今，历久弥新。火把节一般是由彝族的首领来组织和召集，首领是族内德高望重的老人，由其全程统筹协调。通常情况下，在火把节前两个月就开始召集大家一起来排练，以便在火把节的时候有很精彩的合作演出；没有活动时，村民们也会自发组织起来，在宽阔的场坝练习。火把节的音乐具有强大的吸引力与感召力，哪怕你在家里吃饭，只要一听到村里的音乐响起，也会立刻放下手中的饭碗到广场上集合跳舞。"彝族谚语说："星星是天上的灯，火把是彝家的灯。""风把白石吹拢，弓把羊毛弹拢，火把使亲人聚拢"。甘小巧说："火把节第二天，人们还会把自家的肉送给寨子里年纪较大的老人，特别是孤寡户，人们以此来表达对老人的尊重和敬爱。同时，这也成为评价某个人、某个家庭的道德标准。出嫁的女儿，无论年纪多大，只要父母还健在，她们必须在火把节的第二天回到父母身边小住，给他们带上用来祭祀的肉，表达自己的孝心和思念。同时，刚结婚但是没有圆房的小媳妇，在火把节期间，丈夫就会将她接回去参加最为重要的'转头'仪式，从仪式中将他们的命运紧紧联系在一起，希望并祝福他们永远相亲相爱。'转头'仪式是盘州市彝族火把节中一个很重要的仪式。在火把节转头仪式上，用祭牲赎回人魂：'哦——今天迎新纳祥时，万物成熟时，日归星回时，年饭美酒最先祭献你，祭品献神灵，祭牲赎人魂。祭献这肥猪，身高入云天，叫声传九霄，肥猪祭献神灵赎人魂，猪魂赎人魂，猪肉赎人肉，猪肉香人肉苦，猪皮赎人皮，猪皮暖人皮寒，猪腿赎人腿，猪腿肥人腿瘦。肥猪祭献神灵赎人魂，赎回主人一家之魂灵……'这是彝族天地人际关系沟通协调的重要仪式，火把节如不为家人叫魂赎魂，笃信灵魂不灭的彝人将全年都惴惴不安，失魂落魄。"

火把节发展到现在，已经非常火爆了，甚至成了彝族文化的标志之一。甘小巧说："我有很多徒弟，严格意义上来说也不是徒弟，就是闲的时间大家聚在一起练练舞，她们自然而然也就学会了。这个节日最大的特点就是凝聚力强，让人从心底觉得太舒服了。"

没有退休时，她会在业余时间主动走进中小学校园去讲课，宣传彝族文化，教小学生们一些实际的手工艺制作和歌舞表演，让年轻的彝族小朋友们了解自己的文化，热爱自己的文化，让文化的血脉不断流。在生活中，她也留心收集一些与彝族传统技艺有关的实物资料、视听资料和文字资料，从这些资料中去寻找文化的根，文化的多元性，因为这样做才能让后人有更多的途径和资源去寻求那一段段历史。

甘小巧说："现在退休了，虽然妇女工作暂时告一段落，但是对于文化保护的工作还在持续中。我还有很多的计划想要完成，甚至比以前更加充实了。我组织了村里的一些善于刺绣的妇女做手工刺绣，把她们聚集在一起。一是考虑到我们的彝族文化需要有人来传承；二是因为妇女在家闲着也是闲着，与其闲着还不如让她们干点事，找到存在感。最关键的这是响应国家'精准脱贫'的政策号召。"当我们问她为什么对刺绣情有独钟时，她说："小时候家里彝族文化氛围好，那时候着装为旧式彝族服饰，是家里的老母亲一针一线做出来的，充满了爱意，所以也希望通过这种方式带给更多人温暖。不仅如此，在那个物资匮乏的年代，家家户户都要自己动手才可丰衣足食。家里老人会很多技艺，比如水拌酒的制作、挑花的制作、在那样一种浓郁氛围的熏陶下，我从小受到启发与感染，跟着母亲学习酿酒以及服装的制作。我家里有六姊妹，现在我们也在做水拌酒。做水拌酒首先要把米煮熟，然后把米搁置在竹篾中凉一下（降温），用山上采摘来的20多种酒药来拌，拌好之后装入坛子。20天以后上锅烤，烤完之后用土坛装起来。时间越久越好，现在家里依然是用传统的水拌酒制作工艺。而且现在市场需求大，往往供不应求，但由于资金短缺和纯手工酿制，所以耗时耗力，跟不上市场的发展和变化。如果有可能，我们要引入更多的资金买入设备进行量产，但是又担心这种方式会影响酒的质量和口感。"

甘小巧是位干劲十足的人，生命不息，奋斗不止。她对生活的理解，对事业的热爱，与对民族的感情，都嵌入进了她实实在在的行动中。她说，多做事少说话才是人生的最佳答案。

（四）布依歌节

布依歌节简介❶

羊场乡的布依歌节很特殊，其他地方布依歌节是农历六月六，而羊场的是农历六月二十四，和彝族的火把节是同一个日子。其实每年"六月六"和"六月二十四"，羊场布依族人都会过节，六月六这一天布依族人会到插花田去送花，用以祭青苗，只开展杀鸡、包"三角粑"小祭。而在六月二十三、二十四就会宰杀黄牛祭山，仪式比较隆重。羊场的布依人将六月二十四定为布依歌节，其实六月二十三就开始了布依歌节的一个重要仪式：宰牛祭青苗，庆五谷丰登。因而，布依歌节，也叫"青苗歌节"。这个节日是布依族最重要的节日。2005年，经六盘水市人民政府批准公布，布依歌节（羊场乡）被列为第一批市级非物质文化遗产名录。

---

❶ 布依歌节的来源主要有两种传说，第一种说法与古代传说六月六日为大禹生辰有关，其所祭祀的社神就是祖神大禹。第二种与始祖盘古有关。相传布依族的始祖"盘古"发明了水稻的栽培技术，但因孤单一身，日子仍然过得清苦贫寒。一次偶然的机会，盘古认识了海龙王的女儿，互相产生了爱情而结为夫妻。婚后，他们恩恩爱爱，男耕女织，日子过得甜蜜美满。一年之后，他们生了一个儿子，取名叫新横。新横从小聪明伶俐，但因年幼，一次冒犯了母亲，母亲气愤而回归龙宫，不再回到人世间。盘古无法，只好续弦又生一子。有一年六月初六这天，盘古命终归了天。新横的继母有了自己亲生的儿子后，开始对新横百般虐待。继母几次加害，欲置他于死地，企图独吞家产。面对继母的加害，新横忍无可忍，不得已上天庭控告继母的迫害，并发誓要全部毁掉亲手栽培的水稻秧苗，绝其继母的生路。继母受到控告并知道新横的想法后，惶恐万分。为了生存，她向新横乞求，表示只要他不毁坏庄稼，她就不再对他迫害，把他同自己亲生的儿子一样看待。还保证为了供祭盘古发明水稻栽培技术、永保子孙万代五谷丰登，于每年农历六月初六（盘古逝世日）这天，率领子孙宰猪杀牛、包粽子供奉盘古。鉴于继母的转变，为了使水稻栽培技术传于后世，新横答应了继母的乞求。从此，每年六月初六便举行祭盘古、供祖宗活动。

布依歌节　责任传承——岑加标

传承人简介：岑加标，男，布依族，1978年7月生，盘州市羊场乡人。2009年由盘县人民政府公布为盘县首批非物质文化遗产布依歌节县级代表性传承人。

岑加标是布依歌节传承人。他幼年生活在布依族之乡——羊场乡，从小耳闻目染，对于布依族传统文化知之甚深。多年从事布依族文化工作的经验，使他对布依歌节有独到见解，他认为不同于其他形式的传承，布依歌节既是一种节日文化的传承，又是一种责任传承。

岑加标在演奏民族器乐

岑加标说："其实六月二十三这天，羊场的布依族人就开始宰牛、做三角粑（粽子），祭青苗或祭水口，祭五谷神。祭祀完毕，宰的牛被平均分给村民，这一习俗仍保留着祖先狩猎时代的习惯。另外，我们还要吃三角粑（粽子）。三角粑是用竹叶包着糯米，包好以后蒸出来，这样的粽子吃起来有着竹叶的清香，别有一番滋味。如果你是节日里来到布依山寨的客人，你可一定要准备一些小礼物。当你被布依姑娘的绣球抛中时需要交换礼物，这样你才能得到布依族朋友的热情接待,否则,他们将不理睬你。布依族朋友送你三角粑,你必须收下以示礼貌。""布依歌节"是布依族一年中最热闹的节日❶,也是最具有民族特色的节日❷。全寨的男女老少都会走出家门聚集在寨子旁边的河滩上,青年男女以自己优美的歌声、质朴的情怀、动情地向对方诉说爱意。河边、山上站满了人,有近邻、有远客,他们笑着、听着一首首对唱的情歌,自己也逐渐融入其中。在对歌的过程中双方相互了解,以善良为标准选择彼此的意中人,中意的女方以抛花包、绣球为信物来传达情意。如果男女双方都选中了意中人,就要选定吉日到对方家提亲。

羊场乡的布依歌节很特殊,其他地方布依歌节这个节日是农历六月六,而羊场是农历六月二十四,和彝族的火把节是同一个日子。岑加标说:"据文献考证和老人们的说法总结下来有三个原因。首先,民族交融不分彼此。羊场是布依族、白族、苗族乡,周边是淤泥彝族乡、旧营白族乡、保基苗族乡,每年'六月二十四'也是彝族'火把节'、白族'火把节'。况且,羊场一带少数民族和谐相处,少数民族同胞之间喜欢'打老根',即结拜兄弟姐妹。布依族同胞每年六月六过节都会宴请'老根',彝族、白族同胞又在六月二十四这天回请布依族'老根'去过节,时间长了大家都会记得这两天,再加上民族大杂居,共同过节增添喜气也就成了习惯。于是,羊场布依族歌节也就有了'六月六不早、二十四也不迟'的说法。其次,是因爱生恨换个时间。这一说法只是一种推测,源于插花田凄美传说。为了纪念秋妹❸殉情,反抗封建压迫,冲破保守的陋习牢笼,年轻人便约在一起规定这一天不准谁去谈情说爱,而是外出散心或到山间用树叶吹奏幽怨的情歌互表衷肠。之后到了六月二十四这天再补过。最后,也有借彝族'火把节'向父辈传达兄弟民族开放思想的意

---

❶ 据说,这一天欢声越高,场面越浓烈,丰收就越有希望。

❷ 这一天是布依族男女青年的传统歌节。传统的六月六节日,既是谈情说爱的前提,更是交流情感,沟通信息,结交异性朋友的一种形式,要经历由媒人介绍、自愿交谈、若谈话投机则深入交谈等过程。交谈之初,两人要拉开丈余远的距离,而且不能面对面,而是背身谈,否则被视为轻佻或不识礼。待交往一段时日并有一定感情基础后,两人才能相约交谈。

❸ 在贵州省长顺县的安乐乡团坡村附近,秋妹也是秋坡节由来故事中的女主角。该节日主要在每年立秋日举行。是为了纪念秋妹和阿坡而兴起的,已有300多年的历史。秋妹和阿坡是青梅竹马,真心相爱。正当他们筹备婚事的时候,土司仗势欺人,将秋妹的阿妈迫害致死,又强行抓走秋妹,阿坡愤怒至极,火烧了土司家的库房,救出秋妹。可当他们跑到山坡上时,阿坡被躲在树后的土司杀死了。秋妹见状犹如万箭穿心,一头撞死在大树上。过后,乡亲们把秋妹和阿坡合葬在这个山顶上。从此,这个山坡就叫秋坡了。一年一度的秋坡盛会,主要是布依族青年人的一种社交活动,目的是使他们互相了解,增进友谊。

思。"不难看出，布依族同胞热情好客，更能体现出布依族人善解人意的本性、包容豁达的胸襟和敢爱敢恨的追求。

羊场乡布依歌节表演

对布依歌节有记忆，岑加标说："我小学五、六年级的时候开始学。当时农村娱乐生活也没那么丰富，布依族人经常聚集起来唱山歌、跳舞等娱乐活动。于是，我经常好奇地跟着青年男女学习对唱山歌。布依族人的谈恋爱比较含蓄，只有在歌场才有机会，通过对唱山歌的方式去认识人、结交朋友。❶"

岑加标曾经在羊场乡文化站工作，作为文化站工作者的他积极鼓励发展民族传统文化。其中最值得回忆的是组织了羊场乡的布依歌节，当时请到了一位布依族的国家一级演员，他是木叶演奏家，利用其明星效应，扩散节日的影响力。后来岑加标当上羊场乡的文化站长，在春节期间组织筹备了在红果的布依文化展演，效果也非常好。更重要的是，他还经常组织羊场乡的布依族人去其他县城参加布依文化节。对于布依族传统文化的传播和传承，热心的岑加标总是自觉地担负起主要的责任，一心想把布依族文化弘扬开来。

盘州市现在提倡全域旅游，少不了民族文化的支撑，而民族文化又是以节日活动为主体。岑加标认为文化市场前景是非常好的。就盘州市来说，做好少数民族文化大餐，包装好市场的大型活动，就已经足够了。因为布依歌节在六月六，那个时间年轻人外出打工都不在家，家里只剩下一些老人和孩子，所以要找到年轻人很困难。这种情况下要传承布依歌节，岑加标只能改变工作思路，平日在老家就跟那些比较爱玩的年纪稍微大的村民们喝喝酒，聊聊天，把

---

❶ 这一天，青年男女穿着盛装，相邀相约成群结队，唱歌娱乐，以歌会友，以歌传情，非常热闹；小孩子就跟着父母要点钱去赶场，买点好玩、好吃的东西。

感情联络起来，等到六月六就让他们去热闹场子，把氛围带起来。另一方面，只能找些有责任心的乡镇干部或者在家创业的人、有条件（基础）的人来传承，把文化盘活，做成一个文化产业，与当前的经济文化发展结合起来。而且，他又重新考虑以合作社的形式进行文化传承，让这个文化产业真正活起来。

小　结

　　与其他非物质文化遗产不同，民俗活动，尤其是以节日文化为依托的民俗活动，难以借助一两个非遗传承人得到完整保存，其所需的文化生境较其他技艺类非物质文化遗产更为普遍，也更具有典型性。因此，在面临村落衰败、民族传统缺乏依托的今天，即使有政府的大力提倡、非遗传承人的潜心引导，仍然难以改变其日渐衰落的局面。当然，文化旅游的发展一定程度上刺激了民俗的转型与发展，但基于表演目的而存在的民俗活动，其本身的性质已然改变，由自身娱乐演变为他人娱乐。如此，民俗活动的生命力能维持多久、辉煌多久似乎还需要更多思考。

后　记

盘州自古属于滇黔古道。元代普安东路为云南到北京的主要通道，明洪武时期平滇之战即将盘州作为大本营，明代为构建西南边疆军事防御体系，在盘州设置普安卫。2017年年底，贵州省盘州市文体广电新闻出版局委托我们以公司名义承接一项课题，即"盘州市非物质文化遗产传承人口述史"。接到该项目，很兴奋，于是张金成查阅相关资料，耗时近一个月拟定了田野调查提纲。但也很着急：一方面得知盘州市非物质文化遗产极为丰富精彩，是民族学研究的富矿，肯定会有所收获；另一方面是时间紧，任务重，需要在2018年3月拿出初稿，加上春节，其实就只有一个月田野调查时间。

2017年年底，盘州的天气较为恶劣，冻雨不断。为了确保项目的完成，由贵州大学硕士研究生（由于二、三年级硕士生已经有繁重任务在身，以及临近寒假，年轻教师需要回家过年，因此只有一年级硕士生利用放假之际参加田野调查）、贵州师范大学本科生和贵州财经大学杨艳飞同学（一年级硕士生）等共同组成了"盘州市非物质文化遗产传承人口述史调查小组"，由我和唐应龙（贵州师范大学教授）、马静博士（贵州师范大学副教授）带队。为了加快进度和效率，在研究生放假前，贵州大学研究生龙秋香请假带领有时间的两个贵州师范大学本科生黄小进、王文琴"打头阵"，进入盘州市苗族村寨调查。放假后，我们调查小组分成两个分队，一个分队由我带队，成员主要有韦鑫、杨童、萧尧、卢晓梅等，先进入乌蒙镇彝族村寨调查；另一个分队由马静带队，成员有廉吉庆、于郸睿、冯燕、翁玲玲、熊德敏等，先进入水族村寨调查；唐应龙、陈海花等学校放假后立即赶往马静团队所在的水族村寨，调查一段时间后转入布依族村寨；张金成、陈宣伊也很快进入竹海镇参加古法造纸的调查。

盘州的冬天格外寒冷，我所在的彝族非遗调查组就因凝冻困在村寨不能外出，幸好天气转好了两天，继续赶往其他彝族乡镇调查。另外，临近春节，乡村生活异常忙碌，且恰逢盘州市脱贫攻坚进入"啃硬骨头"的节骨眼上，田野调查较为困难。有时好不容易找到的访谈人只访谈了半个小时,就接到紧急电话立马赶赴脱贫攻坚前线阵地。有汗水,也有收获。如在鸡场坪,因访谈人能说会道,知识面广,彝族调查分队经常调查到凌晨1点才回招待所休息。布依族调查分队有的同学因与传承人结下"忘年交",转到传承人家里住下。龙秋香带领的"先遣队"能吃苦,不仅工作时间最长,而且对文化的挖掘也相当深。在田野调查小组和传承人共同努力下,在春节前基本对面上的文化遗产进行了调查。春节后,龙秋香、韦鑫、萧尧、杨童、廉吉庆等完成了春节前的剩余工作,并进行了个别回访。

尽管天气和道路给调研小组造成了不少麻烦(花费在路上和寻找访谈人的时间过多),但整个调查小组的成员积极性相当高,非常肯拼,一般工作到凌晨1点才休息。然而,毕竟时间有限,且口述史文本草稿撰写者是一年级硕士生,经验不足,尤其是我过于强调对盘州非遗文化的深度解读,忽视了传承人个体经历的详细访谈,拿出的文本有很多欠缺,其责任主要在我。最后,江西省委党校付慧平博士临危受命,克服各种困难,和张金成共同完成了对草稿的修订。

作为书稿的访谈调查和撰写者有贵州大学曹端波、龙秋香、韦鑫、杨童、萧尧、廉吉庆、于郸睿、曾雪飞;贵州师范大学唐应龙、马静、冯燕、黄小进、王文琴、翁玲玲、熊德敏、陈海花;江西省委党校傅慧平;贵州财经大学杨艳飞、穆艳花;云南保山学院陈宣伊等。全书的后期修改工作主要由张金成、傅慧平等人完成;贵阳市宣传部杨青、严进军参与了全书的校正工作。

编纂《盘州市非物质文化遗产传承人口述史》的主持者为盘州市文体广电新闻出版局局长唐震,对整个工作的推进做出了具体的安排和细致的部署,保障了工作的顺利进行;盘州市谢丽红、徐玉挺,以及各位非遗文化传承人为整个调查的安排和推进做出了重要贡献。

在此次任务完成的过程中得到了盘州市彝族协会、布依族协会、白族协会、苗族协会、伊斯兰协会领导们的大力支持。当然,该书稿的完成最后得益于盘州市非物质文化遗产传承人的热情和友好,正是他们默默无闻的付出,保证了田野调查和书稿撰写的最终完成。

本书属草创之作,不足与疏漏之处,望读者批评指正。

曹端波

2018 年 8 月 8 日